COMBATES E UTOPIAS

organizador
Dênis de Moraes

COMBATES E UTOPIAS

EDITORA RECORD
RIO DE JANEIRO • SÃO PAULO
2004

CIP-Brasil. Catalogação-na-fonte
Sindicato Nacional dos Editores de Livros, RJ.

C723 Combates e utopias / [organização] Dênis de Moraes; tradução Eliana Aguiar, Luís Paulo Guanabara. – Rio de Janeiro: Record, 2004.

ISBN 85-01-06919-1

1. Intelectuais – Atividades políticas. 2. Literatura e sociedade. 3. Ideologia. 4. Cultura. I. Moraes, Dênis de, 1954-.

04-1504 CDD – 306.4
CDU – 316.334.32

Os artigos das páginas 51, 93, 97, 121, 173, 261 e 339 foram traduzidos por Eliana Aguiar; os das páginas 25, 81, 147 e 285 por Luís Paulo Guanabara.

Revisão técnica das traduções: Dênis de Moraes

Capa: EG Design/Evelyn Grumach

Impresso no Brasil

ISBN 85-01-06919-1

PEDIDOS PELO REEMBOLSO POSTAL
Caixa Postal 23.052
Rio de Janeiro, RJ – 20922-970

EDITORA AFILIADA

Em memória de
Raymundo Faoro e René Armand Dreifuss

Sumário

PARTE II — INTELECTUAIS, CULTURA E POLÍTICA

Apresentação

Os distintos percursos dos 21 autores aqui reunidos convergem no ponto que inspirou a elaboração de *Combates e utopias*: reavaliar a inserção dos intelectuais num mundo atravessado por crises e incertezas. Ao mesmo tempo que examinam as vinculações com realidades em constante mutação, eles analisam o papel público dos criadores de produtos ideológico-culturais[1] e suas inter-relações com os processos históricos e políticos. Trata-se de um somatório de percepções sobre princípios, dilemas e perspectivas que envolvem as tentativas de compreender e interpretar os sentidos da vida social, bem como de questionar hegemonias constituídas.

Ao se propor a rediscutir a participação dos intelectuais no combate das idéias, este livro quer situar-se na contramão do "pensamento único". A despeito dos primeiros sintomas de fadiga do neoliberalismo, o discurso dominante segue desqualificando formulações contestadoras à lógica do mercado como instância de organização societária. Diante da persistente intenção de neutralizar os ecos do pensamento crítico, torna-se essencial intensificar os debates sobre resistências criativas e alternativas humanizadoras. Norberto Bobbio acentua que a tarefa do intelectual é precisamente "a de agitar idéias, levantar problemas, elaborar programas ou apenas teorias gerais". E também "persuadir ou dissuadir, encorajar ou desencorajar, exprimir juízos, dar conselhos, induzir as pessoas às quais se dirige a adquirirem uma opinião sobre as outras".[2] Significa, portanto, contrapor-se à retórica sinuosa do fim das ideologias, cujo alvo dissimulado é enfraquecer a política como esfera de representação de anseios e visões éticas. Pressupõe empenhar energias nas batalhas culturais e nas lutas pela universalização dos direitos da cidadania. É aí, penso eu, que se localiza uma das senhas para aprofundar a democracia e revigorar o pluralismo, no longo caminho para a transformação do cenário atual de consumismo, reificação e desigualdades graves.

As reflexões incluídas no presente volume evidenciam aproximações e tensões com a vida em movimento na política, na criação cultural, nas concepções filosóficas, na mídia, na economia, nas reivindicações sociais, na organização comunitária e na universidade. São estudadas ainda trajetórias de intelectuais que projetaram crenças e estimularam controvérsias nos campos da literatura (Graciliano Ramos) e da filosofia política (Jean-Paul Sartre, Maurice Merleau-Ponty, Michel Foucault, José Carlos Mariátegui). Em direção conexa, buscam-se explicações e respostas para situações concretas, angústias prementes ou crises que se sucedem — confirmando a observação de Zygmunt Bauman de que o conceito de crise não se refere mais à excepcionalidade dos infortúnios e sim a um atributo inevitável e permanente da condição humana.[3]

Como num jogo de espelhos, os autores pensam as turbulências à sua volta e falam de si próprios, sem esconder reflexos dos alinhamentos ou ângulos de contradições. A leitura do mosaico de ensaios, discursos e entrevistas permite-nos confrontar as mediações ético-culturais com as variações das conjunturas históricas em que se inserem e intervêm. Ora os pontos de vista traduzem aspirações individuais e utopias coletivas, ora concentram o foco em teorias, ideologias e escalas de valores. Em qualquer das vertentes, os intelectuais respiram no olho do furacão, novamente entre o imaginar e o agir, na procura sempre desafiadora de sínteses dialéticas.

Essa inquietação de espírito sublinha a necessidade do reencontro com a vocação intelectual de desvelar aparências enganosas, esquivar-se de juízos rotineiros e pôr verdades à prova. Pois, como nos diz Edward Said, cabe aos homens de criação e pensamento "rejeitar o discurso oficial da ortodoxia e da autoridade e existir por meio da ironia e do ceticismo, misturado às linguagens da mídia, do governo e do dissenso, tentando articular o testemunho silencioso do sofrimento vivido e da experiência sufocada".[4]

Em suma, enxergar para além dos horizontes resignados, perseguindo a proposição de Sartre: um conhecimento e uma práxis que mostrem "o homem real no meio do mundo real", sem ilusões idealistas e sem temor às dúvidas.[5]

* * *

A realização de *Combates e utopias* não teria sido possível sem a colaboração generosa dos co-autores, intelectuais de reconhecida competência e projeção internacional. Eles aderiram, com interesse e entusiasmo, à proposta de um trabalho cooperativo para repensar a aventura do compromisso crítico numa época de sombras, mas ainda passível de ser varada por convicções emancipadoras.

Devo agradecimentos especiais à D. Marie-Hélène Tiercelin dos Santos, viúva de Milton Santos, e a Jérôme Bourdieu, filho de Pierre Bourdieu, pelas autorizações prestimosas para que estes dois gigantes estivessem nestas páginas.

Mais uma vez, foram decisivos o apoio e a sensibilidade de Luciana Villas-Boas, diretora editorial da Record, assim como a impecável coordenação de Ana Paula Costa e sua equipe.

Pena que Edward Said, o primeiro a se unir ao projeto, tenha partido tão cedo e não esteja conosco agora que o livro se converte em extensão compartilhada. Mas sua inteligência ficou, como chama que não se apaga.

Dênis de Moraes

NOTAS

1. Esta definição para a categoria dos intelectuais é de Michael Löwy. *A evolução política de Lukács: 1909-1919*. Trad. de Heloísa Helena A. Mello, Agostinho Ferreira Martins e Gildo Marçal Brandão. 2ª ed. São Paulo: Cortez, 1998, p. 25. Segundo Löwy, "os intelectuais assim definidos compreendem grupos como os de escritores, artistas, poetas, filósofos, sábios, pesquisadores, publicistas, teólogos, certos tipos de jornalistas, certos tipos de professores e estudantes etc.".
2. Norberto Bobbio. *Os intelectuais e o poder: dúvidas e opções dos homens de cultura na sociedade contemporânea*. Trad. de Marco Aurélio Nogueira. São Paulo: Ed. Unesp, 1997, p. 82-83.

3. Zygmunt Bauman. *Em busca da política*. Trad. de Marcus Penchel. Rio de Janeiro: Jorge Zahar, 2000, p. 151.
4. Edward Said. *Reflexões sobre o exílio e outros ensaios*. Trad. de Pedro Maia Soares. São Paulo: Companhia das Letras, 2003, p. 273.
5. Jean-Paul Sartre. *Critique de la raison dialectique*. Paris: Gallimard, 1960, p. 30-31.

Sobre os autores

ALFREDO BOSI

Professor titular de Literatura Brasileira da Universidade de São Paulo, onde atualmente é vice-diretor do Instituto de Estudos Avançados e editor da revista *Estudos Avançados*. É membro da Academia Brasileira de Letras. Autor de *História concisa da literatura brasileira* (Cultrix), *Reflexões sobre a arte*, *Cultura brasileira: temas e situações*, *Machado de Assis: o enigma do olhar* (os três pela Ática), *Céu, inferno: ensaios de crítica literária e ideológica* (Editora 34), *O ser e o tempo da poesia*, *Literatura e resistência* e *Dialética da colonização* (os três pela Companhia das Letras).

ARMAND MATTELART

Professor de Ciências da Informação e da Comunicação na Université Paris VIII. Em sua obra, traduzida em diversos idiomas, incluem-se *História da utopia planetária: da cidade profética à sociedade global* (Sulina), *Comunicação-mundo: histórias das idéias e das estratégias* (Vozes), *A globalização da comunicação* (Edusc), *História das teorias da comunicação* (Loyola), estes dois com Michèle Mattelart, e *Para ler o Pato Donald: comunicação de massa e colonialismo* (Paz e Terra), com Ariel Dorfman.

ATILIO A. BORON

Professor titular de Teoria Política e Social da Universidad de Buenos Aires e secretário-executivo do Consejo Latinoamericano de Ciencias

Sociales (CLACSO). Autor, entre outros livros, de *Estado, capitalismo e democracia na América Latina* (Paz e Terra), *A coruja de Minerva: mercado contra democracia no capitalismo contemporâneo* (Vozes), *Filosofia política marxista* (Cortez) e *Imperio y imperialismo: uma lectura crítica de Michael Hardt y Antonio Negri* (CLACSO).

BEATRIZ SARLO

Professora titular de Literatura Argentina Contemporânea da Universidad de Buenos Aires e diretora da revista *Punto de Vista* desde 1978. Foi professora visitante na University of California, Berkeley, e na Columbia University, em Nova York. Autora de *Cenas da vida pós-moderna: intelectuais, arte e videocultura na Argentina* (Ed. UFRJ), *Paisagens imaginárias: intelectuais, arte e meios de comunicação* (Edusp), *Borges, un escritor, Siete ensayos sobre Walter Benjamin, Tiempo presente: notas sobre el cambio de una cultura* e *La pasión y la excepción.*

CARLOS NELSON COUTINHO

Professor titular de Teoria Política da Universidade Federal do Rio de Janeiro. É o organizador da edição brasileira dos *Cadernos do cárcere* e dos *Escritos políticos,* de Antonio Gramsci (Civilização Brasileira). Publicou *Gramsci: um estudo sobre seu pensamento político* (Civilização Brasileira), *Cultura e sociedade no Brasil: ensaios sobre idéias e formas* (DP&A), *Marxismo e política: a dualidade de poderes e outros ensaios* e *Contra a corrente: ensaios sobre democracia e socialismo* (ambos pela Cortez), entre outros títulos. Organizou, com Andréa de Paula Teixeira, *Ler Gramsci, entender a realidade* (Civilização Brasileira).

DÊNIS DE MORAES

Professor do Departamento de Estudos Culturais e Mídia e do Programa de Pós-Graduação em Comunicação da Universidade Federal Fluminense e pesquisador do CNPq. Publicou, entre outros livros, *Por uma outra comunicação: mídia, mundialização cultural e poder,* org. (Record), *O velho Graça: uma biografia de Graciliano Ramos* e *O imaginário vigiado: a imprensa comunista e o realismo socialista no Brasil* (ambos pela José Olympio), *O planeta mídia: tendências da comunicação na era global* e *O concreto e o virtual: mídia, cultura e tecnologia* (DP&A).

DOUGLAS KELLNER

Professor da Cátedra George F. Kneller de Filosofia da Educação da University of California, Los Angeles. Entre seus livros, destacam-se *A cultura da mídia* (Edusc), *Critical theory, marxism and modernity*, *The postmodern adventure: science, technology and cultural studies at the third millennium* (com Steve Best), *The Persian Gulf TV war*, *Media spectacle* e *From 9/11 to terror war: the dangers of the Bush legacy*.

EDWARD SAID (1935-2003)

Foi professor de Literatura Comparada da Columbia University, em Nova York, crítico literário e militante da causa da libertação da Palestina, onde nasceu em Jerusalém. Autor de *Cultura e imperialismo*, *Orientalismo — o Oriente como invenção do Ocidente*, *Reflexões sobre o exílio e outros ensaios* e *Fora do lugar: memórias* (todos pela Companhia das Letras), *Cultura e política* (Boitempo), *Covering Islam: how the media and the experts determine how we see the rest of the world*, *Representation of the intellectual* e *Freud and the non-european*.

FRANCISCO DE OLIVEIRA

Professor titular aposentado do Departamento de Sociologia da Universidade de São Paulo, onde atualmente é coordenador-executivo do Centro de Estudos dos Direitos da Cidadania. Foi presidente do Cebrap (1993-1995). Autor de *Elegia para uma religião* (Paz e Terra), *Os direitos do antivalor: a economia política da hegemonia imperfeita* (Vozes), *Os sentidos da democracia: políticas do dissenso e hegemonia global* (com Maria Célia Paoli, Vozes), *Crítica da razão dualista — O ornitorrinco* e *A navegação venturosa: ensaios sobre Celso Furtado* (ambos pela Boitempo).

FRANCISCO FERNÁNDEZ BUEY

Professor catedrático de Ética e Filosofia Política da Universidad Pompeu Fabra, em Barcelona. É membro do Comitê Coordenador da International Gramsci Society. Publicou *Ensayos sobre Gramsci, Leyendo a Gramsci, Redes que dan libertad: introducción a los movimientos sociales, La gran perturbación: discurso del indio metropolitano, Ética y filosofía política: asuntos públicos controvertidos, Poliética* e *Marx (sem ismos)*, este pela Editora UFRJ.

IMMANUEL WALLERSTEIN

Diretor do Fernand Braudel Center na State University of New York at Binghamton e pesquisador sênior da Yale University. Lecionou em universidades dos Estados Unidos e da Europa. Entre seus livros, traduzidos em vários países, incluem-se *The modern world-system, Após o liberalismo: em busca da reconstrução do mundo* e *Utopística ou as decisões históricas do século XXI* (ambos pela Vozes), *O fim do mundo como o concebemos: ciência social para o século XXI* (Revan), *Capitalismo histórico e civilização capitalista* (Contraponto) e *The decline of American power: the U.S. in a chaotic world.*

JAMES PETRAS

Professor emérito de Sociologia e Ética Política na State University of New York at Binghamton. Autor de extensa obra em que se destacam *Politics and social structure in Latin America, Globaloney: el lenguaje imperial, los intelectuales y la izquierda, Brasil de Cardoso: a desapropriação do país* (Vozes), *Hegemonia dos Estados Unidos no novo milênio* (com Henry Weltmeyer, Vozes), *Império e políticas revolucionárias na América Latina* e *Armadilha neoliberal e alternativas para a América Latina* (ambos pela Xamã).

MARCO AURÉLIO NOGUEIRA

Professor livre-docente de Teoria Política da Universidade Estadual Paulista, campus de Araraquara, tradutor e co-organizador da edição brasileira dos *Cadernos do cárcere*, de Antonio Gramsci (Civilização Brasileira). Publicou *As desventuras do liberalismo: Joaquim Nabuco, a Monarquia e a República* e *As possibilidades da política: idéias para a reforma democrática do Estado* (ambos pela Paz e Terra), *Em defesa da política* (Senac São Paulo) e *Um Estado para a sociedade civil. Temas éticos e políticos da gestão democrática* (Cortez).

MARILENA CHAUI

Professora titular do Departamento de Filosofia da Universidade de São Paulo. Foi secretária municipal de Cultura de São Paulo na gestão da prefeita Luiza Erundina. Entre seus livros, incluem-se *Cultura e democracia: o discurso competente e outras falas* (Cortez), *Convite à filosofia* (Ática), *Brasil, mito fundador e sociedade autoritária* (Perseu Abramo), *A experiência do pensamento: ensaios sobre a obra de Merleau-Ponty* (Martins Fontes), *Introdução à história da filosofia*, *A nervura do real* e *Política em Espinosa* (os três pela Companhia das Letras).

MICHAEL LÖWY

Diretor de pesquisas do Centre Nacional de la Recherche Scientifique e professor na École des Hautes Études en Sciences Sociales, em Paris. Tem 17 livros publicados em diversos países e 24 idiomas, entre os quais *A estrela da manhã — surrealismo e marxismo* (Civilização Brasileira), *A teoria da revolução no jovem Marx* (Vozes), *A evolução política de Lukács, 1909-1929* (Cortez), *Revolta e melancolia: o romantismo na contramão da modernidade* (com Robert Sayre, Vozes), *A guerra dos deuses: religião e política na América Latina* (Vozes) e *Marxismo, modernidade e utopia* (com Daniel Bensäid, Xamã).

MILTON SANTOS (1926-2001)

Foi geógrafo e professor emérito da Faculdade de Filosofia, Letras e Ciências Humanas da Universidade de São Paulo. Lecionou em universidades da Europa, dos Estados Unidos, da América do Sul e da África. Em sua vasta obra, destacam-se *Por uma geografia nova: da crítica da geografia a uma geografia crítica*, *A natureza do espaço: técnica e tempo; razão e emoção* (Edusp), *O espaço do cidadão* (Nobel), *O país distorcido: o Brasil, a globalização e a cidadania* (Publifolha), *O Brasil: território e sociedade no início do século XXI* (com María Laura Silveira) e *Por uma outra globalização: do pensamento único à consciência universal* (ambos editados pela Record).

NAOMI KLEIN

Jornalista e escritora canadense, autora dos best sellers *Sem logo: a tirania das marcas em um planeta vendido* e *Cercas e janelas: na linha de frente do debate sobre globalização* (ambos editados pela Record). Por *Sem logo* recebeu The Guardian First Book Award em 2000. Colunista do *Globe and Mail* e do *The Nation*, tem artigos publicados em jornais e revistas de vários países.

PIERRE BOURDIEU (1930-2002)

Foi professor catedrático de Sociologia do Collège de France, em Paris. Autor de livros traduzidos em diversos idiomas, entre os quais *O poder simbólico*, *A dominação masculina*, *Meditações pascalianas* (os três pela Bertrand Brasil), *A economia das trocas simbólicas* (Perspectiva), *As regras da arte* (Companhia das Letras), *A miséria do mundo* (Vozes), *Razões práticas: sobre a teoria da ação* (Papirus), *Sobre a televisão* (Jorge Zahar) e *Si le monde social m'est supportable, c'est parce que je peux m'indigner*.

RENATO JANINE RIBEIRO

Professor titular de Ética e Filosofia Política do Departamento de Filosofia da Universidade de São Paulo. É atualmente diretor de Avaliação da Capes. Autor, entre outros livros, de *Ao leitor sem medo: Hobbes escrevendo contra o seu tempo* (Ed. UFMG), *A universidade e a vida atual* (Campus), *A marca do Leviatã: linguagem e poder em Hobbes* (Ateliê), *A última razão dos reis: ensaios sobre filosofia e política* e *A sociedade contra o social — o alto custo da vida pública no Brasil* (ambos pela Companhia das Letras).

RICHARD SENNETT

Professor catedrático de Sociologia da London School of Economics. Foi professor da New York University e diretor do Comitê Internacional de Estudos Urbanos da Unesco. Autor de *O declínio do homem público* (Companhia das Letras), *Carne e pedra: o corpo e a cidade na civilização ocidental*, *Autoridade*, *Respeito: a formação do caráter em um mundo desigual*, *A corrosão do caráter: conseqüências pessoais do trabalho no novo capitalismo* (os quatro editados pela Record) e *The uses of disorder: personal identity and city life*.

ROBERTO ROMANO

Professor titular de Ética e Filosofia Política da Universidade Estadual de Campinas. Publicou, entre outros títulos, *O caldeirão de Medéia* e *O desafio do islã e outros desafios* (ambos pela Perspectiva), *Conservadorismo romântico — origem do totalitarismo* (Ed. Unesp), *Silêncio e ruído: a sátira em Denis Diderot* e *Lux in Tenebris: meditações sobre filosofia e cultura* (ambos pela Ed. Unicamp) e *Moral e ciência: a monstruosidade no século XX* (Senac São Paulo).

PARTE I

Intelectuais, ideologia e poder

O papel público de escritores e intelectuais*

EDWARD SAID

Há quase vinte anos, o jornal *The Nation* convocou uma reunião de escritores em Nova York, publicando anúncios sobre o evento e, conforme entendi a tática, deixando em aberto a questão de quem era um escritor e por que ele ou ela se qualificava a comparecer. O resultado foi que literalmente centenas de pessoas apareceram, deixando o salão principal de um hotel no centro de Manhattan quase inteiramente lotado. A ocasião em si tinha a intenção de ser uma resposta das comunidades intelectuais e artísticas ao pronto começo da era Reagan. Tal como me lembro dos procedimentos, ocorreu por um longo tempo um caloroso debate a respeito do que é um escritor, na esperança de que algumas das pessoas presentes fossem excluídas ou, em inglês claro, forçadas a partir. Havia duas razões para isso: em primeiro lugar, decidir quem podia ou não votar e, em segundo, formar um sindicato de escritores. Não aconteceu muita coisa em termos de redução e controle dos números: a grande massa de pessoas esperançosas simplesmente permaneceu imensa e de difícil controle, já que estava bem claro que todos que vieram como escritores que se opunham ao reaganismo continuavam sendo escritores que se opunham ao reaganismo. Lembro-me claramente que em determinado momento alguém sugeriu com sensatez que devíamos adotar o que se dizia ser a posição soviética sobre a

*Conferência proferida no Melbourne Town Hall, Austrália, 2001. Versão anterior foi publicada em *The Nation*, 17 de setembro de 2001, e republicada em Edward Said, *Cultura e política*. São Paulo: Boitempo, 2002.

definição de um escritor, isto é, um escritor é alguém que se diz um escritor. E penso que foi nesse ponto que as coisas ficaram, embora tenha sido formado um Sindicato Nacional de Escritores cujas funções ficaram restritas a assuntos técnicos da profissão, tais como contratos padronizados mais justos entre editores e escritores. Para tratar de assuntos estritamente políticos, também foi formado um Congresso Americano de Escritores, desencaminhado por pessoas que, com efeito, queriam utilizá-lo para uma ou outra agenda política específica que não chegava a um consenso.

Desde aquele tempo inúmeras mudanças aconteceram no mundo dos escritores e dos intelectuais e, se algo ocorreu, a definição do que ou o que são um escritor e um intelectual se tornou mais confusa e difícil de ser elaborada. Fiz uma tentativa com as minhas Conferências Reith de 1993, mas importantes transformações políticas e econômicas ocorreram desde então, e, ao planejar essa palestra, peguei-me revisando uma grande parte delas e fazendo acréscimos a alguns dos meus pontos de vista anteriores. Um aspecto fundamental para as mudanças foi o agravamento de uma tensão não resolvida em torno de se os escritores e intelectuais jamais poderiam ser chamados de apolíticos, e em caso afirmativo, obviamente, como e em que medida. Paradoxalmente a dificuldade da tensão para o escritor e intelectual como indivíduos foi que o domínio da política e do público se expandiu muito, a ponto de se tornar virtualmente sem limites. Poderíamos muito bem perguntar se um intelectual ou escritor apolítico é uma noção que tem muito conteúdo. Considere que o mundo bipolar da Guerra Fria foi reconfigurado e dissolvido de várias maneiras diferentes, todas elas, em primeiro lugar, fornecendo o que parece ser um número infinito de variações sobre a localização ou posição, física e metafórica, do escritor e, em segundo lugar, criando a possibilidade de papéis divergentes para ele desempenhar, se é que se pode dizer que a noção em si de escritor ou intelectual tem qualquer significado distinto coerente e definível, ou mesmo se ela existe.

Contudo, apesar do grande número de livros e artigos dizendo que os intelectuais não existiam mais e que o fim da Guerra Fria, a abertura principalmente das universidades americanas a legiões de escritores e de intelectuais, a era da especialização e a comercialização e mercadização de todas as coisas na economia recém-globalizada simplesmente liquidaram a noção antiga e um tanto romântico-heróica do escritor-intelectual solitário (associarei provisoriamente aqui os dois termos com propósitos de conveniência, e depois prosseguirei a fim de explicar as razões que me levam a fazer isso), parece existir ainda muita vida nas idéias e nas práticas dos escritores-intelectuais que lidam com a esfera pública e são em grande medida um componente dela. Não haveria discussões dessa ordem se não fosse esse o caso.

Nas três ou quatro culturas bastante distintas de línguas contemporâneas sobre as quais tenho algum conhecimento, isso é eminentemente, de fato predominantemente verdadeiro, em parte porque muitas pessoas ainda sentem a necessidade de considerar o escritor-intelectual como alguém que deve ser ouvido como um guia para o confuso presente e também como líder de uma facção, tendência ou grupo disputando mais poder e influência. A derivação gramsciana dessas duas idéias sobre o papel do intelectual é evidente.

As duas palavras usadas agora no mundo árabe-islâmico para designar intelectual são muthaqqaf, ou mufakir, a primeira derivada de thaqafa ou cultura (portanto, um homem de cultura), e de fikr ou pensamento (portanto, um homem de pensamento). Em ambos os casos o prestígio desses significados é realçado e ampliado por implícita comparação com o governo, que é agora universalmente considerado como uma entidade sem credibilidade e popularidade, ou cultura e pensamento. Então, na lacuna moral criada, por exemplo, por governos republicanos dinásticos como os existentes no Egito, Iraque, Líbia ou Síria, muitas pessoas voltam-se ou para os religiosos ou para os intelectuais seculares em busca da liderança não mais oferecida pela autoridade política, ainda que os governos tenham adotado a prática de cooptar intelectuais como seus porta-vozes. Mas a busca por intelectuais autênticos continua, assim como a luta.

Nos domínios de língua francesa a palavra *intellectuel* infalivelmente carrega consigo algum resíduo da esfera pública na qual figuras já falecidas como Sartre, Foucault e Aron apresentaram e debateram suas visões para públicos realmente grandes. No início dos anos 1980, quando a maioria dos *maîtres penseurs* havia desaparecido, uma certa satisfação e alívio acompanharam a ausência deles, como se a nova redundância desse a uma quantidade de pessoas pequenas uma oportunidade de serem escutadas pela primeira vez desde Zola. Hoje, com o que parece ser um renascimento de Sartre em evidência e Pierre Bourdieu ou suas idéias aparecendo regularmente nas edições do *Le Monde* e do *Libération*, penso que um gosto consideravelmente desperto pelos intelectuais públicos arrebatou muita gente. De bem longe, o debate sobre política social e econômica parece bastante vivo, e não é bem tão unilateral como o é nos Estados Unidos.

A sucinta apresentação de Raymond William em *Keywords* do campo de forças de conotações na maior parte das vezes negativa da palavra "intelectual" é um bom ponto de partida para a compreensão da semântica histórica da palavra. O excelente trabalho subseqüente realizado por Stefan Collini, John Carey e outros aprofundou e aperfeiçoou consideravelmente o campo da prática onde os intelectuais e os escritores foram colocados. O próprio Williams seguira em frente para indicar que depois da metade do século XX a palavra assume um novo conjunto de associações um tanto mais amplas, muitas delas tendo a ver com ideologia, produção cultural e a capacidade de pensamento organizado e de aprendizagem. Isso sugere que a utilização inglesa se expandiu para aceitar alguns dos significados e usos que haviam sido bastante comuns na França, e nos contextos europeus em geral. Mas, como no caso francês, os intelectuais da geração de William saíram de cena (sendo uma rara exceção o quase milagrosamente articulado e brilhante Eric Hobsbawm) e, julgando a partir de alguns de seus sucessores na *New Left Review*, um novo período de passividade da esquerda pode estar começando, especialmente desde que o Novo Trabalhismo (New Labour) renunciou tão completamente ao seu próprio passado. Os intelectuais neoliberais e thatcheristas estão em ampla medida onde sempre estiveram (na ascendência) e têm a vantagem de ter muito mais palanques na imprensa para poder falar.

No cenário americano, no entanto, a palavra "intelectual" é menos usada do que nas três outras arenas de discurso e discussão que mencionei. Pode-se apenas especular sobre o porquê disso ser assim. Um dos motivos é que o profissionalismo e a especialização fornecem muito mais a norma para o trabalho intelectual do que quando este é feito em árabe, francês ou inglês britânico. O culto à especialização nunca governou tanto o mundo do discurso como agora nos Estados Unidos. Um outro motivo é que ainda que os Estados Unidos estejam realmente repletos de intelectuais que trabalham duro, ocupando as ondas aéreas, a imprensa e o espaço cibernético com suas efusões, o domínio público está tão tomado pelas questões de política e de governo, assim como pelas considerações de poder e de autoridade, que mesmo a idéia de um intelectual que não é guiado nem por uma paixão por cargos nem por uma ambição de se aproximar de alguém no poder é difícil de sustentar por mais de um ou dois segundos. Vantagens e celebridade são estimulantes poderosos. Durante todos os muitos anos em que apareci na televisão ou fui entrevistado por jornalistas, nem uma só vez deixaram de fazer a pergunta "o que você acha que os Estados Unidos deveriam fazer a respeito desse e desse outro assunto?" Tomo isso como uma indicação de como a noção de regra foi implantada no próprio núcleo da prática intelectual fora das universidades. E permita-me acrescentar que tem sido uma questão de princípio para mim nunca responder à pergunta.

Contudo, também é predominantemente verdadeiro que na América não há carência no domínio público de intelectuais partidários que estão organicamente associados a um ou outro partido político, lobby, interesse especial ou potência estrangeira. O mundo dos grupos de pesquisa interdisciplinar de Washington, os diversos programas de entrevista na televisão, os inumeráveis programas de rádio, sem mencionar os milhares de textos, jornais e revistas ocasionais — tudo isso comprova amplamente como o discurso público está densamente saturado com os interesses, as autoridades e poderes cuja extensão no conjunto é literalmente inimaginável no alcance e variedade, exceto quando aquele todo sustenta-se basicamente na aceitação de um estado pós-previdenciário neoliberal que não responde nem à cidadania nem ao ambiente natural, mas a uma vasta estrutura de corporações globais não restringidas por barreiras tradicionais ou soberanias. (Um detalhe evidente da mudança de poder resultante é fornecida por informação — *The New York Times*, 5 de setembro de 2000 — dizendo que o serviço diplomático dos Estados Unidos está constantemente perdendo funcionários para as corporações internacionais). Com os variados sistemas e práticas especializados da nova situação econômica sendo expostos apenas muito gradual e parcialmente, estamos começando a discernir um imenso panorama de como esses sistemas e práticas (muitos deles novos, muitos outros remanescentes remodelados do sistema imperial clássico) reunidos fornecem uma geografia cujo propósito é vagarosamente reduzir e sobrepujar a atividade humana. (Ver, como ilustração do que tenho em mente, *Dealing in virtue: international commercial arbitration and the construction of a transnational legal order*, de Yves Dezelay e Bryant G. Garth, Chicago, 1996.) Não devemos nos enganar com as efusões de Thomas Friedman, de Daniel Yergin, de Joseph Stanislas e das legiões que celebraram a globalização, como se esse sistema em si mesmo fosse o melhor resultado da história humana, nem, como reação, deixar de notar o que a globalização, de um modo bem menos glamouroso, a partir da base, como Richard Falk chamou o sistema mundial pós-vestfaliano, pode proporcionar em termos de potencial humano e de inovação. Existe agora uma rede razoavelmente extensa de ONGs criadas para lidar com questões relacionadas às minorias e aos direitos humanos, assuntos que dizem respeito às mulheres e ao meio ambiente, movimentos voltados para mudanças democráticas e culturais, e enquanto nenhuma delas pode ser um substituto para a ação política ou para a mobilização, muitas de fato personificam resistência ao avanço do *status quo* global.

Entretanto, como Dezelay e Garth argumentaram mais recentemente (*Le Monde Diplomatique*, maio de 2000), dada a origem do financiamento de muitas dessas ONGs internacionais, elas são cooptáveis como alvos para o que os dois pesquisadores chamaram de imperialismo da virtude, funcionando como anexos de multinacionais e de grandes fundações como a Ford, centros de virtude cívica que evitam formas de mudança mais profundas ou críticas a suposições arraigadas.

Enquanto isso, é solene e quase aterrorizador contrastar o mundo do discurso intelectual acadêmico (principalmente as ciências humanas, mas não as ciências naturais ou mesmo as ciências sociais) em sua combatividade geralmente hermética, oculta em jargão, não-ameaçadora, com a qual o domínio público em toda parte tem lidado. Masao Miyoshi foi pioneiro no estudo desse contraste, especialmente em sua marginalização das ciências humanas. Penso que a separação entre os dois domínios, acadêmico e público, é maior nos Estados Unidos do que em qualquer outro lugar, embora na elegia a favor da esquerda com a qual Perry Anderson anuncia seu cargo de editor da *New Left Review*, está muito claro que em sua opinião o panteão de heróis britânicos, americanos e continentais remanescentes é, com uma exceção, decidida e exclusivamente acadêmico e quase inteiramente masculino e eurocêntrico. Achei extraordinário ele não levar em conta intelectuais não-acadêmicos como John Pilger e Alexander Cockburn, ou figuras acadêmicas e políticas importantes, como Chomsky, Zinn, o falecido Eqbal Ahmad, Germaine Greer ou figuras distintas, tais como Mohammed Sid Ahmad, Bell Hooks, Angela Davis, Cornel West, Henry Louis Gates, Miyoshi, Ranajit Guha, Partha Chatterjee, sem dizer nada de uma bateria impressionante de intelectuais irlandeses que incluiria Seamus Deane, Luke Gibbons, Declan Kiberd e muitos outros, que em sua totalidade certamente não aceitariam o lamento solene entoado para o que ele chama de "o grande torneio neoliberal".

A única novidade exclusiva da candidatura de Ralph Nader na campanha presidencial americana foi que um autêntico adversário intelectual concorreu ao mais poderoso cargo eletivo do mundo, usando a retórica e a tática da desmistificação e do desencantamento, proporcionando no processo informações alternativas sustentadas com fatos e números precisos a um eleitorado em sua maioria descontente. Isso vai completamente de encontro aos métodos predominantes de incerteza, slogans insípidos, mistificação e fervor religiosos patrocinados pelos candidatos dos dois principais partidos, endossados pela mídia e, paradoxalmente, em virtude de sua inação, pela academia humanista. A postura competitiva de Nader é um claro sinal de como as tendências de oposição na sociedade global estão longe de estar superadas e derrotadas: atestam isso o surgimento do reformismo no Irã, a consolidação do anti-racismo democrático em várias partes da África e assim por diante, sem falar na manifestação contra a Organização Mundial do Comércio em novembro de 1999, em Seattle, a libertação do sul do Líbano etc. Seria uma longa lista e muito diferente (fosse ela interpretada na íntegra) do tom de acomodação consolatória recomendado por Anderson. Em sua intenção, a campanha de Nader também divergiu das de seus oponentes, já que ele visou despertar a consciência democrática dos cidadãos a respeito do potencial em estado bruto para uma participação efetiva no destino dos recursos do país, não apenas a ganância ou a simples aceitação do que é decidido pelos políticos.

Tendo assimilado sumariamente uma à outra as palavras intelectual e escritor, o melhor que posso fazer agora é mostrar por que e como elas são parte uma da outra, apesar da origem e história separadas do escritor. Na linguagem cotidiana, um escritor nas línguas e culturas com as quais estou familiarizado é uma pessoa que produz literatura, ou seja, um romancista, poeta, dramaturgo. Penso que em geral é verdade que em todas as culturas os escritores ocupam um lugar à parte, talvez ainda mais honorífico, ao contrário dos intelectuais; uma aura de criatividade e uma capacidade quase santificada de originalidade (muitas vezes profética em seu alcance e qualidade) são acrescentadas a eles, o que absolutamente não acontece com os intelectuais, que, em se tratando de literatura, pertencem à levemente depreciada e parasítica classe de críticos. (Existe uma longa história de ataques aos críticos, tidos como bestas sórdidas e mesquinhas incapazes de algo além de críticas desagradáveis e verbosidade pedante.) Entretanto, durante os últimos anos do século XX, o escritor assumiu cada vez mais os atributos antagonistas do intelectual, em atividades como falar a verdade para o poder, testemunhar a perseguição e o sofrimento, fornecer uma voz dissidente em conflitos com autoridades. Sinais de amalgamação de um com o outro teriam de incluir o caso de Salman Rushdie com todas as suas ramificações, a formação de numerosos parlamentos e congressos de escritores dedicados a tratar de assuntos tais como a intolerância, o diálogo entre culturas, as lutas civis (como na Bósnia e Argélia), a liberdade de expressão e de censura, a verdade e a reconciliação (como na África do Sul, Argentina, Irlanda e outros lugares), e, em terceiro, o papel simbólico especial do escritor como um intelectual testemunhando a experiência de um país ou de uma região e dando a essa experiência uma identidade pública para sempre gravada na agenda discursiva global. A maneira mais fácil de demonstrar isso é simplesmente listar os nomes de alguns (mas de modo algum de todos) indivíduos que recentemente ganharam o Prêmio Nobel, e depois deixar que cada nome desencadeie na mente uma região emblemática, que por sua vez pode ser vista como uma espécie de plataforma ou ponto de partida para a atividade subseqüente daquele escritor, como uma intervenção em debates ocorrendo bem distante do mundo da literatura. Por conseguinte, Nadine Gordimer, Kenzaburo Oe, Derek Walcott, Wole Soyinka, Gabriel García Márquez, Octavio Paz, Elie Wiesel, Bertrand Russell, Gunter Grass, Rigoberta Menchu, entre vários outros.

Como Pascale Casanova brilhantemente revelou em seu sinóptico livro *La Republique mondiale des lettres*, também é verdade que, após ser modelado ao longo dos últimos 150 anos, parece haver se instaurado agora um sistema global de literatura, contendo sua própria ordem de literariedade (*litterarite*), tempo, critério, internacionalismo e valores de mercado. A eficiência desse sistema está em que ele parece ter gerado os tipos de escritor que Casanova afirma pertencerem a categorias tão diferentes como assimilados, dissidentes, figuras traduzidas, todas tão individualizadas quanto classificadas no que ela claramente demonstra ser um sistema semimercantilista globalizado altamente eficiente. A intenção do seu argumento é com efeito mostrar como esse sistema poderoso e onipresente pode até chegar ao ponto de estimular uma espécie de independência, em casos como os de Joyce e Beckett, escritores cujas linguagens e ortografias não se submetiam às leis nem do Estado e nem do sistema.

Por mais que eu admire o livro de Casanova, seu resultado final é todavia contraditório. Ela parece estar dizendo que a literatura como um sistema globalizado tem nele uma espécie de autonomia integral que o coloca em grande medida num ponto além das realidades grosseiras das instituições e do discurso políticos, uma noção que contém uma certa plausibilidade teórica, quando ela a apresenta na forma de "un espace litteraire internationale", com suas próprias leis de interpretação, sua própria dialética de trabalho individual e coletivo, suas próprias problemáticas de nacionalismo e linguagens nacionais. Mas Casanova não vai tão longe quanto Adorno ao dizer — como eu também diria e ao que planejo retornar brevemente no final da minha fala — que uma das marcas registradas da modernidade é como, em um nível muito profundo, a estética e o social precisam ser mantidos em um estado de irreconciliável tensão. Ela também não dedica tempo suficiente discutindo de que maneira o literário, ou o escritor, ainda está implicado, de fato freqüentemente mobilizado para as grandes disputas culturais do pós-Guerra Fria proporcionadas pelas configurações políticas alteradas que mencionei antes.

Visto por essa perspectiva, por exemplo, o debate sobre Salman Rushdie nunca foi realmente a respeito dos atributos literários de *Os versos satânicos*, mas sim sobre se poderia haver um tratamento literário de um tópico religioso que não tocasse também em paixões religiosas de uma forma muito, de fato exacerbadamente pública. (Veja a excelente análise disso em *'ala atraf al adab, al din, wal siyassah*, de Mohammed Hassanein Heykal, *Wijhat Nazar*, julho de 2000.) Não penso que essa possibilidade exista, já que desde o exato momento em que a fatwa foi lançada no mundo, o romance, seu autor e seus leitores foram todos igualmente depositados em um ambiente que não tinha qualquer espaço para nada que não fosse o debate intelectual politizado sobre questões sócio-religiosas, tais como blasfêmia, heterodoxia secular e ameaças de assassinato extraterritoriais. Mesmo para afirmar que a liberdade de expressão de Rushdie como romancista não podia ser restringida — como muitos de nós do mundo islâmico de fato afirmamos — era na verdade debater a questão da liberdade literária de escrever no interior de um discurso que já havia absorvido e ocupado inteiramente (no sentido geográfico) todo o distanciamento da literatura.

Neste cenário mais amplo, a distinção básica entre escritores e intelectuais não precisa portanto ser feita, já que na medida em que ambos agem na nova esfera pública dominada pela globalização (e com existência reconhecida mesmo pelos partidários da fatwa de Khomeini) seu papel público como escritores e intelectuais pode ser discutido e analisado conjuntamente. Uma outra maneira de colocar isso é dizer que estarei me concentrando no que os escritores e intelectuais têm em comum, na medida em que interferem na esfera pública. Não quero absolutamente desistir da possibilidade de que resta uma área exterior ao mundo globalizado e intocada por ele que estarei discutindo aqui, mas, como disse, não quero discutir realmente até o final, já que minha principal preocupação é detectar qual é exatamente o papel do escritor no interior do sistema hoje existente.

Deixe-me dizer algo a respeito das características técnicas da atual intervenção intelectual. Para se obter uma compreensão dramaticamente vívida da velocidade com que a comunicação avançou durante a década passada, gostaria de comparar com a nossa a consciência que Jonathan Swift tinha da efetiva intervenção pública no início do século XVIII. Swift foi certamente o mais devastador panfletário de sua época e, durante sua campanha contra o Duque de Marlborough em 1713-4, ele foi capaz de distribuir pelas ruas em poucos dias 15 mil cópias do seu panfleto *The conduct of the allies*. Isso derrubou o Duque de sua alta eminência, mas não mudou a impressão pessimista de Swift (datada de A *tale of a tub*, 1694) de que seu trabalho era basicamente temporário, bom apenas durante o breve período em que circulava. Naturalmente ele tinha em mente a disputa em vigor entre antigos e modernos, na qual escritores veneráveis como Homer e Horace obtinham vantagem sobre figuras modernas como Dryden em virtude de suas idades e da autenticidade de seus pontos de vista de grande longevidade, e mesmo de permanência. Na era da mídia eletrônica, tais considerações são em grande parte irrelevantes, já que qualquer indivíduo que tenha um computador e um acesso decente à Internet é capaz de atingir um número muito maior de pessoas do que Swift, além de poder esperar por uma preservação do que está escrito que ultrapassa qualquer medida concebível. Nossas idéias atuais de arquivo e de discurso devem ser radicalmente modificadas e não podem mais ser definidas como Focault meticulosamente tentou descrevê-las há apenas duas décadas. Mesmo se alguém escreve para um jornal ou revista, as chances de reprodução multiplicada e, ao menos em tese, as chances de um tempo ilimitado de preservação provocaram desordem até em relação à idéia de um público real, em oposição a um virtual. Essas coisas certamente limitaram os poderes que os regimes têm de censurar ou banir a produção escrita considerada perigosa, embora, como assinalarei em breve, existam meios bastante grosseiros de deter ou de restringir a função libertária da publicação *on-line*. Até muito recentemente, a Arábia Saudita e a Síria, por exemplo, haviam banido com sucesso a Internet e até mesmo a televisão via satélite. Estes dois países agora toleram um acesso limitado à Internet, embora ambos também tenham instalado processos sofisticados e, a longo prazo, proibitivamente interventivos, para manter o controle.

Do jeito que as coisas andam, um artigo que eu venha a escrever em Nova York para um jornal britânico tem boas chances de reaparecer em *sites* individuais na Internet ou, por intermédio de correio eletrônico, nos monitores ligados nos Estados Unidos, Japão, Paquistão, Oriente Médio, África do Sul, assim como na Austrália. Os autores e editores têm muito pouco controle sobre o que é reeditado e redistribuído. Constantemente me surpreendo (e não sei se devo ficar zangado ou lisonjeado com isso) quando algo que escrevi ou disse em determinada ocasião aparece quase sem demora do outro lado do mundo. Para quem, então, se escreve, se é difícil especificar o público com um mínimo de precisão? A maioria das pessoas, penso, focaliza no efetivo escoadouro que designou a realização do trabalho ou nos supostos leitores a quem gostaria de se dirigir. A idéia de uma comunidade imaginada adquiriu subitamente uma dimensão bastante real, apesar de virtual. Certamente, como experimentei quando há dez anos comecei a escrever para uma publicação árabe dirigida a um público árabe, tenta-se criar, modelar, referir a uma clientela, agora muito mais do que na época de Swift, que podia assumir com muita naturalidade que o personagem que ele denominou de um homem da igreja da Inglaterra era na verdade o seu verdadeiro público, muito estável e relativamente pequeno.

Portanto, todos nós deveríamos trabalhar hoje tendo em mente a noção da existência de uma grande probabilidade de atingir públicos muito maiores do que poderíamos imaginar há uma década, embora as chances de manter esse público sejam, pela mesma moeda, bastante incertas. Isso não é simplesmente uma questão de otimismo da vontade: encontra-se na própria natureza da escrita atual. E faz com que seja muito difícil para os escritores considerar que as suposições comuns entre eles e seu público são reais, ou assumir que as referências e alusões serão compreendidas imediatamente. Quando as suposições podem ser adotadas, em geral são as erradas, isto é, tendem a ser aquelas *idées reçues* predominantes que o intelectual se esforça por inteiro para desalojar, desmantelar, mudar completamente. Estranhamente, porém, escrever nesse novo espaço expandido acarreta uma conseqüência singularmente arriscada, que é ser encorajado a dizer coisas que são ou completamente opacas ou completamente transparentes, e se o indivíduo tem qualquer senso de vocação intelectual e política (sobre o que falarei logo adiante), deveria certamente buscar a transparência, não a opacidade. Mas, nesse caso, a prosa transparente, simples e clara apresenta seus próprios desafios, já que o perigo sempre presente é que se possa cair na neutralidade enganosamente simples de um idioma jornalístico em inglês-mundial, indistinguível da prosa da CNN ou do *USA Today*. O dilema é real: ou repelir no final os leitores (e, mais perigoso, os editores intrometidos), ou tentar conquistá-los com um estilo que talvez lembre muito de perto a mentalidade que se está tentando expor e descartar. O que se deve ter em mente, estou sempre dizendo a mim mesmo, é que não existe uma outra linguagem à mão, que a linguagem que utilizo deve ser a mesma utilizada pelo Departamento de Estado ou pelo presidente, quando dizem que apóiam a luta pelos direitos humanos. Devo ser capaz de usar esta mesma linguagem para recapturar o assunto, reivindicá-lo e conectá-lo outra vez às realidades grandemente complicadas que esses meus antagonistas por demais superprivilegiados simplificaram, traíram e/ou reduziram ou desfizeram. Deveria estar claro agora que, para um intelectual que não está em atividade simplesmente para promover os interesses de outros, tem de haver oponentes que são considerados responsáveis pelo atual estado de coisas, antagonistas com os quais se deve embater diretamente.

Entretanto, enquanto é verdade e até desanimador que todos os principais escoadouros são controlados pelos interesses mais poderosos e conseqüentemente pelos próprios antagonistas a quem se resiste ou ataca, também é verdade que uma energia intelectual relativamente móvel pode tirar vantagem dos tipos de plataformas disponíveis para uso e, com efeito, multiplicá-los. Por um lado, portanto, seis enormes multinacionais presididas por seis homens controlam a maior parte do fornecimento mundial de imagens e notícias. Por outro, existem os intelectuais independentes que, na verdade, formam uma comunidade incipiente, indivíduos que se encontram fisicamente separados uns dos outros, porém ligados de modo variado a um grande número de comunidades de ativistas que são evitadas pela mídia principal, mas que têm à sua disposição outras formas de comunicação que Swift sarcasticamente chamou de máquinas de oratória. Pense na impressionante gama de oportunidades oferecida pelas plataformas usadas para proferir conferências ou dar aulas, os panfletos, o rádio, as revistas alternativas, o formato de entrevistas, os grandes comícios, os púlpitos das igrejas e a Internet, para citar apenas algumas. Concordo que é uma desvantagem considerável perceber que é improvável receber um convite para o PBS Newshour ou o Nightline, ou, caso um convite seja feito, apenas um minuto fugidio e isolado será proporcionado. Mas então outras ocasiões se apresentam, não na forma de breves declarações esporádicas, mas de preferência em períodos de tempo mais extensos. Assim, a rapidez é uma faca de dois gumes. Existe a rapidez de estilo redutivo do uso de slogans, que é a principal característica do discurso especializado — objetivo, rápido, elaborado, de aparência pragmática —, e existe a rapidez de resposta e de formato que os intelectuais, e na verdade a maioria dos cidadãos, podem explorar a fim de apresentar expressões mais detalhadas e completas de um ponto de vista alternativo. Estou sugerindo que, ao se tirar vantagem do que está disponível na forma de numerosas plataformas (ou palcos itinerantes, outro termo criado por Swift) e de uma disposição alerta e criativa do intelectual para explorá-las (isto é, plataformas que ou não estão disponíveis ou são preteridas pela personalidade televisiva, especialista ou candidato político), é possível dar início a uma discussão mais ampla.

O potencial emancipacionista dessa nova situação — assim como as ameaças que recebe — não deve ser subestimado. Deixe-me fornecer um exemplo recente e muito poderoso do que quero dizer. Existem cerca de quatro milhões de refugiados palestinos espalhados por todo o mundo, sendo que um número significativo deles vive em grandes campos de refugiados no Líbano (onde aconteceram os massacres de Sabra e Shatila, em 1982), na Jordânia, na Síria e na Faixa de Gaza e Cisjordânia. Em 1999 um grupo empreendedor de refugiados jovens e educados que viviam no campo de Deheisheh, perto de Belém, na Cisjordânia, fundou o Ibdaa Center, cujo principal empreendimento era o projeto Across Borders, um meio revolucionário de usar terminais de computadores para conectar os refugiados na maioria dos principais campos, separados geográfica e politicamente uns dos outros por barreiras intransponíveis. Pela primeira vez desde que seus pais foram dispersados em 1948, refugiados palestinos de segunda geração em Beirute ou Amã puderam se comunicar com seus conterrâneos dentro da Palestina. Algumas das ações realizadas pelos participantes do projeto são bastante notáveis. Os residentes de Deheisheh, por exemplo, visitavam suas antigas cidades na Palestina e depois descreviam as emoções sentidas e o que viam em benefício de outros refugiados que tinham ouvido falar desses lugares mas não podiam ter acesso a eles. Em questão de semanas, uma considerável solidariedade emergiu numa época em que as assim chamadas negociações de *status* final entre a Organização para Libertação da Palestina (OLP) e Israel começavam a abordar a questão dos refugiados e do seu retorno que, junto com a questão de Jerusalém, compunha o núcleo intransigente do processo de paz paralisado. Para alguns refugiados palestinos, entretanto, sua presença e vontade políticas foram atualizadas pela primeira vez, dando-lhes um novo *status*, qualitativamente diferente da objetificação passiva que fora seu destino durante meio século. Em 26 de agosto de 2000, todos os computadores em Deheished foram destruídos num ato de vandalismo político que não deixou dúvidas de que os refugiados deveriam permanecer como refugiados, o que significa que eles não deveriam perturbar o *status quo* que há tempo supunha o seu silêncio. Não seria difícil listar os possíveis suspeitos, mas é igualmente difícil imaginar que alguém seria ou citado ou detido. Em todo caso, os habitantes dos campos de Deheished imediatamente tomaram providências para restaurar o centro Ibda, e parecem até certo ponto ter conseguido realizar isso com sucesso.

Responder à pergunta "por que" neste e em outros contextos semelhantes — os indivíduos e grupos preferem escrever e falar do que ficar em silêncio — é equivalente a especificar o que o intelectual e o escritor enfrentam na esfera pública. O que quero dizer é que a existência de indivíduos e de grupos que lutam por justiça social e igualdade econômica, e que compreendem (na formulação de Amartya Sen) que a liberdade deve incluir o direito a todo um conjunto de escolhas que propiciem desenvolvimento cultural, político, intelectual e econômico, *ipso facto* conduzirá o indivíduo a um desejo de articulação em oposição ao silêncio. Esse é o idioma funcional da vocação intelectual. O intelectual se encontra portanto em uma posição de possibilitar e incrementar a formulação dessas expectativas e desejos.

Agora é claro que toda intervenção discursiva se aplica a uma ocasião específica e assume um consenso, paradigma, *epistéme* ou práxis existentes (todos nós podemos escolher nosso conceito favorito, que denota a norma discursiva predominantemente aceita), como por exemplo durante a guerra da Otan contra o Kosovo, ou nas eleições nacionais no Egito e nos Estados Unidos, ou nas práticas de imigração de um ou de outro país, ou na ecologia da África Ocidental. Em cada uma dessas e em muitas outras situações a marca registrada da era em que vivemos é a tendência de existir uma visão dominante mídia-governo contra a qual é realmente muito difícil se opor, ainda que o intelectual deva assumir a posição de que é possível mostrar claramente a existência de alternativas. Assim, eu começaria reafirmando o óbvio: cada situação deve ser interpretada de acordo com seus próprios componentes, mas (e eu diria que esse é quase sempre o caso) toda situação também contém um conflito entre um poderoso sistema de interesses, de um lado e, de outro, interesses menos poderosos ameaçados pela frustração, silêncio, incorporação ou extinção impostos pelos que detêm o poder. Nem seria preciso dizer que para o intelectual americano a responsabilidade é maior, as oportunidades abundantes, o desafio muito difícil. Afinal de contas, os Estados Unidos são o único poder global; eles intervêm praticamente em toda parte, e seus recursos para a dominação são imensos, embora muito longe de ser infindáveis.

O papel do intelectual é geralmente tornar público e elucidar de maneira dialética e oposicionista o conflito ao qual me referi anteriormente, desafiar e derrotar tanto um silêncio imposto quanto a quietude normalizada do poder invisível onde quer e sempre que possível. Pois existe uma equivalência social e intelectual entre essa massa de interesses coletivos dominantes e o discurso usado para justificar, disfarçar ou mistificar seus modos de funcionamento, e, por outro lado, impedir as objeções ou desafios que lhe são dirigidos. Em nossa época, e quase universalmente, expressões como "livre comércio", privatização, menos (como oposto a mais) governo, e outras expressões como essas, que se tornaram a ortodoxia da globalização, suas simulações universais, são os principais elementos do discurso dominante, designado para criar consenso e aprovação tácitas. Desse nexo emanam confecções ideológicas como "o Ocidente", o choque das civilizações, valores tradicionais e identidade (talvez as expressões mais excessivamente usadas do léxico global contemporâneo). Todas elas são empregadas não como incitações ao debate, como às vezes parece ser, mas, muito pelo contrário, para explorar a profunda belicosidade e fundamentalismo que funcionam para abafar, impedir e aniquilar a oposição, onde quer que os falsos universais enfrentem resistência ou desconfiança.

O principal objetivo desse discurso dominante é modelar a impiedosa lógica corporativa da obtenção de lucros e o poder político em um estado de coisas normal — "é assim que as coisas são" —, convertendo, no processo, a resistência racional a essas noções em algo completa e praticamente irrealista, irracional, utópico etc. Por trás do teatro de fantoches do enérgico debate referente ao Ocidente e ao Islã, por exemplo, todo tipo de artifícios antidemocráticos, santimoniais e alienantes (a teoria do Grande Satã ou do estado vilão e do terrorismo) estão estabelecidos como desvios das privações sociais e econômicas que ocorrem na realidade. Em determinada região, Rafsanjani exorta o Parlamento a graus maiores de islamismo como forma de se defender da América, em outra, Clinton, Blair e seus débeis parceiros preparam seus cidadãos para uma guerra indeterminada contra o terrorismo islâmico, os estados vilãos e o resto. O realismo e seu parceiro íntimo, o pragmatismo, são deslocados do seu verdadeiro contexto filosófico, na visão de Pierce, de Dewey e de James, para desempenhar um trabalho forçado na sala de reuniões onde, como Gore Vidal recentemente definiu, as verdadeiras decisões sobre governo e candidatos presidenciais são tomadas. Por mais que a pessoa seja a favor das eleições, não se pode fugir da verdade amarga de que elas não produzem automaticamente democracia ou resultados democráticos.

Contra o abuso dos mecanismos de defesa de identidade que se tornaram tão endêmicos ao pensamento nacionalista desde sua origem na educação até sua expressão no discurso público, o intelectual oferece um relato imparcial de como a identidade, a tradição e a nação são coisas construídas, com muita freqüência na insidiosa forma de oposições binárias, inevitavelmente expressas como atitudes hostis ao Outro. Todo domínio público hoje em dia está infectado com esse tipo de pensamento. Certamente não se pode negar que algumas identidades se encontram de fato ameaçadas de destruição e de ataques, mas mesmo aí os reais perigos à identidade e autodeterminação são utilizados cinicamente para justificar a injustificável repressão política. Isso é particularmente verdade na Palestina, onde a Autoridade é encorajada pelos governos de Israel e dos Estados Unidos a manter a conhecida Corte de Segurança do Estado que, entre muitos outros abusos, permitiu a prisão e tortura de qualquer tipo de dissidente, a censura generalizada de livros, jornais e revistas, e tem rotineiramente fechado canais de rádio e de televisão, apenas por eles transmitirem um sopro de crítica ao processo de paz ou à própria Autoridade. Tudo isso é feito em nome de um povo expropriado, sofredor de longa data, grandemente privado de seus direitos civis. A tendência desafortunada é dizer, como os apologistas do governo em toda parte sempre disseram em tempos de guerra ou de emergências nacionais, que devemos permanecer unidos, mostrar unidade diante de ameaças à nação e coisas do gênero. Enquanto, ao contrário, penso que é duplamente importante em situações difíceis como essas, assim como no Ocidente de modo geral, e em particular nos Estados Unidos, repudiar o patriotismo e a lealdade, denunciando-os como os pretextos que geralmente são para os abusos de direitos humanos e civis.

Pierre Bourdieu e seus associados sugeriram de um modo muito interessante que o neoliberalismo de Clinton e Blair, construído sobre o desmantelamento conservador das grandes conquistas sociais (na saúde, educação, trabalho e seguro social) no período Thatcher-Reagan, elaborou uma doutrina paradoxal, uma contra-revolução simbólica que obviamente inclui o tipo de autoglorificação nacional que acabei de mencionar. Isso, ele diz, é "conservador mas se apresenta como progressista; busca a restauração da ordem passada em alguns de seus aspectos mais arcaicos (especialmente no que diz respeito às relações econômicas), mas aprova retrocessos, revogações, rendições como se fossem reformas ou revoluções esperadas que conduzem a toda uma nova era de abundância e de liberdade (como acontece com a linguagem da assim chamada "nova economia" e o discurso comemorativo em torno das "empresas de comunicação" e a Internet)". Como um lembrete do estrago que essa revogação já produziu, Bourdieu e seus colegas produziram um trabalho coletivo em 1993 intitulado *La misère du monde* (traduzido em 1999 como *The weight of the world: social suffering in contemporary society*), cujo objetivo era dirigir a atenção dos políticos para o que estava por trás do enganoso otimismo do discurso público na sociedade francesa. Esse tipo de livro desempenha portanto uma espécie de papel intelectual negativo, cujo objetivo é, citando novamente Bourdieu, "produzir e disseminar instrumentos de defesa contra a dominação simbólica que cada vez mais se apóia na autoridade da ciência", ou dos especialistas, ou apelar para a unidade nacional, o orgulho, a história e a tradição para manter o povo submisso. Obviamente, a Índia e o Brasil são diferentes da Grã-Bretanha e dos Estados Unidos, mas essas disparidades culturais e econômicas muitas vezes impressionantes não deveriam absolutamente obscurecer as ainda mais surpreendentes semelhanças que podem ser percebidas em algumas das técnicas e com muita freqüência no objetivo de privação e de repressão que compele o povo a seguir resignadamente. Gostaria ainda de acrescentar que não é necessário apresentar sempre uma teoria de justiça abstrusa e detalhada para se ir à guerra intelectualmente contra a injustiça, já que agora existe um sortido repertório internacionalista de convenções, protocolos, resoluções e cartas a ser obedecido pelas autoridades nacionais, caso estejam dispostas a fazer isso. E, dentro desse mesmo contexto, eu teria considerado quase uma idiotice assumir uma posição ultra-pós-moderna (como Richard Rorty, que lutava imaginariamente contra alguma coisa vaga a que ele se referia desdenhosamente como "a esquerda acadêmica") e dizer, ao me confrontar com a limpeza étnica ou genocídio como o que está ocorrendo hoje no Iraque, ou com qualquer dos males da tortura, da censura, da fome, da ignorância (a maior parte deles decorrente das ações humanas, não de atos divinos), que os direitos humanos são entes culturais e, quando violados, não possuem realmente o *status* que lhes é conferido pelos fundacionalistas brutos, tal como eu, para quem esses direitos são tão reais quanto qualquer coisa que possa existir.

Penso que é correto dizer que a submissão não-politizada ou desprovida de estética, junto com todas as diferentes formas de, em alguns casos, triunfalismo e xenofobia, e em outros, de apatia e derrota, foi principalmente demandada desde os anos 1960 para atenuar quaisquer sentimentos residuais de desejo por participação democrática (também conhecidos como "um perigo para a estabilidade") que ainda existissem. Pode-se ler isso de maneira bastante clara em *The crisis of democracy*, co-escrito sob a direção da Comissão Trilateral uma década antes do fim da Guerra Fria. O argumento apresentado no texto é que democracia demais é ruim para a governabilidade, que é aquele suprimento de passividade que torna mais fácil para as oligarquias de técnicos ou de especialistas políticos convencer o povo a se manter na linha. Então se o indivíduo está continuamente ouvindo de especialistas qualificados a explicação de que a liberdade que todos queremos exige desregulamentação e privatização, e que a nova ordem mundial não é nada menos do que o fim da história, há muita pouca disposição para lidar com essa ordem através de demandas pessoais ou mesmo coletivas. Durante anos Chomsky chamou incessantemente a atenção para essa síndrome paralisante.

Deixe-me dar um exemplo de como são formidáveis os desafios para o indivíduo e de como é fácil cair na inação a partir de experiência pessoal nos Estados Unidos hoje. Se você está gravemente enfermo, é subitamente arrastado para o mundo dos produtos farmacêuticos abusivamente caros, muitos dos quais ainda são experimentais e requerem aprovação do FDA. Mesmo aqueles que não são experimentais nem particularmente novos (como os esteróides e os antibióticos) são salva-vidas (sic), mas seus custos exorbitantes são considerados um pequeno preço a pagar pela sua eficácia. Quanto mais se investiga o assunto, mais se encontra o racional corporativo, que se traduz da seguinte forma: enquanto o custo de fabricação da droga é talvez pequeno (geralmente mínimo), o custo de pesquisa é enorme e deve ser recuperado nas vendas subseqüentes. Depois você descobre que a maior parte do custo de pesquisa incidiu sobre a corporação na forma de subvenções do governo, que por sua vez são cobertas com o dinheiro dos impostos pagos por cada cidadão. Quando você aborda a questão do abuso do dinheiro público na forma de perguntas dirigidas a um candidato promissor, de mente progressiva (por ex.: Bill Bradley), logo compreende por que esses candidatos nunca tocam no assunto. Eles recebem enormes contribuições de campanha da Merck e da Bristol Meyers, e é muito improvável que desafiem seus patrocinadores. Então você segue pagando e vivendo, supondo que, se tiver sorte suficiente para ter uma apólice de seguro, a empresa de saúde o reembolsará. Então você descobre que os contadores da empresa de saúde tomam as decisões sobre quem recebe uma medicação ou teste dispendiosos, o que é permitido ou não, por quanto tempo e em que circunstâncias, e só então compreende que proteções rudimentares, tais como uma autêntica declaração de direitos do paciente, não têm condições de ser aprovadas no Congresso, graças ao *lobby* incansável das corporações de seguro imensamente rentáveis.

Em resumo, pego-me dizendo que mesmo as tentativas heróicas (como as de Fredric Jameson) de compreender o sistema em um nível teórico ou formular o que Samir Amin chamou de alternativas desconectadoras, estão fatalmente minadas por sua relativa negligência quanto à intervenção política real em situações existenciais reais, nas quais nos encontramos como cidadãos, intervenções que não são apenas pessoais, mas uma parte significativa de um amplo movimento adversário ou de oposição. Obviamente, como intelectuais, todos nós carregamos conosco uma compreensão funcional ou esboço do sistema global (em grande medida graças a historiadores regionais e mundiais como Immanuel Wallerstein, Anwar Abdel Malek, J. M. Blaut, Janet Abu-Lughod, Peter Gran, Ali Mazrui, William McNeil), mas é nos encontros diretos com essas concepções em uma ou outra região, configuração, problemática específica que os conflitos são travados e mesmo vencidos. Existe uma crônica admirável do tipo de coisa que quero dizer nos diversos ensaios de *Feeling global: internationalism in distress*, de Bruce Robbin (1999), em *At home in the world: cosmopolitanism now*, de Timothy Brennan (1997) e *Nationalism and cultural practice in the postcolonial world*, de Neil Lazaru (1999). As texturas autoconscientemente territoriais e altamente entrelaçadas desses livros são de fato um prenúncio do senso crítico (e combativo) do intelectual em relação ao mundo em que vivemos hoje, livros considerados episódios ou mesmo fragmentos de um quadro mais amplo que seus trabalhos, tal como os de outros como eles que estão em processo de compilação. O que eles sugerem é um mapa de experiências que seria indiscernível, talvez invisível duas décadas atrás, mas que na seqüência dos impérios clássicos, do fim da Guerra Fria, da desintegração dos blocos socialistas e não alinhados, da emergente dialética entre o norte e o sul na era da globalização, não pode ser excluído nem dos estudos culturais nem dos até certo ponto recintos das disciplinas humanistas.

Mencionei alguns nomes não apenas para indicar como considero significativas suas contribuições, mas também para usá-las com o propósito de saltar diretamente em algumas áreas concretas de interesse coletivo, onde, citando Bourdieu pela última vez, existe a possibilidade da "invenção coletiva". Ele segue adiante dizendo que "todo o edifício do pensamento crítico necessita portanto de reconstrução crítica. Esse trabalho de reconstrução não pode ser feito, como alguns pensavam no passado, por um único grande intelectual, um mestre do pensamento dotado apenas com os recursos de seu pensamento singular, ou por porta-vozes autorizados de um grupo ou de uma instituição supostamente falando em nome daqueles que não têm voz, sindicato, partido e assim por diante. É aqui que o intelectual coletivo (nome dado por Bourdieu aos indivíduos cuja soma de pesquisas e de participações nas questões comuns constitui uma espécie de *ad hoc* coletivo) pode desempenhar seu papel insubstituível, ajudando a criar as condições sociais para a produção coletiva das utopias realistas". A minha leitura disso enfatiza a ausência de qualquer plano-mestre ou projeto ou grande teoria sobre o que os intelectuais podem fazer, e a atual ausência de qualquer teleologia utópica em direção a qual poder-se-ia dizer que a história humana caminha. Portanto inventam-se — no sentido literal da palavra latina *inventio*, empregada pelos retóricos para enfatizar redescobrimento ou reconstituições a partir das atuações passadas, em oposição ao uso romântico de invenção como algo que se cria a partir do nada — metas abdutivas, isto é, que supõem uma situação melhor a partir dos fatos históricos e sociais conhecidos. Em essência, isso possibilita desempenhos intelectuais em várias frentes, em muitos lugares e muitos estilos que mantêm em jogo tanto o sentido de oposição quanto o sentido de participação engajada que mencionei um momento atrás. Por isso o filme, a fotografia e até a música, além de todas as artes da escrita podem ser aspectos dessa atividade. Parte do que fazemos como intelectuais não é apenas definir a situação, mas também discernir as possibilidades de intervenção ativa, quer depois a executemos nós mesmos, quer a reconheçamos em outros que ou se foram ou já estão trabalhando nela: o intelectual como observador. O provincianismo à moda antiga — por ex., eu sou um especialista literário, cuja área é a Inglaterra do começo do século XVII — exclui a si mesmo e, falando muito francamente, parece desinteressante e inutilmente emasculado. A suposição tem de ser que, embora não se possa fazer ou conhecer tudo, sempre deve ser possível não apenas diferenciar os elementos de uma luta ou tensão ou problema à mão, que pode ser elucidado dialeticamente, mas também sentir que outras pessoas têm interesses semelhantes e trabalham em um projeto comum. Encontrei um paralelo brilhantemente inspirador para o que quero dizer no recente livro de Adam Phillips, *Darwin's worms*, no qual a atenção vitalícia de Darwin à rasteira minhoca revelou sua capacidade de expressar a variabilidade e propósito da natureza sem necessariamente compreender o todo de um ou do outro aspecto, por conseguinte substituindo em seu trabalho sobre minhocas "um mito da criação por um mito de manutenção secular".

Existe alguma maneira não-trivial de generalizar a respeito de onde e de que forma essas disputas estão acontecendo agora? Devo limitar-me a falar um pouco apenas sobre algumas delas, todas elas profundamente suscetíveis à intervenção e elaboração intelectuais. A primeira é proteger o passado e impedir o seu desaparecimento, que, na rapidez da mudança, da reformulação da tradição e da construção de expurgos puritanos e simplificados da história, está no centro da controvérsia descrita por Benjamin Barber de um modo um tanto indiscriminado como Jihad *versus* McWorld. O papel do intelectual é primeiro apresentar narrativas alternativas e outras perspectivas sobre a história, diferentes daquelas fornecidas pelos que combatem em nome da memória oficial e da identidade nacional, que tendem a trabalhar em termos de unidades falsificadas, por meio da manipulação de representações demonizadas ou distorcidas das populações indesejadas e/ou excluídas e da propagação de hinos heróicos entoados para eliminar tudo antes deles. Pelo menos desde Nietzsche, a produção de conhecimento histórico e as acumulações de memória têm sido consideradas de muitas maneiras como uma das fundações essenciais de poder, orientando as suas estratégias, traçando o seu progresso. Olhe, por exemplo, para a estarrecedora exploração do sofrimento do passado descrita por Tom Segev, Peter Novick e Norman Finkelstein em seus relatos dos usos do Holocausto ou, para não sair da área de restituição e de reparação históricas, a deformação, desmembramento e esquecimento odiosos de experiências históricas significativas que não dispõem de *lobbies* atuais suficientemente poderosos e portanto merecem rejeição ou depreciação. O que é preciso agora são histórias desintoxicadas, sóbrias, que tornem evidentes a multiplicidade e a complexidade da história, sem permitir que se conclua que ela avança impessoalmente de acordo com leis determinadas ou pelo divino ou pelos poderosos.

A segunda é a construção de campos de coexistência em vez de campos de batalha, resultantes do trabalho intelectual. Há uma grande lição a ser aprendida com a descolonização. Primeiro: por mais nobres que fossem seus objetivos libertadores, o fato de que ela não evitava com freqüência suficiente o surgimento de substituições nacionalistas repressivas no lugar dos regimes coloniais; segundo: o processo em si foi quase imediatamente apreendido pela Guerra Fria, apesar dos esforços retóricos do movimento não-alinhado; e terceiro: foi minimizado e mesmo banalizado por uma pequena indústria acadêmica que simplesmente o transformou em uma disputa ambígua entre oponentes ambivalentes. Benita Parry abordou de forma magnífica esse assunto em um trabalho recente. Nas diversas controvérsias sobre justiça e direitos humanos, a respeito das quais muitos de nós nos sentimos participantes, é preciso haver um componente para o nosso engajamento que enfatize a necessidade da redistribuição dos recursos e defenda o imperativo teórico contra as imensas acumulações de poder e de capital que tanto distorcem a vida humana. Não é possível existir paz sem igualdade: este é um valor intelectual que necessita desesperadamente de reiteração, de demonstração e de reforço. A sedução da palavra em si — paz — é que ela está rodeada, na verdade embebida de termos lisonjeiros de aprovação, elogios não controversos, endosso sentimental. A mídia internacional (como foi o caso recente das guerras sancionadas no Iraque e no Kosovo) amplifica indiscriminadamente, enfeita, transmite tudo sem questionar para vastas audiências, para as quais a paz e a guerra são espetáculos para deleite e consumo imediato. É preciso muito mais coragem e trabalho e conhecimento para desmembrar palavras como "guerra" e "paz" em seus elementos, recuperando o que foi deixado de fora dos processos de paz determinado pelos poderosos, e então colocar de volta aquela atualidade perdida no centro das coisas, do que é preciso para escrever artigos prescritivos para "liberais" à la Ignatieff, que estimulam mais destruição e morte para civis distantes. O intelectual é talvez uma espécie de contramemória com seu próprio discurso contrário que não permitirá que a consciência baixe os olhos ou adormeça. O melhor remédio é, como o Dr. Johnson disse, imaginar o sujeito que você está discutindo — nesse caso o sujeito sobre quem as bombas cairão — lendo o que você escreve na sua presença.

Todavia, assim como a história nunca acaba ou conclui, também é o caso de algumas oposições dialéticas não serem reconciliáveis, transcendentes, realmente capazes de ser incorporadas em uma espécie de síntese mais elevada, indubitavelmente mais nobre. O exemplo que mais me afeta é a causa da Palestina que, sempre acreditei, não pode realmente ser resolvida simplesmente por um rearranjo técnico e em última instância zelador da geografia, permitindo aos palestinos desalojados o direito (tal como é) de viver em cerca de vinte por cento de sua terra, que seria cercada e totalmente dependente de Israel. Por outro lado, tampouco seria moralmente aceitável exigir que os israelenses se retirassem de todas as terras da antiga Palestina, agora Israel, tornando-se mais uma vez refugiados como os palestinos. Independente do quanto procurei uma solução para esse impasse, não consigo encontrar uma, porque este não é um caso fácil de certo *versus* errado. Jamais pode ser certo privar todo um povo de sua terra e herança. Mas os judeus também são o que chamei de uma comunidade de sofrimento e trouxeram consigo uma herança de grandes tragédias. Entretanto, ao contrário de Zeev Sternhell, não posso concordar que a conquista da Palestina foi uma conquista necessária. A noção ofende o sentido da verdadeira dor palestina, a seu modo igualmente trágica.

Sobrepor experiências ainda irreconciliáveis requer do intelectual a coragem de dizer aquilo que está diante de nós, quase exatamente do modo como Adorno insistiu, ao longo de todo seu trabalho musical, ao afirmar que a música moderna nunca pode se reconciliar com a sociedade que a produziu, mas que, em sua forma e conteúdo intensos e muitas vezes desesperadamente artesanais, pode atuar como uma testemunha silenciosa da desumanidade existente em toda parte. Segundo Adorno, qualquer assimilação do trabalho musical individual ao seu ambiente social é falsa. Eu concluo com o seguinte pensamento: o lar provisório do intelectual é o domínio de uma arte exigente, resistente, intransigente, na qual, ai de mim, não se pode nem abrigar-se nem buscar soluções. Mas somente naquela precária esfera exilada pode-se primeiro compreender verdadeiramente a dificuldade do que não pode ser compreendido e em seguida seguir em frente para continuar tentando.

O fim das certezas e os intelectuais comprometidos*

IMMANUEL WALLERSTEIN

Há dois anos, esta universidade outorgou um doutorado *honoris causa* ao celebrado historiador Enrique Semo Calev. Naquela ocasião, o reitor o elogiou como um intelectual comprometido. Quero fazer hoje algumas reflexões sobre o que seria um intelectual comprometido no interior de uma concepção da história que insiste no fim das certezas.

O fim das certezas é precisamente o título de um livro recente de Ilya Prigogine. Nele, Prigogine descreve o transtorno epistemológico do pensamento de muitos físicos e outros cientistas. Eles consideram que a base metafísica da física moderna desde Newton e Descartes — o determinismo, as evoluções lineares, a reversibilidade do tempo — nos levaram por um mau caminho e que esta concepção do universo só pode ser aplicada a algumas poucas situações bastante restritas e particulares. Consideram que o essencial da realidade é que o universo está cheio de incertezas e, portanto, de imensas possibilidades de criatividade. Prigogine e seus colegas situam a flecha da história no centro de suas análises, onde existe uma sucessão de bifurcações a partir das quais é intrinsecamente impossível saber de antemão que caminho seguirá a flecha.

O problema para os cientistas sociais é que, embora conheçamos a flecha da história há muito tempo, ela era, contudo, uma flecha dirigida pelo deus da história (ou pelo diabo) em direção a um objetivo claro, o ponto de

*Discurso proferido ao receber o título de Doutor *Honoris Causa* da Universidad Autónoma de Puebla, México, em 23 de fevereiro de 1999.

culminância da História (com maiúscula). Ser um intelectual comprometido era ser um intelectual cujos esforços e atividades tentavam acelerar — acelerar e não construir — o trem histórico no qual todos nos encontrávamos.

Se existe realmente uma flecha da história e esta história não tem certezas, como saber o que fazer para ser útil social e historicamente? O dilema se apresenta hoje com muita angústia e muita urgência aos intelectuais comprometidos em todas as partes do mundo.

Mas o que à primeira vista poderia parecer deprimente é, na realidade, algo que nos permite ter esperanças e, mais ainda, aspirações e ambições. Vejamos. Com as antiquadas teorias da época da Revolução Francesa — 1789 a 1989 — fomos obrigados a escolher entre um individualismo de intelectual livre (e, cabe supor, moralmente reto) e a submissão a uma partitocracia hierarquizada (e, cabe supor, representativa das massas). Estas opções eram impossíveis e derrubaram muitas gerações de intelectuais. Falou-se do "Deus que fracassou", mas o que realmente fracassou foram as análises, tanto dos intelectuais, quanto das partidocracias.

No amplo período histórico em que o liberalismo triunfante reinou como geocultura do sistema-mundo moderno — que na minha opinião foi o período compreendido entre 1848 e 1968 —, a esquerda mundial (em suas versões múltiplas de social-democracia, comunismo e movimentos de libertação nacional) viu-se reduzida sistematicamente a uma encarnação alternativa do liberalismo: um liberalismo avançado e um pouco impaciente, mas mesmo assim um liberalismo. A proposição essencial da velha esquerda, incluindo o leninismo, era: "Prometemos que, quando tomarmos o poder do Estado, mudaremos o mundo." Porém, quando conseguiram chegar ao poder, as organizações da velha esquerda se deram conta pela primeira vez de quão limitado é o espaço de poder que detêm os Estados no seio do sistema-mundo capitalista. E nesse momento, inevitavelmente, os movimentos/partidos começaram a pedir paciência a seus seguidores e às massas que prometeram representar, sustentando que, se não o presente, pelo menos o futuro seria encantador. Elaborei tudo isso em meu livro *Depois do liberalismo*.

Com o passar do tempo vieram as desilusões. Foi acontecendo pouco a pouco, durante as décadas de 1950, 1960 e 1970, até que as desilusões acabaram se impondo em todas as partes do mundo. E com a generalização das desilusões, instala-se o ambiente deprimido e pessimista que vivemos atualmente. Contudo, a situação histórica que enfrentamos não é uma situação de derrota absoluta da esquerda mundial. O colapso da velha esquerda cria dificuldades tanto para as elites privilegiadas do sistema-mundo quanto para as forças progressistas. Os movimentos no poder predicavam a paciência e a esperança em um futuro luminoso. Essa fórmula de paciência e esperança se destinou ao fracasso quando as massas foram se dando conta da cumplicidade tácita dos movimentos anti-sistêmicos com o sistema-mundo, de seus múltiplos erros e de sua corrupção.

No entanto, se as massas já não acreditam que o futuro será luminoso, estariam preparadas para ser pacientes? Isso me parece duvidoso. Efetivamente, vivemos hoje — de Los Angeles ao México, de Sarajevo a Pristina, de Kinshasa a Freetown — a impaciência total das populações. Talvez não saibam o que fazer nem o que seria mais útil, porém sabem muito bem que o sistema-mundo atual não as beneficia.

Ao mesmo tempo, três curvas de grande duração da economia-mundo capitalista chegaram a um ponto em que ameaçam a acumulação incessante de capital e, com isso, a *raison d'être* do capitalismo histórico. As três curvas são fáceis de apresentar. Embora seja impossível elaborá-las aqui, mencioná-las-ei em seguida: a desruralização do mundo, que produz um incremento da quota salarial; a destruição ecológica do mundo; que faz subir o preço dos *inputs* na produção; a democratização do mundo, que eleva as taxas de impostos por meio das quais os governos buscam satisfazer as reivindicações populares nas áreas de educação, saúde e renda mínima de sobrevivência. Portanto, a restrição dos lucros em escala mundial e a longo prazo, combinada paradoxalmente (pelo menos ao que parece) com o colapso dos movimentos da velha esquerda, levaram a uma crise estrutural do nosso sistema-mundo. Vivemos o período de transição para um novo sistema.

Existem três aspectos de um período de transição que podemos destacar. Primeiramente, ele vai ser longo, talvez de até cinqüenta anos. Em segundo lugar, será caótico e, portanto, não somente desagradável, mas horrível. E, em terceiro, seu resultado será ultra-incerto. Poderíamos chegar a um novo sistema muito melhor ou a um muito pior, ou ainda a outro de caráter não muito diferente. Não é possível prevê-lo, mas certamente se pode influenciá-lo.

É dentro desse contexto de transição sistêmica que devemos voltar ao tema do papel dos intelectuais comprometidos. Um período de transição sistêmico é um período dominado pela confusão e pelo medo. O principal papel dos intelectuais é contribuir para a redução da confusão, também e sobretudo entre os ativistas comprometidos com uma transformação progressista. Dessa maneira, pode-se contribuir para diminuir o medo e seus reflexos impulsivos. Sem dúvida, isso não é fácil de alcançar, porque os intelectuais comprometidos compartilham com os ativistas a confusão e o medo. Os intelectuais não estão isentos das condições humanas em que vivem o resto das pessoas. Por conseguinte, é necessário estabelecer em nível mundial uma ampla conversação e discussão entre os intelectuais e os ativistas sobre a invenção de uma estrutura social que seja fundamentalmente diferente da atual, uma estrutura que seja relativamente democrática e igualitária.

Devemos recordar que nesse período histórico as estruturas organizativas de luta não existem mais ou pelo menos não se mostram bem constituídas. Nesse contexto, será muito mais difícil para as forças progressistas, provenientes de condições múltiplas, memórias diferenciadas e problemáticas distintas, criar entre elas as alianças para combater as forças privilegiadas que têm à sua disposição poder, dinheiro e (não esqueçamos) muita inteligência. O papel dos intelectuais comprometidos requer muita inventividade e criatividade. Certamente não encontraremos as respostas para este desafio lendo Gramsci ou qualquer outra figura idealizada.

Temos que inventar para nós um novo sistema histórico sem termos a certeza de que sairemos vitoriosos.

E devemos fazê-lo, porque existe a oportunidade de reinventar o mundo, embora, eu repito, sem a certeza de que iremos triunfar.

Intelectuais, conhecimento e espaço público*

FRANCISCO DE OLIVEIRA

É extremamente difícil tratar o tema dessa relação que é reciprocamente fundadora: intelectuais, conhecimento e espaço público. Na verdade, eles nascem juntos. O intelectual moderno constrói-se naquele momento que Weber chamou de desencantamento do mundo, desligado dos mecanismos tradicionais da dominação e do poder, sobretudo da Igreja e do Estado. Não é mais uma extensão da Igreja, nem do Estado. Ergue-se exatamente nessa transição e com ele surgem, ao mesmo tempo, não se podendo dizer quem veio primeiro, a tarefa do intelectual e o seu campo de atuação: o campo do conhecimento. Tudo isso ocorre mediante uma operação em que se desprivatiza o espaço. O espaço passa a ser um lugar público, lugar eficaz para a operação do novo modo de ser da sociedade. O intelectual é, portanto, este agente que, neste momento, se descola dos antigos aparelhos e das antigas formas de dominação, e surge autônomo. Não importa se na história mais concreta muitos intelectuais estiveram a serviço do poder; tomemos o mais emblemático deles, talvez o fundador do intelectual moderno: Maquiavel, conhecido por sua obra clássica, *O príncipe*. Esta parece ser uma obra destinada a dar conselhos aos príncipes. Tratar-se-ia, portanto, de alguém que nega, exatamente no momento de sua criação, o espaço público e sua independência. Mas, para os que conhecem melhor a obra, o

*Conferência proferida na 24ª Reunião da Associação Nacional dos Programas de Pós-Graduação e Pesquisa em Educação (Anped), realizada em Caxambu, Minas Gerais, de 7 a 11 de outubro de 2001, e publicada na *Revista Brasileira de Educação*, nº 18, setembro-dezembro de 2001.

conselho de Maquiavel é para a República. Ele afirma, pois, o espaço público.

Este é o momento fundador dessa relação profícua. Seria tolice dizer que os séculos anteriores foram marcados pela ignorância, obscurantismo e falta de conhecimento. O que se deve assinalar é essa junção em que os três elementos se constituem simultaneamente e se reforçam. O conhecimento foi produzido muito antes, mas sempre na dependência do poder, em instituições cujos objetivos eram evitar a publicização. A história é rica de pensadores; mas, salvo talvez na Grécia Clássica, eles se constituíam sempre em apêndices, da Igreja ou do Estado. Esse momento fundador coincide com a abertura do Novo Mundo, marcando precisamente o nascimento desta relação entre intelectual, conhecimento e espaço público. O intelectual passará a ser um produtor de conhecimento independente: a finalidade da produção do conhecimento é conhecer.

Parece uma simples tautologia, mas significa uma revolução profunda nas formas mediante as quais o conhecimento se colocava a serviço dos mecanismos de dominação. Sabemos também, como assinalaria séculos depois Foucault, que daí vai nascer um novo tipo de poder: um poder fundado precisamente no saber, apoiado, ancorado numa relação com os novos saberes que instalam e instauram novas práticas. Mas não devemos ser ingênuos e nem pensar que a aventura do conhecimento é pura liberdade; ela trabalha sempre em uma tensão dialética entre liberdade e dominação. Vai surgir, portanto, a virtualidade de que esses novos saberes instaurem novos poderes, novas práticas de dominação.

Desse ponto de vista, a educação tem que estar atenta a essa ambigüidade, e inscrita no momento mesmo de sua gênesis. Ela não lhe é estranha, nem é algo que lhe foi anexado ou deturpado, nem é um desvio; é uma espécie de nascimento congênito. A virtualidade abre-se para que as novas práticas, que constituem novos saberes, determinem e possam fazer nascer novos modos de dominação. Essa é uma vertente muito conhecida hoje, graças aos trabalhos de Foucault: de como, a partir desse momento, instaurou-se uma nova relação. Como sabemos, esse caminhar do conhecimento dos intelectuais e do espaço público levou às especializações. As especializações que hoje, depois de revisões intensas e profundas, são postas em questão, em seu primeiro momento representaram uma espécie de radicalização do desencantamento do mundo. É como se buscássemos desesperadamente tornar tudo transparente à razão. A razão devia ser um instrumento pelo qual e através do qual, sem nenhuma dissociação, a humanidade fosse capaz de tornar transparente e conhecer com precisão toda a ordem de fenômenos, desde os naturais, os cosmológicos, até os mais íntimos do Homem, da Humanidade. Portanto, essas especializações são uma espécie de reafirmação do desencantamento; uma tentativa de se chegar às raízes últimas ou às raízes primeiras de todos os fenômenos. Começando pelos fenômenos da natureza e terminando no século XIX e já avançando no século XX, tenta-se investigar aquilo que se passa na constituição das próprias sociedades. Mais adiante, agora com Freud, tenta-se, se não curar, pelo menos indagar e especular sobre o que se passa no mais íntimo das pessoas, naquele território do qual elas mesmas são inconscientes. É a aventura do conhecimento levando ao desencantamento total.

Tudo isto evidentemente está merecendo uma revisão, porque essa relação dialética entre intelectual, conhecimento e espaço público, na afirmação de sua radicalidade, começa a dar um passo atrás e a negar o espaço público, a encurtá-lo. Do mesmo modo que as novas especializações criam universos restritos e circunscritos a novos detentores de novos saberes, a promessa de ampliação do espaço público e de interação com os intelectuais e com a busca do conhecimento começa a virar contra si mesma. As especializações começam a cercear o espaço de liberdade. Esse espaço da liberdade, da investigação passará a ser privilégio daqueles que detêm esses saberes; passará a ser privilégio de quem detém os códigos de acesso aos novos saberes.

Principalmente entre profissionais da educação, através das novas práticas e do controle do acesso aos novos saberes, constituíram-se muitos poderes. Para não falar dos macropoderes, no cotidiano da vida das universidades, das instituições de ensino, vemos, experimentamos, lutamos contra e às vezes somos cúmplices de novas formas de manipulação. É uma espécie de modernidade que já se revira sobre ela mesma, encurtando o espaço público. E a maior perda vai se dar exatamente para a âncora fundamental desse espaço público: como o próprio nome diz, o público. É ele que começará a ser o novo excluído dos novos saberes, que são saberes feitos ou construídos para a liberdade. Já se nota, portanto, um primeiro recuo, uma espécie de encurtamento do espaço público, à medida que as especializações avançam, e avançam em seu sentido primordial, que é o de radicalizar o desencantamento e o de lançar a interrogação da razão sobre todos os aspectos da vida na Terra.

Nesse processo, vê-se ocorrer uma nova síntese, na qual caminham as especializações. Desse desencantamento, dessa constituição de práticas que são saberes e são também poderes, o conhecimento transforma-se em algo que passa a ser capaz de moldar a própria reprodução da sociedade, que passa a ser moldada cada vez mais pelo acúmulo e pela radicalização das especializações. É nesse momento, fatal na aventura do conhecimento, que o conhecimento vai se tornar uma mercadoria. Este é o seu "calcanhar-de-aquiles". No momento em que as especializações passam a ser um diálogo circunscrito aos especialistas, no momento em que elas começam a moldar o próprio comportamento da Humanidade, o conhecimento deu um passo decisivo e transformou-se em mercadoria. E uma mercadoria só se reproduz pela sua mimese, pela sua homogeneidade; a mercadoria recusa a diferença, recusa o diverso, recusa o plural; a mercadoria é univocidade.

Nesse caminho, o capital apossou-se do conhecimento. Não do conhecimento para a liberdade, mas do conhecimento como mercadoria, do conhecimento como molde de produção da sociedade, do conhecimento como controle de acesso aos saberes e poderes. Esse é o passo decisivo, fundamental, o passo mais perigoso na aventura do conhecimento. Se quisermos nos servir de um pensador como Adorno, por exemplo, é aqui que vai se operar aquela espécie de "dialética negativa", sobre a qual Adorno tanto trabalhou. Se o caminho do progresso, se o caminho da modernidade havia sido lograr sínteses que ampliavam o espaço da liberdade, a nova síntese é uma síntese negativa, porque restringe os espaços de liberdade. Esse passo fundamental é dado exatamente quando o capital se apossa do conhecimento de uma forma bastante específica. Não como se apossa de qualquer mercadoria: apossa-se do conhecimento como indústria cultural. Com isso, a síntese negativa está operada. A indústria cultural vai borrar as diferenças entre intelectuais, conhecimento e espaço público.

A indústria cultural transforma o conhecimento em informação, provocando a perda da radicalidade do conhecimento: tudo é transformado em informação. E a sociedade contemporânea está mergulhada numa intoxicação de informações sem paralelo. Parece que dispomos de todas as informações para operarmos a aventura do conhecimento. Mas esta imensa intoxicação provoca o contrário: o espaço da informação cresce enormemente e encurta-se de novo e com radicalidade o espaço público. Na verdade, a informação não cria novos interlocutores; cria um movimento mimético, que se repete incansavelmente — e podemos utilizar todos os exemplos citados na fala de abertura desta reunião. Estamos há um mês intoxicados pelo excesso de informações sobre o que se passou em Nova York e sobre o que vai se passar, o que já está se passando no Afeganistão. Não aumentou um milímetro nossa capacidade de conhecer o que havia se passado em Nova York e o que está se passando no Afeganistão. As horas gastas diante da televisão e na leitura de todos os jornais de todo o mundo não acrescentam um milímetro ao nosso conhecimento sobre os processos que detonam a barbárie. O que existe em lugar disso é uma redução, uma operação reducionista do complexo ao simples. Se o movimento da razão foi desvendar cada vez mais a natureza do complexo, daquilo que produz a sociedade, de perscrutar sua inexplicável complexidade, a intoxicação de informações vai no sentido contrário. Hoje sabemos apenas — ou pensamos saber e na verdade nada sabemos — que o que se passou em Nova York e o que se está passando no Afeganistão derivam simplesmente de uma luta entre o Bem e o Mal. Para os crentes, isto já era sabido desde Adão e Eva; e para os não-crentes, restou o enorme enigma. A vasta complexidade da sociedade contemporânea norte-americana, uma das mais complexas do mundo, e a vasta complexidade das sociedades árabes e muçulmanas foram reduzidas à velha dualidade e polaridade do Bem contra o Mal. Há atributos das raças, atributos das religiões, e continuamos a ouvir, fascinados pela imagem, informações que não nos acrescentam absolutamente nada.

Esta é a indústria cultural como movimento mimético que repete, repete, repete e não aprofunda em nada o conhecimento. Esse movimento do real nos escapa sob toneladas de informações. No momento em que a transformação do conhecimento — na verdade seu simulacro — se reduz à informação, o que acontece com o intelectual? E, na outra ponta, o que acontece com o espaço público? O intelectual deixou de ser intelectual; é um comunicador. Mesmo no caso dos Estados Unidos da América, os grandes intelectuais norte-americanos, as vozes da razão, aqueles que se ergueram contra a guerra do Vietnã, não são quase ouvidos. E já há, nos Estados Unidos, não uma velada, mas uma aberta censura ao pensamento radical e ao pensamento que se diferencia. Os comunicadores, digamos, se pudéssemos fazer uma relação remota, são os novos oráculos. Isso ocorre em todas as áreas do conhecimento e da aventura humana. Os "grandes" da literatura hoje não são os Joyces subversivos, mas são os Umberto Eco, que fabricam romances como se fabrica lingüiça. Para fazer um poema, "tome um pouco de azul, se a tarde é clara", dizia meu poeta preferido do Recife; "tome os condimentos necessários, dose-os convenientemente e você obterá um romance". E a aventura da subversão lingüística, a criação de novas formas foi perdida. Cito Umberto Eco propositalmente, até porque é, antes de tudo, um semiótico. Ele descobriu as engrenagens de como transformar conhecimentos em informação, em comunicação. Eu o cito porque é um autor fascinante! Certamente muitos estarão lendo *Baudolino*, sua última façanha, mas evidentemente entre *Baudolino* e *Ulisses* a diferença é toda a *Odisséia*.

Há quem não concorde com essa divisão entre a grande literatura e a do gênero Paulo Coelho. Aqui não é o espaço para tratar dessa questão, mas, definitivamente, minha posição é que essa diferença é fundamental.

Voltando ao nosso tema, quem perde com a redução do espaço público é a *polis*; é exatamente a política que perde, pois a *polis* é o lugar da interlocução. Não há interlocução na comunicação. Ela é completamente falsa, mesmo na chamada "televisão interativa": de um lado estão as imagens da Rede Globo e do outro todos nós, que podemos reagir, através de respostas a perguntas cretinas. No Admirável Mundo Novo de amanhã, poderemos dispor de videofones, através e por meio dos quais entraremos em comunicação direta com as emissoras da Rede Globo. Teremos chegado então a quebrar o monopólio? Nem de longe. Continuará a ser um simulacro, porque informação não é conhecimento. E travaremos desta vez não um diálogo de surdos, mas um diálogo com gente que tem muita capacidade de ouvir e pouca capacidade de pensar. É a *polis* que perde em primeiro lugar, e quem perde na polis são exatamente aqueles que, no processo anterior, já haviam sido excluídos do conhecimento pela dinâmica das especializações e que agora são engolfados pela indústria cultural, mas não pertencem a ela e nem ao seu campo; são apenas utilizados como receptores passivos desta intoxicação de informações.

Este é um tema que deveria preocupar muito a todos nós, que militamos nas ciências do homem, nas ciências sociais, na educação, porque estas áreas são as mais atingidas pela massificação da indústria cultural. Nossas investigações passam a ser medidas pelo metro da produtividade, e isso já está em todos os critérios de julgamento das pesquisas. Ao nos submetermos às várias agências para recebimento de recursos, temos que responder a questões sobre a produtividade de nossas pesquisas. É o mesmo metro que mede a produção de uma mercadoria. Há pouca diferença, ainda, entre elas. Tratemos de preservar essa diferença, porque elas estão sumindo rapidamente na forma até dos questionários que são inteiramente padronizados. A mim, quando acorro muitas vezes aos guichês dessas instituições, me perguntam: qual é o público-alvo da sua pesquisa? Se responder sinceramente, me serão cortados os recursos. Se responder que não tenho um público-alvo; que o público não é um alvo; que o público é o meu outro, com quem dialogo, através da minha posição de intelectual, certamente eles terão razão para cortar-me os recursos. Mas não estou ainda suficientemente louco para ver cortados os recursos para pesquisa.

Há, portanto, nesse processo, contraditoriamente, um encolhimento do conhecimento substituído pela informação. A relação entre intelectuais, conhecimento e espaço público entra em crise. O espaço público não é apenas publicização; tem sido usado recorrentemente, até com boas intenções, como critério de publicização: publicizemos que aí estará cumprido, não só o ritual, mas a essência do processo do público. Isso pode ser um enorme equívoco, porque o público não é apenas publicização, o público é o outro pelo qual e somente através do qual se reproduz e se produz conhecimento. O público não é publicidade, não pode ser confundido com ela. A publicidade é um requisito do público, mas o público não se esgota nela. Vai mais além, transcendo o espaço da publicidade para requerer o outro como elemento constitutivo, como o momento da sua produção e reprodução. É precisamente isto que a informação não dá. A informação não requer o outro, mesmo que, através das televisões ditas interativas, alguém nos pergunte nossa opinião sobre a seleção do Felipão; isto não nos dá a possibilidade de entrar em interlocução com o Felipão.

Nesse processo, não há necessidade do outro para produzir o discurso daquele que emite o discurso. Esse encolhimento do espaço público é o outro lado da intensa pressão e tendência à privatização da vida, um fenômeno que dirige hoje todos os nossos esforços, dirige o nosso cotidiano e está presente em todos os acontecimentos. A tendência à privatização da vida confunde-se com tendência de liquidar, diluir e dissolver o espaço público. Ela se mostra de forma taxativa e quase irrecorrível, praticamente em todas as arenas de nossas tarefas cotidianas. Esse movimento de privatização da vida, para o qual todos corremos desesperadamente, transforma-se numa espécie de subjetividade antipública. Em decorrência, produz um estranhamento, um medo do outro — este medo que percorre toda a sociedade contemporânea. Estamos aqui juntos, nesta assembléia, nesta *polis* em miniatura; ao voltarmos para nossas casas, nos recolheremos aos nossos condomínios privados, cercados de guaritas, monitorados por câmeras de vídeo, presentes hoje nos espaços de circulação e amanhã no interior de nossas casas. A privatização da vida provoca o medo, provoca essa subjetivação antipública em que nos colocamos como seres privados, como se houvesse a possibilidade de existirem seres privados sem o outro.

Nesse momento, essa tendência percorre toda a sociedade contemporânea. E em sociedades tão desiguais como a nossa, a privatização da vida é uma das piores marcas e reforços da desigualdade. A desigualdade não consiste tanto nas diferenças de poder — embora como um velho materialista acredite que ela consiste sim nas diferenças de poder —, ela consiste muito mais na espécie de intranscendentalidade do outro, nessa barreira entre os próprios indivíduos, no medo que toma conta de cada um de nós, a ponto de não ousarmos mais sair nas ruas, em nossas cidades. Essa subjetivação antipública é recorrentemente remontada e reconstruída; por isso é uma grande indústria cultural — hoje, de forma mais sofisticada, chamada mídia. Ela reforça todo o tempo o estigma do público, levando-nos a pensar e a nos comportar como se pudéssemos esgotar a nossa sede do outro e a nossa multiplicidade dentro de casa.

Essa tendência leva-nos a nos recolher do espaço público para o espaço privado. Toda a tecnologia é uma tecnologia voltada para a privatização da vida. O computador, que já é hoje o nosso companheiro cotidiano e que já serve até para fazer amor virtual, é este não-outro que nos isola, por mais que trabalhemos "em rede". Quem pensa, como Castells, que com isso se está desfazendo o isolamento, incorre em um profundo equívoco. Redes não substituem a convivência! Redes não substituem o estar junto!

Essa tendência apresenta-se como síntese negativa. E a síntese negativa trabalha como uma espiral descendente: se no auge da modernidade, se no seu impulso original a síntese era uma espécie de espiral ascendente que resolvia um problema para colocar outro num patamar superior, apanhando as contradições anteriores e resolvendo-as no maior grau de liberdade, a nova síntese é reducionista. Novamente, o exemplo que temos mais à mão é a tragédia americana, que coloca do outro lado árabes, muçulmanos e agora afegãos. Houve a tragédia; a síntese negativa não se resolveu na busca da ampliação dos espaços de interlocução da sociedade norte-americana, para que ela possa viver o luto da experiência mortífera. A síntese negativa resolve-se reduzindo o espaço da liberdade, das pessoas, dos indivíduos, dos homens e mulheres, e, do outro lado, ampliando o espaço do capital. A nova legislação aprovada pelos Estados Unidos restringe fortemente a liberdade individual. Ao mesmo tempo, as companhias de aviação fazem o primeiro pedido da crise: serem socorridas pelo Tesouro americano. A nova síntese, portanto, não significa sequer ampliação simultânea de duas liberdades contraditórias; ela se resolve na negação total da liberdade dos indivíduos, enquanto amplia de outro lado o espaço do capital.

Este é um exemplo da anulação da relação entre intelectuais, conhecimento e espaço público. Exemplo dramático porque ocorre na sociedade que levou mais longe do que qualquer outra os desígnios e promessas do liberalismo, sobretudo do liberalismo político. Não foram atingidas somente as torres do World Trade Center, o que foi atingido fundamente foi o princípio liberal, este princípio da liberdade. E a síntese negativa volta a manifestar-se; quando aparentemente, pela quantidade de informações e até pelo *décor* da tragédia, tudo aponta para uma revivescência e uma ampliação do espaço público, a resolução é pela sua negação. Por que isso é importante para quem trabalha no campo das ciências humanas e das ciências sociais? Porque não se pode mais sequer instaurar uma linguagem científica no campo das ciências humanas. A síntese negativa nega também a possibilidade da linguagem científica, principalmente no campo das ciências humanas. Todos nós estamos acometidos de uma invasão de termos que vem de outros campos científicos, o que é muito antigo na história do conhecimento. A própria sociologia tomou muitos termos da biologia para poder estruturar o seu próprio campo de interrogações. O mais grave não é a tomada por empréstimo de termos usados hoje correntemente, é tomarmos o modelo da Natureza para pensar os problemas do Homem. O mais grave é a sociobiologia pensar a sociedade como um organismo biológico; o que estava na gênese da sociologia, o que a ajudou a nascer e a se estruturar, aparece hoje como um momento de sua negação. O mais grave, portanto, é que isso anula a possibilidade de uma linguagem e da pesquisa científica e nos encaminha irremediavelmente para um movimento de repetição, para um movimento minimalista.

Este é o risco maior que temos de enfrentar neste momento. Devemos assumir essa batalha como conseqüência do campo que escolhemos para nossas atividades profissionais, mas sobretudo do campo que escolhemos para ampliação do espaço da liberdade. Essa é a tarefa que as ciências humanas, as ciências sociais e a educação já têm há muito tempo, mas dramatizada agora pelos recentes acontecimentos. Dramática também no Brasil, onde a relação entre intelectuais, conhecimento e espaço público é bastante antiga. Na fala de abertura dessa assembléia e na saudação a mim feita, foram citados alguns clássicos do pensamento social brasileiro, aqueles que dedicaram suas obras, seus talentos a tentar interrogar a formação da sociedade brasileira. A maior parte desses intelectuais foi varrida de nossas bibliografias. Nos cursos oferecidos hoje pela universidade, em que lugar está Anísio Teixeira? Onde se ensina, nas ciências sociais, o pensamento de Florestan Fernandes? Esses intelectuais não estão sendo varridos, na velha metáfora, "para baixo do tapete"; estão sendo expulsos do pensamento universitário. Não apenas porque autores estrangeiros de maior prestígio ou de maior novidade estejam na moda — este é sempre um fenômeno passageiro —, mas sobretudo porque essa espécie de sociobiologização das ciências sociais e das ciências humanas impede uma nova interlocução com os "velhos" intelectuais, com nossos clássicos.

Este é o risco maior! A este risco a sociedade brasileira não pode responder como se não lhe interessasse. Diriam os cínicos: este pode ser um problema para acadêmicos, pode ser um problema para pensadores da educação, mas não é um problema para grande parte da população que necessita de feijão com arroz, de um prato de comida todo dia. Este tipo de pensamento ocorre até nos mais bem intencionados. Eu já ouvi muita gente de esquerda dizer que a primeira coisa a fazer no Brasil seria uma reforma que desse ao menos um prato de comida, a cada dia, a cada um dos brasileiros. Pode haver equívoco maior, mas eu não o conheço. Nesta sociedade, tão marcadamente desigual, a eliminação do campo de interlocução será fatal para a *polis*; será fatal sobretudo para os dominados, sobretudo para aqueles que carregam em si, em sua existência, todos os estigmas da formação dessa sociedade tão desigual. É a eles que se endereça, na verdade, a privatização da vida. São eles o alvo preferencial dessa privatização e desse encolhimento do espaço público. De novo: porque é na *polis* que se produz a política capaz de reverter essa situação.

Quem pensar que é no conflito privado, no conflito da fábrica, no conflito do escritório que resolveremos a questão da liberdade e da igualdade, não sabe da missa o terço. Não se resolve o conflito no espaço privado, mesmo porque, como o atentado em Nova York mostrou, o espaço privado é insuficiente mesmo para as atividades privadas. Temos à mão outro exemplo, que nos vem dessa vez da Suíça, a terra onde parece que a promessa bíblica tinha se cumprido, porque é lá que corre o mel, o leite, o chocolate e o dinheiro. Mas na Suíça bíblica também chegou a hora da verdade: sua companhia aérea mais importante declarou-se falida e foi socorrida pelo governo. Mesmo os conflitos privados não podem se processar fora da arena pública; ela é a única condição capaz de contemplar os próprios interesses privados. Portanto, não caiamos no equívoco de esquecer a política da educação como prioritária. Para a própria *polis*, esta é a prioridade fundamental, a prioridade número um, a que temos de nos dedicar e dedicar todas as nossas forças para orientar a política no Brasil, um país cuja desigualdade não precisa ser reforçada nem exagerada.

Podemos tomar o simulacro da comunicação e perguntar: onde estão os intelectuais? Onde está a produção de conhecimento? Parece um paradoxo, dado que evidentemente os intelectuais escrevem nos jornais e supõe-se que são, de alguma maneira, lidos e ouvidos. O que pareceria, portanto, que eu estou falando de algo completamente irreal. Na verdade, a capacidade de interlocução está grandemente reduzida. Ela não foi anulada completamente, mas encontra-se quase que totalmente escanteada do espaço público. Basta tomarmos qualquer um de nossos jornais, desde os mais paradigmáticos, começando pela *Folha de S. Paulo*, que é uma espécie de umbigo do próprio narcisismo. Fazendo as contas pelo método mais simples, onde estão as matérias, e qual é a quantidade de espaço dedicado a cada uma delas, assinadas pelas expressões maiores da intelectualidade brasileira? Na coluna diária da *Folha de S. Paulo*, publicada na parte à direita da segunda página, encontraremos — salvo Roberto Mangabeira Unger e tirando Dom Luciano Mendes de Almeida, que nos últimos tempos tem-se dedicado quase apenas à piedade — figuras eminentes do empresariado e da direita brasileira. Sem erro! A *Folha* faz uma espécie de compensação: bota uma coisa ali naquela coluna e do outro lado o Clóvis Rossi que dá, de vez em quando, uma de cético, frio, distante. Sob qualquer critério, ver-se-á que, neste simulacro no qual a informação se transformou, há uma predominância daquilo que se caracterizou nesta época como uma espécie de pensamento único. Isto não cria nenhuma interlocução. Sem interlocução o espaço público que parece ampliar-se a rigor se encolhe. Encolhe-se por não incluir novos interlocutores, por não tomar o pressuposto de que o outro é um ser dotado de razão.

A greve das universidades federais é um exemplo atual e importante. Toda a argumentação é de que os professores e funcionários das universidades em greve são destituídos de razão. Eles não são capazes de perceber as razões do orçamento da União, pelas quais suas reivindicações não podem ser atendidas. Todo o tempo é jogado sobre a opinião pública essa falsificação do público: a idéia de que petições e reivindicações são algo que atentam contra os fundamentos da política econômica e contra os fundamentos da República. Em outras palavras: professores, funcionários e alunos são transformados em inimigos públicos. Este processo recorrente de negação é o encolhimento do espaço público em lugar de sua ampliação.

Por essa subjetividade antipública, que se vai construindo à medida que o conhecimento se transforma em informação e que a informação se torna um simulacro do conhecimento, em outras palavras, nessa indústria cultural, ou como Fredric Jameson o chamou, nesse capitalismo cultural, os intelectuais são descartáveis. Trata-se agora, como qualquer mercadoria, da descartabilidade permanente; por isso a idéia do público encontra tão pouca acolhida. É preciso perguntar qual a corrente profunda que alimenta esse processo. Sem uma resposta adequada, não seremos capazes de armar nossas universidades, nossas investigações, com as questões mais fundamentais. Não é epidérmico esse sentimento; não se trata apenas de propaganda raivosa. Trata-se de um processo que percorre fundamente a própria formação da sociedade. Uma enorme contradição, posto que todas as outras formas de atendimento são discriminatórias. A forma do público é a única não discriminatória, o que não quer dizer muita coisa — porque o Diabo é o Diabo, não porque é velho, porque ele é o Diabo. Não quer dizer que o público atenda a todas as situações; quer dizer sim que é a única forma pela qual as novas e as velhas reivindicações podem algum dia chegar a ser atendidas. Todas as outras formas são discriminatórias. Como provam os exemplos dos Estados Unidos da América do Norte e da Suíça, mesmo ali o mercado não é capaz, pois reintroduz critérios de discriminação, que são critérios de classe. Esta é a questão que está em jogo. E o desafio é enorme, em especial para os educadores: desfazer essa tendência antipública formada nos subterrâneos, formada no rio profundo que percorre a sociedade. É um trabalho que só nós mesmos, dedicados à educação, podemos fazer. E podemos fazê-lo porque somos insanos!

Intelectuais e massa: a reprodução do *ethos* autoritário*

ROBERTO ROMANO

O título deste artigo exige uma reflexão sobre o indivíduo e a coletividade, dois pólos quase sempre antitéticos da vida política moderna. Neste sentido, julgo estratégico lembrar algumas doutrinas de Spinoza, autor fundamental para se conhecer a essência do Estado democrático. O traço de união, no autor da *Ética*, entre intelectuais e massa é o ensino. Indivíduos amedrontados e cidadãos livres: ambos, para chegar a este ponto, na perspectiva espinosana, precisaram passar por um processo educativo. "Uma cidade", lemos no *Tratado político*, "onde a paz é o efeito da inércia dos sujeitos conduzidos como rebanho, e formados apenas para a servidão, merece o nome de isolamento, e nunca o de Cidade" (Cap. 5, § 4).

Ao abrirmos a *Ética*, encontramos o mesmo conceito educacional e político: "O homem conduzido pela razão é mais livre no Estado em que ele vive segundo o decreto comum do que numa solidão, na qual ele obedece apenas a si mesmo" (Proposição 73, Quarta parte). O regime tirânico enclausura o indivíduo no corpo e no intelecto, arrancando-o do convívio que torna possível a liberdade em comum. Democracia, para Spinoza, é o regime que respeita os entes singulares humanos, mas coaduna tal cuidado com a força e os direitos coletivos. A soberania real só pode brotar daquela força comum, constituída pelos particulares. Estes, ao contrário do

*Versão revista do texto publicado originalmente em *Educação & Sociedade*, Cedes/Unicamp, ano XVI, nº 53, dezembro de 1996.

que ocorre no pensamento de Hobbes, não perdem seu direito natural de viver e de se expandir quando entram para a *res publica*.

Entre as formas de governo, pensa Spinoza, a democracia é a mais natural, a menos afastada da liberdade. Nela, "ninguém transfere seu direito natural a um outro (...) mas à maioria da sociedade, da qual ele mesmo é parte" (*Tratado teológico-político*, Cap. 16). Democracia, desse modo, significa a "união dos homens num todo que tem um direito soberano coletivo sobre tudo o que está em seu poder" (idem). Os limites desse mando aparecem no direito de cada um conservar e expandir seu próprio ser. Estas barreiras contra o despotismo devem ser postas por intermédio das leis e da educação.

Spinoza distingue entre povo e vulgo. O primeiro sabe conviver, na Cidade, respeitando e fazendo respeitar seus direitos. O segundo desconhece óbices às suas paixões, pois não foi disciplinado nem recebeu formação para isso. O "vulgo", a massa, é o ainda-não educado, mas jamais ineducável. Spinoza recusa o homem vulgar, mas não o expulsa da república, sobretudo quando ele é pobre. "Há, pelo contrário, em Spinoza, o ideal de educação unido ao ideal democrático" (M. Francès, in *Oeuvres complètes de Spinoza*, La Pléiade, p. 1.345). Vulgar, para o filósofo, não é o pobre, mas o indivíduo irracional, não-educado, mesmo quando riquíssimo e poderoso. Spinoza tinha especial desprezo por estes "senhores cheios de fausto, com sábia desrazão e imoralidade elegante". São estes os integrantes mais perigosos do vulgo, pois não compreendem que, ao privar a massa da verdade, dela retiram o poder de julgar. Quando a multidão desencadeia sua violência, os tacanhos de alma, ricos e poderosos tremem com toda razão.

Não há diferença fundamental, para Spinoza, entre homens da massa, intelectuais, estadistas. No Capítulo 7 do *Tratado político* (§ 27) o filósofo critica quem diz que a plebe desconhece limites e torna-se temível quando não é controlada pelo medo. Para os inimigos de toda democracia, a massa deve obedecer como escrava. Caso contrário, ela domina com a insolência da ignorância. Engano, diz Spinoza, a insolência marca todos os humanos que podem atingir o mando. Mesmo indivíduos que recebem poder apenas durante alguns meses tornam-se insolentes. A diferença entre o despotismo dos nobres e o dos pobres é que o primeiro é mais adornado pela "tolice refinada", ou "elegante imoralidade".

Para Spinoza, "a plebe ignora a verdade e não julga corretamente, porque os negócios importantes do Estado são mantidos em segredo. Ela está reduzida às conjecturas, a partir dos fatos, pouco numerosos, que não se conseguiu esconder. (...) Desejar esconder todos os assuntos do governo dos cidadãos, e depois afirmar que eles só fazem juízos errôneos, e suspeitam sempre o pior, é provar uma extrema conseqüência."

Lemos mais adiante:

"Em qualquer meio humano, a verdade é consideravelmente deformada pelos homens, sempre dispostos à cólera, sempre fracos diante de seus apetites. Isto atinge maior razão, quando os poderes mais eminentes encontram-se nas mãos de um só indivíduo, ou de certa minoria que, para decidir, não considera nem o direito nem a verdade, mas as importâncias das fortunas em jogo." (*Tratado político*, § 27)

Nas teses acima enunciadas, há muito para refletir, quando discutimos o problema estatal da educação, e pensamos no autoritarismo vigente nas massas e lideranças atuais, no Brasil e no mundo. Nada mais vulgar do que a soberba dos políticos acompanhados dos intelectuais que lhes prestam assessoria, quando preparam, no silêncio, golpes contra a *res publica*, mudanças não controladas pelas urnas nas regras jurídicas, negociatas com a riqueza coletiva. Numa sociedade assim regida, há um vínculo mimético entre soberba oficial e violência das massas. Ignorando os *arcana* do Estado, a cidadania nunca se educa para o juízo correto sobre os negócios políticos.

Não se encontra ainda em Spinoza o fantasma romântico e religioso do "povo inocente e sofredor, um novo Cristo". Para ele, o guarda da esquina torna-se insolente se tem alguma oportunidade de poder, tanto quanto o empresário que enriqueceu através da esperteza. A diferença, diria Spinoza se estivesse entre nós, está nos enfeites de um e outro. O guarda da esquina tem seu revólver e sua farda para intimidar o próximo. O patrão rico adquire facilmente cadeiras no Senado, brilha na sua limusine, ostenta homens de confiança que usam metralhadoras para impor medo aos concorrentes ou adversários. Mesma insolência, idêntica arrogância. Trata-se de uma questão matemática de grau e número. Autoritarismo especular.

Contra semelhante *mimesis* pervertida, só existe a democracia, e nenhum outro remédio. Nela, os cidadãos aprendem a ajuizar com o *metron* comum do intelecto e do saber. Trata-se de integrar prática política e preparo de massa, a fim de permitir a adequação entre os direitos individuais e coletivos. Importa instituir um Estado enquanto coletividade que se educa, não o reduzindo ao mínimo, como nas doutrinas liberais, com a imagem do "guarda-noturno" que protege as propriedades dos ricos.

Nos países sem economia forte e governo democrático, massas e intelectuais representam perigo para as assim denominadas "elites". Estas apreciam os "seus" intelectuais, os que agem como porta-vozes dos interesses privados. Isto se soma ao descaso pela educação coletiva. Tomemos o caso do Brasil, que não é único nos dias de hoje, pelo contrário. Após anos submetidos a uma ditadura que encerrou a plebe e os acadêmicos nos limites geográficos do país, afastando deles o conhecimento dos *arcana*, via censura sistemática, os brasileiros estereotiparam esquemas de representação coletiva. Um engodo assim foi a tese de que os nossos males provinham, na sua maior parte, do Estado.

Seria enfadonho analisar todas as doutrinas que representaram o antiestatismo na Europa e no Brasil, sobretudo a partir de 1970. Quem tiver a paciência de examinar as teses acadêmicas da época verá pelo menos três vertentes "teóricas" informando a coleta de elementos empíricos, ou dispensando sem maiores cautelas este cuidado científico. Sob a "microfísica do poder", decretou-se que entidades universais e abstratas, entre elas a instituição estatal, "inexistiam". Com isso, fragmentou-se o social para que ele correspondesse às microinstituições "repressivas". Na eminência política, inexistiria o Estado; na planície, inexistiria a massa. No intervalo, só possuiriam alguma densidade ontológica os "movimentos sociais", adequando-se às maravilhas — porque *a priori* — ao estilhaçamento operado intelectualmente. "Homossexuais", "mulheres", "negros", todos defendendo sua idiossincrasia, posta acima da política e do coletivo, hostil aos partidos; tudo isto levou ao zelo isolacionista dos militantes, nos *campi* e nas cavernas onde se retiraram os "diferentes", com sua "identidade".

Confluindo nas mesmas águas, mas com argumento diverso, tivemos o discurso rousseauniano ressurgido na aparência de análises antropológicas sobre indígenas. Já as teses de Pierre Clastres, em seu livro sobre a sociedade contra o Estado, rapidamente assumido como "definitivo", são bastante questionáveis em termos empíricos, lógicos, epistemológicos e filosóficos, quando rebatidas sobre seu objeto aparentemente imediato: a sociedade indígena. Os guaranis de Pierre Clastres correspondem exatamente ao imaginário europeu forjado na oficina do *Contrato social*. Já seus vínculos com os guaranis efetivos são de ordem anamorfótica. Mas, com a pressa habitual na *mimesis* de ensinos requentados, como é comum entre militantes, acadêmicos ou não, rapidamente as teses sobre os índios sofreram a previsível metáfora. Dos índios para "nós", brasileiros ou "latino-americanos" (Antônio Risério, um crítico baiano muito lúcido, já fez a crítica deste constructo "latino", que une na mesma designação imperial todos os que têm dificuldades para conseguir um visto de entrada nos países "saxões" ou simplesmente ricos) vítimas da técnica e das artes, e das ciências, somos contra o Estado, ou deveríamos ser. À diferença da microfísica foucaultiana, aqui se reconhece o Estado, com sua burocracia impiedosa. Mas estas seriam instituições de gênese totalitária, cuja vocação é a de sempre impor por meio da violência um imaginário de unidade fictícia, dissimulando as quebras no interior do social. O Estado é grande violentador da sociedade, gerando saberes e técnicas que destroem a liberdade de opção dos grupos e dos indivíduos.

Ambos os ideários — o moldado por M. Foucault e o definido por P. Clastres — recusavam a macropolítica (exacerbada pelo marxismo stalinista), depositando esperança nas ações micrológicas a partir da "base" societária. Nestas óticas, nem os integrantes dos "movimentos sociais" eram tidos como integrantes das classes sociais (outro conceito superado...), nem como passíveis de ser subsumidos na massa. O Estado foi suprimido de modo ideal, subjetivo, mas continuou existindo, para infelicidade do anarquismo libertário.

Uma terceira vertente, nessa ruptura apenas ideal com o Estado, representa a junção católico-gramsciana, com sua certeza sobre o valor da "sociedade civil" gelatinosa. Aqui, o Estado inimigo devia ser conquistado pelos progressistas com apoio de setores estratégicos da mencionada e variegada "sociedade civil". Tendo rompido com a ortodoxia marxista, a maioria dessas doutrinas recusava o conceito "tradicional" de sociedade civil (hegeliano e marxista) de que esta seria o "Estado exterior" — o reino da violenta concorrência e da necessidade — corrigido e melhorado pelo poder público.

As três tendências ideais a que aludo não permaneceram "puras". Em trabalhos acadêmicos e mesmo extra-universitários elas não se mesclaram. Múltiplas teses evocavam ao mesmo tempo, num só fôlego, as microinstituições, postas como "sociedades contra o Estado", apelando para conceitos como os de hegemonia e sociedade civil, nos limites dos "movimentos sociais". Algumas, seguindo o anacronismo, acrescentavam os "aparelhos ideológicos" de Estado, misturando-se assim, num coquetel indigesto e letal ao espírito, Althusser, Gramsci, Foucault, Clastres, Lefort etc.

Em todas essas falas, martelava uma certeza: o Estado é o inimigo a ser vencido ou dominado. Como se o Estado não fosse o universo dos cidadãos, incluindo os homossexuais, os negros, as mulheres, os "negativamente privilegiados" inclusive. Qualquer ação política libertária precisaria partir, assim, da "base" social, rompendo com a hedionda burocracia e com o poder, "intrinsecamente" autoritário, nestas novas versões do maniqueísmo. Neste exorcismo, os partidos políticos — núcleos do poder estatal — foram desvalorizados ao máximo, em proveito dos "movimentos sociais". Durante boa parte dos anos 1980, no Brasil, a grande mancha em todos os *curricula* acadêmicos seria ter servido, no cimo do governo, ao "poder".

Mas algo não se coaduna com tamanha fobia pelo mando, o medo de ordenar, na terminologia de Elias Canetti. Existiria um intelectual tão desinteressado assim, sem nenhuma paixão pelo poder? A resposta, a temos com o mesmo Canetti, em seu livro *O território do homem* (uso a tradução francesa: Paris: Albin Michel, 1973, p. 32): "Ainda não vi, e talvez nunca venha a assistir, o espetáculo de um só homem que ataca o poder sem o desejo de abocanhá-lo." As várias tendências ideológicas acima indicadas deixam escondida, ou não explicitada totalmente, a sua busca — antes reprimida pela ditadura — de instalar seus proponentes no mando, e, mesmo, mando antidemocrático. Após a democratização frágil, com as eleições livres, grande número de intelectuais antes críticos do Estado experimentou o gosto do poder, algo já existente em seu íntimo.

De Platão aos nossos dias, é tarefa ingrata delimitar o intelectual em sua essência e em seu papel. A divisão entre filósofos, sábios verazes e desinteressados, pedagogos da *polis* e os sofistas, aduladores do povo e ávidos de poder e dinheiro, parece possuir, ainda, grandes virtudes heurísticas. Platão era um autor cômico. Por detrás destas máscaras, ele indicou tipos ideais que definem os engenhos ligados à política. Se considerarmos atentamente as caçoadas platônicas sobre os realismos "populares", que passam pela boca sofística, veremos nos seus diálogos um antídoto contra o dogmatismo assumido neste ou naquele ideário extremo, que só aceita a solução A ou B, sem matizes. Dialética, no sentido platônico, é algo movente, sempre diluindo aporias e "verdades" fixas.[1]

Os intelectuais que em nosso tempo levam a política "a sério", já dizia Schumpeter, "acorrem de todos os cantos da sociedade, e em grande parte as suas ações consistem em se combaterem mutuamente e em formar as vanguardas de interesses de classe que não são os seus". Quando estão no poder, os intelectuais deixam de sê-lo no sentido schumpeteriano. Daí, talvez, a má vontade (bastante justificável) diante de seus pares que vivem apenas para a crítica, em nome dos outros. Antes da Igreja católica brasileira, engenhosos escritores e militantes já se colocavam como "a voz dos que não têm voz". Tal ventriloquismo e tal garrulidade integram o feitio do intelectual "puro". Outra marca: em qualquer profissão, quem se define como intelectual considera-se apto a falar sobre assuntos afastados de sua competência. Esses intelectuais não seriam aceitos, como os poetas e os sofistas, na *República* platônica. Finalmente, o intelectual puro está sempre disposto a denunciar os "burgueses", os quais, naturalmente, nunca estão no seu campo de amizade. Quem desejar uma fina crítica desses intelectos "empenhados" mas não muito, pode ler o livro de Gerard Lebrun intitulado *Passeios ao léu* (São Paulo: Brasiliense, 1983).

Por que, interroga-se Lebrun, e a partir de onde se estabelece esse tipo de intelectual "puro"? As causas defendidas devem compensar, ideal ou materialmente. "O intelectual", avança Lebrun, "sempre deve dar um jeito para encontrar desmandos que alimentem sua cólera." Para vender seu produto, seu discurso casto e virtuoso, os intelectuais trabalham visando à opinião pública, ou "para responder à demanda desta, ou para criar tal demanda, ou (o mais freqüente) para enfrentar essas duas tarefas". A opinião pública é o mecenas coletivo, sem o qual inexistiria a figura do intelectual.[2]

A opinião, comenta Lebrun, "é a instância frívola que julga sem conhecer, e a quem os intelectuais (ao abastecê-la com "idéias", argumentos, temas mobilizadores) dão a ilusão de conhecer. Daí o profundo desprezo de Hegel por esses trapalhões moralizadores, por esses propagandistas de quimeras. Governar, diz Hegel, começa por tornar-se "independente" da opinião. Será, portanto, a malícia de deixar os intelectuais tagarelarem o quanto quiserem."

A fama dos intelectuais não lhes traz poder real.

"Não são aplausos que faltam aos intelectuais, mas sim votos aos partidos que eles apóiam. Sartre forneceu um exemplo involuntário disso quando, no auge de seu prestígio, fundou uma efêmera 'convergência revolucionária': os resultados eleitorais foram irrisórios, até mesmo em Paris. É que uma coisa é formar o discurso político, outra é ter poder sobre a vida pública."

Intelectuais, ou permanecem apenas famosos pela demolição de valores e crenças, ou assumem a tarefa de governar povos, arriscando-se a perder a fama de "desinteressados". Outro comportamento é indicado por Lebrun:

"Um conservador conseqüente só deveria começar a desconfiar dos intelectuais quando estes visam objetivos a curto prazo e sensibilizam o público para abusos precisos. Quando deixam de ser desmistificadores para se tornarem reformadores."

Com isto, sintetizemos alguns pontos: socialmente, nos planos mais radicalizados, da inteligência militante, nos anos 1970 e 1980, no Brasil, tivemos uma recusa do Estado e uma falta de exame de seus fundamentos lógicos e históricos. Não que tenham faltado absolutamente trabalhos sobre o tema, mas o foco principal era dirigido *a priori* contra a instituição política, descartando-se a sua função de garantir a democracia e o progresso educativo. Após anos e anos deblaterando contra o Estado, a inteligência "progressista" viu-se na precisão de canalizar alvos concretos, universalizando o que restou dos "movimentos sociais".

Enquanto os acadêmicos refazem o aprendizado do mundo empírico, temos a continuidade da doutrinação das multidões, sua "educação" para a barbárie no Brasil. Os movimentos de defesa dos direitos humanos sabem perfeitamente: eles não possuem apoio nas populações marginalizadas, nem na classe média. As "elites" continuam como sempre: assassinas e genocidas, assaltando o excedente econômico. Um líder da Anistia Internacional confidenciou há alguns anos: "Lutamos para enxugar gelo com toalha quente."

Mas temos alguma idéia das origens da violência em nosso país. Vários trabalhos acadêmicos já avançaram neste setor, em proveito de nossa consciência sobre o *ethos* popular. No Brasil, a cultura da submissão aos grandes, do favor generalizado, da extrema virulência cotidiana, já foi delineada em termos sociológicos, antropológicos, históricos. Trata-se de recuperar tais estudos, acrescentando outros sobre o *status quo* atual tendo-se em vista principalmente a mídia eletrônica, o rádio em especial, como fator de fascistização das massas periféricas, avançando para a classe média urbana.

No Brasil, quanto mais os marginalizados são submetidos aos mercadores de droga, quanto mais atacam os pequenos bens da classe média, e guardam como reféns nos seqüestros os mais bem aquinhoados, mais força adquire a doutrinação favorável à pena de morte, ao linchamento, ao genocídio praticado por grupos militares, ou melhor, paralelos às polícias, e pelas gangues dos civis a soldo de comerciantes, hoje chamados "justiceiros".

Caberia aos intelectuais democráticos tudo fazer para ajudar os poderes do Estado a garantir seus monopólios, sem os quais inexiste soberania, e sem os quais a massa fica exposta ao banditismo das federações de comércio e indústria, ou dos quartéis da droga. Não é muito lembrar que são três esses monopólios: controle da força física, do excedente econômico, do ordenamento jurídico e penal. Todos esses monopólios, vigiados pela cidadania, quando em ato, podem ajudar na luta pela educação das massas e no controle das minorias ricas e insensíveis que dominam a vida nacional em todos os países sul-americanos.

O tempo urge. No Brasil, em particular, vivemos um mimetismo entre massas e facções dominantes, no qual se espelham os piores exemplos de um *ethos* perverso. Transformando-se o país numa infinda Miami, sem produção e consumo definido pelo movimento especulativo puro e pela droga, não haverá saída para a vida livre e democrática. Talvez inexista saída para qualquer existência. Vivemos um círculo vicioso que mostra o esfacelamento administrativo e acelera as explosões anárquicas e bárbaras no interior do país.

No Brasil, massas colocam-se, não raro, como hordas destruidoras e autodestrutivas que buscam milagres, líderes carismáticos encarnando o *Soter*, que livrará a Nação do nada coletivo. Enfrentamos sempre a maldição política de não podermos contar com instituições e partidos efetivos. Entre os milhões e o líder, surge apenas o instrumento de mobilização da massa enquanto tal, ou seja, a mídia, sobretudo a eletrônica. Não temos tempo histórico. Nossa vista esgota-se no aqui e no agora.

Como educar massas para a cidadania, se elas rumam para o vazio e tendem a jogar este nada sobre si mesmas? Um linchamento é a expressão desta Nêmesis nauseante que se repete todo dia, integrando a normalidade brasileira. Como garantir alguma justiça, pressuposto e resultado de uma educação racional, se o Estado se pulveriza, perdendo a força de exercer os monopólios que o tornam soberano? Sem o Estado, não há educação coletiva para a técnica, a ciência, a física e a ética.

Os acadêmicos e os intelectuais precisam contribuir com os partidos democráticos, e estes com os *campi*, para que o saber científico sobre a massa seja aproveitado em programa de curto prazo, no mesmo passo em que se luta para que a comunidade política, nas suas três faces, assuma plena soberania sobre os interesses particulares de empresários ou de corporações. Imaginação conceitual e enfraquecimento do populismo são elementos que, unidos, podem ajudar o Estado de direito entre nós. Sei bem que nos *campi*, seguindo o modelo da sociedade maior, instalam-se máfias e seitas, vendendo o conhecimento em proveito de seus portadores imediatos, os que fazem pesquisa. Sei bem que essas máfias e seitas, de modo hipócrita e perverso, apresentam-se como "democráticas" aos olhos da massa. Não tenho ilusões sobre esses intelectuais traidores que sujam, com suas negociatas do espírito e seus *lobbies*, o nome intelectual. Mas também sei que nos mesmos *campi* setores empenhados com a ética e com os valores democráticos existem e se ampliam. Unidos à política, em seu próprio nível — a geração de saberes — os acadêmicos podem contribuir para a mudança do *ethos* brasileiro, voltado para a morte dos corpos e das almas, dirigindo-o para os planos mais eminentes da vida.

NOTAS

Não cito os trabalhos com tendência antiestatal no Brasil. Uma simples inspeção nas bibliotecas e nos arquivos dos cursos universitários basta para comprovar a extensão de sua força. Também não cito os textos cuja contribuição efetiva para o conhecimento de nossos *mores* é inestimável. A lista seria rica. Trata-se de recuperar, penso, aquelas análises, obnubiladas pelas várias ortodoxias pequenas que se opuseram às dogmáticas stalinistas.

1. Digamos isto com Hegel: o pensamento platônico, enquanto dialética, não termina com um resultado negativo, "mas revela a unificação das contradições destruídas" (*Lições sobre a história da filosofia, "Platão"*).

2. "É uma impostura ou mentira que o intelectual pretende sacrificar seus interesses egoístas, empíricos, pelo Verdadeiro, Belo, Bem 'absolutos'. Pois estes pretensos valores 'eternos' não existem para Hegel. (...) O que os intelectuais oferecem aos outros homens não possui valor real. Eles os enganam, pois. E os demais, admirando ou invectivando a obra e o autor, o enganam por sua vez, pois não levam 'a sério'. E enganam-se eles mesmos, pois acreditam na importância de sua ocupação ('elite intelectual'). A República das Letras é um mundo de ladrões roubados." (A. Kojève, *Introduction à la lecture de Hegel*. Paris: Gallimard, 1939, p. 93-94.) Neste livro, a "pureza" dos intelectuais é muito bem explicitada. Sua análise vale para os laicos e os religiosos.

Os intelectuais de esquerda e sua desesperada busca por respeitabilidade

JAMES PETRAS

Introdução

Quando George Soros, um dos maiores e mais vorazes especuladores do mundo, publicou um livro questionando alguns dos aspectos mais destrutivos do capital especulativo, os intelectuais de esquerda se apressaram a reproduzir suas citações como se elas fossem evidência de que o "capital global" era realmente uma ameaça à humanidade. O curioso nessa história é que Soros recebeu publicidade gratuita, ganhou mais direitos autorais, um aumento em estatura política e intelectual, ao mesmo tempo em que continuava lucrando com sua administração de fundos de investimento especulativos. Este não é um caso isolado: com mais freqüência do que se imagina, os intelectuais de esquerda buscam fontes "respeitáveis" que forneçam apoio aos seus argumentos, citando-as como "impecáveis" ou "sem o menor sinal de simpatia pela esquerda", como se as pesquisas e o academicismo de esquerda fossem menos confiáveis ou menos capazes de convencer. A busca da esquerda por respeitabilidade burguesa tem profundas implicações na discussão do problema do crescimento de uma cultura político-intelectual alternativa.

Um dos notáveis aspectos da política contemporânea é a brecha entre as condições objetivas declinantes da classe trabalhadora e do trabalho rural e as respostas subjetivas, que são difusas, fragmentadas e freqüentemente tuteladas pelos partidos neoliberais. Esse contraste é mais evidente no Terceiro Mundo, mas também é encontrado nos países capitalistas desenvolvidos.

Enquanto as desigualdades entre classes, raças, gênero e regiões aumentaram, e os serviços sociais destinados à classe trabalhadora foram reduzidos para proporcionar menos impostos e subsídios mais volumosos para os ricos, a resposta subjetiva é abafada: as greves e os protestos tendem a ser reações defensivas, os movimentos agrários carecem de aliados urbanos e a maior parte dos intelectuais encontra-se dissociada das lutas populares ou aceita as premissas básicas da ideologia neoliberal, isto é, que a "globalização" é inevitável e irreversível. Resumindo, a "hegemonia burguesa" desempenha um papel vital na garantia da estabilidade de um sistema social altamente desigual e explorador.

A hegemonia burguesa é um produto de numerosos fatores, incluindo os meios de comunicação de massa e as instituições culturais do Estado. No entanto, a hegemonia burguesa também é o resultado do comportamento e dos métodos de trabalho dos intelectuais de esquerda, que buscam legitimidade para sua produção intelectual no mundo burguês.

Hoje muitos intelectuais de esquerda tomaram emprestados e assimilaram os conceitos básicos e a linguagem que os teóricos e publicitários burgueses utilizam para analisar o mundo contemporâneo. A linguagem e os conceitos tomados da burguesia incluem "globalização", "capital desestatizado", "revolução da informação", "ajuste estrutural", "flexibilização trabalhista" etc. Estes conceitos são intrínsecos ao sistema imperial e à ideologia neoliberal — são compreensíveis no contexto de um sistema de poder que busca disfarçar e legitimar a sua dominação. Porém, os intelectuais de esquerda evitam usar conceitos mais precisos, que são muito mais úteis para a identificação de configurações contemporâneas de poder, tais como imperialismo em vez de globalização; estado imperial em vez de corporações desestatizadas; predominância do poder financeiro em vez de "revolução da informação"; intensa/extensa exploração em vez de flexibilização trabalhista; retrocesso econômico em vez de reforma econômica; reconcentração e monopolização da riqueza em vez de ajuste estrutural.

O atrelamento da esquerda intelectual à burguesia no que diz respeito ao paradigma da "globalização" faz parte de um problema maior encravado numa subordinação mais profunda à cultura burguesa; ou seja, o de se voltar para a cultura dominante à procura de fontes de verdade, objetividade, prestígio e reconhecimento. A busca dos intelectuais de esquerda por prestígio burguês, reconhecimento, afiliações institucionais e aprovação implicam uma assunção real dos valores associados a eles. A assunção manifesta desses valores e práticas desempenha um importante papel na perpetuação da hegemonia burguesa, apesar dos protestos dos intelectuais de esquerda.

Um aspecto importante do progresso e do reconhecimento da carreira, assim como a obtenção de posições em prestigiosas instituições burguesas, envolve jogar de acordo com as regras do jogo estabelecidas por eles no encalço do trabalho intelectual. Seguindo essas "regras do jogo", os intelectuais de esquerda autenticam as alegações burguesas de legitimidade e fortalecem sua posição hegemônica.

Legitimando a hegemonia

Uma das regras básicas seguidas pelos intelectuais de esquerda ao realizarem pesquisas é a citação de fontes burguesas, mesmo quando essas fontes estão disponíveis e apresentam uma perspectiva crítica. O pseudo-argumento defendido por esses intelectuais é que, ao citarem fontes burguesas em vez de fontes de esquerda, eles serão mais convincentes para o "público em geral" ou o mundo acadêmico. Ao procederem assim, os intelectuais de esquerda fortalecem a autoridade dos escritores burgueses como fonte de verdade objetiva. Eles reforçam e perpetuam a invisibilidade dos pesquisadores de esquerda e de seu trabalho, deixando de reconhecer sua contribuição. Adquirem respeitabilidade e aceitação, compartilhando com seus colegas burgueses uma literatura e uma compreensão comuns do que e quem é "importante ler". Ao citarem críticas particulares do capitalismo feitas por personalidades pró-capitalistas particularmente notórias, os intelectuais de esquerda reciclam a imagem deles e lhes fornecem desse modo uma plataforma futura que podem vir a usar para denunciar a esquerda.

A resposta desses intelectuais ao livro de George Soros é um caso exemplar. Soros tem a merecida reputação de ser um especulador que ganhou bilhões pilhando economias e arruinando países, antes, durante e depois da publicação do seu livro. Ele desempenhou e continua a desempenhar um importante papel no financiamento de instituições culturais e na cooptação de intelectuais, particularmente nos países da antiga cortina de ferro que, subseqüentemente, implementaram políticas econômicas de "livre mercado" que foram devastadoras para eles. Apesar desse histórico, os intelectuais de esquerda ficaram entusiasmados, citando suas críticas das atividades especulativas e dos excessos capitalistas, como se ele fosse uma autoridade especial capaz de revelar as contradições do capitalismo. Em sua desesperada busca por aprovação, os intelectuais citaram Soros como estofo para sua crítica ao neoliberalismo, negligenciando o fato de que Soros estava faturando bilhões fraudando economias asiáticas.

A relação dos intelectuais de esquerda com o Banco Mundial é um outro exemplo dessa busca por respeitabilidade. Anualmente o Banco Mundial publica um boletim estatístico que inclui dados sobre a pobreza no mundo. De quando em quando, os intelectuais de esquerda citam estimativas publicadas pelo banco para fundamentar seus argumentos, sem examinar criticamente o modo pelo qual a pobreza é mensurada e subestimada. O fato é que as estimativas do Banco Mundial não são confiáveis e suas mensurações da pobreza totalmente inadequadas. A "linha de pobreza" adotada por esse banco é de um dólar por dia, quantia com a qual não se vive em nenhum lugar do mundo. Se um índice de pobreza apropriado fosse elaborado por pesquisadores de esquerda, estes dobrariam ou triplicariam o número de pobres no mundo. Porém, citando estimativas do Banco Mundial, os intelectuais de esquerda apelam para seus colegas "conservadores", demonstrando que compartilham fontes comuns. Citando a autoridade do Banco Mundial, fortalecem a sua imagem, nem que seja como a de "uma fonte útil de informação". A medição da pobreza no Terceiro Mundo feita pelo Banco Mundial chega a conclusões tão absurdas que as percentagens de população vivendo na pobreza no Sudeste Asiático estão quase no mesmo nível dos Estados Unidos e do Canadá.

A Comissão Econômica para América Latina e Caribe (CEPAL) é outra fonte "impecável" de informação e ponto de referência para os intelectuais de esquerda — como se ser de esquerda contaminasse a informação.

Por exemplo, os intelectuais de esquerda freqüentemente recorrem à CEPAL em busca de informações sobre a privatização de empresas públicas (um item fundamental da agenda política da CEPAL). Mas uma leitura mais atenta dos documentos da CEPAL revela que seus funcionários praticamente não discutem a corrupção e as barganhas envolvidas nas privatizações. A CEPAL descreve-as como um processo puramente econômico, e alega que não está envolvida nos aspectos políticos das privatizações e menos ainda com as conseqüências negativas tanto a longo quanto a curto prazo. A CEPAL afirma que as transações estatais deveriam ser transparentes, mas não confronta o fato de que as privatizações não são "transparentes". Por que a CEPAL continua a promover a receita da privatização, quando sabe em primeira mão que o processo de privatização é corrupto e envolve a alienação de valiosos recursos a preço de barganha? Conhecendo os vieses da CEPAL, por que os intelectuais de esquerda utilizam seus dados sobre privatizações, quando proeminentes escritores e jornalistas de esquerda publicaram análises mais completas e críticas?

Com a participação de personalidades proeminentes

Os intelectuais de esquerda, em sua constante busca de respeitabilidade, não apenas se voltam para as instituições burguesas para corroborar seus argumentos, como também buscam personalidades burguesas em evidência, com sabida reputação e prestígio nos círculos burgueses, para promover causas populares. Freqüentemente, ao organizar eventos públicos, esses intelectuais ignorarão os escritores mais conseqüentes, os ativistas ou líderes militantes em favor de um assim chamado ator, advogado, juiz ou escritor "progressista", que não tem nem conhecimento nem prática referentes à causa em questão, mas que apresentará alguns chavões de efeito que não educam ninguém nem entram em ressonância com as pessoas do movimento.

Ao promover indivíduos com "status de celebridade" como método de obter publicidade na mídia de massa, os intelectuais de esquerda sacrificam o propósito do encontro. O custo político pode ser significativo: o encontro se transforma num "espetáculo", um entretenimento que mais despolitiza do que educa as pessoas em relação às causas e conseqüências da luta. Além disso, os intelectuais de esquerda freqüentemente têm de dar explicações sobre os "lapsos" das prestigiosas celebridades, que muitas vezes equiparam a violência da população em defesa de suas vidas, terras e meios de sobrevivência com a violência dos poderes imperiais predatórios.

"É óbvio", responderiam os intelectuais de esquerda de forma apologética, "que ele (ou ela) não é um dos nossos, mas veja quantas pessoas compareceram, veja o tamanho do espaço que ganhamos na imprensa burguesa, do tempo de exposição na televisão." Em nome da "mais ampla unidade", a esquerda cria uma plataforma para a fala das celebridades burguesas que freqüentemente desvia a crítica do sistema para a de uma política, de uma política para a de uma personalidade, ofuscando com isso o objetivo do encontro popular. Pior ainda: as prestigiosas celebridades burguesas exaltadas como progressistas pelos intelectuais de esquerda em eventos públicos podem dar meia-volta no dia seguinte e participar de festividades com altos dignitários de um regime reacionário... trazendo um descrédito para a esquerda e semeando na população uma confusão a respeito da natureza da política de esquerda.

A busca por símbolos de prestígio

Os intelectuais de esquerda anseiam obter reconhecimento dos colegas burgueses e abster-se-ão de atos públicos, denunciarão os colegas ativistas e adotarão posturas servis para agradar aos seus superiores e juízes conservadores, na esperança de garantir um símbolo de prestígio burguês. Os prestigiosos prêmios burgueses são um bilhete para a promoção e a legitimidade aos olhos dos intelectuais de esquerda emergentes. Intelectuais conseqüentes compromissados com os movimentos sociais concretos não recebem prêmios prestigiosos. Para os intelectuais de esquerda, ganhar um Prêmio Nobel, um Guggenheim ou uma bolsa da Ford Foundation é considerado a culminação de uma carreira de sucesso. São formas de certificação fornecidas pela elite do poder acadêmico pelas quais eles podem ser homenageados por se abster de quaisquer lutas antiimperialistas ou anticapitalistas. Foi essa compreensão que fez com que Jean-Paul Sartre rejeitasse o Prêmio Nobel.

No entanto, ao promover eventos políticos, os intelectuais de esquerda citam exatamente esses títulos e prêmios quando introduzem um orador "prestigioso". Ao destacar tais premiações, eles têm de convencer o público de que a esquerda atingiu de certo modo um status intelectual. Na verdade o que a esquerda faz é legitimar padrões burgueses e processos de seleção, e as condições subjacentes que determinam a concessão de prêmios, fortalecendo dessa forma a hegemonia burguesa.

O desejo da esquerda por respeitabilidade burguesa é também encontrado na importância que identidades institucionais têm para ela: intelectuais de esquerda se vangloriam de terem estudado em Harvard, Yale, Princeton, Oxford, Cambridge, Sorbonne, como se estas universidades não fossem centros de instrução neoliberal e pró-imperialista. O mesmo se aplica aos ex-funcionários do governo que recebem proeminência dos intelectuais de esquerda. Enquanto ninguém contesta que ex-funcionários do governo podem mudar sua maneira de pensar e passar a ter uma postura crítica em relação ao estado, o ponto de convergência com a esquerda deveria ser o fato de que eles são ex-funcionários e não os antigos detentores de posições "prestigiosas" em um regime burguês.

O recrutamento de indivíduos talentosos vindos das camadas populares constantemente renova a hegemonia burguesa. Muitas vezes isso é feito por intermédio de bolsas de estudo oferecidas a estudantes que são pobres, mas brilhantes, para que eles ou elas freqüentem universidades "prestigiosas" que os "reeducam" e treinam para servir às classes dominantes. A esquerda deveria ouvir e ler o que os intelectuais escrevem independente de suas prestigiosas credenciais institucionais, não por causa delas.

Além de prêmios importantes e identidades institucionais, os intelectuais de esquerda estão constantemente em busca de proeminentes patrocinadores burgueses para realizar eventos: personalidades, instituições e agências oficiais. O raciocínio é que, quanto mais burguês o patrocinador, maior a respeitabilidade, maior a legitimação e maior o público. Na verdade, isso resulta em mais visibilidade e legitimação para as instituições de poder burguesas, enquanto as instituições radicais seguem marginalizadas e destituídas de reconhecimento.

Garantindo uma carreira de sucesso

Podemos identificar pelo menos quatro estratégias de carreira para intelectuais de esquerda respeitáveis e emergentes. A primeira delas poderia ser descrita como abordagem da "conservação a frio", por meio da qual esses intelectuais de esquerda mantêm um perfil discreto por muitos anos, em certa medida realizando pesquisa convencional até conseguirem garantir uma posição numa universidade de prestígio e consolidar suas carreiras, para então "se tornarem" radicais. O problema, certamente, é que no percurso de adaptação às exigências de sucesso profissional a maioria dos "cripto" esquerdistas eventualmente acredita no que está fazendo e nunca "se torna": passam a ser o que fazem. Em relação à minoria que "se converte", ela também tem seu bolo e o ingere: conquistam sua identidade no mundo burguês e o aplauso da esquerda, particularmente porque acrescentam à sua retórica radical o mérito, aos olhos dos intelectuais de esquerda, de um título prestigioso.

A segunda estratégia para assegurar uma carreira de sucesso numa universidade de prestígio é combinar pesquisa convencional e magistério durante a jornada e no local de trabalho com horas de papo radical após o expediente. O esquerdismo como "diletantismo" é particularmente atraente para os guardiões burgueses da academia, porque não produz informação oriunda de pesquisa científica nem questiona o papel do sistema educacional na reprodução de líderes da elite ou de trabalhadores especializados conformados com a situação. Isso pode ser descrito como "esquerda festiva" — onde em ambientes privados e discretos os esquerdistas de instituições renovadas podem dar vazão aos seus inconseqüentes pontos de vista radicais, enquanto galgam a escada acadêmica durante o expediente.

A terceira estratégia é encontrada no tempo e esforço desproporcionais devotado ao trabalho acadêmico convencional, em comparação com os escassos esforços intelectuais dedicados aos movimentos populares. Ao usar essa estratégia, os intelectuais de esquerda devotam meses e anos à preparação de aulas e publicações para consumo acadêmico, enquanto improvisam uma apresentação com material folclórico para audiências radicais/populares, freqüentemente reciclando ou repetindo a mesma palestra do ano anterior. Em alguns casos, esses intelectuais, ganhando uma remuneração substancial, simplesmente rememorarão um passado radical distante; a nostalgia substitui a análise séria.

Finalmente, existem acadêmicos de esquerda que desenvolvem pesquisas e academismo como acadêmicos "desinteressados", divorciados de lutas, movimentos e compromissos políticos. Eles não têm qualquer perspectiva política ao escrever sobre a classe trabalhadora. Podem prover informações úteis, se alguma outra pessoa puder elaborar um arcabouço político-intelectual para associá-las aos eventos políticos contemporâneos. Essa estratégia de sucesso acadêmico tem algum mérito e utilidade, se outros intelectuais ou ativistas estiveram empenhados no arriscado (em termos de carreira) trabalho político de formar um movimento; caso contrário, serve meramente para expandir o curriculum vitae do profissional. Esse tipo específico de acadêmico é particularmente predominante nos Estados Unidos, onde são realizadas conferências anuais que imitam os convencionais encontros profissionais, nas quais os acadêmicos falam uns para os outros — em outras palavras, eventos divorciados dos movimentos populares. O divórcio entre a esquerda acadêmica e as lutas populares fez com que alguns esquerdistas assegurassem importantes cargos ricamente remunerados em universidades de prestígio.

A prática do arrivismo acadêmico de esquerda perpetua o mito, particularmente no Terceiro Mundo, de que o "conhecimento verdadeiro" encontra-se no exterior, nas prestigiosas e renomadas escolas, e de que os intelectuais de esquerda "nacionais" são inferiores e não são certamente modelos a seguir.

Os intelectuais de esquerda de instituições de prestígio, por razões condizentes com seus cargos e status, negligenciam ou desconsideram as distorções ideológicas, as mistificações e arcabouços teóricos e conceituais inadequados que são ensinados nos prestigiosos centros de ensino superior.

O viés altamente ideológico embutido no ensino dessas renomadas instituições é ofuscado pela presença dos intelectuais de esquerda, que raramente confrontam o trabalho de seus colegas, muito menos seu currículo, porque sabem muito bem que se fizessem isso acabariam sendo penalizados. De qualquer maneira, se os esquerdistas dessas universidades ocasionalmente verbalizam discordância, é a sua presença nessas instituições e o processo de ascensão que impulsionam as ambições das novas gerações de escritores.

O que é alarmante em se tratando dos intelectuais de esquerda e daqueles que buscam ingressar em universidades famosas é a sua suspensão da crítica aos patrocinadores, fundações e personalidades burguesas que financiam amplas agendas de pesquisa para perpetuar e estender o poder imperial. Os intelectuais de esquerda, ao evitar a crítica, aumentam suas chances de participar de prestigiosas publicações e conferências internacionais e de galgar posições lucrativas de proeminência acadêmica.

"Estilos de vida" do intelectual contemporâneo

Há uma variedade de "estilos de vida" adotados pelos intelectuais de esquerda hoje em dia frente ao poder e riqueza do império euro-americano. Existe o intelectual que circula ao longo do espectro político, oferecendo serviço a uma diversidade de patronos. Um intelectual francês muito conhecido denunciou as greves dos funcionários públicos em 1995, compareceu a um encontro zapatista internacional em 1996 e, em seguida, viajou para se encontrar com o presidente de direita do Uruguai e lhe prestar honras. Esses são os intelectuais para todos os preços e ocasiões. Sua postura pública é motivada mais pela necessidade de reconhecimento e de publicidade, seja de que lado for, do que por firmes princípios intelectuais. Eles não "se vendem" para a direita, se alugam e se encontram inclusive disponíveis para a esquerda, dependendo das circunstâncias.

Os intelectuais de casa são aqueles cujo universo é composto por outros intelectuais ou mesmo por sua "reflexão interna". Essas trocas são particularmente notadas entre os pós-modernistas, que discutem quantas identidades podem se manter na ponta. Eles têm sua própria linguagem exótica, compreendida apenas pelo iniciado, e seu trabalho, em grande parte limitado à decifração de textos e à sua linguagem divorciada do mundo objetivo.

Existem intelectuais que se encontram em constante estado de angústia, que se afligem com problemas socioeconômicos ("neoliberalismo" e "globalização") e nunca vão além do repetido refrão "temos de encontrar uma alternativa". Ignoram as lutas cotidianas, tentando criar alternativas. Temem o problema (imperialismo) e temem a solução (uma transformação social).

Os esquerdistas que imergem em derrotas históricas encontram nelas um pretexto para uma nova acomodação realista ou pragmática ao *status quo*. Ao mesmo tempo em que exageram as perdas políticas, considerando-as derrotas históricas profundas e irreversíveis, não reconhecem as novas lutas revolucionárias que emergem no Terceiro Mundo e no Ocidente, os novos movimentos sociais em oposição à Organização Mundial do Comércio, os movimentos do agricultor militante e dos trabalhadores na área de transportes, a maciça rejeição de produtores e consumidores aos financiadores corporativistas de alimentos e sementes geneticamente modificadas etc. O sentimento pessimista se torna ou um álibi para a inação e falta de engajamento ou um bilhete só de ida para a política liberal, já que ela é percebida como o único show na cidade.

Em agudo contraste com essas posturas mencionadas, existem os intelectuais irreverentes quanto aos protocolos acadêmicos e indiferentes aos títulos e prêmios prestigiosos. Por outro lado, são indivíduos que têm respeito pelos militantes que estão na vanguarda das lutas anticapitalistas e antiimperialistas. São constantes e produtivos no trabalho intelectual que desenvolvem, em grande parte motivados pelas imensas questões que os movimentos sociais enfrentam. São os anti-heróis, cujo trabalho é respeitado por aqueles que estão ativamente trabalhando em prol de uma transformação social básica, e são objetivamente partidários e partidariamente objetivos. Eles discutem com e escutam os pessimistas e outros intelectuais, apesar de seus títulos e presunção, para verificar se estes têm algo relevante a dizer.

Para esses intelectuais irreverentes e engajados, prestígio e reconhecimento são encontrados nos ativistas, nos movimentos e nos intelectuais envolvidos com as lutas populares. Eles trabalham junto com esses intelectuais e ativistas. Realizam pesquisas buscando fontes originais de informação. Criam seus próprios indicadores e conceitos para identificar os verdadeiros níveis de pobreza, de exploração e de exclusão. Reconhecem que as distinções e prêmios fazem parte do sistema que sustenta a hegemonia burguesa. Admitem que existem alguns poucos intelectuais de prestigiosas instituições e/ou agraciados com prêmios que estão claramente compromissados com as lutas populares e reconhecem que essas exceções devem ser apontadas, ao mesmo tempo em que identificam os muitos que, ao subir a escada, sucumbem às adulações da aprovação burguesa. Acima de tudo, os intelectuais irreverentes lutam contra a hegemonia burguesa no interior da esquerda, integrando sua escrita e ensino com a prática, evitando lealdades divididas.

Conclusão

Enquanto uma boa quantidade de pesquisas e de textos sobre a questão da hegemonia burguesa foi produzida, pouca atenção foi dada a como, no seio da esquerda, os sinais e símbolos da hegemonia burguesa são transmitidos por supostos intelectuais de esquerda. Os intelectuais são um grupo importante, particularmente na formação da subjetividade dos estudantes e, em alguns contextos, das classes populares. Na medida em que são visíveis e têm acesso à mídia, eles representam um outro canal por meio do qual a subjetividade ou a consciência política é formada.

O problema da subjetividade é uma questão chave hoje em dia. Um crescente descontentamento popular se espalha por todo o Terceiro Mundo e até nos países imperiais. O principal desafio é associar esses descontentes aos movimentos de transformação social. Isso demanda teoria revolucionária, conceitos críticos e intelectuais engajados, o que, por sua vez, envolve uma luta em duas frentes, uma delas contra os poderes burgueses e a outra contra o duplo discurso dos intelectuais de esquerda.

Intelectuais e formas de luta e organização da classe operária*

NAOMI KLEIN

Estou muito feliz de estar aqui esta noite apoiando os operários de Brukman, e quero parabenizar os organizadores da Semana da Cultura. Entretanto, não falarei sobre o tema previsto para este encontro. E não o farei porque discordo completamente da idéia que o preside.

A idéia de uma mesa em que nós, os chamados intelectuais e os jornalistas, estaríamos oferecendo nossas teorias sobre o modo como a classe operária deveria lutar e organizar-se é uma das idéias responsáveis por muito do que tem se mostrado disfuncional hoje na esquerda.

Se há uma coisa que temos de aprender com as assombrosas mulheres de Brukman é que a classe operária já sabe como lutar e organizar-se. Na Argentina e ao redor do mundo, a ação direta — eficaz, criativa e original — vai muito mais além das teorias intelectuais da esquerda.

Aqui e ali, as pessoas comuns que não identificam a si mesmas como ativistas ou esquerdistas estão levando a termo ações que não têm início na teoria, mas na necessidade.

A necessidade de conservar o trabalho.

A necessidade de comer.

A necessidade de água limpa.

A necessidade de cuidar da própria casa.

---

*Texto apresentado em debate na Semana Cultural de Brukman, em Buenos Aires, em 31 de maio de 2003, cinco dias antes de Naomi Klein deixar a Argentina, onde morou durante seis meses para produzir, com o marido, o cineasta Avi Lewis, um documentário sobre as formas de resistência e as alternativas dos movimentos sociais locais ao neoliberalismo.

Primeiro vem a ação — a ocupação, o piquete, a assembléia. É depois desse processo que surgem a teoria e a estratégia políticas.

Então que papel cabe ao intelectual, àquele intelectual que se identifica como ativista, nesse processo? Na verdade, não muito grande.

E é por isso que tantos teóricos correm atropeladamente tentando se manter próximos da ação que acontece nas ruas e nas fábricas, tecendo teorias posteriores aos fatos no afã de demonstrar que ainda somos relevantes.

O problema é que freqüentemente as teorias estão equivocadas. Às vezes tais esforços intelectuais para instituir significados e estruturas são demasiado dogmáticos e rígidos, impondo uma linguagem morta e alienada a movimentos que são vibrantes e vitais. Na situação de uma fábrica onde um grupo de pessoas decide conservar seus empregos e trabalhar com dignidade, estes intelectuais alucinam imaginando uma célula pré-revolucionária que está construindo poder para tomar o Estado.

Outras vezes esses esforços para teorizar são demasiado românticos e seguem-se utopias anarquistas ou autônomas, e o que se tem, portanto, é uma realidade complexa e confusa.

Estas são ideologias diferentes, porém ambas as estruturas — a dogmática e a romântica — podem ter o mesmo efeito desumanizante. Os principais protagonistas — os verdadeiros inovadores — muitas vezes nem reconhecer a si mesmos conseguem na espessura de tais teorias.

Segundo a minha experiência, os lugares onde os movimentos sociais são mais fortes — e estão conquistando as vitórias mais concretas — são aqueles onde eles apresentam MENOR pureza intelectual.

Nós passamos muito tempo em Neuquén, com os operários da Zanon e da MTD, e o que mais me impressionou foi a mistura da velha e moribunda escola trotskista com os autonomistas mais jovens, a mistura dos partidos com os movimentos sociais. As fronteiras entre estes territórios não se mostram, por sorte, muito patrulhadas.

Vimos algo muito estranho: pessoas que pensam juntas, comprometendo-se e transformando-se umas às outras, contaminando-se umas às outras, trabalhando de acordo com um princípio simples — se funciona, vamos fazê-lo.

Portanto, em lugar de falar sobre o que a classe trabalhadora deveria fazer, falemos acerca do papel e da responsabilidade dos intelectuais e dos ativistas nesta nova paisagem.

Podemos começar admitindo que nos tornamos irrelevantes. Que a teoria não está influenciando a ação, é a ação que vem influenciando a teoria.

Uma vez assumida a nossa irrelevância, ficamos livres para perguntar-nos como poderemos recuperar nossa importância. Há muitas respostas para essa pergunta, porém eu quero oferecer três.

1) Podemos nos transformar em pontes melhores, unindo movimentos que estão isolados entre si. Se temos acesso fácil à informação sobre os movimentos sociais, podemos compartilhá-la de tal modo que os movimentos possam servir de inspiração uns para os outros e possam se construir aproveitando as conquistas e experiências de cada um.

Meu sonho para Brukman, quando os operários voltarem à fábrica — e eles o farão — seria organizar intercâmbios entre as operárias de Brukman, as trabalhadoras das maquiladoras mexicanas e das confecções da Indonésia.

Imaginem se as jovens que arriscam seus trabalhos para criar sindicatos nas zonas de livre-comércio — e que são despedidas por irem ao banheiro ou por ficarem grávidas — pudessem ver como trabalham as mulheres em Brukman.

Podemos construir outras pontes como essa, podemos ser melhores transmissores de informação em vez de especialistas.

2) Podemos proporcionar ajuda prática e assistência concreta a estas lutas como tanta gente já está fazendo.

Em Neuquén a relação entre a universidade e a Zanon não se resume a intelectuais que estudam a fábrica. Ao contrário, os intelectuais estão aplicando seus conhecimentos para resolver problemas específicos da fábrica:

— desenvolvendo planos de comercialização;
— ajudando com desenhos;
— ajudando a criar programas de rádio e jornais.

Isso está ocorrendo em todo o movimento de fábricas ocupadas. Aqui em Brukman, todos vimos durante o *Maquinazo*, durante a Semana da Cultura, como essas colaborações podem ser poderosas. Mas vimos também a situação oposta.

Uma coisa que sempre me impressionou em Brukman antes do despejo foi que cada partido de esquerda se preocupou em pendurar a própria bandeira para garantir o seu logotipo na fábrica. Mas ninguém pensou em desenhar um novo símbolo para a própria empresa. E portanto não havia um emblema que dissesse: *Brukman sob controle operário*. Todos os logotipos estavam aqui, exceto o dos operários.

Isso é vergonhoso.

3) A terceira responsabilidade dos assim chamados intelectuais e ativistas é a proteção.

Os intelectuais de esquerda costumavam se ver como a vanguarda dos movimentos da classe operária. Não o somos, porém podemos ser algo melhor: uma defesa.

Este foi o surpreendente espírito que aproximou milhares de nós de Brukman após o despejo. Uma imagem poderosa do conflito foram os escudos de plexiglass com fotografias dos trabalhadores de Brukman, realizados por um grupo internacional de ativistas. Os escudos podem não ter sido fortes o suficiente para fazer retroceder a polícia, mas o seu símbolo é algo que deveríamos seguir construindo.

Não precisamos segurar escudos, precisamos SER escudos, escudos humanos, como os ativistas na Palestina, que se plantam diante dos *bulldozers*, protegendo as casas para que seus ocupantes possam resistir.

Precisamos, portanto, nos perguntar como poderemos ser melhores escudos e o que mais podemos fazer para proteger estes preciosos espaços, para que possam desenvolver e construir suas conquistas em lugar de simplesmente lutar para sobreviver.

Esta estratégia defensiva deve ser externa, enfrentando a repressão estatal com ajuda legal, pressão política e nossa própria presença física.

Mas também deve ser interna, resistindo à cooptação dos movimentos sociais não somente pelos partidos, mas por qualquer um que ande buscando um exército de seguidores.

Se pudermos fazer isso tudo:

— construir melhores pontes;

— oferecer ajuda prática e concreta;

— enfrentar a repressão de fora e a cooptação de dentro.

SÓ ENTÃO teremos feito o nosso trabalho, que não é dizer à classe operária como lutar e organizar-se, mas aprender como fazê-lo nós mesmos.

Poder, "contrapoder" e "antipoder": notas sobre um extravio teórico-político no pensamento crítico contemporâneo*

ATILIO A. BORON

Um dos traços mais categóricos da vitória ideológica do neoliberalismo tem sido a sua capacidade de influenciar decisivamente a agenda teórica e prática das forças sociais, das organizações de massa e dos intelectuais que se opõem à sua hegemonia. Embora tal atributo pareça estar começando agora a percorrer o caminho de seu declínio, refletindo desse modo a crescente intensidade das resistências que de norte a sul do planeta se erigem contra seu predomínio, as seqüelas de seu triunfo na batalha das idéias estão fadadas a se fazer sentir ainda por muito tempo. É sabido que não existe uma relação linear, muito menos mecânica, entre o mundo das idéias e os demais aspectos que constituem a realidade histórico-social de uma época. Isso explica, por exemplo, que as concepções medievais sobre a unidade do "organismo social" — justificatórias do caráter fechado do estamentalismo feudal e da primazia do papado sobre os poderes temporais — sobreviveram por séculos ao advento da sociedade burguesa e a uma de suas instituições básicas, o contrato. Não deveria surpreender-nos, portanto, se teorizações surgidas durante o apogeu do neoliberalismo, e coincidentes com o maior refluxo histórico experimentado pelos ideais socialistas e comunistas desde a Revolução Francesa até hoje, perdurarem por décadas,

*Conferência proferida no V Encontro Internacional de Economistas sobre Globalização e Problemas do Desenvolvimento, Havana, Cuba, 10 a 14 de fevereiro de 2003.

talvez, mesmo quando as condições que lhes deram origens tiverem desaparecido por completo.

Um exemplo dessa pertinaz colonização ideológica é oferecido na atualidade pela obra de alguns dos mais conhecidos intelectuais críticos da esquerda. Examinando detidamente o pensamento de autores tais como Michael Hardt e Antonio Negri, ou a mais recente contribuição de John Holloway, é possível comprovar sem maior esforço o quão vigorosa foi a penetração da agenda, das premissas e dos argumentos do neoliberalismo até mesmo nos discursos de sofisticados intelectuais seriamente comprometidos com uma crítica radical à mundialização neoliberal. Isso porque nenhum dos três autores citados acima "bandeou-se" para peregrinar pelas filas da burguesia e do imperialismo em busca de reconhecimento ou outro tipo de recompensa. Nenhum dos três abjurou a necessidade de avançar para a construção de uma sociedade comunista ou pelo menos decididamente "pós-capitalista". Muito pelo contrário: o sentido de sua obra é justamente fundamentar, nas novas condições do capitalismo dos princípios do século XXI, as formas de luta e as estratégias que poderiam ser mais condizentes com a conquista desses objetivos. Nesse sentido, é preciso estabelecer, antes de apresentar nossa divergência com suas teorizações, uma clara linha de demarcação entre Hardt, Negri e Holloway e outros autores tais como Manuel Castells, Regis Debray, Ernesto Laclau, Maria Antonieta Macchiochi, Chantal Mouffe, Ludolfo Paramio e toda uma plêiade de ex-marxistas europeus e latino-americanos que, ao iniciar a necessária renovação teórica do marxismo para resgatá-lo do lodo do stalinismo, culminaram seu arrependimento com uma capitulação teórica tão grosseira quanto imperdoável. Nesse descenso, e a pretexto da alegada superioridade civilizacional do capitalismo, muitos abandonaram o marxismo dogmático, que cultivaram com zelo especial durante longo tempo, para se converterem em furiosos profetas agora devotados a nos persuadir da impossível superioridade ética de um modo de produção baseado na exploração do homem pelo homem e na destruição da natureza. Poucos casos, não obstante, igualam a denegridora trajetória de Maria Antonieta Macchiochi, que transitou do mais irresponsável ultra-esquerdismo até o neofascismo, coroando com ignomínia a sua trajetória política e intelectual no Parlamento italiano ao representar nada menos que a Força Itália e seu chefe, Silvio Berlusconi.

Queremos deixar claramente assentado que Hardt, Negri e Holloway não entram de maneira nenhuma nesta lamentável categoria dos que abaixaram os braços, se resignaram e passaram para as fileiras do inimigo de classe. São, em todas as medidas, camaradas que propõem uma análise equivocada da situação atual. Sua integridade moral, totalmente fora de questão, não os poupa, entretanto, de cair na armadilha ideológica da burguesia ao fazer suas, de maneira inconsciente, algumas teses condizentes com sua hegemonia e com suas práticas cotidianas de domínio, que de modo algum podem ser aceitas a partir de posições de esquerda. Expliquemo-nos. Para a burguesia e seus aliados, para o imperialismo em seu conjunto, é imprescindível potencializar o caráter fetichista da sociedade capitalista e ocultar o mais que puder sua natureza exploradora, injusta e desumana. Parafraseando Bertold Brecht, podemos dizer que o capitalismo é um cavaleiro que não deseja ser chamado por seu próprio nome. A mistificação que produz uma sociedade produtora de mercadorias e que mercantiliza tudo requer, de todas as formas, um reforço gerado a partir daquilo que Gramsci chamou de "superestruturas complexas" do capitalismo e, fundamentalmente, da esfera ideológica.

Assim, não basta que a sociedade capitalista seja "opaca" e a escravidão do trabalho assalariado apareça na realidade como um universo de trabalhadores "livres" que concorrem para vender sua força de trabalho no mercado. É preciso ademais silenciar o tratamento de certos temas, deformar a visão de outros, impedir que se visualizem uns terceiros e que outros ainda se instalem na agenda do debate público. Daí a importância que assume para a direita qualquer teorização (sobretudo se for produzida por críticos do sistema) que empane a visão que se tem do imperialismo, do poder e do Estado, ou que desestimule e até impeça uma discussão realista sobre esses temas. Essa é, precisamente, a missão ideológica do saber econômico convencional, onde a politicidade e eticidade de toda a vida econômica se diluem nos meandros do formalismo, da modelística e do pseudo-rigor da matematização.

Se isso não for possível, a "segunda melhor" alternativa é fazer com que a teorizações predominantes sobre tais assuntos sejam o mais inócuas possíveis. A extraordinária acolhida que teve a obra de Hardt e Negri na imprensa capitalista e na "opinião séria" dos países desenvolvidos é de uma contundência elucidativa a esse respeito.[1]

Por sua vez, o livro de Manuel Castells, *A era da informação*, que produz uma visão conformista e complacente do "capitalismo informacional", colheu extraordinários elogios nesses mesmos ambientes, sobressaindo-se nessa empresa Anthony Giddens, principal teórico da malograda "terceira via", e o ex-presidente do Brasil, Fernando H. Cardoso, cuja gestão na área econômica se caracterizou por sua estrita adesão às políticas neoliberais (Castells, 1996; 1997; 1998).[2] Em síntese: a tese fundamental que pretendemos provar nas páginas que se seguem sustenta que a concepção geral e as orientações heurísticas que se desprendem dos postulados de Hardt, Negri e Holloway, longe de instalaram-se no terreno político do pensamento contestatário, são plenamente compatíveis com o discurso neoliberal dominante. Refletem a derrota ideológica sofrida por aquele e a lamentável vigência do diagnóstico a que chegou, em fins do século XIX, José Martí quando dizia que "de pensamento é a guerra maior que nos fazem" e convocava os patriotas latino-americanos a ganhar a batalha das idéias. Tarefa que, por certo, constitui um dos mais importantes temas pendentes da esquerda.

Hardt e Negri

Em um livro publicado pouco depois da aparição em língua espanhola de *Império*, a aclamada obra de Michael Hardt e Antonio Negri, submetemos as teses centrais deste autores à crítica, razão pela qual não iremos reiterar, sequer minimamente, o que foi dito naquela oportunidade.[3] Vamos nos limitar aqui, ao contrário, a expor suscintamente nossa dissidência em relação à noção de "contrapoder" que eles propõem.

O conceito de "contrapoder" surge como conseqüência da crise terminal que o Estado-Nação enfrenta, segundo Hardt e Negri, e, em sua raiz, as clássicas instituições da democracia representativa que o acompanham desde o advento da Revolução Francesa. O "contrapoder" alude assim a três componentes específicos: resistência, insurreição e poder constituinte. Hardt e Negri analisam em sua obra as mudanças que eles experimentaram em conseqüência do trânsito da modernidade para a pós-modernidade, e concluem que nas mais variadas experiências insurgentes acontecidas na época moderna — esse vasto e indefinido arco histórico que começa com o amanhecer do capitalismo e culmina com o advento da sociedade "pós-moderna" — a noção de "contrapoder" reduzia-se a um só de seus componentes: a insurreição. Porém, afirmam nossos autores, a "insurreição nacional era na realidade ilusória", haja vista a presença de um denso sistema internacional de Estados nacionais, o qual, nessa época histórica, determinava que toda insurreição, inclusive a comunista, estava condenada a desembocar em uma guerra internacional crônica que, fatalmente, produziria "uma armadilha para a insurreição vitoriosa, transformando-a em regime militar permanente".

No entanto, se o papel sumamente relevante do sistema internacional é indiscutível — conforme atesta a obsessiva preocupação que manifestaram por esse assunto os grandes revolucionários do século XX — não é menos certo que, tal como ocorre reiteradamente em *Império*, H & N incorrem em graves erros de apreciação histórica quando falam do caráter "ilusório" das tentativas revolucionárias que balizaram o século XX. Com efeito: que significa exatamente a palavra "ilusório"? O fato de que uma insurreição popular precipite uma impressionante contra-ofensiva internacional chamada a assegurar a submissão e o controle dos rebeldes, com um leque de políticas que vão desde o isolamento diplomático até o genocídio dos insurretos, demonstra precisamente que em tal situação nada há de "ilusório" e sim de muito real, e que as forças imperialistas reagem com sua reconhecida ferocidade diante daquilo que consideram uma inadmissível ameaça a seus interesses. Se atentarmos para os ensinamentos da história latino-americana, por exemplo, comprovaremos que nem foi necessária sequer uma insurreição popular para que a parafernália repressiva do imperialismo se pusesse em ação. Recordemos o acontecido a João Goulart no Brasil de 1964, a Juan Bosch na República Dominicana em 1965, a Salvador Allende e à Unidade Popular no Chile do começo dos anos 1970, para citar apenas os casos mais conhecidos, que demonstram como um simples resultado eleitoral que dê projeção ao governo nacional, a um partido ou coalizão progressista é suficiente para que tenha início um jogo de pressões desestabilizadoras tendentes a corrigir os "erros" do eleitorado.

Algo semelhante está acontecendo no Brasil com o novo governo do PT. Em todo caso, qualquer que seja a experiência insurrecional que se analise ao longo dos séculos XIX e XX, resulta evidente que a guerra internacional é muito menos atribuível à intransigência ou ao apetite expansionista dos revolucionários que à fúria repressora deflagrada pela insubordinação das massas com seus anseios emancipatórios.

Por outro lado, afirmar, como fazem os nossos autores, que as revoluções triunfantes assediadas pelos exércitos e instituições imperialistas (entre as quais sobressaem o Fundo Monetário Internacional, o Banco Mundial, a Organização Mundial do Comércio e outras instituições afins), que devem enfrentar para sobreviver um repertório de agressões de todo tipo — que inclui sabotagens, atentados, bloqueios comerciais, boicotes, guerras "de baixa densidade", invasões militares, bombardeios "humanitários", genocídios etc. — se convertem em "regimes militares permanentes" implica um monumental erro de interpretação do significado histórico das citadas experiências. Equívoco que, diga-se de passagem, é típico da ciência política norte-americana que procede igualmente quando, por exemplo, coloca na mesma categoria — os famosos "sistemas de partido único" — regimes políticos tão diversos quanto a Itália de Mussolini, a Alemanha nazista, a Rússia de Stalin e a China de Mao. Nossos autores subestimam os fatores históricos que ao longo do último século obrigaram jovens revoluções a armar-se até os dentes para defender-se das brutais agressões do imperialismo, a anos-luz das sutilezas do império imaginado por H&N, essa misteriosa rede sem centro nem periferia, dentro nem fora, e que supostamente ninguém controla para seu próprio benefício. Se a revolução cubana sobrevive nesses dias de suposto "imperialismo sem imperialismo", isso se explica tanto pela imensa legitimidade popular do governo revolucionário, quanto pela comprovada eficácia de suas forças armadas, que depois de Playa Girón dissuadiram Washington de tentar novamente uma aventura militar na ilha.

Por outro lado, a interpretação de H&N revela assim mesmo um grave erro na hora de caracterizar as emergentes formações estatais das revoluções. Uma coisa é lamentar-se pela degeneração burocrática da revolução russa e outra bem distinta afirmar que o que ali se constituiu foi um "regime militar". O fato de que Cuba tenha sido obrigada a inverter grandes recursos, materiais e humanos, para defender-se da agressão imperialista não a converte em um "regime militar".

Só uma visão de imperdoável ingenuidade e irreparavelmente insensível diante do significado histórico dos processos sociais e políticos pode caracterizar desse modo as formações sociais resultantes das grandes revoluções do século XX. Por último, e considerando todas as suas limitações e deformações, pode-se efetivamente dizer que as revoluções na Rússia, China, Vietnam e Cuba foram apenas uma ilusão? Uma coisa é a crítica aos erros desses processos e outra bem diferente é dizer que são meros jogos de espelhos ou torpes ilusões. Terá sido um simulacro baudrillardiano a surra sofrida pelo colonialismo francês em Dien Bien Phu? E a vergonhosa derrota dos Estados Unidos nas mãos do Vietcong, terá sido apenas uma visão alucinada de sessentistas tresnoitados, ou se produziu de verdade? Aquela fuga desesperada pelo teto da embaixada norte-americana em Saigon, onde espiões, agentes secretos, assessores militares e policiais torturadores destacados para o Vietnã do Sul matavam-se entre si para subir no último helicóptero que os conduziria sem escalas do inferno vietnamita ao "*american dream*", terá sido verdade ou foi mera ilusão? Os 43 anos de hostilidades norte-americanas a Cuba são produto do incômodo que o caráter ilusório da revolução cubana provoca em Washington? E, para nos aproximarmos da realidade atual: o aberto envolvimento do governo norte-americano — com a ajuda de seu leva-e-traz espanhol, José M. Aznar — no frustrado golpe de Estado na Venezuela, em abril de 2002, terá sido causado pelo caráter ilusório das políticas do presidente Hugo Chávez? Curiosamente, nossos autores nos advertem de que tais perguntas já são, na realidade, anacrônicas, pois segundo eles as condições que na pós-modernidade tornavam possível a insurreição moderna, com todo o seu ilusionismo, desapareceram, "de tal forma que até parece impossível pensar em termos de insurreição" (H&N, 2002: 164).

Afortunadamente, os insurretos que puseram fim à tirania de Suharto na Indonésia, em 1999, não tiveram ocasião de ler os rascunhos de *Impé-*

rio, do contrário seguramente teriam desistido de seu empenho. Os argentinos que ganhando as ruas no final de 2001, puseram um ponto final em um governo reacionário e incapaz tampouco pareciam ter tomado nota das elocubrações de Hardt e Negri, e o mesmo parece ter ocorrido há poucas semanas com os trabalhadores bolivianos que puseram em xeque o governo de Sánchez de Lozada. Porém, o pessimismo que se desprende dessa afirmação atenua-se diante da contastação do crepúsculo da soberania nacional e da lassidão do império em sua fantasmagórica fase atual, situação que alterou as condições que submetiam a insurreição às restrições impostas pelas guerras nacionais e internacionais.

Posterguemos por um momento a crítica a este segundo postulado, que anuncia a "emancipação" dos processos insurrecionais das guerras nacionais e internacionais, e vejamos o que significa a insurreição no capitalismo moderno. Se na sociedade moderna esta era "uma guerra dos dominados contra os dominadores", na suposta pós-modernidade a sociedade "tende a ser a sociedade global ilimitada, a sociedade imperial como totalidade", onde exploradores e explorados esvaem-se na nebulosa de uma sociedade sem estruturas, assimetrias e exclusões (H&N, 2002: 165). Sob tais pressupostos, falsos na medida em que levam ao extremo certas tendências reais, porém parciais da globalização (como por exemplo o debilitamento, mas não o desaparecimento, dos espaços "nacionais"), H&N concluem, sem nenhum tipo de apoio empírico ou argumentativo, que a resistência, a insurreição e o poder constituinte fundem-se agora na noção de "contrapoder" que, presumivelmente, seria a prefiguração e o núcleo de uma formação social alternativa. Tudo isso é sumamente discutível à luz da experiência histórica concreta, porém ainda assim o argumento é compreensível. Forçando um pouco, se poderia dizer que não é novidade e nem tão diferente, em sua abstração conceitual, daquele que os bolcheviques desenvolveram no período compreendido entre abril e outubro de 1917. A resistência e a insurreição, dois dos três elementos chave de nossos autores, se expressavam então no famoso apotegma leninista referente à situação que se produzia quando "os de baixo" não aceitavam seguir como antes e "os de cima" já não podiam seguir tal como estavam acostumados ou nas análises de Gramsci sobre a crise orgânica e a situação revolucionária.

O terceiro elemento, o poder constituinte, era formado pelos sovietes e pelos conselhos, na visão de Lenin e Gramsci.

No entanto, se existe a possibilidade de retraduzir, insistimos, no plano da conceitualização mais abstrata, os três componentes do "contrapoder" para a linguagem da tradição revolucionária comunista, o mesmo não acontece quando chega a hora de identificar os agentes sociais concretos chamados a encarnar o projeto emancipador e as formas políticas específicas mediante as quais ele será levado a cabo. Se na tradição do início do século XX o proletariado em conjunto com as classes aliadas (camponeses, pequena burguesia, intelectuais radicalizados etc.) era o suporte estrutural do processo revolucionário e os sovietes e conselhos, mais que o partido, o veículo de sua jornada emancipadora, o "contrapoder" de H&N não repousa em nenhum sujeito, em nenhuma nova construção social ou política ou em nenhum outro produto da ação coletiva das massas, mas na carne, "na substância viva comum na qual coincidem o corporal e o espiritual" (H&N, 2002: 165). É essa substância vital que constitui, em uma argumentação de tom indisfarçavemente metafísico, o fundamento último do "contrapoder", sua matéria-prima.

Segundo esta interpretação, os três elementos que constituem o "contrapoder" "brotam de forma conjunta de cada singularidade e de cada um dos movimentos dos corpos que compõem a multidão". Consuma-se desse modo uma completa volatização dos sujeitos da mudança, ficando a sociedade reduzida a um incomensurável agregado de corpos hipoteticamente unificados no momento fundante e ao mesmo tempo dissolvente da multidão. Essa visão reproduz no plano do intelecto e de forma profundamente distorcida algumas transformações ocorridas na anatomia da sociedade burguesa e mais especificamente de sua estrutura de classes: a atomização dos grandes coletivos, a fragmentação das classes sociais, sobretudo das classes e camadas subalternas, a desintegração e desmembramento social produzidos pelo apogeu do mercado e pela mercantilização da vida social. Contudo, a leitura que Hardt e Negri fazem dessas transformações os leva insensivelmente a propor uma visão entre metafísica e poética que pouco, muito pouco, tem a ver com a realidade. Em suas próprias palavras: "Os atos de resistência, os atos de revolta coletiva e a invenção comum de uma nova constituição social e política atravessam de forma conjunta inumeráveis microcircuitos políticos. Dessa maneira, inscreve-se na carne da multidão um novo poder, um 'contrapoder', algo vivo que se levanta contra o Império. É aí que nascem os novos bárbaros, os monstros e os gigantes magníficos que emergem sem cessar nos interstícios do poder imperial e contra esse poder" (H&N, 2002: 165).

É evidente que a proposta de nossos autores adquire, a essa altura, um tom inequivocamente vitalista que os aproxima bem mais das embriagantes divagações de Henry Bergson que dos ensinamentos de Espinosa, ao mesmo tempo em que os situa num terreno sem volta em relação ao materialismo histórico. Não teríamos que nos esforçar muito para descobrir os inquietantes paralelos existentes entre a doutrina do "ímpeto vital" do filósofo francês e a exaltação da carne feita por H&N. Em todo caso, e para resumir, digamos que uma impostação dessa natureza do problema do "contrapoder" dissolve por completo o caráter histórico-estrutural dos processos sociais e políticos na singularidade dos corpos que conformam a multidão. Desse modo, chega-se a uma conclusão desoladoramente conservadora toda vez que, em sua vertiginosa ascensão ao *tópos Uranos* platônico — esse lugar tão excelso onde, segundo Platão, repousam as idéias em sua pureza conceitual —, Hardt e Negri desfiguram inteiramente a especificidade do capitalismo como modo de produção e as relações de exploração e de opressão política que lhe são próprias. Desaparecidas as classes sociais — de fato, quem explora e quem são os explorados? — e também diluídos por completo os fundamentos estruturais do conflito social, o que nos resta é uma poética rudimentar da rebelião diante de uma ordem abstratamente injusta que nada tem a ver com os processos reais que sacodem o capitalismo contemporâneo. Na formulação de Hardt e Negri, o fenômeno do "contrapoder" se dilui completamente na formalidade de uma gramática que, por razões inexcrutáveis, opõe a multidão ao império, sem que se saiba, de ciência certa, o que é um, o que é outro e sobretudo o que se deve fazer e com que instrumentos para dar cabo de tal situação.

Holloway

A obra de Holloway sustenta uma tese que, embora afim àquela de Hardt e Negri, radicaliza ainda mais o movimento prognosticado por eles.[4] Com efeito, se os autores de *Império* evitam o tratamento do tema do poder em sua especificidade histórica — o poder da burguesia e seus efeitos nessa fase do capitalismo mundializado — e caem encantados diante da contemplação do "contrapoder", em Holloway a evasão é muito mais pronunciada. Já não se trata de postular a existência de uma nebulosa fórmula que, supostamente, se confronta com o poder real exercido pelas classes dominantes, mas de advogar a favor da total erradicação do poder da face da Terra. Trata-se, nos diz o autor, de dissolver para sempre as relações de poder. Nada se ganha tentando "tomar o poder" ou "conquistar o poder do Estado", porque tal estratégia fracassou redondamente.[5] É preciso, portanto, contruir um "antipoder", ou seja, uma nova trama social onde as relações de poder sejam uma dolorosa lembrança do passado.

Dessa forma, o poder é satanizado na obra de Holloway, convertido em um fetiche horrendo que contamina todos aqueles que ousam tomá-lo em suas mãos. Os movimentos e os agentes sociais que no passado tentaram transformar a sociedade a partir da tomada do poder e da utilização dos recursos que este oferecia para dar nascimento a uma nova sociedade fracassaram por completo.[6] No entanto, em lugar de examinar a partir da perspectiva do materialismo histórico as circunstâncias sob as quais tais projetos ensaiaram-se, o que encontramos em Holloway é uma exortação para que nos afastemos de algo considerado como pecaminoso e até mortífero. O "antipoder" seria, nessa conceitualização, a manifestação do triunfo da sociedade civil sobre o Estado; a liberação do gênero humano de toda forma de opressão, concentrada e sublimada na visão desse teórico na figura onipotente e terrível daquilo que Octavio Paz chamaria de "ogro filantrópico" e que nada mais é que o Estado.

A gênese dessa crítica absoluta ao Estado e à "ilusão estatal" e dessa intransigente — e injusta, por acomodada e parcial — condenação das revoluções do século XX encontra-se nos ensinamentos que, para a estratégia revolucionária das massas, desprendem-se da experiência zapatista. Já não se trataria de conquistar o mundo, mas, em um processo assombrosamente mais simples, de "fazê-lo de novo", deixando de lado o estorvo doutrinário de caráter estadocentrista, no qual a revolução era assimilada "à conquista do poder estatal e à transformação da sociedade através do Estado" (Holloway, 2001a, p. 174). Na opinião de Holloway, o debate que comoveu as fileiras da Segunda Internacional no começo do século XX e que contrapunha reforma e revolução — Bernstein *versus* Lenin, Trotski e Rosa Luxemburgo — ocultava, em que pesem as aparentes diferenças, um acordo fundamental: a construção da nova sociedade passava pela conquista do poder do Estado. Daí o caráter estadocêntrico do processo revolucionário. Precisamente por isso, para Holloway "a grande contribuição dos zapatistas [foi] ter rompido o vínculo entre revolução e controle do Estado" (ibid., p. 174).

Sem explicitá-lo, o programa que nos propõe Holloway é nada mais nada menos que a serena e indolor instauração da sociedade comunista. Acabar com a separação entre Estado e sociedade, instituir o autogoverno dos produtores e, desse modo, conseguir a tão desejada extinção do Estado não poderia significar outra coisa (Holloway, 1997: p. 24).

Até aqui a proposta não é nada nova na tradição comunista, salvo que, no caso desse autor, todo o programa deve se realizar com as forças populares se abstraindo de tomar o poder do Estado. Fazendo eco ao discurso zapatista, Holloway assegura que não se trata de "um projeto para nos tornarmos poderosos, mas de dissolver as relações de poder" (2001a: p. 174). O tema da dissolução das relações de poder merece múltiplas considerações. Em primeiro lugar, é algo que não se pode discutir em abstrato, porque perde qualquer significado. Quem poderia ser contra uma proposta desse tipo, que evoca visões de uma comunidade na qual se suprimiram, definitivamente e em todas as ordens, as relações de dominação? É como propor a erradicação da dor e da enfermidade, da miséria e do sofrimento: ninguém poderia discordar de tão nobres propostas. Todavia, por mais que isso nos desgoste, a realidade é que as relações de poder apareceram na face da Terra junto com as formas mais primitivas da vida animal, conforme comprovado até a exaustão pela sociobiologia, e não parece que possam desaparecer a golpes de lamentos e súplicas. Se as hierarquias e as dominações, com todas as suas seqüelas degradantes e opressivas, acompanharam a espécie humana desde o alvorecer de sua existência, nada autoriza a pensar que dissolução das relações de poder possa se colocar, programaticamente, como um objetivo imediato de uma força revolucionária, especialmente se esta força revolucionária renuncia à conquista do poder político.

Não gostaríamos de ser mal interpretados no que se refere a esse ponto. Não estamos dizendo que o objetivo de dissolver todas as relações de poder deva ser descartado. Ao fim e ao cabo, esse é o programa final do projeto comunista. O que estamos afirmando, ao contrário, é que a formulação dessa proposta no pensamento de Holloway tem uma configuração indubitavelmente quimérica e quixotesca, algo radicalmente distinto de utópico.

Dissemos quimérica porque se coloca um objetivo grandioso sem reparar nas necessárias mediações históricas e no fato de que antes de atingi-lo é imprescindível passar pelo purgatório de um longo, complexo e turbulento processo de transição, no qual as forças da velha ordem travarão uma batalha desesperada, apelando para todos os meios disponíveis, tanto violentos, quanto "pacíficos", para impedir a realização da utopia. E cabe aqui recordar o que Marx e Engels disseram no Manifesto do Partido Comunista e em tantas outras passagens de sua obra: o problema do comunismo utópico não residia nos belos mundos imaginados por seus pensadores, mas no fato de que eles não brotavam de uma análise científica das contradições da sociedade capitalista, nem da identificação dos atores concretos que assumiriam a tarefa de construí-los, bem como não delineavam o itinerário histórico que seria preciso percorrer antes de chegar ao destino. A proposta de dissolver todas as relações de poder formulada por Holloway conserva todo o encanto das belas iluminações do comunismo utópico, mas também adoece de suas insolúveis limitações.

Um segundo campo de problemas tem a ver com a operatividade de uma tal proposta — o como da dissolução do poder — e os resultados práticos que poderiam advir da aceitação desse programa por parte das forças sociais insurgentes.

Propugnar pela dissolução do poder pode ser muito romântico e comovedor, mas condena os agentes sociais e especialmente as classes e camadas subordinadas a uma empresa destinada inexoravelmente ao fracasso, pelo menos enquanto subsistir a sociedade capitalista. E como esta não passará à história como produto de súplicas e invocações de nobilíssimos ideais comunitários, mas como resultado de encarniçadas lutas sociais, nas quais a questão do poder assume uma centralidade excludente no trânsito da velha para a nova forma social, a aceitação de uma proposta insanavelmente equivocada como esta nada mais faz que servir de prólogo para uma nova e mais duradoura derrota do campo popular.

Na realidade, e esta é a terceira consideração que gostaríamos de fazer em torno desse tema, o abandono do projeto de conquista do poder reflete não apenas uma capitulação política diante da burguesia, mas também os erros de uma concepção teórica que não consegue compreender o que significa o fenômeno do poder social. Holloway é tributário de uma concepção metafísica do poder que, curiosamente, tem mais de um ponto de contato com as visões características da direita. De fato, se para a direita o poder é equivalente ao governo e, portanto, é uma ferramenta de direção e controle social, para a esquerda pós-moderna o poder também aparece como um instrumento, só que inútil, improdutivo e patológico, que destrói a própria fibra da vida social e contamina insanavelmente a integridade de um projeto de transformação socialista da sociedade. Mas além de suas diferenças, ambas as versões aderem no fundo a uma concepção teleológica e instrumentalista do poder: este é concebido como um ponto de chegada, um objeto a ser alcançado e ao mesmo tempo um instrumento seguro de gestão do social. O que o pragmatismo da direita defende ferrenhamente é objeto de crítica radical por parte de Holloway, mas em ambos os casos estamos diante de um equívoco, porque o poder não é uma coisa ou um instrumento que se pode empunhar com a mão direita ou com a mão esquerda, mas uma construção social que em certas ocasiões se cristaliza naquilo que Gramsci chamava de "superestruturas complexas" da sociedade capitalista. Uma dessas cristalizações institucionais é o Estado e seu governo, mas a cristalização remete, como a ponta de um iceberg, a uma construção subjacente que a sustenta e lhe outorga sentido. É ela que estabelece, em uma conjuntura determinada, uma nova correlação de forças que logo se expressa no plano do Estado. Sem esse sustento social profundo, invisível às vezes, um controle das "alturas do Estado" que possa ter força revolucionária ou reformista desfaz-se como a neblina diante do sol ascendente.

Nesse sentido, seria conveniente recordar que Lenin, um grande teórico e ao mesmo tempo um grande prático da revolução e da questão do poder, sublinhou a importância de distinguir-se entre (a) a "tomada do poder", um ato eminentemente político através do qual as classes exploradas se apoderam do Estado e se convertem em nova classe dominante e (b) a concretude da revolução, concebida como uma empresa fundamentalmente civilizatória, onde a nova correlação de forças favorável aos agentes sociais da nova sociedade é ratificada pelo controle que eles exercem sobre o Estado, a trama social e a ordem legal. Por isso, em uma passagem luminosa de sua obra, ao comparar as perspectivas da revolução no Oriente e no Ocidente, ele diz: "A revolução socialista nos países avançados não pode começar tão facilmente quanto na Rússia, país de Nicolau e Rasputin... Em um país dessa natureza, começar a revolução era tão fácil quanto erguer uma pluma." E continua afirmando que é "evidente que na Europa é incomensuravelmente mais difícil começar a revolução, enquanto na Rússia é incomensuravelmente mais fácil, embora seja mais difícil continuá-la" (Lenin, 1918: pp: 609-614). Foi precisamente a partir dessas lições oferecidas pela história comparativa das lutas operárias e socialistas na aurora do século XX que Lenin insistiu na necessidade de distinguir entre "os começos da revolução" e o desenvolvimento do processo revolucionário. Se no primeiro caso a conquista do poder político e a conversão do proletariado em classe dominante eram condição indispensável — mas não suficiente — para o lançamento do processo revolucionário, seu avanço efetivo exigia uma série de políticas e iniciativas que transcendiam amplamente a conquista do poder político e mergulhavam suas raízes no solo da sociedade.

Antonio Gramsci, por sua vez, deixou um legado de significativas contribuições para o estudo do poder. Em inúmeros escritos argumentou persuasivamente que a criação de um novo bloco histórico que deslocasse a burguesia do poder supunha uma dupla capacidade das forças contra-hegemônicas: elas teriam que ser dirigentes e dominantes ao mesmo tempo.

Mais ainda: na realidade as forças insurgentes deviam primeiro ser dirigentes, ou seja, capazes de exercer uma "direção intelectual e moral" sobre grandes setores da sociedade — isto é, estabelecer sua hegemonia — antes que pudessem visar com alguma possibilidade de êxito a conquista do poder político e a instauração de seu domínio. Contudo, direção intelectual e moral e dominação política eram duas faces inseparáveis de uma mesma e única moeda revolucionária. Na análise de Holloway o poder aparece como uma questão que se refere exclusivamente ao domínio político, desconsiderando a necessidade de concebê-lo antes de tudo como uma questão que se arraiga no solo da sociedade civil e que a partir daí projeta-se sobre o plano das superestruturas políticas.

Não se constrói um mundo novo, como quer o zapatismo, sem que se modifique radicalmente as correlações de forças e sem que se derrote inimigos poderosíssimos. Contrariamente ao que propõem Hardt, Negri e Holloway — que nisso coincidem com Castells! —, o poder social, em maré de imaginar metáforas, assemelha-se muito mais a uma teia de aranha que a uma rede amorfa e difusa, carente de um foco central. E esse foco é precisamente o Estado, o lugar onde se condensam as correlações de forças e a partir do qual, por exemplo, os vencedores podem transformar seus interesses em leis e construir um marco normativo e institucional que garanta a estabilidade e eventual irreversibilidade de suas conquistas. Não se trata, por certo, do único lugar a partir do qual se exerce o poder social, mas é, sem dúvida alguma, o espaço privilegiado de seu exercício em uma sociedade de classes. Daí que um "triunfo" político e ideológico no plano da sociedade civil pode ser importantíssimo, mas carece de efeitos imperativos. Alguém duvida da arrasadora vitória que os zapatistas colheram com a Marcha da Dignidade? Não obstante, pouco depois o Congresso mexicano produziria uma vergonhosa legislação que fez retroceder a crise do Chiapas a seus piores momentos, prescindindo por completo do "clima de opinião" prevalente na sociedade civil. Conclusão: por mais que alguns teóricos falem da "desestatização" ou da "descentralização" do Estado, este seguirá sendo por bastante tempo um componente fundamental de qualquer sociedade de classes. E mais vale contar com diagnósticos precisos acerca de sua estrutura e funcionamento e com estratégias adequadas para enfrentá-lo, já que a realidade do poder não se dissolve no ar diáfano da manhã graças a uma apaixonada invocação das bondades do "antipoder" ou do "contrapoder". Uma última consideração. Holloway guarda silêncio em relação a vários temas cruciais de sua proposta de mudar o mundo. E mais, o último capítulo do livro no qual, supostamente, ele fundamenta teórica e historicamente o seu argumento, termina com um decepcionante "não sabemos como se muda o mundo sem tomar o poder" (p. 308).

Ou seja, depois de cerca de trezentas páginas de elaboração, a resposta que se prometia desde o próprio título do livro cai no mais profundo vazio. Poderíamos dizer, a favor de Holloway, que Marx e Engels tampouco sabiam como seria a ditadura do proletariado e foi a experiência histórica concreta da Comuna de Paris que lhes permitiu "descobrir" na prática emancipatória do proletariado parisiense os contornos de nova forma política. Porém, da parte dos pais fundadores do materialismo histórico pelo menos existia uma série de elementos teóricos que permitiam prefigurar, mesmo que em seus traços mais gerais, a fisionomia do novo poder político baseado na classe operária. No caso de Holloway, até o momento, esses elementos estão ausentes e nem sequer se colocam algumas perguntas cruciais que, para efeito de iluminar seus próprios argumentos, deveriam ter sido postas na mesa. Por exemplo: como se constroem essas "formas alternativas" de organização social e o "antipoder antiestatal" de que ele tanto fala? Como fazer para obrigar os despóticos detentores do poder burguês a, de agora em diante, "mandar obedecendo"? Tais candentes problemas práticos se resolvem apelando-se para a nobreza das metas propostas? Não seriam essas "formas alternativas" de organização social, de poder e de Estado mais que outros nomes para referir-se a uma revolução em gestação, que destrói a ordem capitalista e instaura uma nova? Não são esses os problemas com que se deparam todas as experiências revolucionárias, desde a Comuna de Paris até os nossos dias? Holloway argumenta que as forças transformadoras não podem "adotar primeiro métodos capitalistas — lutar pelo poder — para logo ir em sentido contrário — dissolver o poder" (Holloway, 2001b). Parece-nos que a luta pelo poder, sobretudo se a situarmos no terreno mais prosaico da política e não naquele das abstrações filosóficas, mal poderia ser concebida como um "método capitalista" a partir da afirmação de que "a existência do político é um momento constituivo da relação do capital". Na realidade, o poder e a luta que se origina em relação a ele são tão antigos quanto o gênero humano e antecedem a aparição do capital em milhares de anos. Supor que a luta pelo poder é uma derivação política do reinado do capital equivale a jogar fora toda a história da humanidade.

Para concluir: embora seja certo que, em linha com as observações de Lenin e Gramsci, não basta a tomada do poder para produzir as formidáveis mudanças que uma revolução requer, também é certo que sem a tomada do poder por parte das forças sociais insurgentes as mudanças tão ansiadas não se produzirão. E isso é tão mais verdadeiro em nossos dias, quando assistimos à "estatização" de um número crescente de atividades e funções intimamente ligadas ao processo de acumulação e reprodução do capital que outrora eram resolvidas no plano do mercado ou da sociedade civil.

Independentemente do apregoado pelos ideólogos do neoliberalismo, nas últimas décadas o papel do Estado assumiu uma importância cada vez maior para assegurar a perpetuação das relações capitalistas de produção: seu papel como organizador da dominação dos capitalistas e como astuto desorganizador das classes subordinadas só fez acentuar-se nos últimos tempos. E, embora nos países da periferia o Estado tenha em grande medida se debilitado, mesmo nesses casos ele seguiu cumprindo fielmente a dupla tarefa anteriormente indicada. Uma força insurgente e anticapitalista não pode se dar ao luxo de ignorar, ou subestimar, um aspecto tão essencial quanto esse. O capitalismo contemporâneo promove uma cruzada teórica contra o Estado, enquanto no plano prático não cessa de fortalecê-lo e designar-lhe novas tarefas e funções. Na realidade, a "ilusão estatal" parece aninhar-se antes naquelas concepções que, em que pesem as evidências em contrário, não conseguem distinguir a retórica antiestatista e a prática estatizante no seio do capitalismo "realmente existente", nem perceber o caráter cada vez mais estratégico que o Estado assumiu para garantir a continuidade da dominação burguesa.

Breve digressão final sobre a dualidade dos poderes

Gostaríamos de encerrar esta análise trazendo à baila o debate surgido a partir da experiência revolucionária russa entre 1905 e 1917. Nessa ocasião, a necessidade prática ditada pela iminência da ruptura revolucionária deu origem a um aceso debate em torno da questão do Estado e da dualidade de poderes. Sem embargo, nenhum dos grandes protagonista desse debate — estamos nos referindo principalmente a Lenin, Trotski e Rosa Luxemburgo — chegou a propor fórmulas abstratas do estilo de "contra-poder" e "antipoder" para resolver as contradições da conjuntura a favor das forças insurgentes.

Além da aspereza que por alguns momentos caracterizou a controvérsia, todos aqueles que dela participaram coincidiam em uma questão: a dualidade de poderes era uma situação eminentemente transitória, produto daquilo que, anos mais tarde e seguindo as pegadas da análise clássica do bonapartismo feita por Marx e Engels, Gramsci chamará de "equilíbrio catastrófico" de classes. Havia dois poderes contrapostos e excludentes porque, na Rússia do início do século, a aliança entre a aristocracia e a burguesia já não podia prevalecer sobre o conjunto das classes populares. A correlação de forças que a favorecera durante décadas esfumava-se como conseqüência de uma crise catastrófica provocada pela guerra russo-japonesa primeiro e, depois, pela carnificina da Primeira Guerra Mundial, tudo isso montado sobre o oscilante cenário de um desenvolvimento capitalista que pulverizava as arcaicas estruturas sociais da Rússia feudal.

Entretanto, por sua própria transitoriedade, a dualidade de poderes estava condenada a se resolver em prazos peremptórios, seja com o triunfo da coalizão dominante, seja com aquele das classes subordinadas. A dualidade de poderes era, portanto, a expressão de uma crise geral revolucionária, situação esta que não pode perdurar: ou se define a favor das classes e grupos sociais ascendentes, interessados na criação de uma nova ordem social, ou o faz em benefício das forças da contra-revolução, e os insurretos são afogados em sangue. O caráter efêmero de uma conjuntura desse tipo faz com que conceitos como o "contrapoder" ou o "antipoder" tenham, no melhor dos casos, uma validade limitada, tanto no tempo quanto no terreno da luta política. Ambos expressam a fragilidade do "momento hobbesiano", quando a ordem social se desintegra diante do surgimento de um bloco contra-hegemônico dotado de força suficiente para impor uma solução da crise de forma mais favorável a seus interesses.

Desse modo, o debate clássico em torno da dualidade de poderes repousava na convicção de que diante do poder oficial das classes dominantes, suas instituições, leis e agência existia um embrião, já suficientemente vigoroso, do poder "dos de baixo", denominem-se estes proletariado, aliança operário-camponesa, comuna ou partido revolucionário. Nada mais distante, portanto, de um "contrapoder" que remetesse a uma amorfa multidão ou à incomensurável multiplicidade dos corpos; ou a um "antipoder" que, na prática, é apenas uma amável ilusão. Na tradição clássica tratava-se, ao contrário, de um poder emergente que lutava contra a ordem estabelecida, que se apoiava em atores concretos, classes e grupos sociais, que se expressava em formatos políticos diversos — partidos, sovietes, conselhos operários etc. —, que propunha um programa específico de governo (nacionalizações, reforma agrária, expropriação dos capitalistas etc.) e que, como não podia deixar de ser, projetava sua crescente ascensão também sobre o plano militar. Porque, nas conjunturas de dissolução da ordem social, a luta de classes não se resolve nos serenos âmbitos do debate parlamentar ou em negociações de portas fechadas nos gabinetes do governo, mas nas ruas e, quase invariavelmente, com armas nas mãos. Esta é pelo menos a lição que ensina a história das revoluções nos três últimos séculos, desde a Revolução Gloriosa na Inglaterra, em 1688, até a Revolução Cubana, em 1959, passando pelas grandes revoluções sociais que comoveram o mundo, na França em 1789, na Rússia em 1917, na China em 1949, para mencionar apenas algumas das mais conhecidas.

Esta breve referência ao célebre debate sobre a dualidade de poderes na Rússia — tema que mereceria ser estudado rigorosamente pelos agentes sociais envolvidos na construção de uma sociedade socialista na América Latina e muito especialmente pelos intelectuais que não abjuram de sua vocação crítica — é suficiente para destacar o abismo que separa o escolasticismo abstrato das análises contemporâneas sobre o tema do poder, da reflexão teórico-prática imperante no passado. Uma pista para entender esta discrepância provém da conjuntura histórica na qual se produz a reflexão teórica: de fato, o auge revolucionário de massas no começo do século XX na Rússia contrasta visivelmente com o refluxo que se observa, em escala mundial, desde a década de 1980, marcado pelo auge da mundialização neoliberal e pela primazia da doutrina do Consenso de Washington. Enquanto no início do século XX a reflexão teórica se instalava à sombra do imediatismo da explosão revolucionária, a conjuntura atual se constitui a partir de uma derrota, transitória, mas ainda assim derrota, das forças populares, uma vez esgotado o impulso ascendente que emergiu com tanta força no segundo pós-guerra. O fato de que, a partir dos fins do século passado, se observa em muitos países uma vigorosa recomposição do campo popular e uma renovada militância anticapitalista — cujos inícios emblemáticos foram a rebelião zapatista de 1º de janeiro de 1994 e a chamada "batalha de Seattle", em novembro de 1999 — que haveriam de articular-se globalmente a partir da realização do primeiro Fórum Social Mundial de Porto Alegre, em janeiro de 2001, não desmente a caracterização precedente, mas põe em relevo os signos inequívocos que falam do esgotamento do modelo neoliberal tanto no centro do sistema, quanto em sua periferia.

Não é demais esclarecer que é impossível estabelecer uma relação mecânica entre a conjuntura política nacional e/ou internacional e as características da produção teórica da esquerda. A dolorosa fórmula gramsciana do "pessimismo da inteligência, otimismo da vontade" sintetiza de forma acabada a complexidade do vínculo entre a razão crítica e o marco histórico-social em que ela se desenrola. Se existe um brilhante exemplo que demonstra precisamente o caráter não-linear dessa ligação, este exemplo é a obra do fundador do Partido Comunista Italiano. Em que pese ser ao mesmo tempo testemunha e protagonista da derrota do apogeu de massas do primeiro pós-guerra, Gramsci jamais fez suas as categorias intelectuais e prioridades temáticas do pensamento dominante dos vencedores. Portanto, o refluxo das lutas populares não conduz necessariamente a indefinição ou capitulação teórica. Um exemplo antitético ao de Gramsci é oferecido pela obra de Karl Kautsky, que no contexto pré-revolucionário que ocasionou o colapso do Império Alemão assumiu posturas doutrinárias tibiamente reformistas que em nada correspondiam à correlação de forças da época. Para abreviar uma discussão que não podemos aprofundar aqui: há uma sociologia dos intelectuais revolucionários que reclama investigações concretas que ajudem a iluminar a relação acima mencionada.[7]

Retomando o fio de nossa argumentação, concluímos então que as propostas de Hardt, Negri e Holloway são a projeção no plano da produção intelectual — conforme dissemos, mediatizada e nunca linear — do refluxo experimentado pelas forças populares a partir dos finais dos anos setenta. Um revés que, no caso destes autores, não se manifesta, como ocorreu com os "renegados" de nosso tempo, por uma vergonhosa adesão ao capitalismo e à sociedade burguesa, mas pela radical indefensabilidade de seu pensamento contestatário diante das premissas fundamentais das idéias dominantes em nossa época. Desse modo, teóricos declaradamente contrários ao capitalismo fazem suas, inadvertidamente, teses centrais do pensamento neoliberal, por exemplo, removendo da agenda dos povos oprimidos uma temática crucial como a do poder e canalizando as energias dos descontentes e das vítimas do sistema para regiões ideologicamente etéreas e politicamente irrelevantes. Não surpreende comprovar, em troca, como, ao mesmo tempo em que o campo intelectual da esquerda desvia a vista para tais construções ilusórias ou quiméricas em relação ao "poder realmente existente", as classes dominantes prosseguem sem descanso sua tarefa de aumentar a eficácia do poder de que já dispõem, desenhando novas modalidades de seu exercício que lhe assegurem uma revigorada capacidade de controlar as classes e camadas subalternas para que possam seguir, desse modo, sendo donas da história.

NOTAS

1. Sobre esse tema ver Boron, 2002, p. 149-153.
2. Não é um dado menor que tenha sido precisamente Fernando Henrique Cardoso quem redigiu o prólogo da edição brasileira da obra de Castells.
3. Ver o nosso *Imperio & imperialismo*, obra na qual expomos detalhadamente alguns dos mais graves erros de interpretação de conteúdos no referido livro e que, lamentavelmente, excedem com sobras o âmbito mais restrito da teoria do Esta-

do capitalista. Uma reflexão sobre esse tema desenvolve-se amplamente em Boron, 2000. Uma versão mais reduzida da crítica à obra de Hardt e Negri se encontra em Boron, 2002b.

O presente trabalho retoma livremente alguns dos elementos contidos neste último trabalho e os reelabora em função dos objetivos aqui propostos.

4. Debatemos algumas das idéias de Holloway em Bordon, 2001.
5. Nesse sentido, a análise de Holloway é extremamente geral e não introduz nenhum tipo de matiz. Para ele, a experiência da URSS e da revolução cubana são exatamente idênticas, e ambas fracassaram. Não existe em sua obra a menor tentativa de distinguir situações, contextos internacionais, problemas específicos, momentos históricos e conquistas, ainda que parciais, dos processos revolucionários. Sua visão do "fracasso" das revoluções é similar àquelas que, vindas da direita, se formulam na ciência política de inspiração anglo-saxônica e em nada ajudam a compreender as duríssimas condições nas quais elas têm lugar e se desenvolvem.
6. Daí o título do novo livro de Holloway, no qual eles explana *in extenso* toda a sua teorização: *Como mudar o mundo sem tomar o poder*. Cf. Holloway, 2002.
7. Uma pequena contribuição nesse sentido encontra-se em nosso *Imperio & imperialismo*, op. cit., Cap. 7.

BIBLIOGRAFIA

Boron, Atilio A., *Tras el Búho de Minerva. Mercado contra democracia en el capitalismo de fin de siglo*, Buenos Aires: Fondo de Cultura Económica, 2000.

——, "La selva y la polis. Interrogantes en torno a la teoría política del zapatismo", em *OSAL, Observatorio Social de América Latina*, Buenos Aires: CLACSO, nº 4, junho de 2001.

——, *Imperio & imperialismo*, Buenos Aires: CLACSO, 2002 (a).

——, "Imperio: dos tesis equivocadas", em *OSAL, Observatorio Social de América Latina*: CLACSO, nº 6, junho de 2002 (b).

Castells, Manuel, *The information age. Economy, society and culture*, 3. vols., Oxford: Blackwell Publishers, 1996, 1997, 1998.

Hardt, Michael e Negri, Antonio, *Empire*, Cambridge, Mass.: Harvard University Press, 2000.

——, "La multitud contra el Imperio", em *OSAL, Observatorio Social de América Latina*, Buenos Aires, nº 7, junho de 2002.

Holloway, John, "La revuelta de la dignidad", em *Chiapas*, México: Instituto de Investigaciones Económicas, nº 5, 1997.

——, "El zapatismo y las ciencias sociales en América Latina", em *OSAL, Observatorio Social de América Latina*, Buenos Aires: CLACSO, nº 4, junho de 2001.
——, "La asimetria de la lucha de clases. Una resposta a Atilio Boron", em *OSAL, Observatorio Social de América Latina*, Buenos Aires: CLACSO, nº 4, junho de 2001.
——, *Cómo cambiar el mundo sin tomar el poder*, Buenos Aires: Herramienta, 2002.

Da invenção do príncipe moderno à controvérsia sobre o príncipe pós-moderno

FRANCISCO FERNÁNDEZ BUEY

Nesse texto proponho-me a reconstruir a invenção do príncipe moderno na obra de Antonio Gramsci, para logo responder à seguinte pergunta: na época da globalização neoliberal e do nascimento do movimento de movimentos é suficiente reformular a sua teoria do partido político ou faz-se necessária uma reflexão completamente nova sobre o que poderia ser, para que possamos nos entender, o príncipe pós-moderno?

Na parte dedicada à reconstrução das idéias gramscianas, destaquei a importância que teve para Gramsci a reinterpretação de Maquiavel, a relação entre ética e política no mundo moderno e seu conceito de hegemonia. Na contestação à pergunta sobre a atualidade ou inatualidade de Gramsci sustentarei que o príncipe pós-moderno tem que ser transnacional e que isso implica repensar o internacionalismo e refletir sobre o que pode ser uma organização sociopolítica da globalização alternativa.

1

Na prisão de Turi, em Bari, entre 1927 e 1928, Gramsci leu algumas das publicações surgidas por motivo do quarto centenário da morte de Maquiavel (1527). Esta leitura trouxe-lhe a inspiração de que necessitava para trabalhar na interpretação da obra do pai da política moderna. A releitura das principais obras de Maquiavel e a discussão das suas interpretações históricas deram-lhe, em seguida, uma chave para aproximar historiografia e teoria política. A reinterpretação da obra de Maquiavel, em diálogo com Benedetto Croce e com outros autores italianos, discutindo com eles o que passou historicamente por ser "maquiavelismo", sugeriu a Gramsci uma hipótese para a releitura da obra de Marx e do que foram os marxismos. De tudo isso acabou brotando uma metáfora consistente para a teoria política normativa, a do "príncipe moderno".

Maquiavel escreveu *O príncipe* no exílio; Gramsci, o seu príncipe moderno na prisão. Ambos tiveram anteriormente uma ampla experiência política. O fio vermelho que une a reflexão gramsciana na prisão é o estudo da hegemonia e da subalternidade das classes e grupos sociais na Itália e na Europa. Convém, pois, examinar mais detidamente essa noção.

Hegemonia é um conceito chave nos *Cadernos do cárcere*. Trata-se de um termo ainda muito utilizado nas discussões políticas e no âmbito da teoria política. Nestas discussões, todavia, nem sempre se precisa bem o conceito a que se faz referência com a palavra, nem quando se diz que tal partido ou classe social aspira à hegemonia, nem quando se critica os que dizem aspirar a ela.

A palavra hegemonia teve, inicialmente, uma conotação militar. A hegemonia alude ao predomínio e à liderança do *hegemon*, do condutor ou guia militar, daquele que está à testa. E, por extensão, costuma-se identificar a hegemonia com o primado de uma classe ou grupo social sobre outros no interior das nações. Assim, fala-se habitualmente da hegemonia militar de uma nação neste ou naquele período histórico, da hegemonia (em sentido amplo) dos Estados Unidos da América do Norte no capitalismo ou da hegemonia deste ou daquele partido político segundo os resultados eleitorais nas democracias representativas.

Todos esses usos da palavra hegemonia conotam a idéia de superioridade material sobre outros: primazia, primado, proeminência ou domínio. Nos Estados modernos e contemporâneos esta idéia carrega consigo o sentido de coerção pela força, em última instância militar, embora nem sempre e necessariamente militar.

Na tradição socialista que se cristaliza no século XX, e que é a de Gramsci, a palavra hegemonia continuou sendo usada na mesma acepção. A maioria dos teóricos social-comunistas do século XX empregaram-na para referir-se à inversão do tipo de dominação existente sob o capitalismo, ou seja, à mudança de signo social e político de poder. Assim, foi possível dizer que as revoluções do século XX mudaram (ou aspiravam mudar) o signo da hegemonia social anteriormente existente. A maioria dos teóricos social-comunistas sustentou que o proletariado aspira à hegemonia, entendendo com isso que pretende ocupar o lugar social, econômico e político que a burguesia ocupava anteriormente. Essa tradição pensou, portanto, que a hegemonia só muda de signo quando a nova classe, a classe subalterna, toma o poder e pode exercer sua dominação sobre as outras classes sociais. Hegemonia segue implicando, desse ponto de vista, coerção estatal na nova ordem, só que com o signo social invertido: onde antes mandava o capital, mandará o trabalho; onde mandavam os capitalistas, mandarão os operários. Hegemonizar é mandar; e o mando, com o que carrega de coerção, é algo necessário enquanto a sociedade estiver dividida em classes sociais.

Este imperativo do hegemonizar como mandar continua se sustentando inclusive depois da revolução e da tomada do poder pela classe (ou classes) subalterna(s). Por uma razão muito simples, a saber: porque uma classe social subalterna pode conquistar o poder político (estar no governo) e não ter, todavia, o poder econômico, que, como se sabe, costuma ser um pré-requisito básico do poder militar. Como existe evidência histórica suficiente de que não há classe social dominante que renuncie a seus privilégios sem resistência, inclusive depois de ter sido derrotada pela revolução ou nas urnas, é razoável pensar que a hegemonia, assim entendida como mandar (incluída a hegemonia militar), continua sendo um assunto-chave mesmo depois da hegemonia social e política ter mudado de signo, naquele que se costuma chamar de período de transição. Esta é a base, argumentalmente razoável, daquilo que Marx primeiro e Lenin depois chamaram de ditadura do proletariado (ou ditadura "democrática" do proletariado).

Com as expressões "ditadura do proletariado" e "ditadura democrática do proletariado" pretendia-se sublinhar o vínculo entre a idéia de hegemonia como supremacia e a idéia de coerção em uma sociedade ainda dividida. Durante muitas décadas os teóricos social-comunistas preferiram estas outras expressões ao próprio conceito de hegemonia para chamar atenção sobre três coisas: 1°) que, independentemente da forma política do mandar, o que realmente existia nas sociedades capitalistas era uma ditadura de classe; 2°) que o que viria, em uma sociedade que tivesse mudado o signo social do mandar, seria de todo modo uma ditadura, pois nela haveria Estado e o Estado implica sempre coerção social e política; e 3°) que esta ditadura alternativa teria uma forma sociopolítica mais democrática que todas as democracias realmente existentes pelo fato fundamental de que representaria o interesse da imensa maioria da população (a soma dos de baixo, dos proletários e camponeses de então).

De fato, a maioria dos teóricos social-comunistas estiveram convencidos, pelo menos até os anos cinqüenta do século XX, de que aquilo que eles chamavam de ditadura (ou ditadura democrática) seria uma ampliação da democracia representativa até então conhecida (na Suíça, na Inglaterra, nos Estados Unidos da América do Norte etc.). Para entender isso em seu contexto histórico, é preciso levar em consideração que até 1919 o sufrágio era limitado na maioria dos países europeus e que, falando propriamente, aquilo que hoje chamamos de regras básicas da democracia ou eram desconhecidas ou não reinavam naquela ocasião. A esse respeito, basta recordar que, antes que a primeira constituição soviética reconhecesse o direito de voto para as mulheres na Rússia, apenas sete países no mundo o haviam feito; e que estes sete países (Nova Zelândia, Austrália, Finlândia, Noruega, Dinamarca, Islândia e Holanda) pouco contavam no concerto imperialista da época.

Nos *Cadernos do cárcere*, o conceito de hegemonia se opõe parcialmente à idéia de domínio. Gramsci faz distinção entre dirigir e dominar, entre uma classe que dirige outras classes persuadindo e uma classe que fundamenta seu mando na coerção e na dominação. Desta maneira amplia o conceito de hegemonia para além do âmbito militar, econômico e político. O conceito gramsciano de hegemonia inclui o primado ou proeminência cultural intelectual na formação econômico-social ou bloco histórico de que se está tratando. A hegemonia não se reduz, portanto, à ordem e ao mando, à força (econômica e militar), mas pressupõe o consenso social e, em conseqüência, a capacidade de uma classe ou grupo para dirigir intelectualmente, e de forma sustentada, o conjunto da sociedade.

Isso quer dizer que a hegemonia efetiva, no sentido de Gramsci, complementa força e consenso e que a direção a que se aspira na sociedade não é somente político-econômica, mas também cultural, moral-intelectual. O papel dos intelectuais, da subjetividade e consciência coletivas se converte assim em um elemento central para a conformação da hegemonia. A batalha cultural, a luta das idéias, a forma de organização dos intelectuais e a conformação coletiva da própria concepção do mundo, das crenças e das ideologias ganham assim uma relevância que não tinham em outros teóricos contemporâneos da hegemonia.

Este conceito gramsciano de hegemonia vale sobretudo para sociedades complexas, nas quais o papel das instituições da sociedade civil mediatiza e limita a coerção do Estado onde finalmente se cristaliza o domínio de uma classe social. Foi pensado, obviamente, para diferenciar a situação que existia na Rússia pré-revolucionária (onde o Estado, segundo Gramsci, o era totalmente) da situação dos principais países da Europa ocidental (onde há muitas casamatas nas quais se luta durante décadas em termos culturais e ideológicos para conquistar o primado intelectual). Hegemonia é, antes de mais nada, primado moral e civil derivado de uma reforma moral e intelectual na qual os intelectuais desempenham um papel substancial, pois, como educadores e persuasores, contribuem para criar uma nova tradição, a socialista. A supremacia social, ou seja, a hegemonia no sentido tradicional, dependerá de quão profundamente este outro primado moral e intelectual calou na sociedade.

Gramsci não viveu nem apresentou essa sua reflexão sobre o conceito de hegemonia como uma ruptura ou desvio em relação à linha principal ou ortodoxa do comunismo da época, em relação ao que então se chamava de "leninismo", mas como uma tradução do pensamento político do último Lenin, motivada pelo fato diferencial que representa a relação entre sociedade civil e Estado nos países ocidentais e pela mudança de fase que se produziu na segunda metade da década de 1920. Sua reelaboração do conceito de hegemonia é paralela e simultânea à prospecção de uma via revolucionária para a Europa ocidental, distinta daquela seguida na Rússia de 1917. A derrota das revoluções européias de 1919 e 1924 fora para Gramsci "um soco no olho". E sua reflexão sobre hegemonia e subalternidade está determinada pela consciência do que representava a consolidação do fascismo na Itália e a ascensão de outros movimentos similares na Europa.

Porém, uma parte de seus companheiros de cárcere (com os quais discutiu sobre isso enquanto trabalhava na redação dos cadernos) e vários dos dirigentes comunistas do período entenderam a reflexão gramsciana sobre hegemonia e sobre a perspectiva que dela derivava como um desvio heterodoxo. Gramsci sabia disso, sabia que era assim. Isso produziu em seu cérebro múltiplas suspeitas, algumas delas sinistras, e levou-o a tomar inúmeras precauções no momento de expressar seu pensamento em palavras ou por escrito. Por isso algumas passagens dos *Cadernos do cárcere*, precisamente aquelas que se referem à estratégia política relacionada ao momento concreto que se vivia, são apenas alusivas, analógicas ou alegóricas. Estão duplamente condicionadas: pela necessidade de burlar a censura carcerária e pela necessidade de defender-se das críticas de alguns de seus companheiros políticos.

2

O essencial para se estudar a teoria política gramsciana está nos cadernos 8 (onde inaugura uma nova epígrafe com o título de "O príncipe moderno" e declara a intenção de nela incluir todas as notas e apontamentos de ciência política); 13 (sobre a política de Maquiavel); 14 (uma parte da qual contém mais notas sobre Maquiavel); 15 (que inclui notas várias de história e teoria política sob o rótulo de "passado e presente") e 18 (no qual escreve, ou reescreve, mais notas sobre Maquiavel).

Gramsci considera *O príncipe* de Maquiavel (escrito em 1513, embora publicado em 1532) como um livro vivo (não um tratado), no qual ideologia e ciência política se fundem na forma dramática do "mito". Esta consideração remete ao mito na acepção de Sorel [Q.8, 95; Q.13, 1535]. De um ponto de vista formal, a obra de Maquiavel é considerada superadora da utopia e do tratado escolástico, que eram as formas anteriores e contemporâneas da teoria política. A comparação, implícita, considera autores como Savanarola, Guicciardini, Erasmo e Thomas More. *O príncipe* é, para Gramsci, um exemplo histórico de ideologia política que se apresenta como criação da fantasia (da imaginação) concreta para organizar a vontade coletiva de um povo disperso e pulverizado.

Na conclusão de *O príncipe* — diz Gramsci — Maquiavel se faz povo, se confunde com o povo, com o povo previamente identificado. O epílogo da obra, que produz certa estranheza (há que lembrar que este epílogo é uma exortação, dirigida a Lorenço de Medici, a libertar a Itália das mãos dos bárbaros; exortação que termina com alguns versos patrióticos da canção de Petrarca *Ai Signori d'Italia* [Aos senhores da Itália]), não deve ser lido como um acréscimo, como algo externo ou retórico, mas como um elemento necessário, como uma espécie de manifesto político que conclui a obra.

Gramsci propõe que se leia Maquiavel como expoente filosófico de sua época. O que implica, por um lado, contextualizar (a situação de Florença, a situação italiana e européia da primeira década do século XVI) e, por outro, não tomar *O príncipe* isoladamente, como uma obra solta, mas em relação a outras obras de Maquiavel, como *A arte da guerra* (1521), as *Histórias florentinas* e os *Discursos sobre as décadas de Tito Lívio* (publicados em 1531, mas iniciados um pouco antes de *O príncipe*).

O que resulta dessa contextualização é uma refutação da visão tradicional de Maquiavel como autor de um manual para tiranos, teórico da razão de Estado em geral, defensor do Príncipe e indutor da mentira e da crueldade na atividade política. Gramsci sublinha em sua interpretação aquilo que tem sido chamado muitas vezes de "patriotismo *republicano*" de Maquiavel, ou seja, seu propósito de contribuir para a fundação do Estado unitário territorial na Itália (daí as referências positivas, em *O príncipe*, à atividade política de Fernando, o Católico, e do rei da França), *mas sob uma forma republicana* (de acordo nesse ponto com a tradição de Florença e em relação, também positiva, com a existência dos Estados Gerais na França).

O que Maquiavel faz é propor *a política como atividade autônoma*, isto é, baseada em leis e princípios distintos daqueles da religião e da moral. Por isso se diz que com ele tem início a ciência política e que, na medida em que o que ele faz é ciência política, esta pode servir (e de fato serve) tanto aos reacionários quanto aos democratas. Porém, a obra de Maquiavel, na leitura de Gramsci, não é apenas ciência política, não é apenas teoria. Seu estilo não é o de uma atividade científica desinteressada, nem tampouco da especulação filosófica abstrata. É teoria política com ponto de vista explicitado, ou seja, teoria política que toma partido, que não oculta seus próprios ideais (o republicanismo, a unidade da Itália) e sua concepção de mundo (mais próxima dos clássicos greco-romanos, de Aristóteles, Tito Lívio e Tácito que do cristianismo da época).

A este respeito, a pergunta que se tem que fazer é: em que pensava Maquiavel ao escrever suas obras? Se nos limitarmos à letra de *O príncipe*, em uma leitura restritiva da obra isolada e separada das outras obras de Maquiavel, poderia parecer que ele estaria pensando em um monarca ou chefe equiparável a Fernando, o Católico, ao rei da França, aos Medici florentinos, descendentes do Magnífico, ou a César Bórgia. Gramsci argumenta que chegar a tal conclusão é entendê-lo mal, posto que estaríamos então diante de uma vulgaridade, a saber: Maquiavel limitava-se a dizer aos poderosos o que eles já sabiam sobre política. Na interpretação de Gramsci, o notável em Maquiavel é que pensava em quem não sabe, em quem não conhece as regras da política como ciência e como arte, no povo, na "nação" italiana da época, no povo-nação. Sua concepção da teoria política comportava, portanto, uma dimensão *pedagógica*, de pedagogia popular, "democrática" em um sentido amplo [Q.13,1600; Q.14,1690-1691].

É importante dizer que esta leitura "republicana" de Maquiavel é corroborada não apenas pelo que sabemos de sua vida, mas também por muitas passagens dos *Discursos*, uma obra escrita quase em paralelo com *O príncipe* e de dimensões muito maiores. Gramsci admite que Maquiavel acentuou, em *O príncipe*, o momento da força e da autoridade, enquanto nos *Discursos* priorizava o momento da hegemonia (político-cultural) e do consenso, mas não vê oposição de princípio entre sua defesa do principado e sua defesa da república; no máximo, cristalizações ou hipóstases de dois momentos complementares: o da autoridade e o da universalidade [Q.8, 970].

Na medida em que principado e república se contrapõem no imaginário contemporâneo como formas políticas, ou seja, como formas opostas de organização de um Estado, a interpretação de Gramsci pode parecer forçada. Para entender melhor este ponto de vista sobre Maquiavel é preciso ter em conta outra distinção, a que se faz entre alta política ou grande política e pequena política [Q.13, 1563-1564].

A grande política é para Gramsci aquela que aborda questões concernentes à fundação de novos Estados, à destruição, defesa ou conservação de uma determinada estrutura sociopolítica, enquanto pequena política é aquela que se refere a questões parciais e cotidianas elucidadas no seio de uma estrututura estabelecida, à luta pela predominância entre as frações de uma mesma classe política. Sublinhando esta distinção, Gramsci sugere que Maquiavel se ocupou essencialmente de questões relativas à alta política e que, embora existam diferenças de enfoque entre *O príncipe* e os *Discursos sobre as décadas de Tito Lívio*, estas diferenças não implicam contradição, mas devem ser vistas como dois momentos complementares da noção de hegemonia: o da força (que predomina em *O príncipe*) e o da organização do consenso (que predomina nos *Discursos*).

3

Prestando-se atenção à forma como está redigido o caderno 13 (no qual se alternam notas sobre Maquiavel com outras notas de teoria política que têm caráter normativo ou que são dedicadas à discussão com historiadores e politólogos coetâneos), fica evidente que a leitura gramsciana de Maquiavel se sobrepõe à reflexão sobre temas sociopolíticos contemporâneos, notadamente à preocupação com a reproposição, em sua época, do tema da hegemonia. Isso quer dizer que o maior valor das notas de Gramsci é metodológico, analógico ou heurístico. Porém, embora houvesse muito o que discutir sobre os detalhes da leitura gramsciana de Maquiavel, esta interpretação em termos de luta pela hegemonia é sugestiva, inclusive em suas aparentes ambigüidades acerca da forma do Estado (monarquia, principado e república) que percorrem as obras dos grandes florentinos, desde Savanarola até Maquiavel, passando por Guicciardini.

Ao separar a política da moral e da religião e ao considerar que a política *como teoria e como arte* (de par com a medicina, por exemplo) é autônoma, no sentido em que dispõe de suas próprias regras e princípios, Maquiavel mudava o ângulo de visão, dava ao tema uma colocação nova. No entanto, apesar dos séculos transcorridos, esta mudança de perspectiva (que costuma estar na origem das descobertas científicas de todo tipo) não se converteu, todavia, *em senso comum*, não se transformou em *crença* generalizada para os demais, para a maioria, para o povo. Gramsci traduz para sua própria linguagem a idéia de que aquela revolução teórica, intelectual e moral de Maquiavel ainda não se realizou, para dizer em seguida que o maquiavelismo (na acepção positiva dessa expressão) não se converteu em uma forma pública e manifesta da cultura nacional (pelo menos na Itália, que é o contexto em que Gramsci escreve). Ao contrário: o que parece ter coagulado ao longo dos séculos, pelo menos no que diz respeito ao uso das expressões correntes "maquiavélico" e "maquiavelismo" (que existem em diferentes idiomas, não apenas em italiano), é a idéia de que Maquiavel foi algo assim como uma aparição diabólica, imoral.

Essa identificação de Maquiavel com o diabólico, com a mentira contorta, com a idéia de uma política que despreza a moral e nela chafurda é para Gramsci maquiavelismo vulgar, conseqüência da vulgarização e tergiversação da obra de Maquiavel por seus adversários e detratores desde o século XVI, a começar pelo papado e continuando com os jesuítas. Há que ter em mente que as obras de Maquiavel, e notadamente *O príncipe*, figuraram durante muito tempo no Índex dos livros proibidos da Igreja católica.[1]

Ao passar da interpretação de Maquiavel às implicações de sua descoberta, Gramsci propõe a seus leitores uma questão interessante e interessada, que segue válida: admitindo-se que a política é autônoma, que tem suas próprias regras e leis, então o *juízo político*, o juízo sobre a atividade política não pode ser do mesmo tipo que o *juízo moral*, referente ao comportamento privado do indivíduo, ao comportamento da pessoa individualizada em sua vida particular. Aí Gramsci já está pensando por conta própria. E respondendo à questão colocada diz que, efetivamente, tem que existir uma relativa autonomia do juízo político em relação ao juízo moral. A distinção maquiaveliana pressupõe que a atividade do homem político deve ser julgada pela adequação ou inadequação de suas propostas e projetos à esfera pública, ou seja, com relativa independência do juízo que se possa fazer sobre a boa ou má-fé do indivíduo, da pessoa, que é um juízo moral.

Esta distinção é básica para o filósofo político moderno e para a forma laica de fazer política, embora ainda hoje tal distinção entre em choque com importantes reticências nas democracias realmente existentes (como se viu não faz muito tempo nos Estados Unidos da América do Norte durante a presidência de Clinton). A afirmação da autonomia do âmbito político pressupõe que o homem político não pode ser julgado prioritariamente pelo que faça ou deixe de fazer *em sua vida privada*, mas há de ser julgado considerando-se se mantém ou não, e até que ponto o faz, seus compromissos públicos. No âmbito da esfera pública o juízo — pensa Gramsci — é político e portanto o que se tem que julgar é *a coerência, a conformidade dos meios a determinados fins.*

No entanto, manter a separação entre o juízo moral e o juízo político e basear o juízo político na coerência meios/fins não quer dizer que a coerência política se opõe *por princípio* à honestidade, como pretendem os deturpadores de Maquiavel, os pseudomaquiavelianos e os que pregam, mais ou menos cinicamente, que as virtudes públicas derivam de vícios privados ou que os vícios privados (por exemplo, o egoísmo individualista, a insolidariedade, a hipocrisia, o utilitarismo etc.) resultam em virtudes públicas.

Pode-se separar o juízo político do juízo moral, por razões analíticas e metodológicas e, nesse contexto, dar primazia à política sobre a moral (posto que os humanos somos animais cívicos, não somente animais sociais, mas animais cidadãos que vivemos em comunidade); ao mesmo tempo, defender a política como ética da vida coletiva, da esfera pública, *se e somente se* o reconhecimento de que o juízo no âmbito da esfera pública é político vier acompanhado da afirmação de que *a honestidade da pessoa é precisamente um fator necessário da coerência política* (como é o caso em Aristóteles e em Gramsci e como era, muito provavelmente, no caso do próprio Maquiavel).

Na vida moderna, essa confusão entre o plano ético (identificado, contudo, com as crenças religiosas) e o plano político tem pelo menos duas conseqüências negativas.

A primeira, e mais fundamental, é a permanência de uma concepção muito estendida (o que Maquiavel chamou em seu tempo de hipocrisia cristã) que tende a desvalorizar a política como atividade em nome de uma moral universalista e absolutizadora, de uma ética da convicção, de uma moral declamatória, mas não praticada depois.

A persistência dessa tendência encontra-se reforçada, no mundo contemporâneo, pelo fato de que, efetivamente, existe na sociedade uma ampla camada de políticos profissionais (a chamada "classe política") que vive na e da política com má-fé, sem convicções éticas, fazendo das atuações e decisões públicas um assunto de interesse privado. Aninha-se aí a corrupção. Note-se que na batalha política cotidiana, os corruptos, os imorais, os que fazem política sem ética etc. são sempre *os outros*, os dos outros partidos, nunca "os nossos". Conseqüência disso é o amiguismo mafioso ou sectário para o qual "os nossos" estão, por assim dizer, além da justiça.

Isso leva, em segundo lugar, à identificação vulgar, tosca, da política com a mentira, o engano e a falsidade, à identificação da política com aquilo que Gramsci chama de falso maquiavelismo. Gramsci rechaça essa difundida identificação, tão popular nos países latinos, e recorda a respeito um velha piada judaica:

— Aonde vais? — pergunta Isaac a Benjamin.

— Para Cracóvia — responde Benjamin.

— Mas que mentiroso! — exclama Isaac. — Estás dizendo que vais a Cracóvia para que eu pense que estás indo para Lemberg, quando sei muito bem que estás indo para Cracóvia. Precisava mentir?

Nem a afirmação da distinção maquiavélica, analítica, entre ética e política, nem a negação da existência de um princípio ético universal no sentido kantiano, nem a crítica da dupla moral característica da cultura burguesa realizada por Marx têm como implicação, para Gramsci, a defesa de uma política alheia à ética ou a postulação de um relativismo ético absoluto, do tipo "vale tudo, segundo as circunstâncias". Gramsci afirma que não pode haver atividade política permanente que não se sustente em determinados princípios éticos partilhados pelos membros individuais da associação correspondente. São estes princípios éticos que dão compacidade interna e homogeneidade para alcançar o fim. Daí a distinção entre máfia (ou seita) e partido.

O que diferencia uma máfia ou uma seita do "intelectual coletivo", do "príncipe moderno" ou do partido de novo tipo é precisamente sua distinta concepção dos princípios e fins universais. Enquanto na máfia a associação é um fim em si mesmo e a ética e a política nela confundem-se (porque o interesse particular é elevado a universal), o partido político, entendido como príncipe moderno, como vanguarda ou intelectual coletivo, não se põe a si mesmo como algo definitivo, mas como algo que tende a ampliar-se a toda agrupação social: *seu universalismo é tendencial.* Nele a política é concebida como um processo que desembocará na moral, ou seja, como um processo que tende a desembocar em uma forma de convivência na qual a política, e portanto a moral, serão ambas superadas. Enquanto isso, é a crítica e a luta de idéias o que decide acerca da melhor forma de comportamento moral das pessoas implicadas. Não há comunhão laica dos santos. Em definitivo, a política como ética do coletivo que Gramsci propugna não é apenas restauração do sentido nobre da palavra política frente ao moralismo e a qualquer forma de atividade mafiosa. É também *crítica da política* imperante, crítica da "pequena política", crítica da politicagem.

4

A analogia entre o ponto de vista maquiaveliano, ou seja, entre o maquiavelismo propriamente dito e o comunismo marxista (ou a filosofia da práxis, como ela a denomina) tem para Gramsci outra derivação para a teoria política, esta de tipo normativo, cujo interesse supera o âmbito da história das idéias ou da história dos marxismos. É a reflexão sobre o príncipe *moderno.*

O príncipe moderno já não pode ser, como em Maquiavel, uma pessoa real, um indivíduo concreto; só pode ser um organismo, um elemento de sociedade complexo, coletivo, no qual se iniciou a concretização de uma vontade coletiva reconhecida e afirmada parcialmente na ação. Este organismo é o partido político. A reflexão sobre o príncipe moderno deve ter uma parte dedicada ao *jacobinismo* histórico para exemplificar como se formou concretamente e como operou uma vontade coletiva. Outra parte deveria dedicar-se à questão da *vontade coletiva*, que Antonio Gramsci apresenta assim: quando se pode decidir que estão dadas as condições para que se possa suscitar e desenvolver uma vontade coletiva nacional-popular?

A falta de uma força jacobina eficiente é vista como razão do fracasso sucessivo na criação de uma vontade coletiva nacional-popular, de maneira que a linha que une Maquiavel aos jacobinos é, para Gramsci, algo assim como uma condição *sine qua non* para a formação de uma vontade coletiva que vá além do poder econômico-corporativo de raiz feudal.

Uma parte importante da atuação do príncipe moderno deverá ser dedicada à questão de uma *reforma intelectual e moral*, isto é, "à questão religiosa ou de uma concepção do mundo". O príncipe moderno deve ser o pregoeiro e organizador de uma reforma intelectual e moral: desenvolvimento da vontade coletiva nacional-popular até uma forma superior e total de civilização moderna. Uma reforma intelectual e moral tem que estar forçosamente ligada a um programa de reforma econômica; a reforma econômica é o modo concreto como se apresenta toda reforma moral e intelectual [Q.13, 1558-1561].

A reflexão gramsciana sobre o partido político, sobre o príncipe moderno, avança também dialogando com os mortos (Maquiavel e Marx) e discutindo com os vivos, com os contemporâneos, particularmente com autores que foram por vezes qualificados como "neomaquiavelianos", como Gaetano Mosca e Roberto Michels, e com Benedetto Croce. Na concepção de Gramsci, o partido político é um fragmento da sociedade civil que reúne vontades, que começa sendo parte da própria sociedade, mas que, em seu desenvolvimento mais moderno, aspira à totalidade, à universalidade, aspira ocupar nas consciências dos cidadãos o posto que em outros tempos ocupava a divindade ou o imperativo categórico. É laico não por sua neutralidade a respeito das concepções do mundo concorrentes ou porque faça abstração da existência de diferentes éticas na sociedade, mas *por derivação*: sua mera existência está na base de um laicismo moderno e de uma complexa laicização de toda a vida e de todas as relações habituais.

O primeiro elemento da prática ou atividade política como atividade autônoma é o reconhecimento da existência, em qualquer situação, de governantes e governados, dirigentes e dirigidos. Esse é o fato básico.

A partir do reconhecimento desse fato, trata-se de ver como se dirigir da maneira mais eficaz em função de certos fins e como se deve preparar os dirigentes. Esse é o primeiro capítulo da ciência e da arte políticas.

O segundo capítulo será como identificar as linhas racionais para conseguir a obediência e/ou consenso dos dirigidos ou governados.

Em relação à primeira questão, ou seja, a formação para o mando ou direção, é preciso se perguntar preliminarmente se o objetivo é que existam sempre governados e governantes ou o que se deseja é criar as condições para que a necessidade dessa divisão desapareça.

Diante dessa questão há que fazer uma distinção. Uma coisa é a *divisão social* que conduz a reprodução do mandar e obedecer, de governantes e governados, de dirigentes e dirigidos em função da pertinência a classes ou grupos sociais, outra coisa é *a divisão meramente técnica* das tarefas na esfera pública, que não tem por que ser fixa e sobretudo não tem por que basear-se na procedência social. Se não se distingue claramente entre uma coisa e outra, cai-se na especulação falaciosa, segundo a qual a divisão meramente técnica das tarefas obriga à divisão social e esta a que governados e governantes, dirigentes e dirigidos sejam sempre os mesmos em função de sua pertinência a classes sociais.

Gramsci aspira, obviamente, à criação das condições para que um dia desapareça a necessidade da divisão entre governantes e governados e a divisão das tarefas na esfera pública seja meramente técnica. Nesse sentido, escreveu que "no fundo todo partido é somente uma nomenclatura de classe e, portanto, para o partido que se propõe a anular a divisão de classes, sua perfeição e plenitude consistem em deixar de existir porque as classes já não existem e nem, portanto, a sua expressão".

Ele, porém, não entra nos detalhes dessa aspiração (a meta ou fim último), mas aborda um problema prévio que afeta os partidos políticos existentes e, portanto, também o partido do qual ele mesmo fazia parte. É o fato, habitualmente observado, de que não somente no Estado, mas também no interior dos grupos sociais, acontece a divisão entre governantes e governados, entre dirigentes e dirigidos [Q.15, 1752-1753].

Há uma tendência a considerar que, no interior dos grupos e sobretudo no interior do próprio grupo, esta divisão é justificada de modo que a obediência dos dirigidos tem que ser automática e indiscutida, como se fosse um princípio inderrogável que é preciso obedecer. Esta tendência, para Gramsci, é um erro que conduz ao "liderismo" irracional e que tem como conseqüência a inépcia criminosa e muitos desastres coletivos. Sob tal crítica podem cair vários partidos políticos contemporâneos (ele escrevia entre 1932 e 1934) e, entre eles, obviamente, o seu.

Apesar de tudo, tendo em conta a existência de dirigentes e dirigidos, governantes e governados, os partidos políticos, independentemente de sua filiação ideológica, são até o momento o modo mais adequado de formar os dirigentes e a capacidade de direção do Estado. Esta afirmação é feita considerando duas coisas:

1) a comparação com o que foi e é o individualismo, o chamado "apolitismo", o clientelismo ou a atividade das associações corporativas. O individualismo é, para Gramsci, "apolitismo animalesco", *qualunquismo**;

2) a perspectiva estatal, o espírito e a consciência de fazer parte não apenas do grupo restrito, da família, do município ou da região de onde se é, mas também, e principalmente, do Estado, que resulta ser, no mundo moderno, o equivalente da *polis* grega, da cidade-Estado.

5

Uma vez estabelecido que na época moderna o novo príncipe não pode ser, portanto, o herói pessoal, o *condottiero* ou o príncipe da época de Maquiavel, mas o partido político, Gramsci *distingue entre partidos e partidos* e oferece uma classificação sociológica, descritiva do que existe antes ou existia na época.

Alguns partidos representam um só grupo social; outros, em determinadas condições históricas, representam os próprios interesses e também os de outros grupos — há, inclusive, publicações ou revistas, como *The Times* ou *Il Corriere della Sera*, ou grupos de revistas que são propriamen-

*Atitude de indiferença e descaso em relação a qualquer questão (a partir do adjetivo *qualunque*, qualquer, quem quer que seja). Corresponderia, em tradução livre, a algo como "tantofazismo" (*N. do T.*)

te (pois atuam como tal) partidos ou frações de partidos. Nos países totalitários, de partido único (na época, Itália, Alemanha, União Soviética), as revistas culturais têm um função indiretamente política. Partido político, nesse sentido "indireto", é também, para Gramsci, o movimento libertário que se apresenta como puramente educativo, moralista ou cultural.

Desse exame despontam basicamente duas formas de partido que parecem fazer abstração da ação política imediata enquanto tal: o partido *de elite* (de homens de cultura) que tem a função de dirigir, a partir do ponto de vista da cultura ou da ideologia geral, um grande movimento de partidos afins, e o partido *de massas*, que se baseia na fidelidade genérica, de tipo militar, a um centro político visível ou invisível. Neste último caso, a massa é somente "massa de manobra", que se move a partir de prédicas morais, incentivos sentimentais, mitos messiânicos etc.

Ao ler isso, há que se levar em conta, que Gramsci não pode falar do próprio partido, o Partido Comunista ao qual pertence e que está proibido, razão pela qual ele mesmo está preso. Em vez disso, ele faz três perguntas relevantes para o momento em que está vivendo, caracterizado precisamente pela proibição de partidos políticos na Itália, na Alemanha e na União Soviética:

1) O que é necessário para que um partido venha a existir?

2) Quando um partido se faz historicamente necessário?

3) Quando se pode dizer que, apesar das proibições, um partido não pode ser destruído "por meios normais" (ou seja, por via legislativa ou judicial)?

À primeira pergunta responde que são necessários três elementos para que um partido venha a existir: um elemento *difuso*, que é a disciplina e a fidelidade de homens comuns; um elemento *coesivo* principal, que é a centralização no âmbito nacional, o que dá eficácia e potência à organização de homens normais; e um elemento *médio*, que põe em contato intelectual e moral os outros dois elementos, disciplina e coesão interna. Os três elementos, e não apenas um ou dois, são imprescindíveis para que um partido político venha a existir.

À segunda pergunta, Gramsci responde imediatamente que um partido político se faz historicamente necessário quando estão pelo menos em vias de formação as condições para que tal partido *se faça Estado* (que é o que seu triunfo supõe).

E à terceira pergunta responde que um partido político não pode ser destruído por meios normais quando o segundo elemento já existe (a centralização em âmbito nacional) e os outros dois não podem deixar de se verificar, ainda que de forma fluida e difusa [Q.14, 1732-1735].

Isso pressupõe a existência de duas coisas: uma convicção férrea de que uma determinada solução para os problemas vitais é necessária e capacidade de prever a própria derrota ("porque a preparação dos próprios sucessores é um elemento tão importante quanto tudo o que se faz para vencer"). E esta última implica, por sua vez, desprender-se do "orgulho de partido" e aceitar analisar os fatos concretos, o que quer dizer não dar passos em falso por temer ser acusado de fazer o jogo dos outros, já que, façamos o que fizermos, sempre fazemos o jogo de alguém; de maneira que (para evitar a destruição) o importante é fazer bem o nosso próprio jogo.

Contudo, sempre em relação com a necessidade histórica de um partido e com seu possível desaparecimento ou destruição, Gramsci ocupa-se também da "função de polícia" (a tutela de uma certa ordem política e legal, correlativa ao fazer-se Estado) que o partido pode vir a exercer [Q.14, 1691-1692]. Para entendê-lo bem é preciso considerar novamente o contexto histórico no qual a fusão partido-Estado leva o primeiro a exercer uma importante papel de polícia (no partido fascista na Itália; no partido nazista na Alemanha; no partido comunista na União Soviética). Ele faz uma distinção entre função repressiva e de difusão, função reacionária ou progressista. É progressista quando tende a elevar as forças reacionárias ao nível da nova legalidade; é regressiva quando tende a manter uma legalidade superada, extrínseca.

No entanto, o principal critério de discriminação no que diz respeito ao funcionamento do partido político seria, para Gramsci, o seguinte: quando é progressivo funciona democraticamente (centralismo democrático), quando é regressivo funciona burocraticamente (centralismo burocrático). Neste segundo caso o partido é tecnicamente um órgão de polícia e o nome de partido político demonstra ser pura metáfora.

Parece óbvio que também nesse caso a reflexão de Gramsci tem uma dupla chave. A primeira é clara: diferenciar o papel policial de partidos realmente existentes pelo caráter da função (progressiva ou regressiva) que sua identificação com o poder estatal representa para o conjunto da sociedade. Concretamente isso significa negar a identificação, que começava a se fazer na época, entre nazi-fascismo e comunismo. A segunda chave, em troca, é mais elíptica, pois a expressão "centralismo burocrático" pode ser entendida em referência não somente ao partido fascista ou ao partido nazista, mas também como uma degeneração do "centralismo democrático" (próprio do partido leninista).

É preciso dizer com toda a clareza que, para Gramsci, o problema não reside tanto na identificação partido-Estado quanto na forma como o partido político assume funções de polícia, pois ele pensava que o partido político autêntico, aquele que não se limita a ser parte ou fração de outra agremiação existente, tem que ter sido concebido e organizado de tal forma que só se desenvolverá integralmente em um Estado e em uma concepção do mundo [Q. 13, 1601; Q. 17, 1947].

Sendo assim, a interação partido-Estado — supondo-se, claro está, que tal partido chegue ao poder — terá que ser constante; e pode-se prever que o intercâmbio de tarefas também o será (isso é o que estava acontecendo na União Soviética). Tanto mais quanto no processo de transformação do partido político em Estado está implicada nada menos que a difusão da própria concepção do mundo. Gramsci se deu conta, porque sabia o que estava acontecendo na União Soviética desde 1924, de que uma concepção assim pode, na prática, ser obstruída pelo "fanatismo cego e unilateral" das frações do partido. Ele parece ter acreditado, no entanto, que isso não se devia ao caráter totalizante da própria concepção do partido (que se quer Estado e concepção de mundo) mas justamente ao inverso: à falta de uma concepção estatal e de uma concepção do mundo [Q. 17, 1948].

Para entendê-lo em seus justos termos é preciso ter em mente que, para Gramsci, o caráter "totalizante" do príncipe moderno ou do partido novo, que aspira fazer-se Estado e difundir a própria concepção do mundo, não tem como decorrência necessária o caráter "totalitário" desse Estado, como prova o fato de que, quando o tema da crise do parlamentarismo se colocou, ele não somente rechaçou a idéia, bastante difundida na época, de que ele anularia a função histórica dos partidos políticos [Q. 15, 1809], mas projetou a possibilidade de um parlamentarismo distinto do burocrático (ou burocratizado) e de um novo tipo de regime representativo [Q. 14, 1708].

Gramsci colocou-se o problema do totalitarismo não como uma derivação do caráter totalizante do partido político, mas relacionando-o, simultaneamente, com os fenômenos do burocratismo e do cesarismo ou bonapartismo. De tal maneira que se poderia dizer que a tendência ou aspiração totalizadora é, pelo menos em um ponto, uma garantia contra o sectarismo partidário, uma vez que "pensamento sectário é aquele que não consegue ver que o partido não é somente a organização técnica do próprio partido, mas de todo o bloco social ativo que o partido guia por ser sua expressão necessária" [Q. 15, 1818].

No entanto, o problema do desaparecimento dos partidos políticos pode se colocar também historicamente sob uma forma diversa da proibição ou supressão por meios normais (ou excepcionais). Isso afeta sobretudo os partidos políticos tradicionais e ocorre em situações que Gramsci chama de *crises orgânicas*. Apesar de sua funcionalidade no mundo moderno, tampouco os partidos políticos são eternos. Acontece que, em um determinado momento de sua vida histórica, os grupos sociais separam-se de seus partidos tradicionais, dos partidos que representaram direta ou indiretamente seus interesses. Produz-se então um contraste, um conflito, entre representantes e representados que expressa uma *crise da hegemonia* da classe dirigente [Q. 13, 1602-1610].

As crises orgânicas ou de hegemonia podem se produzir porque a classe dirigente fracassou em alguma grande empresa política, perdendo o consenso das grandes massas (no caso da guerra, por exemplo) ou porque amplos setores sociais antes passivos (por exemplo, o campesinato ou as camadas médias da população) fazem-se ativos e apresentam suas reivindicações de forma revolucionária.

As crises orgânicas acarretam crise de autoridade, crise de hegemonia ou crise do Estado em seu conjunto. E costumam dar lugar a soluções de força, à atividade de potências obscuras, cuja intencionalidade política não se declara, à aparição do providencialismo e dos dirigentes carismáticos que substituem os partidos políticos.

Essa situação liga-se à mumificação e à burocratização dos principais partidos políticos que não saibam se adaptar às novas tarefas e à nova época. Os partidos políticos tornam-se *anacrônicos*, convertem-se em uma anacronismo. A burocracia (civil e militar) passa a desempenhar então um papel essencial. Isso é o que estava acontecendo, segundo Gramsci, nos principais países europeus no começo da década de 1930, notadamente na Alemanha com a expansão do hitlerismo, mas também na França.

Gramsci relaciona isso com o fenômeno histórico do *cesarismo ou bonapartismo* (César, Napoleão, Napoleão II, Cromwell) que responde, embora não só a isso, a uma situação de equilíbrio "catastrófico" de forças, a uma situação que provavelmente terminará com a destruição recíproca e cuja solução se deixa ao arbítrio de uma grande personalidade, do líder carismático [Q. 13, 1619-1622; Q. 14, 1680]. Para Gramsci, também nesse caso pode haver uma cesarismo "regressivo" e um cesarismo "progressivo" em função da prevalência do elemento *restauração* ou do elemento *revolução*. César e Napoleão I são, segundo ele, exemplos de cesarismo progressivo; Napoleão III e Bismarck, de cesarismo regressivo.

A novidade do momento histórico é que podem existir inclusive casos de *cesarismo parlamentar*. No mundo contemporâneo, que já é muito diferente daquele da época de Napoleão III, os governos de coalizão podem ser uma forma incipiente de cesarismo (ao contrário do que se pensa habitualmente, ou seja, que os governos de coalizão são um "baluarte" contra o cesarismo), baseados na corrupção e/ou no "terror simbólico" dos funcionários do partido e dos sindicatos. É um cesarismo sem necessidade de intervenção militar — o que faz com que o cesarismo contemporâneo seja mais de caráter policialesco que militar.

6

Passo agora a analisar se na época da globalização neoliberal e do nascimento do *movimento de movimentos* é suficiente uma reformulação dessa teoria do partido político ou se faz necessária uma reflexão completamente nova. Esta é uma pergunta latente no mais importante dos movimentos sociais alternativos do presente.

Há duas respostas drásticas para ela, que eu saiba.

A primeira delas aceita no essencial a vigência do ponto de vista gramsciano e propugna a transformação do atual movimento de movimentos em um partido orgânico internacional, sintonizado com o tipo de mundialização que conhecemos. Esse ponto de vista admite a heterogeneidade do movimento, a pluralidade de correntes que existe nele, porém reivindica sua unificação em nome de um conceito da política muito parecido com o que tinha o próprio Gramsci.

A segunda resposta diz que é preciso manter o objetivo, ou seja, mudar o mundo de base, mas que o meio, o príncipe moderno, já não serve nem sequer em sua forma gramsciana de intelectual coletivo. A forma partido teria caducado por sua tendência à identificação com o Estado, com o poder em toda a extensão da palavra. De modo que o que se deveria pretender é um contrapoder de forma movimentista que segue aspirando mudar o mundo, mas sem tomar o poder.

Em suas formulações extremas, estes dois pontos de vista remetem a posições que se verificavam já na época da 1ª Internacional. Não vejo motivos fundamentados para reproduzir hoje aquele debate. Sugiro, em troca, que se potencialize um diálogo entre ambos os pontos de vista considerando os seguintes elementos:

1) Convém seguir mantendo a orientação maquiaveliana de Gramsci sobre o político, pois, apesar do alastrado desprezo pela política em razão da sua identificação com a "alta" política, com a política institucionalizada (que é, no essencial, politicagem ou diplomacia), o menosprezo abstrato da política, entendida como participação ativa da cidadania na coisa pública, acaba conduzindo, também em nosso mundo, a distintas formas de hipocrisia ou de cinismo, de "apolitismo animalesco" e de *qualunquismo*. Não somente porque, quando se agudiza o conflito de interesses sociais coloca-se sempre a necessidade de fazer política, mas porque, além do mais, nessa agudização do conflito acaba-se por fazer política até nos monastérios.

Todas as propostas de refundição do ético e do político (e existem várias e bem-intencionadas) seguem soando como discurso premaquiavelianos em um mundo dividido como o nosso. Por isso, a ampliação gramsciana da noção de hegemonia para além do âmbito militar, econômico e político, para nela incluir o primado ou prevalência cultural e intelectual na formação de um bloco histórico, ainda é sugestiva na época da globalização neoliberal.

2) Não está escrito, sem embargo, que a melhor forma de fazer política alternativa em nosso mundo seja através do partido político. Percorrendo o léxico gramsciano se poderia dizer que não estão dadas as condições para a construção do príncipe pós-moderno, que deveria ser transnacional, e tampouco é evidente que estejam dadas as condições para a dissolução dos partidos políticos que se apresentam como alternativos. Há no mundo atual esboços do primeiro (na rede de redes, no movimento de movimentos) e exemplos de transformação de partidos políticos alternativos em um sentido novo (o PT no Brasil).

Portanto, não há porque precipitar-se na declaração da obsolescência do sistema de partidos, mas sim avaliar o que caducou na forma de construir o príncipe moderno. O que leva ao ponto seguinte.

3) O que caducou na variante gramsciana do partido leninista é, por um lado, a pretensão de representar o conjunto da classe social subalterna (dada a sua fragmentação atual) e, por outro, a pretensão do partido de fazer-se Estado e de identificar-se, em última instância, com o todo sociopolítico. Em última instância, essa identificação conduziu historicamente à negação da noção mesma de partido: o partido se converte em inteiro.

É certo que, como Gramsci viu muito bem, a tendência a fazer-se Estado segue latente em todo partido com realidade social. Porém, também é certo que, independente da forma leninista ou social-democrática, todo partido político que acaba se tornando Estado limita ou liquida a participação política das classes subalternas e acaba favorecendo o desprezo por toda forma de política e, finalmente, o abstencionismo. Dito com todas as letras: é duvidoso, por tudo que sabemos da história recente, que a "função de polícia" do partido político possa ser julgada nos termos esquemáticos do "conservadorismo" e do "progressismo".

4) Também caducou a organicidade totalizante do príncipe moderno, baseada na idéia de que os membros ou filiados do partido político das classes subalternas têm que partilhar uma determinada concepção do mundo, uma ideologia (no sentido positivo que Gramsci dava à palavra "ideologia") — nesse caso, a marxista.

Mesmo compreendendo o papel histórico progressista que esta organicidade possa ter desempenhado como mito laico para a compactação e unificação dos de baixo, é impossível seguir visando um partido orgânico com essas características no mundo globalizado de hoje. Em primeiro lugar, porque há muito tempo existem vários marxismos (e não apenas um). Em segundo lugar, porque a partir de um ponto de vista epistemológico há sérias dúvidas sobre a possibilidade de manter-se a noção de marxismo como concepção global do mundo. Em terceiro lugar, porque esta função ideológica é mais bem desempenhada em nosso mundo pelas organizações religiosas de vocação ecumênica e presença internacional (alguns já consideram Alá o único inimigo sério que ainda resta ao capital). E, em quarto lugar, porque mesmo sem aceitar que a aspiração totalizante conduza necessariamente ao totalitarismo (como pretenderam Popper e outros autores), a organizacidade ideológica totalizante repele a consciência laica ilustrada do século XXI.

Admitindo-se isso, a reflexão sobre o príncipe pós-moderno teria então que fazer com Gramsci o que Gramsci fez com o pai da política moderna: acentuar seu republicanismo em sentido laico e democrático. O que significa: pensar com Gramsci para além de Gramsci.

5) Como não nos é dado prever o dia em que a política desembocará em moral e como estamos quase todos convencidos de que não há nem pode haver comunhão laica de santos, por enquanto há que deslocar a ênfase para a luta de idéias dentro e fora das organizações sociopolíticas existentes.

Porém, por outro lado, o centro da luta de idéias não deveria ser, nesse caso, a controvérsia ideológica, mas a reflexão concreta acerca de como e porque algo que começa como mera divisão técnica de tarefas no seio dos partidos e organizações sociopolíticas acaba por converter-se, na maioria dos casos, em divisão social (ou tendencialmente social). Esta reflexão implica repensar como e em que medida a profissionalização e tecnicização da política arruina quase sempre as boas intenções das organizações que se apresentam como alternativas e porque aprofundou-se tanto a divisão entre governantes e governados inclusive no interior dos partidos políticos. Para se ter uma idéia do que isso significa basta perguntar: Quantos operários na produção, não liberados, estão hoje nos parlamentos estatais ou regionais nos diferentes países?

Resumindo: o ponto de partida para pensar sobre o príncipe pós-moderno não deveria ser uma reproposição da idéia totalizante do partido orgânico. E para acabar de decidir, depois de dialogar, acerca das duas respostas drásticas esboçadas acima seria preciso perguntar se deveras nos encontramos novamente em uma das situações que Gramsci chamava de crises orgânicas e de autoridade. Disso depende a possibilidade de se falar seriamente, e não apenas metafórica ou especulativamente, da questão do poder. O amplo desenvolvimento quantitativo e qualitativo alcançado nos dois últimos anos pela rede de redes, pelo movimento de movimentos, às vezes parece apontar para isso, para uma nova crise de autoridade. Contudo, se, apesar do que se aponta, não estivéssemos propriamente em uma crise de hegemonia moral e intelectual, mas apenas em uma crise do hegemonismo norte-americano consolidado militar e economicamente desde 1990, então seguramente conviria recuperar aquela outra idéia gramsciana de que inclusive o movimento libertário, que se apresenta a si mesmo como puramente educativo, moralista ou de cultura, é partido político, embora só o seja em sentido "indireto".

NOTA

1. Um interessante e documentado estudo sobre as vulgarizações e tergiversações históricas da obra de Maquiavel do século XVI até o século XX encontra-se em Giuliano Procacci, *Machiavelli nella cultura europea dell'età moderna*. Roma: Laterza, 1995.

A cultura do novo capitalismo e a democracia

RICHARD SENNETT

A democracia hoje configura-se no interior de uma cultura pública que é profundamente influenciada pela nova economia política. Nesta economia, trabalho e local estão se transformando de determinadas formas que pareciam inimagináveis há meros vinte anos. Nos anos 1970, as grandes burocracias corporativas e as hierarquias governamentais do mundo desenvolvido pareciam estar seguramente consolidadas, produtos de séculos de desenvolvimento econômico e de construção de nações. Os analistas costumavam falar de "capitalismo tardio" ou de "capitalismo maduro", como se forças prévias de crescimento tivessem de algum modo entrado numa fase final de funcionamento. Mas, hoje, um novo capítulo começou. A economia é global e faz uso de novas tecnologias; tanto os governos quanto as burocracias corporativas de grande porte estão se tornando instituições mais flexíveis e menos seguras. Em conseqüência disso, o modo como trabalhamos foi modificado: empregos temporários substituem carreiras estáveis, as técnicas evoluem rapidamente e a classe média sente ansiedades e incertezas que, em um período anterior, estavam mais confinadas às classes trabalhadoras.

O local também tem hoje um novo significado, em grande parte graças a essas mudanças econômicas. A geração passada acreditava que as nações — e, no interior delas, as cidades — podiam administrar suas riquezas. Entretanto, a rede econômica emergente é agora menos suscetível aos controles geográficos. Ocorreu portanto uma divisão entre o sistema de governo — no sentido de autogoverno — e a economia. Isso nos leva a perguntar onde a democracia pode realmente existir. O que me interessa particularmente é o impacto dramático que as condições econômicas subjacentes exercem na busca pela democracia na comunidade e no local de trabalho pós-modernos.

Concebo a prática da democracia não tanto como um conjunto invariável de requisitos processuais, mas como um processo que necessita de certos tipos de indicadores e objetivos simbólicos que definem onde as pessoas se encontram em relação umas às outras. Em outras palavras, todos os processos democráticos necessitam culminar em formas simbólicas que são provisórias, porém definidas. E um dos modos pelos quais a economia pós-moderna desafia a democracia está relacionado com a destruição dessas sinalizações simbólicas, especialmente daquelas que indicam como as pessoas devem dar sentido às suas vidas em termos de local e de tempo. A pós-modernidade conseguiu pôr em xeque a noção de que o tempo deveria ter uma forma coerente e expositiva — ela teve um efeito desorientador. A economia flexível não apenas fragmentou a vida dos trabalhadores, mas fez também com que se tornasse muito difícil para eles compreender como o próprio projeto de sobrevivência tem uma história no tempo.

Como vivenciamos mudanças institucionais no trabalho e no local e, mais genericamente, mudanças na nossa concepção de tempo como uma modificação cultural? Antigas noções marxistas, que afirmavam que a economia se representa diretamente na consciência, não nos servirão. Permitam-me apresentar em vez disso duas proposições simples que parecem emergir desde o final do século XX.

Primeiro, as condições materiais atuais estão empobrecendo o valor do trabalho. O trabalho flexível, temporário, está deixando de servir como um ponto de referência para definir propósitos pessoais duradouros e um sentido de auto-estima. Sociologicamente, o trabalho serve cada vez menos como um fórum para relações estáveis, sociáveis. Segundo, a importância do local aumentou por conta disso. O sentido de local baseia-se na necessidade de pertencer não à "sociedade" em sentido abstrato, mas a algum lugar em particular. Na medida em que as instituições cambiantes da economia reduzem a experiência de pertencer a algum lugar especial no trabalho, o compromisso das pessoas com lugares geográficos, tais como nações, cidades e localidades, aumenta. A questão é: compromissos de que natureza? O nacionalismo ou localismo étnico pode de fato servir de refúgio defensivo contra uma ordem econômica hostil, mas a um preço humano exorbitante, incitando ódio contra imigrantes ou estrangeiros.

Essas duas proposições poderiam sugerir uma visão completamente desanimadora da cultura da economia política emergente. Mas não é esse o meu ponto de vista. O trabalho é uma estrutura problemática para o *self*, já que ele tende a igualar sucesso mundano com valor pessoal. De conseqüência mais cívica é o fato de que riquezas conturbadas poderiam na verdade induzir as pessoas a se perceberem diferentemente de animais econômicos. Em vez de agir defensivamente, poderiam interpor uma certa distância entre elas e suas circunstâncias materiais. Poderiam reconhecer que seu valor como cidadãs não depende de seus bens. Esse desprendimento poderia enriquecer o modo pelo qual as pessoas utilizam o lugar onde vivem. Se o trabalho agora restringe o self, o local poderia expandi-lo.

Ao menos era essa a esperança de Hannah Arendt uma geração atrás, quando articulou em *A condição humana* a sua famosa distinção entre trabalho e política.[1] Ela tinha uma particular esperança de que na vida urbana, com sua grande escala e impessoalidade, as pessoas pudessem levar uma existência cívica que não refletisse meramente ou dependesse de seus bens pessoais. Hoje em dia, as incertezas da nova economia sustentam mais do que nunca uma individualidade, como também um comportamento cívico desvinculados das condições do trabalho. Entretanto, os locais nos quais isso poderia ocorrer não poderiam ser nem as cidades clássicas, como aquelas que Arendt admirava, nem as localidades defensivas, voltadas para si mesmas. Precisamos de um novo tipo de vida cívica para fazer frente à nova economia.

Crescimento

Para tornar claro a cultura da economia política emergente, poderíamos começar definindo sua palavra-chave, "crescimento". O crescimento ocorre, muito simplesmente, de quatro maneiras. A mais simples é um puro aumento numérico, um aumento de suprimento (tal como mais formigas em um formigueiro ou mais aparelhos de televisão no mercado). Um crescimento dessa natureza aparece no pensamento econômico de escritores como Jean Baptiste Say, cuja *loi des debouches* postulava que um "aumento de suprimento gera sua própria demanda". Esse aumento numérico pode levar a uma alteração de estrutura. Foi assim que Adam Smith concebeu o crescimento em *A riqueza da nações*.[2] Mercados maiores, ele disse, acionam a divisão da mão-de-obra no trabalho. O crescimento no qual o tamanho origina a complexidade da estrutura nos é familiar nas burocracias governamentais, assim como na indústria. Um terceiro tipo de crescimento, e bastante diferente, ocorre por meio de metamorfose. Um corpo muda sua forma ou estrutura sem necessariamente aumentar numericamente. Uma mariposa que se transforma numa borboleta cresce dessa maneira, assim como o fazem os personagens de um romance. Finalmente um sistema pode crescer tornando-se mais democrático. Este tipo de crescimento é antifundacional. Como John Dewey argumentou, os elementos de um sistema são livres para interagir e influenciar uns aos outros, de modo que os limites se tornam indistintos, as formas se mesclam. O sistema se contrai ou se expande parcialmente, sem coordenação total. As redes de comunicação, tais como a Internet no início, são exemplos óbvios de como o crescimento pode ocorrer democraticamente. Um processo de crescimento como esse difere de um mecanismo de mercado, no qual uma troca idealmente liquida todas as negociações e, desse modo, regula todos os atores do sistema. Resistências, irregularidades e dissonâncias cognitivas assumem um valor positivo nas formas democráticas de crescimento. É por isso que a vida subjetiva se desenvolve por meio de algo como a prática da democracia interna — a complexidade interpretativa e emocional emerge sem um plano básico, uma regra hegemônica e uma explicação inquestionável.

Meu ponto de vista é que liberdade e flexibilidade de crescimento democrático não são uma questão de puro processo, mas dão origem à necessidade de sinalizações, de formas definidas, de rituais experimentais e de decisões provisórias que ajudam as pessoas a se orientar e avaliar condutas futuras. Entretanto, a economia flexível está destruindo exatamente esses elementos formais que orientam os indivíduos no processo do crescimento democrático. Colocado de outra forma, o que precisamos para lidar com a política econômica emergente são formas mais democráticas de crescimento flexível. A pergunta é: onde esse crescimento deve ser promovido? No local de trabalho? Na comunidade? São esses locais igualmente possíveis ou igualmente desejáveis para a democracia?

O Paradoxo de Smith

Deixe-me começar a responder a essas perguntas analisando os déficits culturais no novo capitalismo. Por exemplo, um paradoxo do crescimento acompanhou persistentemente o desenvolvimento do capitalismo moderno ao longo de toda sua longa história: junto com o crescimento material, vem o empobrecimento da experiência qualitativa.

A era do Alto Capitalismo — que por questão de conveniência podemos dizer que compreende o período de dois séculos que se seguiu à publicação em 1776 de *A riqueza das nações*, de Adam Smith — foi uma era que ansiava por um puro crescimento quantitativo, do primeiro tipo que descrevi, mas tinha problemas em lidar com as conseqüências humanas do segundo tipo, na qual o aumento da riqueza ocorria por intermédio de estruturas econômicas mais complexas. Adam Smith sustentava que a divisão do trabalho, que era uma complexidade estrutural, era promovida pela expansão de livres mercados com quantidades cada vez maiores de bens, serviços e trabalhadores em circulação. Para Smith, a sociedade em desenvolvimento se parecia com uma colméia de abelhas; cada nova célula era um local para tarefas cada vez mais especializadas. Um fabricante de pregos que fizesse tudo por conta própria poderia produzir algumas centenas de pregos por dia. Smith calculou que, se a produção de pregos fosse desmembrada em todas as partes que a compunham e cada trabalhador realizasse apenas uma das tarefas, um fabricante de pregos poderia produzir mais de 48 mil pregos por dia. A experiência do trabalho, no entanto, se tornaria mais rotineira no decorrer desse processo. Desmembrar a tarefa da fabricação de pregos em suas partes componentes condenaria cada indivíduo que fabrica pregos a uma jornada tediosa e apática: hora após hora, os fabricantes de pregos estariam realizando o mesmo pequeno trabalho.

Chamo essa combinação de crescimento material com empobrecimento qualitativo de "Paradoxo de Smith", como o fez Adam Smith. Embora ele não tenha cunhado esse termo, reconheceu a existência desse paradoxo, que nos foi passado no que chamamos de "produção fordista", a monotonia do trabalho de linha de montagem, o tipo de tarefa prevalente na fábrica de Ford em Highland Park, Michigan, durante a Primeira Guerra Mundial. Hoje em dia, os proponentes do novo capitalismo alegam que o Paradoxo de Smith está chegando ao fim. A tecnologia moderna promete banir o trabalho rotineiro para o interior das máquinas, deixando um número crescente de trabalhadores livres para desempenhar tarefas flexíveis, não-rotineiras. Na verdade, entretanto, o empobrecimento qualitativo reconhecido por Smith simplesmente assumiu novas formas. A nova tecnologia freqüentemente "des-habilita" os trabalhadores, que agora cuidam de máquinas como se fossem porteiros ou vigias eletrônicos. Enquanto isso, as condições de contrato de trabalho também são um componente dessa des-habilitação. Os trabalhadores aprendem a desempenhar bem uma função específica, apenas para descobrir que aquele trabalho-tarefa tem um fim. A realidade que os jovens trabalhadores com pelo menos dois anos de ensino superior enfrentam é que trocarão de emprego, em média, pelo menos onze vezes no decorrer de sua vida profissional.

Mais brutalmente, a divisão do trabalho agora separa aqueles que conseguem trabalhar daqueles que não conseguem. Grandes contingentes de pessoas são dispensadas das tarefas rotineiras apenas para se descobrirem inúteis ou subutilizadas economicamente, em especial no contexto do suprimento global de mão-de-obra. A geografia não mais separa o preparado Primeiro Mundo do despreparado Terceiro Mundo. Programas de computação são competentemente produzidos, por exemplo, em Bombaim, por um terço a um sétimo do custo registrado nas subsidiárias da IBM.

As estatísticas sobre criação de empregos não chegam bem a mensurar o medo que as pessoas têm da inutilidade. O número de empregos, mesmo os que exigem boa técnica, não determina quem terá acesso a eles, por quanto tempo poderão ser mantidos ou mesmo por quanto tempo existirão. Há dez anos, por exemplo, a economia dos Estados Unidos tinha uma carência de analistas de sistema. Hoje em dia, ela tem um excesso. E muitos desses trabalhadores altamente qualificados não se requalificam bem. Sua técnica é específica demais. Em suma, o espectro da inutilidade ronda hoje a vida de pessoas educadas de classe média, e esse espectro agora compõe o antigo problema vivencial da rotina entre os trabalhadores menos favorecidos. O jovem sofre as dores da inutilidade de uma maneira particularmente cruel, já que um sistema educacional em contínua expansão os treina de uma forma cada vez mais elaborada para empregos que não existem.

A conseqüência da inutilidade, da des-habilitação e do trabalho-tarefa para o trabalhador americano é o *self dispensável*. Em vez do tédio institucionalmente induzido da linha de montagem, esse déficit vivencial parece estar mais localizado no interior do trabalhador — alguém que não fez de seu valor algo duradouro para os outros e que portanto pode simplesmente sumir de vista. A linguagem econômica em uso hoje em dia — "economia baseada na técnica", "competência informacional", "mão-de-obra flexível à tarefa" e assim por diante — desloca o foco de condições impessoais, como a posse de capital, para questões mais pessoais de competência. Na medida em que essa retórica econômica se torna mais pessoal, ela gradualmente dessimboliza o domínio público do trabalho: desigualdade econômica, poder e impotência são fatos difíceis de ser traduzidos em autoconhecimento. De forma semelhante, o processo de flexibilização no local de trabalho destrói categorias permanentes de ocupação. Ironicamente, ao mesmo tempo em que a desigualdade no trabalho cresceu, o mapa para a avaliação dessa desigualdade foi perdido. Enquanto essa modificação na linguagem parece delegar poder às pessoas, ela, de fato, pode servir para aumentar o fardo sobre o *self* trabalhador.

Esse sentido de "dispensabilidade" — um senso de não conseguir ser de grande valia nesta economia — tem importantes implicações sociológicas. O que Michael Young temia em seu profético livro *The rise of the meritocracy* aconteceu: na medida em que a economia necessita de um número cada vez menor de pessoas altamente educadas para conduzi-la, a "distância moral" entre as massas e a elite aumenta.[3] As massas, abrangendo agora pessoas de terno e gravata, como também aquelas de macacão, parecem periféricas para o núcleo formado pela elite, produtivo. A economia lucra encolhendo sua base trabalhista. Sua ênfase na atividade pessoal ajuda a explicar por que a dependência e o parasitismo previdenciários são assuntos tão delicados para pessoas cuja riqueza está agora em questão. O trabalho é descartável.

Alguns economistas obstinados sustentam que as atuais formas de desemprego, subemprego, des-habilitação e parasitismo são incuráveis na ordem econômica emergente, já que a economia lucra com fazer "mais com menos". Mas esse empobrecimento qualitativo, essa reorganização que faz com que um número crescente de pessoas sinta que pessoalmente não têm um lugar no processo de crescimento econômico, apresenta um profundo desafio político. Não há solução fácil para o Paradoxo de Smith, o problema da experiência laborativa empobrecida. A visão pós-moderna de uma vida desprovida de projeto é somente para a elite. Na vida da maioria das pessoas, é uma forma de opressão — um *ethos* cultural que é desumano. Há uma perda da noção de que você pode garantir algo para os seus filhos, uma profunda perda de honra social. Somente é possível viver com um *self* flexível se você é um indivíduo tão autorizado econômica, cultural e politicamente que "possibilidade" requer escolhas como as que são feitas por consumidores nos centros comerciais.

Tempo durável

Como o puro crescimento quantitativo e a divisão do trabalho não oferecem nenhuma solução para os problemas subjetivos e vivenciais do trabalho, alguns projetistas políticos se voltaram para o terceiro modelo de crescimento, a metamorfose. Na arena política, essa forma de desenvolvimento é chamada diversamente de "autogestão", de "auto-administração" ou simplesmente de "mudança interior". O objetivo prático e meritório é tornar o trabalho mais humano, fazendo com que os próprios trabalhadores controlem seu desempenho. A meta é fazer com que os trabalhadores reformem suas instituições de trabalho por meio de um ato decisivo de vontade coletiva. Na arena política, a metamorfose ocorre por meio da ruptura das instituições estabelecidas. Enquanto os gurus da administração praticam a ruptura de cima para baixo, os socialistas tiveram como meta refazer as instituições de trabalho de baixo para cima. Os resultados práticos desses esforços no sentido da reorganização do trabalho são misturados. Algumas formas de mudança interior e de autogestão trabalhista são bem-sucedidas, a maioria em empreendimentos pequenos e oportunos; outras fracassam, subjugadas por correntes mais fortes da economia global.

A mudança interior supõe que um ato de vontade pode ordenar o caos; em termos políticos, a forma de governo é autogeradora. A dificuldade social com o modelo, contudo, surge a partir do próprio ato de vontade que pressupõe. Laços sociais básicos, como confiança, lealdade e compromisso, requerem um longo tempo para se desenvolver e se reduziram na medida em que o emprego das pessoas é mutável e centrado na tarefa. A lealdade requer que a experiência pessoal se acumule em determinada instituição ao longo do tempo, mas a política econômica emergente não permitirá que ela se acumule. Tempo pessoal, como tempo cívico, precisa possuir duração e coerência. Os trabalhadores formam um sentido de poder subjetivo e instrumentalidade positiva fazendo as coisas durarem. Mas a vontade sozinha é insuficiente para realizar essa tarefa.

A famosa imagem de Max Weber da vida moderna confinada em uma "gaiola de ferro" desconsidera que a estabilidade é positiva, mesmo na vida das pessoas comuns. Weber temia o surgimento no começo do século XX de grandes burocracias e corporações nacionais que se utilizavam da ética do serviço, conquistando a lealdade daqueles a quem forneciam segurança. Weber duvidava que funcionários leais produzissem cidadãos mentalmente objetivos. No entanto, burocratas insignificantes, servidores do tempo e semelhantes extraíam um sentido de *status* e reputação pública de seus postos nas burocracias. T. H. Marshall, o pai intelectual do moderno estado previdenciário britânico, compreendia bem isso: por mais estáticas que as grandes instituições possam ser, por mais resistentes a mudanças internas, elas proporcionam aos seus membros um patamar de lealdade mútua e de confiança em que os eventos podem ser controlados, enquanto pré-requisitos da cidadania.

O atual ímpeto para desmontar essa arquitetura institucional está desfazendo as dimensões social e cívica do tempo durável. Peguemos a lealdade, por exemplo. Quando o curso das carreiras é substituído por empregos intermitentes, a lealdade às instituições decresce. Essa generalização certamente necessita de todos os tipos de qualificação. Por exemplo, um estudo sobre programadores dispensados da IBM descobriu que os indivíduos com mais de vinte anos de serviço permaneciam entusiasmados em relação à empresa, ao mesmo tempo em que aceitavam sua demissão como uma questão de sorte. Um senso mais reduzido de lealdade aparece entre trabalhadores mais jovens, que tiveram relações mais brutais com a nova ordem econômica; muitos desses trabalhadores mais jovens percebiam os locais onde trabalhavam principalmente como lugares para fazer contatos com pessoas que poderiam lhes conseguir empregos melhores ou simplesmente outros empregos.

Neste aspecto, os jovens não deixaram de cumprir com sua obrigação, já que as novas instituições econômicas não fornecem nenhuma garantia de volta. Elas rotineiramente substituem trabalhadores estáveis por temporários, ou por trabalhos "remotos". A lealdade requer que a experiência pessoal se acumule em uma instituição, e a política econômica emergente não permite que isso aconteça. De fato, a lucrativa desenvoltura com que o capital internacional monta, vende e remonta corporações hoje em dia extingue a durabilidade das instituições para as quais o indivíduo poderia desenvolver lealdade ou compromisso.

O tempo, então, é tudo na avaliação das conseqüências sociais da nova política econômica. E como um valor cultural, a ruptura — que contemplou os filhos do pós-modernismo — é menos politicamente desafiadora do que a afirmação de que as pessoas devem ter o direito de desenvolver lealdade e compromisso dentro das instituições. Se os poderes dominantes da política econômica violam o tempo durável, podem os indivíduos — formal ou informalmente — suprir-se uns aos outros com as sinalizações que as instituições lhes negam?

Essa questão é menos abstrata do que pode parecer à primeira vista. A economia moderna não eliminou simplesmente as lutas sociais e os valores pessoais formados numa fase anterior do capitalismo. O que foi trazido do passado para o presente é um conjunto de valores subjetivos — valores para tornar o tempo coerente e durável, mas em termos inteiramente pessoais. Esse tempo pessoal, durável, intercepta a nova economia do trabalho de um modo particularmente perturbador.

O *self* coeso

Os vitorianos fundaram seu sentido de auto-estima na vida organizada como um longo projeto: os valores germânicos da *formação*, as virtudes inglesas do propósito foram feitos para durar. As carreiras comerciais, militares ou as burocracias imperiais tornavam possíveis os projetos para toda uma vida; essas carreiras graduavam o trabalho em uma clara seqüência de passos. Tais expectativas desvalorizam o presente em favor do futuro — o presente que se encontra em estado de constante sublevação e que pode levar o indivíduo a tomar caminhos secundários ou a se perder em prazeres evanescentes. Weber descreveu a orientação voltada para o futuro como uma mentalidade de gratificação adiada. No entanto, essa experiência vitoriana de tempo coeso tem um outro lado, já que foi classificada sob a categoria ética de assumir responsabilidade pela própria vida, embora de uma maneira totalmente oposta ao caráter inovador da vontade de mudar a partir de dentro.

Hoje em dia, os antigos valores vitorianos de responsabilidade pessoal são tão fortes quanto há um século, mas seu contexto institucional mudou. A gaiola de ferro foi desmantelada, de modo que os indivíduos se empenham na busca por segurança e coesão em uma arena aparentemente vazia. A destruição do apoio institucional no trabalho, como no estado previdenciário, deixa aos indivíduos apenas o seu senso de responsabilidade; o *ethos* vitoriano traça freqüentemente uma trajetória negativa de vontade derrotada, onde o indivíduo não conseguiu fazer com que sua vida e seu trabalho fossem coerentes. Veja o que acontece quando o curso das carreiras é substituído por empregos intermitentes. Muitos trabalhadores temporários são colocados na posição nada invejável de saber que a insegurança de seus empregos é de interesse das companhias que resistem a estabelecer compromissos; porém, esses mesmos trabalhadores acreditam que, apesar disso, são eles os responsáveis pela confusão que foi feita de suas carreiras. Esse sentido de responsabilidade pessoal desvia a raiva dos trabalhadores das instituições econômicas para si mesmos.

Enquanto isso, o novo mapa econômico, que desvaloriza o projeto de carreira de toda uma vida, modificou as curvas de idade ideais do trabalho para empregados mais jovens, inexperientes (empregados cujas idades variam de vinte e poucos até quarenta e poucos anos, em vez de empregados de quase trinta até em torno de 55 anos), apesar de os adultos estarem vivendo mais e com mais vigor. Estudos sobre trabalhadores de meia-idade demitidos mostram indivíduos obcecados como também intrigados com as desvantagens da idade. Em vez de acreditar que se encontram esmorecidos e "ultrapassados", esses trabalhadores mais velhos sentem-se mais organizados e determinados do que os mais jovens. Mesmo assim, culpam-se quando a administração os considera obsoletos. Da mesma maneira, culpam-se por não ter se preparado melhor para essa contingência.

O sentido de responsabilidade e culpa pessoais dos trabalhadores é formado pela retórica da administração moderna, que tenta disfarçar o poder na nova economia, fazendo com que o trabalhador acredite que ele ou ela é um agente autônomo — os administradores agora são chamados de "treinadores", "facilitadores" e assim por diante. Não é a "falsa consciência" dos trabalhadores que confere credibilidade a esses títulos, mas sim um sentido distorcido de representação moral.

Na modernidade, as pessoas assumem responsabilidade por suas vidas, pois são profundamente afetadas por aquilo que elas fazem. Mas quando a cultura ética da modernidade — com seus códigos de responsabilidade pessoal e propósitos de vida — é transposta para uma sociedade desprovida de abrigos institucionais, não é o orgulho do *self* que transparece, mas uma dialética do fracasso em meio ao crescimento. O crescimento na nova economia depende da estripação do tamanho corporativo, do término das garantias burocráticas e de tirar proveito do curso e da extensão das redes econômicas. As pessoas passam a reconhecer as desarticulações resultantes como sua própria falta de direção. A ética da responsabilidade se torna, irônica e terrivelmente, um padrão de medida subjetivo para mensurar a incapacidade de coesão do indivíduo.

Por outro lado, eu gostaria de ver as discussões sobre democracia no local de trabalho ampliadas para além das referências ao trabalhador autônomo. Quando abordamos esse tema, precisamos nos referir às dimensões culturais do trabalho, um tipo diferente e literal de autonomia na qual a coesão e não a ruptura é um valor básico. Precisamos pensar a democracia do trabalhador em termos desse legado de subjetividade. Existe algum modo de aliviar o seu fardo de auto-responsabilidade, ao mesmo tempo que se reconhece o seu desejo de coesão e de durabilidade?

Local

A cidade é o lar da democracia, declarou Hannah Arendt, um lugar para formar lealdades e praticar responsabilidades. É também um contexto social no qual os atributos pessoais se dissipam em um ambiente de impessoalidade. Assim, Arendt imaginou que a cidade — ou, mais propriamente, a "urbanidade" — poderia aliviar o fardo das circunstâncias materiais nas relações sociais entre as pessoas. Poderia a visão de Arendt ser de algum modo combinada com o ideal de crescimento democrático invocado por John Dewey — aquele da cidade como local de uma complexidade cada vez maior de valores, crenças e formas culturais?

Assim como as comunidades menores que conhecemos na América, as cidades guardam pouca relação com esse lugar ideal. Nas comunidades, as pessoas tentam de fato encontrar um meio de compensar suas desarticulações e experiências empobrecidas na economia, porém freqüentemente de maneira destrutiva — por meio de coerção comunal e de ilusões compartilhadas. Muitos projetos de construção atuais são exercícios de afastamento de um mundo complexo, empregando uma arquitetura "tradicional" autoconsciente que indica uma adesão comunal mítica e uma identidade compartilhada no passado. Esse consolo de uma era supostamente mais simples aparece na construção das moradias da Nova Inglaterra — projetadas pelos planejadores americanos Elizabeth Platter-Zyberg e Andreas Duwany, entre os arquitetos da Grã-Bretanha que trabalhavam para o príncipe de Gales para reproduzir a arquitetura inglesa "nativa" — e no trabalho de renovação de bairros no continente, empreendido por Leon Krier. Todos esses fabricantes de locais são artistas da claustrofobia, cujos ícones, no entanto, prometem de fato estabilidade, longevidade e segurança.

Para evitar a fabricação de localidades nesses termos conservadores, precisamos deixar claro quais são as sinalizações e os indicadores que poderiam orientar com sucesso uma vida comunitária alternativa, aberta e democrática. Deixe-me citar três deles.

Primeiro, as comunidades não devem evitar a confrontação de forças hostis. Elas podem contestar realmente a nova economia, em vez de reagir a ela defensivamente. As corporações modernas gostam de se apresentar como entidades desvinculadas dos poderes locais — podem ter uma fábrica no México, um escritório em Bombaim e um centro de comunicações na parte inferior de Manhattan; todos esses aparecem como nós em uma rede global. Hoje em dia, as localidades temem que, se exercerem soberania, taxando ou regulando um negócio localmente, por exemplo, a corporação possa com a mesma facilidade encontrar um outro nó. No entanto acredito que já estamos vendo os sinais de que a economia não é tão indiferente ao local quanto foi assumido. Você pode comprar qualquer sortimento que desejar em Dubuque, Iowa, mas não pode criar um mercado de sortimentos nos milharais. Os claustros de marfim de Harvard podem fornecer uma profusão de talento intelectual bruto, porém carecem da loucura, da bagunça e da novidade que fazem de Manhattan um lugar estimulante, embora possivelmente desagradável, para trabalhar. De modo semelhante, no sudeste da Ásia, está se tornando cada vez mais claro que as geografias sociais e culturais locais têm de fato um grande peso nas decisões de investimento. E como a nova política econômica não é realmente indiferente à localização, existe a possibilidade de fazer demandas comunais — contratos com corporações que garantam empregos durante um determinado número de anos em troca de redução de impostos, ou imposição de regras estritas sobre discriminação de idade no local de trabalho. O que importa é a vontade de confrontar. Até o presente momento, os sistemas de governo tenderam a se comportar como débeis suplicantes em vez de parceiros necessários. Em poucas palavras, o local tem poder.

Segundo, as comunidades fortes não precisam voltar-se para dentro de um modo repressivo. O planejamento, especialmente em ambientes de larga escala, pode evitar isso e abrir os grupos uns para os outros focalizando nos limites das subcomunidades locais como zonas ativas. Por exemplo, urbanistas de "limites ativos" buscam hoje em dia direcionar novas construções para longe dos centros locais e em direção às fronteiras que separam as comunidades. Em East London, por exemplo, alguns urbanistas estão trabalhando para transformar os limites de diversas comunidades em uma zona febril de interação e troca entre diferentes grupos. Entretanto uma outra estratégia é a diversificação dos espaços centrais, de modo que as diferentes funções se sobreponham e interajam nos centros geográficos. Urbanistas em Los Angeles estão buscando modos de inserir clínicas, escritórios governamentais e espaços para a terceira idade em centros comerciais que antes se devotavam apenas às atividades de consumo. De modo semelhante, os urbanistas na Alemanha estão explorando meios de trazer de volta a construção leve para as zonas de pedestres nos centros da cidade.

Em homenagem a Arendt, muitos desses urbanistas referem-se a si mesmos como membros do movimento "Nova Ágora". Eles não concebem o planejamento como uma tentativa de determinar um resultado específico, mas fazem suposições quanto à forma na qual interação e processo deveriam ocorrer. No caso de limites ativos, a crença estimulante é que quanto mais as pessoas interagem, mais se envolvem com outras diferentes dela. No caso dos urbanistas de zonas centrais, a crença estimulante é que o valor de um local será maior quando não for simplesmente comercial. Esse planejamento é "democrático" de acordo como entendo essa palavra. A ágora tem uma forma definida que pode abrir a possibilidade de complexidade em vez de hegemonia. Novamente, parte essencial dessa complexidade de local é a diversificação do propósito de um local. Por exemplo, você pode transformar centros comerciais em lugares que as pessoas realmente freqüentem, não apenas em locais de consumo. Se você constrói centros comerciais mais parecidos com centros urbanos, pode retirar as pessoas da rede de sua vizinhança íntima.

Quando digo "íntimo", não estou falando de intimidade psicológica, mas de exposição aos vizinhos — tal como saber se e onde estão empregados. Usaram cartão de crédito para comprar aquele Windstar da Ford? A América expõe as pessoas economicamente umas às outras, de tal modo que o discurso *social* são mensurações do relativo mérito pessoal. A razão pela qual foquei meu trabalho na impessoalidade como um projeto político é porque acredito que se pudermos fornecer mais lugares nos quais essa exposição é obscurecida, poderemos criar as precondições para um discurso e uma interação políticos mais justos. De acordo, você não pode forçar as pessoas a se tratarem simplesmente como puros cidadãos, mas ao menos pode providenciar os locais nos quais esse tipo de interação poderia ocorrer. E é por isso que o cosmopolitismo (em um sentido não-kantiano) pode ser um projeto político. Minha ênfase na configuração da comunidade não afirma, por assim dizer, que essas relações comunais veladas triunfariam sobre o capitalismo. Isso concederia ao local um poder absurdo. Mas *onde* a democracia ocorre é relevante para *como* a democracia ocorre.

Lugares, especialmente lugares urbanos, têm capacidade de ajudar as pessoas a se superarem alcançando uma cidadania mais impessoal e, desse modo, se aliviarem de seus fardos subjetivos. Isso pode parecer abstrato, mas experimentamos um de seus elementos sempre que entramos em uma rua cheia de gente. Um antigo clichê considera as multidões impessoais um mal. No decurso de toda a história da cidade, as pessoas votaram de outra maneira com seus pés. E um dos grandes temas da literatura da cultura urbana moderna — de Baudelaire a Aragon, a Benjamin, a Jane Jacobs — encontra nas multidões um peculiar antídoto à individualidade e todos os seus fardos, um livramento para uma existência menos personalizada. Quando se mudou para Washington Square em 1906, iniciando uma nova relação com outra mulher, Willa Cather declarou "Pelo menos posso respirar", querendo com isso dizer que sua vida erótica não mais definia os termos de sua existência social — ao menos no lugar denso e impessoal para o qual se mudara.

A impessoalidade faz mais do que abrigar forasteiros ou membros de subculturas; ela oferece a possibilidade daquilo que Stuart Hall chama de "hibridação", uma combinação de elementos sociais para além de qualquer definição única de *self*. O livramento impessoal tem um valor particular em termos de classe social e fortuna material. Vários estudos de áreas de classes mistas existentes em grandes cidades como Nova York e Londres apresentam um quadro interessante: a interação entre vizinhos é fraca, mas a identificação com o bairro é forte. Os pobres se livram do estigma social; em comparação, aqueles que são ricos — ao contrário do senso comum, o mais falível de todos os guias — consideram a vida cotidiana em um bairro diversificado mais estimulante do que em lugares que servem somente como espelhos privados. Esses estudos exemplificam a proposição sociológica sugerida por Durkheim de que a impessoalidade e a eqüidade possuem uma forte afinidade.

O alívio encontrado em ruas densas, bares mistos, parques de diversão e supermercados não é portanto inconseqüente. Essas formas densas de sociedade civil afetam a maneira como as pessoas se vêem como cidadãos. Como o falecido Henri Lefebvre salienta, a percepção do seu "direito à cidade" ajuda as pessoas a se sentirem merecedoras de outros direitos, direitos não baseados em danos pessoais ou em vitimização. Como já disse, ninguém poderia provar que uma vida urbana impessoal extinguirá ou a realidade ou os sentimentos despertados pelo fracasso econômico. Mas a "extinção", como a "ruptura", pertence à esfera do crescimento imaginada por intermédio da metamorfose. Imagino em vez disso um projeto democrático mais realista, que desenvolva uma espécie de consciência harmoniosa, na qual um trabalhador de meia idade, supostamente "ultrapassado", também pode ter uma impressão completamente diferente de si, em virtude de onde ele vive. Essa duplicidade do *self* parece ser mais prática do que o empenho por renascimento, como numa metamorfose.

Para concluir, quer busquemos democracia nos locais de trabalho ou nas cidades, precisamos nos voltar para a cultura do novo capitalismo. A economia não "produz" aptidões pessoais e propósitos duradouros, nem confiança, lealdade ou compromissos sociais. A prática econômica se combinou, no entanto, com uma ética cultural duradoura, de modo que a nudez institucional coexiste com a vontade de assumir responsabilidade pela própria vida. As formas de organização social que necessitamos criar devem ajudar as pessoas a transcenderem os elementos dessa combinação: precisamos de um modelo de crescimento que ajude as pessoas a transcender o *self* como uma possessão pesada. A fabricação de locais baseada na exclusão, mesmice ou nostalgia é medicação venenosa socialmente e psicologicamente inútil. Um *self* sobrecarregado com suas insuficiências não consegue afastar esse fardo refugiando-se na fantasia. A fabricação de locais baseada em contatos humanos variados, densos e impessoais deve encontrar um meio de fazer com que esses contatos perdurem. A ágora deve provar-se uma instituição durável. É esse o desafio que urbanistas como eu agora confrontam.

É famosa a definição de modernidade feita por Baudelaire como a experiência do transitório e do fragmentado. Aceitar a vida com suas peças desconjuntadas é uma experiência de liberdade adulta, mas ainda assim essas peças precisam se alojar e fixar em algum lugar, de preferência em um local que lhes permita crescer e perdurar.

NOTAS

1. Ver Hannah Arendt, *The human condition*. Garden City, Nova York: Doubleday, 1959.
2. Ver Adam Smith, *An inquiry into the nature and causes of the wealth of nations*. Londres: Strahun and Cadell, 1776.
3. Ver Michael Dunlop Young, *The rise of the meritocracy, 1870-2033: the new elite of our social revolution*. Nova York: Random House, 1959.

PARTE II

Intelectuais, cultura e política

O intelectual, a universidade estagnada e o dever da crítica*

MILTON SANTOS

Esta festa, como tantas outras que se fazem, freqüentemente exaltam as vitórias. A verdade é que deveria também haver festas para exaltar as derrotas, os empeços, os obstáculos que fazem parte da vida de quem trabalha, e que nem sempre são devidamente levados em conta. Um homem que pensa, e que por isso mesmo quase sempre se encontra isolado no seu pensar, deve saber que os chamados obstáculos e derrotas são a única rota para as possíveis vitórias, porque as idéias, quando genuínas, unicamente triunfam após um caminho espinhoso. Creio que é por isso que veio à cabeça de alguns colegas oferecerem-me este prêmio: pelo fato de que eu sempre soube ser só, de que sempre soube não fazer concessões e sempre soube acreditar no futuro. Acreditar no futuro é também estar seguro de que o papel de uma Faculdade de Filosofia é o papel de crítica, isto é, da construção de uma visão abrangente e dinâmica do que é o mundo, do que é o país, do que é o lugar, e o papel de denúncia, isto é, de proclamação clara do que é o mundo, o país e o lugar, dizendo tudo isso em voz alta.

Essa crítica é o próprio trabalho do intelectual. Essa crítica poderia ser o trabalho do professor e do pesquisador, mas, por enquanto, prefiro dizer que é o trabalho do intelectual. Essa crítica, esse dever do intelectual não

*Discurso proferido ao receber o título de professor emérito da Faculdade de Filosofia, Letras e Ciências Humanas da Universidade de São Paulo, em 28 de agosto de 1997. Publicado originalmente na *Revista Adusp*, nº 11, outubro de 1997.

se confundem com a idéia de instituição. A universidade, aliás, é talvez a única instituição que pode sobreviver apenas se aceitar críticas, de dentro dela própria, de uma ou outra forma. Se a universidade pede aos seus participantes que se calem, ela está se condenando ao silêncio, isto é à morte, pois seu destino é falar. A fidelidade reclamada não pode ser à universidade, e a ela não temos razão para ser fiéis. Nossa única fidelidade é com a idéia de universidade. E é a partir da idéia sempre renovada de universidade que julgamos as universidades concretas e sugerimos mudanças. De outro modo, compactuamos com equívocos e erros e acabamos, nós próprios, praticando equívocos e erros. Creio que esse é o papel do intelectual, sobretudo neste fim de século tão difícil para a atividade intelectual.

Sempre se imaginou, ao longo do tempo, que chegaria um dia no qual as atividades intelectuais seriam maioria. Esse tempo chegou, mas o número de intelectuais verdadeiros diminuiu. Se não cuidamos de interpretá-las corretamente, as condições materiais do mundo contemporâneo podem terminar por nos associar a um pensamento acorrentado. Esse é um dos paradoxos do nosso tempo, a era da inteligência baseada na máquina.

Os intelectuais genuínos foram, durante muito tempo, os filósofos. Todavia, a filosofia não pode mais dar conta dos extraordinários progressos realizados nas diversas áreas do saber humano. Cada uma dessas áreas, se quer permanecer viva e ativa, produz obrigatoriamente os seus próprios filósofos, autores dessa "filosofia espontânea dos cientistas" de que falou Althusser. Isso se exerce através de metadisciplinas, única base válida para alcançar o Mundo e produzir e conduzir interdisciplinaridades. Trata-se de um conhecimento global conseguido a partir das parcialidades. A busca incessante da inatingível verdade faz-se hoje a partir de disciplinas particulares, como no passado se fazia a partir da Filosofia.

Daí a possibilidade de, dentro de cada ramo do conhecimento, distinguir a verdade do Mundo das verdades interesseiras que levam à produção de teorias utilitárias. Daí, talvez, o escárnio freqüentemente atirado contra os homens que teorizam, e jogado, também, contra a palavra "academia" e contra os acadêmicos. Não vamos, porém, dizer que apenas a pesquisa pura é honesta. Um investigador ocupado com o trabalho que ele domina pode ser honesto. Ele não pretende a verdade, quer apenas descobrir leis particulares de fenômenos particulares. Isso não significa que seja desonesto, mas deve estar consciente do seu trabalho fragmentário e fragmentador, na medida em que uma busca isolada de visões particulares reduz a visibilidade do todo e acaba sendo excludente de uma compreensão abrangente. E acaba por impedir que, a partir de tais achados, possa ser tomado o partido do progresso. Ora, no mundo de hoje, ser intelectual é também tomar esse partido do progresso. Isso significa igualmente atenção aos pobres e às minorias. Volto assim, aqui entre parênteses, a um tema de que gosto de falar: quem sabe um dia a Universidade de São Paulo vá se mostrar clara e ativamente interessada, por exemplo, na questão negra neste país. Isso falta à Universidade de São Paulo!

O intelectual também se interessa pela questão da totalidade. Quem se descuida da questão da totalidade e da inerente questão do movimento, do processo, jamais será um intelectual vigilante e autêntico. Para alcançar isso, temos de ser capazes de esquecer, já que a memória é, com freqüência, inimiga da invenção, inimiga do novo. Esquecer é, nos dias de hoje, a primeira condição para avançar intelectualmente. A carga de lembranças, o peso de idéias feitas, o senso comum, tudo isso constitui um entrave a uma boa administração do trabalho de pensar. Ser intelectual é exercer diariamente rebeldia contra conceitos assentados, tornados respeitáveis, mas falsos. É, também, aceitar o papel de criador e propagador do desassossego e o papel de produtor do escândalo, se necessário. É preciso, para esse desiderato, ter a boa medida entre a modéstia e a coragem, essas condições do "homem só", já que o intelectual não é o "nós", ele não espera o apoio do colega ou do vizinho para avançar. Aliás, na maioria das vezes, ele não avança se a cada passo tiver que pedir, solicitar o apoio do colega ou do vizinho. Daí a sua solidão e o seu entendimento das chamadas derrotas. O intelectual tem de saber, conforme a professora Maria Adélia de Souza já nos lembrou, que a nossa meta não é o poder, mas o prestígio, que são coisas diferentes. E a universidade atual, talvez no mundo inteiro, mas certamente no Brasil, confunde essas duas coisas. O prestígio não é o poder, o poder não leva ao prestígio, o prestígio não necessita do poder.

Ser intelectual hoje, na fase da globalização, encontra dificuldades oferecidas pela própria definição do que atualmente é conhecimento. Neste momento da história e do mundo, o papel do conhecimento como força produtiva direta acaba por atrapalhar o trabalho e complicar o papel do intelectual, ameaçado todos os dias de corrupção. O intelectual deve se premunir contra os riscos de instrumentalização do seu trabalho. Essa instrumentalização se dá pelo mercado, pela militância, pela política, pelo público, pela mídia, pela carreira. O mercado impõe lógicas externas à pessoa humana, mas que aparecem como premissas do trabalho feito na academia, levando ao arrastão de interesses menores. A prisão dos slogans e das palavras de ordem é o risco da instrumentalização pela militância, e a centralidade dos resultados e o império dos meios fazem o mesmo no que diz respeito à política.

Mas há também a instrumentalização pelo público, através da busca do aplauso, do medo de ficar na penumbra e de se encontrar isolado. O intelectual que produz manchetes, aquele que quer a todo custo ser fácil, o que deseja ser visto como um artista de *vaudeville*, e não ouvido no que tem a dizer, é a presa da instrumentalização pela mídia: os perigos de uma certa televisão são claros e graves. Daí a reação que se inicia na Europa, dos verdadeiros intelectuais, recusando-se a comparecer de forma indiscriminada diante da televisão. Nosso trabalho não é produzir flashes, frases, mas ajudar a produzir consciência. A cautela do intelectual perante a mídia televisiva não significa recusá-la, porque ele necessita da difusão do seu trabalho. Mas é necessário ser prudente, prudência que vem apenas da consciência plena do papel que temos para exercer. E, finalmente, há a instrumentalização pela carreira, e aqui a própria universidade tem uma culpa extremamente forte, quando, através de relatórios obrigatórios e de certas comissões que ainda estão presentes na vida acadêmica, arrastam para a burocracia os professores, sobretudo aqueles mais jovens, ou os que não podem ter voz. Essa instrumentalização acaba por transformar jovens promissores em carreiristas, uma enorme ameaça de dentro, que devemos rapidamente conjurar. Essa busca permanente e frenética de publicar, comparecer e aparecer é, a médio prazo, danosa. A carreira é necessária, porque a universidade funciona de forma hierárquica, isto é, a hierarquia do saber. A carreira é indispensável, mas o carreirismo é abominável e não pode ser encorajado. O carreirismo leva à raridade do pensamento crítico e abrangente e ainda conduz ao reforço da burocracia como entorno privilegiado e até mesmo como princípio diretor da vida acadêmica. E, nessa lista, finalmente, a pressa. A universidade não é o lugar da pressa, ela pode e deve ser o lugar do bulício, sucedido pela calma, e nunca o lugar da pressa. Cada dia nos pedem que sejamos produtivos e que entreguemos relatórios em prazos cada vez menores e boa parte dos colegas aceita tranqüilamente, deixando que o sistema burocrático acabe por ser reitor dentro da vida acadêmica.

Diante dessas circunstâncias, talvez seja até muito mais fácil culpar o mundo em que vivemos, em vez de culpar a universidade. Mas, para os intelectuais, não basta culpar o mundo, ele tem de ser entendido. Esse é o trabalho essencial da universidade: interpretar este mundo e a partir daí propor modificá-lo. É evidente que há dificuldades para encontrar o sistema do mundo atual e o respectivo sistema de idéias. O mundo atual é confuso e confusamente interpretado, o que acaba por autorizar o apego a chavões, às meias verdades, sobretudo quando nos falta um enfoque totalizante. Como fazer avançar paralelamente os conhecimentos num mundo que muda tão depressa? É uma questão. Como encontrar o novo? É outra questão. Como adquirir o espírito de sistema, suscetível de permitir uma análise correta, neste período técnico-científico-informacional, também chamado de globalização?

Como fazê-lo no Brasil, onde a vida intelectual ainda está organizada em torno de clubes, de clãs e do enturmamento, sendo às vezes mais útil passar as noites em reuniões sociais com os colegas que mandam, do que queimar as pestanas, como antigamente se dizia, em frente aos livros. E como conjurar o fenômeno da moda, aqui tão espalhado, e essa sedução pelo estrangeiro, da qual uma das marcas mais sensíveis é o apego a uma herança epistemológica européia e agora norte-americana, ambas defasadas, se jamais tiveram vigência.

São hoje possíveis outras visões do mundo, a partir de qualquer lugar, e creio que é essa a grande lição da era da globalização, em que não apenas uma cultura é capaz de ensinar, todas são igualmente capazes desse magistério. O equívoco da minha geração foi acreditar exageradamente nas virtudes do saber de um continente, agora de dois. Sem buscar uma interpretação do mundo a partir do nosso lugar, que modificaria também a interpretação do nosso lugar, não contribuiremos de maneira válida para o conhecimento do mundo. Esse é o caminho para outra coisa, diante do drama em que estamos nos envolvendo agora, quando na verdade raramente alcançamos universalidade ou universalismo, ficando unicamente internacionais, sem chegarmos a ser universais. Inclusive copiamos as formas de elegância dos outros, de tal maneira que recusamos uma forma de expressão que não seja oriunda da elegância dos outros, em vez de buscar uma elegância fundada na nossa cultura.

Cada cultura pode criar as suas próprias formas de elegância. O abuso das citações, por exemplo, é típico de uma certa elegância universitária européia e norte-americana, não é a forma de elegância brasileira, nem latino-americana. Não estou sugerindo que se eliminem as referências às idéias centrais — venham de onde vierem —, mas nós sabemos também que as citações são cada vez menos um crédito acadêmico e cada vez mais um exercício político, uma das grandes distorções da vida universitária neste fim de século.

Hoje, conhecer o mundo só é possível se em cada continente, em cada cultura, exercermos esse trabalho de conhecimento do mundo e depois nos reunirmos para cotejar os achados e produzir a síntese. Ora, está terminado o tempo das elegâncias de papel carbono, de elegâncias não-autênticas, que devem ser rapidamente substituídas por elegâncias fundadas na geografia e na cultura. Assim, alcançaremos uma interpretação adequada do mundo e uma elegância como autenticidade e não como cópia. Só a partir daí é possível haver diálogos sadios, como vem sendo tentado, por exemplo, na Geografia. Estou seguro de que tudo isso é possível.

No passado, essa Faculdade superou o dilema entre provincianismo e cosmopolitismo. Eram tempos relativamente inocentes, dilemas relativamente inocentes, e por isso rapidamente resolvidos. O dilema atual é envenenado, porque os tempos são envenenados e as nostalgias pesam muito, mas o serviço da nação e o serviço do conhecimento exigem um esforço redobrado para superar essa contradição envenenada. A internacionalidade invasora como fonte de enganos deve ser rapidamente substituída pela universalidade como matriz da verdade.

A voz universal que toma partido?*

BEATRIZ SARLO

1. Nunca, nem antes nem depois, me senti tão alheia, tão selvagemente separada da sociedade argentina quanto nos meses da guerra das Malvinas. Se a comemoração do Campeonato Mundial de Futebol de 1978 revelou que as paixões coletivas podem ser singularmente obscuras, a guerra das Malvinas foi o momento mais tenebroso.

2. Alguns fomos derrotistas e discutimos a partir dessa posição com aqueles, no exílio ou na Argentina, que acreditaram descobrir nessa exacerbação irracional das querelas territoriais e nesse paradoxal renascimento do nacionalismo uma ocasião para avançar, primeiro com os militares contra os ingleses e, humilhados os ingleses, forjar uma unidade nacional vitoriosa que, por seu turno, derrotaria os militares. Esqueciam-se eles, como escreveu Carlos Altamirano naquele momento, que a invasão das Malvinas "não se pôs em marcha para dar início à liquidação do processo militar iniciado seis anos antes, mas sim para retirá-lo do atoleiro e conduzi-lo ao cumprimento de suas metas".[1] A derrota, continuava Altamirano, "só precipitou o esfacelamento de um regime que viu na recuperação das Malvinas um caminho para resolver seus problemas, inclusive o de sua legitimidade". Ainda não passou tempo suficiente para que tais fatos se transformem

*Publicado originalmente em Beatriz Sarlo. *Tiempo presente: notas para el cambio de una cultura*. Buenos Aires: Siglo Veintiuno, 2001, pp. 198-213. Versão anterior foi incluída em *Paisagens imaginárias: intelectuais, arte e meios de comunicação*. Organização de Sergio Miceli. São Paulo: Edusp, 1997.

em "história". Começo por eles porque pretendo descobrir ali algumas sugestões para a situação presente.

A guerra das Malvinas foi o primeiro acontecimento dessa magnitude que teve lugar em um cenário quase que completamente midiático. Embora o Mundial seja a data que marca o ingresso da Argentina na contemporaneidade televisiva (pela incorporação territorial do satélite e pela tecnologia da cor), a guerra das Malvinas reclama para si o privilégio de ser o fato cuja projeção simbólica dependeu quase que completamente dos *mass-media* e, para dizê-lo sem rodeios, da gigantesca manipulação televisiva dos episódios de combate. Pela primeira vez, milhões de argentinos víamos imagens do Atlântico Sul onde navegavam, sob nossa bandeira, barcos de guerra em formação de ataque, céus patagônicos sulcados por aviões em vôos rasantes, contingentes de soldados estacionados nas bases cobertas de porta-aviões, e explosões de bombas disparadas por compatriotas e contra eles.

A visão dessas imagens inéditas por seu conteúdo referencial nacional já é, por si só, liminar. Não me refiro, porém, unicamente a elas, mas à produção da ideologia bélica na feira continuada dos meios audiovisuais: quermesses heróicas, nas quais atrizes e outras celebridades doavam suas jóias; jornalistas subitamente convertidos a um antiimperialismo febril; semanas de notícias falsas com a televisão afirmando uma vitória próxima no mesmo momento em que os britânicos, do outro lado das ilhas, se preparavam para o ataque final. A rendição de Puerto Stanley foi o desenlace da série bélica que os meios de comunicação não haviam sequer anunciado. A surpresa, que mais uma vez levou milhares de pessoas à Plaza de Mayo, subiu disparada pelo tenso arco de um triunfalismo que a televisão não atenuou até se ver diante da necessidade de transmitir a rendição argentina. Mas já existiam fissuras anteriores na crença coletiva (verdadeira ilusão cuja onipotência só se apoiava na força mítica do renascimento nacionalista) de que a Argentina ia derrotar a decadente potência marítima inglesa, enquanto os Estados Unidos contemplariam inativos, em nome do panamericanismo, o tropeço de seu principal aliado militar no Atlântico Norte.

Aqueles de nós que não participávamos do entusiasmo, a bem dizer com argumentos bastante simples, estávamos mais distantes que nunca do senso comum e dos desejos coletivos: sob todos os pontos de vista, éramos intelectuais alienados da comunidade.

E este é o segundo aspecto que gostaria de sublinhar a propósito da guerra. Diante dela, o discurso crítico foi impotente, não somente porque os meios de comunicação haviam construído o acontecimento e profetizado a vitória segundo todas as regras da mais clássica manipulação, mas também porque naquele momento, mesmo quando ainda teria sido possível saltar o cerco simbólico traçado pela mídia e desafiar o cerco material custodiado pela ditadura, mesmo nesse caso duplamente hipotético, o discurso crítico não teria condições de audibilidade. Só depois, quando ficou patente (como escreve Altamirano) que "um sentimento e uma reivindicação legítimos haviam sido lançados em uma aventura militar cujo preço era a mutilação de outra geração de jovens argentinos", o discurso antibélico de alguns intelectuais conseguiu cruzar com aqueles que pretendíamos convencer. Durante os episódios da guerra, os pacifistas-derrotistas estávamos demasiado distantes.

Estávamos então equivocados? Nós nos equivocávamos porque éramos inaudíveis? Nós nos equivocávamos porque não nos juntamos à febre beligerante de uma velha reivindicação territorial que mobilizou multidões e no meio delas centenas de intelectuais? Vou fazer uma desvio.

3. Vivemos em uma época em que os discursos intelectuais competem não somente entre si (como ensinou a sociologia). Na verdade, os intelectuais "clássicos", para nos chamarmos de algum modo, já estão totalmente imbricados em uma rede que incorpora os técnicos, em uma dimensão, e os intelectuais dos meios de comunicação de massa, na outra. Não há lugar universalmente reconhecido para o discurso intelectual, ou melhor, este lugar foi invadido por discursos provenientes de um e outro espaço. Hoje não se trata apenas de enunciar um discurso, mas de prever as condições dessa enunciação: elas o tornam audível ou inaudível, pois as opiniões se autorizam de formas muito variadas, mas sempre unidas a um quadro que constrói crença de modo mais forte que as próprias razões do discurso. O primeiro problema que enfrentamos é a mudança de estilos de intervenção: diante dessas mudanças, a figura do intelectual crítico sofreu provavelmente mais do que qualquer outra.

Tudo isso é sabido. Depois da morte de Sartre, Pierre Bourdieu afirmou que esse lugar já não estava disponível na sociedade francesa. Não se tratava de não haver nenhum substituto à mão; não se tratava sequer de não existirem postulantes. Acontecia, em troca, que a figura que era reconhecida numa poderosa tradição cultural como a *voz universal que toma partido* (esse verdadeiro oxímoro estampado na figura clássica do intelectual) entrava, em todo o Ocidente, em um período de atenuação. Esvaeciam, ao mesmo tempo, o universalismo e o partidarismo, como duas faces de uma mesma figura pública. Por isso, afirmava Bourdieu, essa classe à qual Sartre havia pertencido e, ao mesmo tempo, feito tudo para consolidar já não estava em condições de reclamar para si a universalidade valorativa e a audiência universal que Sartre, como *primus inter pares*, tinha no próprio núcleo de sua identidade pública.

Embora Sartre representasse a figura que concentrava em grau maior a potência dessa classe, ele mesmo configurava um caso único em seu interior. Por isso, seu lugar não poderia ter pretendentes que sustentassem suas aspirações com títulos legítimos e sobretudo atualizados. Inclusive no caso da sociedade francesa, onde a tradição cultural reserva aos intelectuais um espaço de extrema visibilidade, a fragmentação e a rearticulação desse espaço permanecem simbolicamente ligadas ao desaparecimento de Sartre e à tragédia que marca os últimos anos de Althusser.

A competição pelo lugar do intelectual que emite sua voz diante da sociedade e é ouvido por ela (uma disposição espacial que tem tanto de imaginário quanto de real) já não acontecia unicamente entre aqueles iguais que, com as armas do discurso, enfrentavam outros discursos e, em certas ocasiões, outras armas. O novo da situação é que junto com eles outros pretendentes, vindos de mais longe (os jornalistas, os comunicadores), localizam-se em posições a partir das quais sua palavra é mais persuasiva, mais próxima e sobretudo mais familiar. Se a autoridade do intelectual se legitimava em uma diferença de saberes, a autoridade dessas vozes novas é produto de um efeito de comunidade ideológica e de representação próxima: paradoxalmente, as vozes mais midiatizadas (justamente, as vozes que chegam através dos meios de comunicação) produzem a ilusão de uma comunidade estreita.

Em seu polêmico trabalho sobre os intelectuais do século XX, Michael Walzer[2] pergunta-se qual a distância adequada que o discurso crítico deve estabelecer com a sociedade à qual se dirige. Esta questão, que é completamente irrelevante para a arte, é, ao contrário, central para os intelectuais. Walzer a soluciona de forma, a meu ver, demasiado simples: a distância adequada é a distância média, nem tão crítica da sociedade que faça com que ela não se reconheça, nem tão próxima que leve o momento crítico a misturar-se no sentido comum até desaparecer. Defensor de laços coletivos fortes, baseados em tradições compartilhadas, o intelectual de Walzer é, por certo, a contrafigura do profeta solitário (representado na Argentina por Martínez Estrada como tipo clássico e irrepetível) que se separou da comunidade e nela não reconhece senão a sombra equivocada de sua própria figura heróica. Esse tipo de intelectual, continua Walzer, corre o perigo de não entender outros argumentos. Seu desvio mais provável é o elitismo das vanguardas ideológicas.

O argumento de Walzer (que em Sartre encontra evidentemente um dos objetos de sua crítica) pressupõe comunidades onde os discursos intelectuais, quase determinados pelas idéias que enunciam, localizam-se mais perto ou mais longe daqueles interlocutores coletivos que seriam seus destinatários. A crítica eficaz é aquela que consegue expor uma "intimidade" com seu destinatário. Por considerar intelectuais basicamente anteriores à grande reconfiguração midiática da cultura, a questão se coloca de uma maneira, digamos, simples. Para Walzer, são dois os termos do problemas: de um lado, os intelectuais tentados ou negando-se a articular seu discurso crítico em relação com a cultura comum; do outro, essa cultura comum, sobre cuja configuração atual Walzer não se interroga.

Todavia, para os que querem evitar o anacronismo, os termos da questão não seriam dois mas três: aos primeiros agrega-se o discurso dos meios de comunicação de massa que também produzem intelectuais, mais próximos ao sentido da comunidade, tal como gostaria Walzer: o que há de mais central em nossas vidas que uma televisão instalada como um totem tecnológico no coração mesmo de nossas casas? É nessa cultura comum, produzida no encontro das imagens midiáticas com a experiência de seus públicos, que se poderia ancorar o discurso dos intelectuais? Parece difícil destacar hoje uma comunidade em que as novas "tradições" midiáticas não estejam entrelaçadas com novos e velhos sentidos. Isso redefine o problema de maneira radical.

A questão tem portanto vários aspectos. Entre eles está a reconfiguração midiática da cultura, que é o traço verdadeiramente distintivo das últimas décadas. Nesse quadro, o ocaso (tantas vezes mencionado e com quanta trivialidade) do intelectual crítico, cujo monopólio da verdade discursiva, se é que alguma vez existiu com a força que lhe atribuem ao pensá-lo perdido, hoje encontra-se fraturado pelo pluralismo que emerge como uma conseqüência tardia do relativismo valorativo e da nivelação midiática. O lugar de Sartre está, efetivamente, fechado: porém não foi somente a morte de Sartre que cerrou para sempre essa "classe de um", como a chamou Pierre Bourdieu. Esse lugar já era impraticável antes de sua morte: as linguagens da crítica começavam a se especializar; os saberes técnico-práticos suplantavam os saberes filosófico-morais; a derrubada das utopias políticas reatualizava de maneira contraditória o dilema das "mãos sujas": o futuro já não garantia todos os atos que, no presente, se cometiam invocando seu nome ou aquele da utopia. Este é, sem dúvida, o terceiro aspecto da situação.

4. Voltemos rapidamente atrás. Se examinamos os últimos vinte anos transcorridos na Argentina, será possível indicar algumas das peripécias locais do, provavelmente, último capítulo da novela intelectual. Em 1974 assistimos aos esplendores finais e à derrubada fulminante de uma variante dessa figura. Este ano, em particular, poderia ser considerado uma charneira entre as vozes da política que haviam colonizado quase por completo o campo do pensamento de esquerda e os ruídos da violência que o destruiriam ou o arrojariam em um silêncio imposto pela perseguição e pela censura.

Na verdade, nos anos anteriores, a tensão entre pensamento crítico e ação política tendeu a apagar-se e, nesse desvanescimento, foi a política que impôs sua lógica. Muito brevemente: essa imposição liquidou os conflitos que o pensamento crítico propõe à razão política e instituiu a razão política (que se concebia como razão revolucionária, fossem quais fossem as táticas usadas para se chegar ao poder) como mentora de um discurso intelectual que deixara de ser crítico por ter renunciado ao exame de seus pressupostos para exercer-se apenas com base nos pressupostos do adversário. A garantia de verdade desse discurso era assegurada não por suas regulações internas nem por sua relação argumentativa com saberes e valores, mas por uma caução externa que era imaginariamente situada no partido revolucionário ou no Povo. Em um círculo probatório completamente fechado, o intelectual extraía seu fundamento da política revolucionária que, em versão leninista, deveria outorgar-lhe seus instrumentos teóricos; na versão populista dessa relação, era o povo quem transferia a seus intelectuais as verdades das quais era o portador "natural". Em ambos os casos, o círculo liquidava o conflito entre pensamento crítico e prática política, julgando sua emergência apenas em termos de moralismo pequeno-burguês ou de vacilações teóricas cuja origem era de classe.

Em sua versão mais exasperada, o intelectual de esquerda realizava o programa que um deles propôs com clareza exemplar e singular tranqüilidade em 1972: "A meu ver, a resolução do problema entre os intelectuais e a revolução coloca-se em nível político, nas relações desse intelectual com as organizações revolucionárias. O contrário disso é... o independentismo, o franco-atirador, a resolução moralista, individual".[3] A força lapidar deste postulado, que colocava a política no posto de comando (para citar a frase de época com que se resolvia o problema), hoje parece simplesmente inacreditável. Contudo, nós que participamos desse continente ideológico, se conservamos a memória, podemos testemunhar que era literalmente assim.

O golpe de Estado de 1976 golpeou materialmente as bases dessa ideologia. Os que sobreviveram à repressão, o fizeram em cenários completamente distintos. Se algumas organizações revolucionárias continuaram impondo a subordinação dos intelectuais à política (os episódios finais dos Montoneros são uma prova disso, no cenário do exílio), de todo modo o terreno de mobilização maciça, de inquietude operária, de luta de ruas, que tornava mais verossímil o círculo da sujeição intelectual à política, havia sido arado com sal pelas forças da repressão. Muito simplesmente, era quase impossível pensar a relação intelectual-política através da mediação das organizações revolucionárias porque elas tinham desaparecido ou se tornado cruelmente anacrônicas. Da noite para o dia pulverizaram-se as forças que impulsionavam discursos emblemáticos como aquele da citação copiada mais acima.

Sempre houve algo de ilusório no postulado de uma relação reta entre intelectuais e organizações revolucionárias ou de massa, porém, nas condições da ditadura militar, passou a ser inconcebível. O programa não somente era questionável teoricamente, mas levá-lo à prática estava completamente descartado. Aquilo que um dia subjugara o pensamento crítico, arraigando-o de forma muitas vezes imaginária ao solo da prática, desaparecera na hecatombe.

Durante vários anos, tanto na Argentina como no exílio, a situação intelectual foi de estupor. Salvo aqueles que repetiam surdamente o ritual dos catecismos teóricos ou políticos, como sobreviventes zumbis de um passado revolucionário que eles se negavam a revisar em que pese a gigantesca derrota, os demais buscamos tateando não tanto discursos globais, mas fragmentos de explicações. Ainda resta fazer a recontagem dos caminhos, bem distintos, que foram percorridos durante estes anos posteriores a 1976. As estratégias de sobrevivência intelectual foram tão variadas quanto os membros dispersos: desde o reingresso na academia que fora menosprezada nos anos do auge revolucionário (possível para aqueles que viviam no exterior) até as resistências opacas de uma cultura débil que durante quatro ou cinco anos permaneceu quase que completamente invisível na Argentina.

Em um e outro espaço aprendiam-se algumas lições de maneira excepcionalmente dura e em condições também excepcionais. Para os que integramos desde o começo a redação desta revista, *Punto de Vista*, ela foi o espaço, singularmente fraternal, onde esse processo se deu através de uma revisão lenta não apenas da política, mas também de seus pressupostos teóricos. Era preciso pensar *tudo* de novo.

5. O que passamos a limpo? Aprendemos (hoje esta frase parece demasiado simples para ter custado tanto) que o pensamento crítico é, por definição, autônomo.

Autonomia e crítica são duas faces que se pressupõem e a exclusão de uma põe inevitavelmente em perigo a outra. Com trabalho (de fato, trabalhando sobre a história dos intelectuais argentinos em diversos casos), descobrimos que a relação entre intelectuais e política, entre arte e ideologia, entre idéias, valores e práticas não tem nenhuma unidade final que garanta suas manifestações episódicas. Pelo contrário, buscar esta unidade implica saltar em vão sobre o problema: a unidade não é uma solução entre outras para o problema, mas uma forma de colocá-lo, uma forma histórica que, no século XX, teve as piores conseqüências (desde os socialismos reais até os vanguardismos revolucionários). Aprendemos que a política não podia se constituir como fundamento da prática intelectual por várias razões: em primeiro lugar, porque essa heteronomia não deixava os dois termos em pé de igualdade. Pelo contrário, estabelecia uma hierarquia que, solucionando-se para o lado de fora, impunha relações de subordinação que eram ruins para a política e piores para o pensamento crítico. Aprendemos tardiamente que a divisão em esferas que asseguram uma autonomia à dimensão simbólica não era apenas uma ferramenta com a qual a sociologia clássica descrevera a modernidade, mas era também um pressuposto necessário para se pensar a prática intelectual, assim como a prática política.

E isso era tudo? Talvez pareça um resumo excessivamente módico para quem atravessou os passadiços da esquerda revolucionária dos anos 1970, onde estas frases teriam sido impronunciáveis. É provavel, então, que essa lição de autonomia e essa ausência de fundamento político para o pensamento crítico sejam uma lição somente para quem pensou outra coisa durante anos. Sem embargo, a autonomia do pensamento crítico (que, se olharmos sem preconceitos, deveria ser sua definição mais evidente) foi uma posição que teve que ser conquistada, em todo o Ocidente, através de complicadas manobras sobre as melhores tradições do pensamento progressista do século XIX, o marxismo em primeiro lugar. Esse ajuste de contas tem um sentido biográfico para nós; ao mesmo tempo, é compreensível que mostre um caráter mais desinteressado e distante, às vezes filológico, às vezes arqueológico, para aqueles que chegaram depois.

De novo: isso é tudo? Eu acrescentaria duas coisas. Sublinhar a autonomia do pensamento crítico não tem como conseqüência necessária o afastamento da política e o desdém pelas questões públicas. Pelo contrário, sem uma relação tensa com a política, na qual o pensamento crítico resista à expansão colonizante dos interesses imediatos, mas ao mesmo tempo não considere uma virtude subtrair-se aos problemas que eles colocam, parece difícil pensar a prática intelectual crítica. A autonomia é condição dessa prática; o retiro parnasiano (que muitas vezes esconde a menos elaborada subordinação a algum velho evangelho político) é a contrafigura, igualmente rápida em sua capacidade de aferrar as dificuldades reais, da unidade de ferro entre intelectuais e política construída nos anos 1970.

O pensamento crítico mantém, portanto, uma relação com a política sem ditar-lhe suas bases de ação e sem receber dela mais legitimação do que aquela que ambos, política e discurso crítico, podem ganhar por seus próprios meios na sociedade. Esta relação de contato múltiplo e não hierárquico é infinitamente complicada, não tem uma configuração permanente nem um cenário prestabelecido: acontece.

Em segundo lugar, assim como não existe uma totalidade que sintetize política e pensamento crítico ratificando sua unidade essencial, também foi cancelado o livrinho exclusivo em que os intelectuais emitiam seu ditames sobre as coisas desse mundo. Por um lado, os saberes especializaram-se até um ponto de extrema complexidade e intradutibilidade (cuja caricatura é o tecnocrata que, no entanto, não deve ser julgado tão-somente por seu autoritarismo rústico). Por outro lado, um quebra-cabeça de conflitos "regionais" substituiu o mapa simétrico dos "grandes conflitos" (que foram o motor de uma visão da história: burguesia e proletariado como protagonistas de um duelo único que atravessou a modernidade de ponta a ponta); os atores dispersaram-se em uma multiplicidade de peripécias que são por vezes políticas e por vezes culturais, que entrelaçam as reivindicações de maior justiça econômica com as de melhor qualidade de vida, que cortam transversalmente a sociedade e geram não apenas novas coincidências, mas enfrentamentos de valores até bem pouco desconhecidos.

Finalmente, um novo cenário onde a cultura mais familiar aos intelectuais, a cultura da letra, retrocede diante de uma cultura nova que não pode se alinhar no interior das dicotomias antigas de cultura popular e cultura "culta". Nesse cenário, que é midiático, novos intelectuais (que podemos chamar, sem ironia, de intelectuais eletrônicos) estabelecem fortes relações de comunidade com novos públicos. Ninguém mais próximo que eles de um sentido comum coletivo que interpretam e ao mesmo tempo constroem, atendem suas exigências e repetem seus desassossegos sem deixar de doutriná-lo. Seguem o sentido comum em sua forma: as questões respondem a um regime discursivo onde a simplicidade é a máxima virtude argumentativa.

Não é estranho que o pensamento crítico atravesse um desfiladeiro: de um lado, a crise de seus próprios paradigmas; do outro, a crise de seus cenários tradicionais; por toda parte, a tentação de mudar seu regime para obter uma escuta. Como se mede a distância média para se ficar perto de uma comunidade (como queria Walzer) quando essa comunidade é eletrônica e seu sentido comum um composto não de elementos tradicionais, nos quais também o intelectual poderia se reconhecer, mas de novos e velhos preconceitos organizados sob os focos do mercado simbólico?

O sentido de "intimidade", que Walzer crê identificar naqueles intelectuais críticos que estabeleceram uma "boa" relação com a sociedade a que pertenciam, perdeu-se, se é que alguma vez existiu independentemente dos desejos bem-intencionados de um populismo democrático. Com ele também foi desalojada a figura do intelectual que foi paradigmática na primeira metade do século XX (é nela que Bourdieu pensa quando afirma o desaparecimento do lugar ocupado por Sartre). A voz universal que toma partido já não tem uma universalidade fundadora à qual se remeter; e tomar partido (a frase parece estranhamente fora de época, hoje, quando somente os poderosos consideram acertado tomar partido), sem embargo, parece necessário porque, se naufragaram as soluções e mudaram os problemas, o discurso político não se esgota na consideração de seus erros passados ou de sua debilidade presente.

Nem a política, nem os movimentos sociais, nem os *mass media* ocupam por completo o espaço onde ainda hoje é possível sublinhar a resistência da arte diante da abundância obscena do mundo audiovisual. A razão política também não pode ficar encurralada tendo diante de si apenas a espontaneidade perfeitamente construída do senso comum. Os valores de que nenhuma política progressista pode se fazer independente não estão aí como um repertório que é possível consultar sem pressa quando for necessário. Nessas três dimensões da arte, o pensamento crítico não hegemoniza nada. Sem dúvida, poderia encontrar recursos para resistir ao juízo banal de que entre a hegemonia e a insignificância não existe a virtualidade de um espaço.

NOTAS

1. Carlos Altamirano: "Lecciones de una guerra", em *Punto de Vista* nº 15, agosto de 1982. Esta foi uma das primeiras análises produzidas sobre a guerra das Malvinas, precedida, durante as semanas da guerra, de um texto coletivo que redigimos, entre outros, Altamirano, Luis Priamo, Jorge Goldemberg.
2. Michael Walzer: *La compañia de los críticos*, Buenos Aires: Nueva Visión, 1993.
3. "Intelectuales y revolución, conciencia crítica o conciencia culpable?", gravação de uma mesa-redonda da qual participavam Noé Jitrik, Marcos Kaplan, José Vazeilles, Ricardo Piglia, Mauricio Melnares e León Rozitchner, organizada pela revista *Nuevos Aires*, nº 6, dez. 1971-fev. 1972.

A vanguarda enraizada: o marxismo vivo de Mariátegui*

ALFREDO BOSI

No decurso de 2004, precisamente em 16 de abril, lembramos os 74 anos da morte de José Carlos Mariátegui.

Uma vida breve; ele partiu "nel mezzo del cammin di nostra vita", como Dante figura o trigésimo quinto ano da viagem humana. E vida truncada em plena maturidade como a de outros socialistas da sua geração, Gobetti, Gramsci, Valleja, Simone Weil, que partilharam nos anos 1920 as esperanças que a Revolução de Outubro despertou do Velho ao Novo Mundo.

Falar dos ideais políticos de Mariátegui nos dias de hoje, encerrado o escuro ciclo das ditaduras do Leste europeu, deixa na boca um sabor agridoce de ambivalência.

As generosas crenças dos marxistas de entreguerras ressoam em nós melancolicamente. Muitos lutaram e alguns morreram certos de que a revolução soviética multiplicada em nível planetário não tardaria a mudar, de uma vez por todas, as relações entre os homens, abolindo as disparidades econômicas, as distâncias sociais, os graus de poder e *status*, apagando enfim os estigmas de injustiças milenares.

É bem verdade que à intuição de Mariátegui não escapou o caráter difusamente religioso da fé na passagem fatal do capitalismo ao socialismo, deste ao comunismo e à sociedade sem Estado. O leitor apaixonado de Bergson e de Sorel, o admirador de Tolstoi e de Gandhi e o poeta místico da pri-

*Publicado originalmente em *Estudos Avançados*, USP, vol. 4, nº 8, 1990.

meira juventude compunham uma identidade cultural capaz de desentranhar o veio mítico que alimenta a vontade revolucionária e lhe dá seiva para atravessar aquelas horas em que mais árida se faz a jornada do militante.

Alguns destes juízos, tão próximos das *Reflexões sobre a violência* de Georges Sorel, dão a medida justa das convicções do fundador de *Amauta*:

"A burguesia já não tem mito algum. Tornou-se incrédula, cética e niilista. O mito liberal renascentista envelheceu demasiadamente. O proletariado tem um mito: a revolução social. Em direção a esse mito move-se com uma fé veemente e ativa. A burguesia nega; o proletariado afirma. A inteligência burguesa entretém-se numa crítica racionalista do método, da teoria e da técnica dos revolucionários. Que incompreensão! A força dos revolucionários não está na sua ciência; está na sua fé, na sua paixão, na sua vontade. É uma força religiosa, mística, espiritual. É a força do Mito. A emoção revolucionária, como afirmei em um artigo sobre Gandhi, é uma emoção religiosa. Os motivos religiosos deslocaram-se do céu para a terra. Não são divinos; são humanos, são sociais" (Mariátegui, 1925a).

Não se veja nessas palavras uma concessão às modas irracionalistas do primeiro quartel do século. As duras críticas de Mariátegui à mitologia fascista (que atraía não poucos sorelianos...) revelam, ao contrário, um estudioso de história política formado no humanismo severo de Benedetto Croce, que lhe ensinou a pôr em evidência o teor prático-racional do socialismo, enquanto ramo dialético das Luzes, dos movimentos liberais radicais e das doutrinas evolucionistas do século XIX. Era deste quadro de referência que Mariátegui extraía a tese geral de que há vínculos obrigatórios entre ciência, progresso, liberdade e socialismo; mas era afinal também desse mesmo solo ideológico que brotavam aquelas certezas íntimas que faziam do militante um apóstolo, e da literatura da esquerda um discurso leigo de tons apologéticos. Até onde a *paixão*, admitida sem rebuços no texto citado, não estaria pré-formando aquele esquema tão bem travado de um socialismo científico nascido como superação lógica da economia burguesa?

Passado mais de meio século, podemos identificar um ou outro acento demasiado otimista na sua posição, agora, já sem receio de que zelotes da ortodoxia nos venham alinhar entre os "críticos reacionários do marxismo". Hoje sabemos com o sabor de cinza da experiência que não há conexão orgânica entre "pleno desenvolvimento das forças produtivas" e socialismo (pelo menos nas formas que este assumiu até agora), nem, muito menos, entre liberdade e Estado de partido único. Sabemos que as esquerdas no poder se comportam de diferentes modos em distintos lugares e tempos conforme o grau de complexidade cultural e de sabedoria política dos grupos que empunham as rédeas dos governos. E aprendemos que os valores ditos *formais* do regime democrático não devem ser suspensos *pro tempore*, sob o pretexto de que é preciso tomar o poder a qualquer preço para realizar, aqui e agora, o que parece ser a melhor fórmula da ordenação social. Os frutos de ações arbitrárias, gestados em delírios de onipotência, caem envenenados sobre vencidos e vencedores. Daí a melancolia, talvez expressão da *pietas* histórica, que nos invade ao ler certas passagens de Mariátegui onde se reitera, com o aval do materialismo dialético, a profecia de uma vanguarda portadora da salvação universal. O desdém pelo socialismo europeu — *los domesticados reformistas del parlamento*, dizia sarcástico — e a adesão às idéias de *princípio classista* e *unidade proletária* iriam, na prática, desembocar em rígidos blocos sectários que, por sua vez, se apresentariam como os únicos representantes dos trabalhadores. Como afirmava na mensagem ao II Congresso Operário de Lima, "a massa segue sempre os espíritos criadores, realistas, seguros, heróicos" (Mariátegui, 1927).

Nesse momento crescia em Mariátegui a sedução do modelo leninista da ditadura do proletariado, e as suas páginas contrapõem, veementes, a falência burguesa ao porvir comunista: "Se na época capitalista prevaleceram ambições e interesses materiais, a época proletária, suas modalidades e instituições se inspirarão em interesses e ideais éticos" (Mariátegui, 1924).

Mas a nossa imagem do pensador peruano não se constrói apenas com aquelas suas expectativas que o *socialismo real* em parte frustrou. A sua memória é acre, repito, mas também doce. Relendo os *Sete ensaios* e outros textos de crítica ideológica, vê-se o quanto se exerceu a sua inteligência em função de problemas ainda hoje básicos para o marxismo e para a vida pública latino-americana.

São temas de ordens e alcances diversos.

Começo pelo debate crucial sobre a *verdade* do marxismo. É o assunto da série "Defensa del marxismo", 16 artigos publicados a partir de julho de 1928 em *Variedades* e em *Mundial*, periódicos limenhos para os quais escrevia regularmente.

O estímulo próximo foi-lhe dado pela leitura da obra polêmica do ex-socialista belga Henri de Man, *Para além do marxismo*. O título, que não seria propriamente original se aparecesse hoje, tampouco soava como novidade no decênio de 1920. "O marxismo", lembra Mariátegui na abertura da "Defensa", "vem sofrendo desde fins do século XIX — isto é, desde antes que se iniciasse a reação contra as características desse século racionalista, entre as quais o classificam — as investidas, mais ou menos documentadas ou instintivas, de professores universitários, herdeiros da ciência oficial contra Marx e Engels, e de militantes heterodoxos, desgostosos com o formalismo da doutrina do partido."

As revisões ou *liquidações* do marxismo se empreenderam nem bem morto Marx. Mariátegui cita os nomes de Masarjk e de Bernstein (que fez, aliás, observações de mordente atualidade) como exemplos no âmbito do reformismo social-democrático. Quanto a Georges Sorel, para quem vão, no entanto, as suas simpatias, se situa em outro ângulo, voluntarista e antiparlamentar, mas também descrente da cientificidade pura do materialismo histórico.

O que é original e fecundo na resposta que dá Mariátegui a essas críticas, afinal substantivas? Procurando, em última instância, ressalvar a força política do marxismo, ele tende a ver na doutrina a forma plástica de uma *linguagem-de-ação progressista*.

Marx teria produzido menos uma teoria, na acepção clássica e sistêmica do termo, do que um *cânon empírico* de interpretação da economia liberal-burguesa, para retomar a formulação de Croce, interessado na validade tópica das análises de *O capital*, mas esquivo às filosofias da história que estariam no bojo da pregação socialista.

Calaram fundo em Mariátegui as arremetidas de Croce, repensadas por Gramsci, contra o que lhe parecia ser lastro de certo evolucionismo linear pesando sobre a vulgata marxista. Mas, desonerada desse fardo, a linguagem revolucionária perderia em *dureza* teórica o que ganharia em ductilidade prática. No limite, o método de análises das classes antagônicas valeria principalmente como aguilhão para conceber estratégias de luta. Nesse contexto entende-se o relevo dado a Lenin enquanto figura do arquiteto por excelência de um *marxismo em construção.* "A revolução russa constitui, aceitem-no ou não os reformistas, o acontecimento dominante do socialismo contemporâneo. É nesse acontecimento, cujo alcance histórico não se pode medir ainda, que se deve buscar a nova etapa marxista" (Mariátegui, 1959, p. 22).

O pressuposto funda-se na ordem da ação eficiente: o certo é o que deu certo; a revolução soviética, então em pleno ímpeto, seria "a expressão culminante do marxismo teórico e prático".

Os grandes alvos que Lenin mirou são repostos em circulação servindo como trunfos na réplica ao livro de Man. Os monopólios, os imperialismos britânico e *yankee*, o gangsterismo da alta finança, a função parasitária dos rentistas, a impotência dos parlamentos liberais: tudo é resolvido para injetar na doutrina o sangue da contemporaneidade. O nome do líder preencheria a cadeia genealógica que Paul Valéry deixara sem o último elo na sua frase paródica: "E este foi Kant que engendrou o Hegel, o qual engendrou Marx, o qual engendrou a..." (id. ibid., p. 39).

Seria de esperar que a coerência com essa filiação, eleita como principal, pudesse trazer em si um compromisso mais estreito com Hegel (de quem Lenin foi leitor atento), daí sobrevindo uma crítica interna ao viés pragmático se não ativista que a "Defensa" parece adotar na sua argumentação. Se assim fosse, teríamos um momento de contradição no discurso de Mariátegui entre a *ratio* hegeliano-marxista e o voluntarismo heróico soreliano. Não é o que acontece, porém: a tônica dos textos acaba recaindo sobre o valor maior de uma *política prática* para a qual a racionalidade não está dada uma vez por todas:

"Marx, em primeiro lugar, jamais se propôs elaborar um sistema filosófico de interpretação histórica, destinado a servir de instrumento para a atuação de sua idéia política e revolucionária" (id., ibid., p. 40).

Na esteira desta afirmação drástica, o pensador peruano afasta, como imaginários, os dois pontos de ataque visados pela crítica de Henri de Man:

a tese de que haveria, absolutamente, uma teoria marxista pura, dotada de estatuto científico; e, seu apêndice, a hipótese de que a mesma doutrina conteria em si, já pronta, uma filosofia da História.

A argumentação da "Defensa" é historicista e crociana: "A crítica marxista estuda concretamente a sociedade capitalista. Enquanto o capitalismo não tiver sido completamente ultrapassado, o cânon marxista continuará sendo válido" (id., ibid.).

Trata-se de uma validade condicionada pelas balizas do sistema. Nada de ciência marxista, de estilo positivo, provada nos laboratórios da sociologia; e nada de *ontologia* ou *teleologia* — esta é a mensagem patente no discurso de Mariátegui.

Nem o plano de atingir a verdade por via especulativa faria parte do legado de Marx, nem o filósofo da práxis teria fundado uma ética abstrata, *una moral de teorizantes*, que convém, antes, às filosofias de cunho idealista. A eticidade do marxismo é a do homem que, solidário com a sua classe, combate em conjunto com outros homens para superar a iniqüidade e a opressão. Sentimento de justiça, como a indignação, nutrem essa ética agonística, que não se configura, porém, como uma pauta de valores e comportamentos predefinidos.

O pragmatismo e o vitalismo do primeiro pós-guerra estavam concebendo uma *atitude* política paraexistencialista que ganharia forma nos anos 1940, quando a resistência ao nazi-fascismo daria um conteúdo de esquerda à moral nietzschiana da vontade e da ação. Será a ética do projeto — desesperado mas necessário — de Sartre e Camus. Mas nos anos 1920 ainda se fala e se crê na função pedagógica da luta sindical e da convivência fabril capazes de motivar nos operários as virtudes propriamente socialistas da energia, da disciplina, da lealdade e da perseverança. Um texto de Piero Gobetti, que resume impressões de sua visita à Fiat de Turim, é endossado por Mariátegui para ilustrar o capítulo sobre ética e socialismo. Do mesmo Gobetti transcreve uma reflexão sobre a espiritualidade peculiar ao socialismo que, filtrando as riquezas que o sujeito moderno recebeu do longo processo de interiorização cristã, orientaria a consciência do militante para um humanismo público e terreno (*O idealismo materialista*).

A flexibilidade com que Mariátegui trabalhava a herança marxiana dava-lhe uma amplitude de olhar político absolutamente rara para o seu tempo. Ele percebeu, desde o início da sua carreira de organizador partidário, que não há um método único para corrigir o vale-tudo do mercado capitalista. É a história de cada formação social que irá inspirar as táticas de compensação. O atraso da Rússia czarista exigiu um movimento de enorme violência, o terremoto de outubro, que aparece como evento-limite da revolução contemporânea. Mas há outras experiências nacionais.

Na Inglaterra desenvolveu-se o *trade unionism* que, por sua vez, desaguou no trabalhismo, ambos imunes às obsessões teóricas da esquerda continental. As ações tópicas, ainda corporativas, dos sindicatos do século XIX acabaram-se integrando em um programa partidário mais amplo visando ao controle da economia em âmbito nacional. A sua meta, uma distribuição de renda mais eqüitativa, nortearia o futuro Welfare State. A liderança sindical inglesa aliou-se a políticos de formação doutrinária aberta e distante de qualquer dogmatismo principista. É um brinde à inteligência ver que o mesmo Mariátegui admirador de Lenin não é menos simpático às conquistas graduais da vertente democrática representada pelo Labour Party.

Prova ainda maior (e mais arriscada) dessa plasticidade, ele a deu quando enfrentou a espinhosa questão de uma reforma agrária socialista no Peru.

O binômio terra-índio deveria ser o eixo de toda política renovadora. Como resolvê-lo em termos ortodoxos, leninistas, que propõem reforçar taticamente o capitalismo, se, a rigor, a exploração do índio serrano ainda se fazia em ritmo de servidão da gleba? Como se sabe, Mariátegui e sua geração usavam sem rodeios a expressão "economia feudal" para qualificar o sistema de produção agrícola nos Andes.

Por outro lado, a palavra sumária de ordem — "nacionalizar a terra!" —, se entendida apenas como estatizar o latifúndio, "em princípio, em nenhum caso, basta por si mesma". Então, como sair do impasse do mercado *versus* estatização?

Seria necessário, como primeiro passo, conhecer a fundo as tradições quíchuas de vida rural comunitária que a conquista espanhola entorpeceu quando não estancou. Mariátegui acreditava na possibilidade de recuperar a função do *ayllu*, comunidade de terra e de produção:

"O *ayllu*, célula do Estado incaico, sobrevivente até agora, apesar dos ataques da feudalidade e do gamonalismo, acusa ainda vitalidade bastante para converter-se gradualmente na célula de um Estado socialista moderno" (Mariátegui, 1927).*

Esta sua tese custou-lhe a acusação de *populista*, na velha acepção russa do termo. Mas o exame atento do contexto não autoriza a ver no resgate do *ayllu* conotações de arcaísmo ou saudosismo que a proposta talvez suscite a uma primeira leitura:

"A ação do Estado, como acertadamente propõe Castro Pozo, deve dirigir-se para a transformação das comunidades agrícolas em cooperativas de produção e consumo. (...) O Banco Agrícola Nacional daria preferência às operações das cooperativas, as quais, por outro lado, seriam ajudadas por corpos técnicos e educativos do Estado para melhor trabalho de suas terras e para a instrução industrial dos seus membros" (id., ibid.).

O que ele queria ressalvar era a tradição e o espírito da *mincca* ou *minga* (aproximadamente, o nosso mutirão sertanejo), que animava os índios durante as tarefas do plantio e da colheita na partilha dos bens agrícolas e pecuários.

As bases sociológicas da proposta, Mariátegui foi buscá-las na obra fundamental de Hildebrando Castro Pozo, *Nuestra comunidad indígena* (1924), que serviu de canteiro documental ao clássico *Del ayllu al cooperativismo socialista*, do mesmo autor. Publicado em 1936, com prefácio do antropólogo peruano Julio Tello, o livro não pôde ser lido por Mariátegui, que nas suas páginas eruditas teria confirmado as hipóteses sobre as afinidades entre antigas práticas comunitárias dos incas e os novos ideais de socialização da terra e dos frutos do trabalho camponês.

Segundo Castro Pozo, que foi um dos fundadores do Partido Socialista do Peru, o cooperativismo poderia alcançar maior êxito entre as comunidades quíchuas da serra do que nos meios urbanos, onde faltaria não só a experiência da posse comum de bens como o costume do labor coletivo na ajuda mútua. Dessa convicção nasceu o projeto de robustecer com a vivência do *ayllu* planos de uma reforma agrária nacional.

*Trata-se de um artigo que complementa o capítulo "O problema da terra", dos *Sete ensaios de interpretação da realidade peruana*, com tradução em português pela Editora Alfa-Ômega (São Paulo, 1965).

A questão do nacional

Reforma ou revolução, alfabetização, ensino técnico, crédito rural, desenvolvimento das forças produtivas, eis a pauta moderna de Mariátegui na qual, porém, era preciso que entrasse um figurante sofrido e amado, o índio. E com o índio entra, de cheio, a questão do específico, a questão da *realidade peruana*.

Na frondosa literatura sobre a vigência de *identidades nacionais*, tema recorrente no discurso latino-americano, raro é encontrar um pensamento tão denso e tão bem articulado como o de José Carlos Mariátegui.

Tento aqui reconstruí-lo nas suas linhas de força.

Em primeiro lugar, a limpeza do terreno. Mariátegui corta pela raiz qualquer vínculo entre o significado da presença indígena no Peru e o conceito de raça. Para um intelectual latino-americano que nasceu no fim do século XIX, essa atitude metodológica é um tento.

Não há sombra do chamado darwinismo social nos seus textos. E qual a gênese deste convicto anti-racismo? A superação dos preconceitos *científicos* nessa matéria já se vinha dando na Europa pela ação de duas vertentes que às vezes parecem cruzar-se, embora corram em leitos políticos paralelos.

Entre alguns discípulos mais ou menos próximos de Auguste Comte, como Émile Durkheim, Célestin Vougle e Vilfredo Pareto, levou-se adiante a tese positivista de que o nível social não se confunde com o orgânico, ainda que repouse neste a sua condição de existência. A Sociologia, a nova ciência que, na lição de Comte, deveria coroar todo o processo do conhecimento, tinha um objeto próprio, *o sistema de fatos sociais*, cujas leis internas, inferidas pela ciência histórica, não eram ditadas pelo sangue nem pelos gens. Mariátegui cita e encampa as especulações de Pareto, cujo *Trattato di sociologia generale* serviu de guia a gerações de estudiosos sociais pré-marxistas até os anos 1930.

Seja dito, de passagem, os positivistas brasileiros mais ortodoxos, reunidos em torno do Apostolado de Teixeira Mendes e Miguel Lemos, sempre recusaram a argumentação racista usada para justificar a escravidão negra. Quando topamos com escritores com laivos preconceituosos, como

Sílvio Romero e Euclides da Cunha, podemos desconfiar de que neles prevaleceu uma visão evolucionista (mas não positivista, em senso estrito) da nossa mestiçagem.

Mariátegui transcreve, como peça de autoridade, um longo trecho do Tratado de Pareto em "El problema de las razas em la América Latina", escrito em 1929. Aí acusa a *hipocrisia da idéia de raça*, tal como a manipularam os estados imperialistas na sua expansão ao longo do século XIX.

Na verdade, pensava ele, teria chegado o momento de inverter a relação causal que via no atraso dos países andinos o peso negativo do legado pré-colombiano. Foi a colonização que teve "efeitos retardatários e deprimentes na vida das raças indígenas. Povos como o quíchua e o asteca retrocederam, sob o regime colonial, à condição de tribos agrícolas. O que, nas comunidades indígenas do Peru, subsiste de elementos de civilização é, principalmente, o que sobrevive da antiga organização autóctone. No campo feudalizado, a civilização branca não criou focos da vida urbana, nem significou sempre sequer industrialização e mecanização; no latifúndio serrano, com exceção de certas estâncias de gado, o domínio do branco não apresenta, nem mesmo tecnologicamente, progresso algum em face da cultura aborígine" (Mariátegui, 1964, p. 25).

Mas há ainda uma outra fonte em que Mariátegui bebeu para apartar, de vez, o discurso racial da interpretação da vida peruana: a corrente que ele próprio denominava *sociologia marxista*, nela incluindo o texto didático de Bukharin, citado em francês, *La théorie du materialisme historique*, que relativiza o papel do biológico puro na dinâmica social.

Assim, apesar de suas bases epistemológicas distintas, a sociologia positivista e o marxismo confluem na tese do caráter próprio do social. O contacto de ambas as linhas em certo momento da inteligência latino-americana talvez possa causar estranheza aos historiadores de Filosofia que se impacientam ao ver sinais de ecletismo. A resultante ideológica, porém, foi humanizadora enquanto varreu preconceitos que o princípio liberal da concorrência entre os mais fortes espalhara por três ou quatro gerações.

Para um Mariátegui, assim como para um Fernando Ortiz, o conhecimento de obras positivistas, marxistas e crocianas (ambos viveram alguns anos na Itália) não foi propriamente um convite à confusão: deu-lhes o gosto do estudo das suas sociedades de origem, peruana e cubana, onde iriam, de torna-viagem, militar repuxando o ensaísmo para o lado do progresso e de transformação de velhas estruturas coloniais.

Os ventos da crise do primeiro pós-guerra sopravam de todos os quadrantes criando um clima propício às vanguardas; o que ajudou Mariátegui a deslocar o eixo da questão nacional para os contrastes estruturais da América andina vistos em conexão com a economia e a política internacional. Nesse contexto, os discursos raciais perdiam peso e interesse.

Os efeitos saudáveis dessa largueza de vistas logo se fizeram sentir na obra de Mariátegui. Simetricamente: de um lado, o antiimperialismo; de outro, a antixenofobia.

O primeiro lhe permitiu compreender o lugar e o valor do índio no processo civilizatório peruano. Entronca-se na linha-mestra da antropologia *indigenista* de Julio Tello e Luis Valcárcel, que definiram os pontos nodais do resgate das culturas quíchua e mestiça. O seu raio de ação teve longo alcance tocando a obra narrativa e os ensaios etnológicos de José María Arguedas (1975)* e enformando mais de um argumento da teologia da libertação de Gustavo Gutiérrez. O indigenismo foi, no Peru, o que se poderia chamar, sem temor ao paradoxo, uma *vanguarda enraizada.*

O segundo efeito do esvaziamento da linguagem racista corrigiu tudo quanto a exaltação do índio serrano poderia render em termos de nacionalismo retórico. Mariátegui é incisivo:

"Do preconceito da inferioridade da raça indígena começa a passar-se ao extremo oposto: o de que a criação de uma nova cultura americana será essencialmente obra das forças raciais autóctones. Subscrever essa tese é cair no mais ingênuo e absurdo misticismo. Ao racismo dos que desprezam o índio, porque crêem na superioridade absoluta e permanente da raça branca, seria insensato e perigoso opor o racismo dos que sobrestimam o índio, com fé messiânica na sua missão como raça no renascimento americano.

As possibilidades de que o índio se eleve material e intelectualmente dependem da mudança das condições econômico-sociais. Não estão de-

*A seleção e o prólogo são de Angel Rama.

terminadas pela raça, mas pela economia e pela política. A raça, por si só, não despertou nem despertaria o entendimento de uma idéia emancipadora.

Sobretudo, não adquiriria nunca o poder de impô-lo e realizá-la. O que assegura sua emancipação é o dinamismo de uma economia e de uma cultura que trazem em suas entranhas o germe do socialismo. A raça índica não foi vencida, na guerra da conquista, por uma raça superior étnica ou qualitativamente; mas foi vencida por sua técnica que estava muito acima da técnica dos aborígines. A pólvora, o ferro, a cavalaria não eram vantagens raciais; eram vantagens técnicas" (Mariátegui, 1974, p. 31).

Em "El problema de las razas", o autor faz uma síntese feliz de um processo considerado em geral como simples conflito de raças diferentes. Mariátegui retifica esse ponto de vista:

"Os espanhóis chegaram a estas paragens distantes porque dispunham de meios de navegação que lhes consentiam atravessar os oceanos. A navegação e o comércio lhes permitiram mais tarde a exploração de alguns recursos naturais de suas colônias. O feudalismo espanhol se sobrepôs ao agrarismo indígena, respeitando em parte suas formas comunitárias; mas esta mesma adaptação criava uma ordem estática, um sistema econômico cujos fatores de estagnação eram a melhor garantia da servidão indígena. A indústria capitalista rompe este equilíbrio, interrompe este estancamento, criando novas forças produtivas e novas relações de produção. O proletariado cresce gradualmente às expensas do artesanato e da servidão. (...) Em tudo isto, a influência do fator raça se revela evidentemente insignificante ao lado da influência do fator economia — produção, técnica, ciência etc."

Admiráveis o equilíbrio e a coerência de todo o ensaio. Se o critério de raça é impertinente, o pensador mata dois coelhos de uma só cajadada. Liberta-se do eurocentrismo que desdenha o índio porque não é branco. E liberta-se do nativismo que acusa o europeu (ou o estrangeiro) porque não é índio (nacional).

A limpeza do terreno perfaz-se inteiramente e dá espaço para que o pensamento avance na elaboração de uma hipótese de identidade nacional mais complexa e menos rígida.

Se a nação não se constitui por força de uma presumida substância étnica, índia ou branca, então em que solo poderia enraizar-se? No sistema social peruano? Na sua estrutura econômica? No seu regime político? No seu processo cultural?

Em nenhum desses níveis Mariátegui reconhece a vigência de uma unidade forte que poderia traduzir-se em termos de *nação*. Ao contrário, todos padecem de cisões profundas. O Peru, fraturado em regiões bem diferenciadas (a Costa, a Serra, a Selva), mal consegue costurar áreas de produção e consumo separadas não só pelos seus nichos ecológicos como por tempos e ritmos históricos peculiares.

Não haveria, pois, uma "Nação Peruana", ao menos no sentido tradicional da palavra, que se manifesta em expressões como "Nação Inglesa", "Nação Francesa", "Nação Espanhola".

A vida cultural de Lima, com sua burguesia altamente europeizada, o que poderia ter em comum, nos anos 1920, com as práticas e os valores das comunidades andinas? As línguas são diversas, o espanhol e o quíchua; diversos os códigos em que se reproduz o cotidiano. A memória social não é comum, já que não vem compartilhada pelos grupos que habitam o território assumido juridicamente pelo estado oficial do Peru. E há mais do que peças justapostas de um mosaico; há antagonismos que cortam situação de classe e de poder dolorosamente assimétricas.

Desse baixo grau de coesão, Mariátegui depreende a sua tese mais cortante: o Peru, seu contemporâneo, é uma *formação nacional incompleta*, um *esboço de nação*.

O conceito era novo e rico de conseqüências. A mais importante, do ponto de vista da ação política, relega à condição de ideologias sem futuro tanto o nacionalismo dos senhores da terra, arcaizante e neocolonial, fixado nas *Tradiciones peruanas*, de Ricardo Palma, quanto o nacionalismo inquieto da pequena burguesia ressentida com o imperialismo central, mas, na prática, sem outro projeto senão o de sobreviver aliando-se aos donos do mercado ou fruindo as modestas (porém seguras) regalias de um Estado cartorial.

Em lugar de uma nação bem estruturada, o pensador vê no Peru e em outros países andinos um processo pelo qual forças sociais particulares se denominam a si mesmas *nacionais* por excelência e, em nome dessa bandeira unificadora, lutam por atingir determinados fins econômicos e políticos.

Mariátegui teve a rara lucidez de opor-se às crenças de muitos intelectuais apristas, de resto bem-intencionados, que apostavam na missão revolucionária do nacionalismo burguês. A imagem de um Kuo Min Tang latino-americano capaz de derrotar o imperialismo sempre lhe pareceu incerta, e o exemplo chinês lhe daria razões de sobejo. Os ardores patrióticos da burguesia são efêmeros, e o seu destino já está selado pela tendência que arrasta os parceiros débeis a gravitar na órbita dos mais fortes.

Mas essas reflexões são, em Mariátegui, dialetizadas, não se esgotando no seu momento negativo. Ao recusar certas ilusões de setores políticos de esquerda, ele não pretendia apagar com palavras a relação histórica entre projetos de libertação popular e reações localizadas ao imperialismo europeu ou *yankee*; reações que dificilmente deixam de provocar nas ex-colônias sentimentos de defesa topicamente nacionalistas. O importante era ver claro no meio das paixões, e não abolir, sem mais, toda paixão.

Ao falar do indigenismo peruano, que crescia como corrente de cultura nessa fase de crise internacional, Mariátegui desatava mais um nó ideológico:

"Os indigenistas revolucionários, em lugar de um platônico amor ao passado incaico, manifestam uma ativa e concreta solidariedade com o índio de hoje. Este indigenismo não sonha com utópicas restaurações. Sente o passado como uma raiz, mas não como um programa. A sua concepção da história e de seus fenômenos é realista e moderna. Não ignora nem esquece nenhum dos fatos históricos que, nestes quatro séculos, modificaram, junto com a realidade do Peru, a realidade do mundo" (Mariátegui, 1925).

A distinção entre raiz e programa opera a dialética de passado e futuro. O projeto ultrapassa a herança e mostra que a gênese de uma situação social não implica a sua determinação desde e para todo o sempre.

O Peru não pode ser dado como um absoluto — daí a falácia de um *peruanismo* em si — na suposição de que a velha cultura incaica ou, em outro registro ideológico, a forte presença hispânica bastariam por si sós para fundar a realidade nacional. Como projeto coletivo, sim, teria sentido a expressão optativa *peruanicemos al Peru*, que supõe a formação de uma sociedade civil mais integrada e justa, onde o índio tenderia a desaparecer enquanto marca discriminante, para surgir, em lugar desta, a sua qualidade de cidadão livre convivendo em um regime de direito que lhe facultasse o acesso aos bens da *civilização*, que inclui evidentemente as riquezas da sua própria história:

"Por onde, solo concibiendo a la nación como una realidad estática se puede suponer un espíritu y una inspiración más nacionales en los repetidores y rapsodos de un arte viejo que en los creadores o inventores de un arte nuevo.

La nación vive en los precursores de su porvenir mucho más que en los supérstites de su pasado" (Mariátegui, 1925).

REFERÊNCIAS BIBLIOGRÁFICAS

ARGUEDAS, J. M. *Formación de una cultura nacional indoamericana*. México: Siglo Veintiuno, 1975.

MARIÁTEGUI, J.C. "Trotsky". *In*: *Variedade*, Lima, 19 de abril de 1924.

——. "El hombre y el mito". In: *Mundial*, Lima, 16 de janeiro de 1925.

——. "Nacionalismo y vanguardismo". In: *Mundial*, Lima, 27 de novembro de 1925.

——. "Mensage al II Congreso Obrero de Lima". In: *Amauta*, Lima, 5 de janeiro de 1927.

——. "Princípios de política agraria nacional". In: *Mundial*, Lima, 1º de julho de 1957.

——. "Defensa del marxismo". Polêmica Revolucionaria. In: *Amauta*, Lima, 1959.

——. "El problema de las razas en la América Latina". In: *Amauta*, Lima, nº 5, 1974.

Criação cultural, engajamento e dogmatismo: reflexões a partir de Graciliano Ramos

DÊNIS DE MORAES

Já se sabe que a vida é mais forte e mais pertinaz que os preceitos. A revolução é a vida e os preceitos buscam seu próprio túmulo.

Pablo Neruda[1]

As relações entre a intelectualidade e a política no Brasil têm se caracterizado por tensões entre três quadros cíclicos: a) a cooptação de segmentos da elite pensante pelas esferas de poder; b) as contestações de escritores e artistas às estruturas hegemônicas, com diferentes estratégias e táticas de ação; e c) as interferências ideológicas sobre a criação cultural, particularmente no âmbito da militância partidária. Em qualquer dos cenários, os intelectuais equilibram-se numa corda bamba entre os ideários estéticos, as convicções filosóficas e as dificuldades de sobrevivência em um país onde suas atividades prosperam em torno do meio acadêmico, da mídia e de órgãos e apoios governamentais.

Empenhados em revelar e interpretar sentidos críticos para a existência, os intelectuais procuram traduzir projetos individuais e utopias coletivas. Mas não escapam de percalços e turbulências. Ora vêem-se enredados pelos arranjos das classes dominantes para deter uma participação popular mais intensa nas mudanças sociais, ora enfrentam pressões para adequar seus propósitos a circunstâncias políticas. No curso dessas reviravoltas, o espaço de manobra oscila entre a proximidade com o aparelho do Estado, a insubmissão ao *status quo* e os dilemas para conciliar produção simbólica e ideologia.

A geração de talentos artísticos de que fez parte o escritor Graciliano Ramos vivenciou contradições típicas de uma sociedade civil desorganizada e frágil, em face da qual o Estado se agigantou como sujeito das iniciativas voltadas à conservação de hegemonias. A experiência de cooptação incluiu a atração pela burocracia do Estado Novo da fina flor da literatura e das artes.[2] Na lógica pragmática do Palácio do Catete, importava somar competências para legitimar e conduzir projetos de modernização cultural. A meta era cultivar mitos e tradições dentro da visão burguesa, transmitindo-os, pelo sistema escolar e pelos canais de difusão, às outras classes, a fim de garantir a supremacia ideológica. Nas palavras de Getúlio Vargas, empossado em 1943 na Academia Brasileira de Letras, era chegado o momento de os intelectuais se juntarem ao governo "numa campanha tenaz e vigorosa em prol do levantamento do nível mental e das reservas de patriotismo do povo brasileiro, colocando as suas aspirações e as suas necessidades no mesmo plano e na direção em que se processa o engrandecimento da nacionalidade".[3]

Escritores detestavam a ditadura Vargas e o fascismo, mas recebiam dos cofres públicos por serviços prestados ao Ministério da Educação, comandado habilmente por Gustavo Capanema, com o auxílio de seu chefe de gabinete, Carlos Drummond de Andrade. Capanema nomeou, como inspetores federais de ensino secundário, Graciliano Ramos, Manuel Bandeira, Marques Rebelo, Murilo Mendes, Henriqueta Lisboa e Abgar Renault. Designou Augusto Meyer e Sérgio Buarque de Hollanda, respectivamente, para o Instituto Nacional do Livro e a Biblioteca Nacional; Rodrigo Mello Franco de Andrade para o Serviço do Patrimônio Histórico e Artístico Nacional (concebido a partir de projeto encomendado a Mário de Andrade, que também contribuiu com o Instituto Nacional do Livro). Oscar Niemeyer e Lúcio Costa detalharam o projeto de Le Corbusier para o novo prédio do MEC no Rio de Janeiro, um clássico do modernismo arquitetônico. Cândido Portinari pintou, com beleza incomparável, os murais daquele edifício. Cecília Meirelles dirigiu a revista *Travel in Brazil*, editada pelo Departamento de Imprensa e Propaganda (DIP). Incumbido da propaganda do regime e da censura aos meios de comunicação e às artes, o DIP neutralizava a imprensa com pagamento de subsídios mensais às empresas jornalísticas, a título de publicidade.

Graciliano trazia azedume na língua ao falar da situação marginal dos escritores que ingressavam no serviço público: "Como a profissão literária ainda é uma remota possibilidade, os artistas em geral se livram da fome entrando no funcionalismo público."[4] De fato, com o mercado editorial restrito a capitais do Sudeste e do Sul, viver de direitos autorais era uma miragem. *Vidas secas* (1938) demorou nove anos para chegar à segunda edição e 14 à terceira.[5] Quando um livro vendia três tiragens consecutivas de mil ou dois mil exemplares, a imprensa o timbrava como best seller. Para cobrir as despesas familiares, Graciliano desdobrava-se: escrevia pela manhã, trabalhava à tarde como inspetor federal de ensino e à noite, de 1947 em diante, como redator do *Correio da Manhã*. A imprensa, com efeito, foi abrigo protetor para intelectuais, principalmente para aqueles que tinham no sangue, além da paixão por palavras e teclas, o cheiro de tinta inconfundível das redações. Os nove grandes jornais do Rio de Janeiro ofereciam empregos estáveis ou bicos a uma galáxia de escritores-jornalistas como Antonio Callado, Otto Lara Resende, Francisco de Assis Barbosa, Franklin de Oliveira, Moacir Werneck de Castro, Odylo Costa, filho, Prudente de Morais, neto, Mário Pedrosa, Otto Maria Carpeaux, Paulo Mendes Campos, Rubem Braga e Álvaro Lins.

O DIP pagava por cinco laudas cem mil-réis (cerca de R$ 300,00), enquanto nos principais jornais o salário de um bom redator não ultrapassava 800 mil-réis[6]. Não é difícil entender por que Graciliano, José Lins do Rego, Vinicius de Moraes, Érico Veríssimo, Mário de Andrade, Manuel Bandeira, Carlos Drummond de Andrade, Gilberto Freyre, Murilo Mendes, Tristão de Athayde, Cecília Meirelles, Adalgisa Nery e tantos outros escreviam para as publicações oficiais. Oportuno registrar que, na maioria dos casos, a natureza da colaboração não se confundiu com cumplicidade ideológica ou adesismo. Antonio Candido, com sabedoria, separa os intelectuais que "servem" dos que "se vendem", para que não surjam juízos apressados sobre situações distintas na órbita do poder.[7] Os intelectuais quase sempre integravam-se à máquina governamental na condição de "funcionários subalternos das superestruturas".[8] Não tinham poder de definir políticas públicas nem de formular premissas ideológicas. Recordemos José Lins do Rego, fiscal do imposto de consumo; João Cabral de Melo

Neto, João Guimarães Rosa, Vinicius de Moraes e Ribeiro Couto, diplomatas; Lúcio Cardoso e Clarice Lispector, redatores da Agência Nacional.

Graciliano jamais renunciou a uma literatura de forte teor crítico, a despeito de revisar textos e redigir crônicas sobre costumes nordestinos para a revista *Cultura Política*, do DIP, entre abril de 1941 e agosto de 1944. A necessidade financeira obrigava-o a aceitar estes encargos cumulativamente com os de inspetor de ensino. *Cultura Política* reunia intelectuais de diversas tendências, como Nelson Werneck Sodré, Marques Rebelo, Luís da Câmara Cascudo, Herberto Sales, Guerreiro Ramos, Peregrino Júnior, Prudente de Moraes, neto, Gilberto Freyre e Brito Broca. A sustentação doutrinária competia a nomes identificados com o Estado Novo, como Azevedo Amaral, Cassiano Ricardo, Almir de Andrade, Menotti del Picchia e Francisco Campos.

Basta consultar as crônicas de Graciliano no livro póstumo *Viventes das Alagoas* para constatar a ausência de uma frase sequer de loas ao autoritarismo ou a Vargas. Do mesmo modo, é possível verificar a ironia corrosiva com que aborda mazelas sociais que persistiam sem solução, apesar da retórica redentora que permeava o discurso oficial. Embora o exercício de um cargo técnico não o exima do paradoxo de ingressar num governo que o encarcerara dez meses e dez dias, sem culpa formada, cabe considerar que se tratava de uma função inexpressiva, com salário modesto. Ex-preso político e fichado na Polícia Política como "suspeito de exercer atividade subversiva", ele odiava o Estado Novo a ponto de cuspir no chão toda vez que alguém se referia à ditadura na roda literária da Livraria José Olympio. "É o nosso pequenino fascismo tupinambá", praguejava.

Escritores e artistas estiveram na linha de frente contra o nazi-fascismo. "Hitler é uma força da natureza que precisamos vencer; Mussolini, um palhaço que precisamos vaiar", proclamou Manuel Bandeira.[9] Murilo Mendes foi magnificamente petulante: em nome de Wolfgang Amadeus Mozart, seu compositor favorito, enviou telegrama a Hitler censurando-o pela tomada de Salzburgo, na Áustria. Em junho de 1942, cem intelectuais — entre os quais Graciliano, Moacir Werneck de Castro, Astrojildo Pereira, Rubem Braga, Hermes Lima e Samuel Wainer — assinaram manifesto descrevendo a guerra como "nada mais do que o choque histórico decisivo entre as forças progressistas que visam ampliar e consolidar as liberdades democráticas e as forças retrógradas, empenhadas em manter e alargar no mundo inteiro os regimes de escravidão". Nos estertores do governo Vargas, o Primeiro Congresso dos Escritores, realizado em janeiro de 1945 em São Paulo, bradou por liberdade de expressão, anistia, eleições diretas e desenvolvimento econômico.

Após a derrocada do Estado Novo, boa parte da intelectualidade mergulhou de corpo e alma na política — uns na UDN, outros no Partido Socialista Brasileiro, muitos no Partido Comunista Brasileiro, que enfim ganhava direito à legalidade. A idéia de que, com a vitória dos Aliados na Segunda Guerra, o futuro imediato poderia ser repensado em bases igualitárias identificou-se com as propostas socialistas. "O marxismo se apresentava como a doutrina dos que pretendiam modificar o mundo, dar as costas ao passado", lembra o economista Celso Furtado, um dos tantos jovens desejosos de superar o "mal incurável" do capitalismo.[10]

A tarefa do artista consistia em produzir obras e reflexões comprometidas com as causas populares, e que elevassem o nível cultural das massas. Dessas certezas partilhavam Graciliano Ramos e os escritores Jorge Amado, Aníbal Machado, Astrojildo Pereira, Álvaro Moreyra, Moacir Werneck de Castro, Caio Prado Júnior, Dyonélio Machado, Jacob Gorender e Dalcídio Jurandir; os artistas plásticos Cândido Portinari, Di Cavalcanti, Carlos Scliar, Djanira, José Pancetti, Quirino Campofiorito, Bruno Giorgi, Abelardo da Hora e Israel Pedrosa; os jornalistas Aparício Torelly, Aydano do Couto Ferraz, Pedro Motta Lima e Osvaldo Peralva; os dramaturgos Oduvaldo Vianna, Dias Gomes e Joracy Camargo; os maestros Francisco Mignone e Guerra Peixe; o pianista Arnaldo Estrela; os arquitetos Oscar Niemeyer e Vilanova Artigas; o crítico de cinema Alex Viany; os economistas Alberto Passos Guimarães e Ignacio Rangel; os atores Mário Lago e Eugênia Álvaro Moreyra, entre outros que aderiram ao PCB.

Mas o que aguardava por esses cérebros privilegiados não seria a relativa independência crítica que marcou a convivência ambígua com o Estado Novo. A partir de 1947, com o agravamento do conflito entre Estados Unidos e União Soviética, as bandeiras das superpotências demarcavam o campo de conflitos entre capitalismo e socialismo. A repercussão da Guerra Fria no plano interno não tardou. O PCB foi perseguido pelo governo Eurico Gaspar Dutra e pelas forças conservadoras, que criaram, com o apoio da imprensa, atmosfera favorável à suspensão do registro do partido em maio de 1947 e à cassação dos mandatos de seus parlamentares em janeiro de 1948, em seqüência ao rompimento diplomático com a União Soviética. Acossados pela repressão, os comunistas abandonaram a política de frente democrática, que estimulara 200 mil filiações ao PCB entre 1945 e 1947, e passaram a pregar a via insurrecional. O resultado foi desastroso, com o partido isolando-se na opinião pública e perdendo muitos adeptos.

Tornou-se problemático resguardar as peculiaridades artísticas do assédio dos ditames ideológicos. Como levar adiante a índole imaginativa sem se curvar às formas consentidas de expressão? Como evitar as demandas imperiosas de um sistema articulado de valores, significados e crenças? Na essência, o dilema da intelectualidade comunista era conseguir situar-se na zona de interseção entre o pensamento livre, as atitudes válidas de contestação e a divulgação extensiva de idéias.

Enquanto Washington e seus satélites se aferraram ao anticomunismo doentio — do qual o macarthismo no *front* cultural foi um dos emblemas mais repugnantes —, Moscou impôs aos PCs aliados o realismo socialista como paradigma estético. A "arte proletária e revolucionária" deveria concorrer para o triunfo do socialismo, enaltecendo os feitos do regime e cultuando a personalidade de Josef Stalin. A arte moderna, rotulada de "burguesa e degenerada", precisava ser combatida sem tréguas. O experimentalismo, o abstracionismo e o cosmopolitismo eram pecados capitais. Andrei Jdanov, mentor da política cultural de Stalin, alvejou figuras notáveis da cultura soviética, como o cineasta Sergei Eisenstein, os escritores Fiódor Dostoievski e Boris Pasternak e os compositores Sergei Prokofiev e Dimitri Shostakovitch. As diretrizes dogmáticas redundaram em obras panfletárias, de qualidade bastante discutível. Os objetos artísticos caíam na emboscada percebida por Theodor W. Adorno: o doutrinarismo visa arrancá-los de seus contextos originais e submetê-los a contingências absolutas.[11]

Graciliano Ramos representou uma exceção à regra no clima de adesões automáticas. Homem de partido (filiou-se ao PCB em 18 de agosto de 1945, a convite do secretário-geral, Luiz Carlos Prestes), ousou dissentir da chamada "linha justa". E o fez por rigorosa coerência: grande artista da palavra, não hesitou em defender sua integridade intelectual. Teve que se mover entre a fidelidade conceitual ao socialismo e a firme oposição às teses sectárias.

Em várias ocasiões Graciliano ressaltou as ligações dos intelectuais com as questões de sua época. "Não há arte fora da vida, não acredito em romance estratosférico. O escritor está dentro de tudo o que se passa, e se ele está assim, como poderia esquivar-se de influências?", declarou a Ernesto Luiz Maia (pseudônimo do jornalista Newton Rodrigues), numa entrevista publicada em maio de 1944 pela revista *Renovação*. Em carta à irmã Marili Ramos, de 23 de novembro de 1949, escreveu: "Só conseguimos deitar no papel os nossos sentimentos, a nossa vida. Arte é sangue, é carne. Além disso não há nada. As nossas personagens são pedaços de nós mesmos, só podemos expor o que somos."[12] A confluência entre elaboração estética e testemunho constituía, na verdade, um traço influente no imaginário de engajamento. Carlos Drummond de Andrade, em carta a João Cabral de Melo Neto, de 17 de abril de 1942, defendia uma "poesia integrada ao nosso tempo, que o exprima limpidamente e que ao mesmo tempo o supere". Duas linhas depois, completava: "O essencial mesmo é viver e acreditar na força formidável da vida, que é nosso alimento e nosso material de trabalho."[13]

Graciliano debruçava-se no cotidiano de escassez das classes subalternas em meio ao processo de consolidação capitalista em um país periférico. Para ele, as análises sobre o sistema social estariam afetadas se deixassem de apreciar fatores econômicos centrais para a hegemonia burguesa entre nós. Recriminava os romancistas que não se detinham nas imbricações entre a dimensão política e a infra-estrutura material. Mas não resvalava no discurso determinista do marxismo vulgar que reduz as criações culturais a simples reflexos da base econômica. O distanciamento da realidade traduzia, no entender de Graciliano, um tipo de literatura "que só se ocupa de coisas agradáveis, não se molha em dias de inverno e por isso ignora que há pessoas que não podem comprar capas de borracha, (...) acha que tudo está direito, que o Brasil é um mundo e que somos felizes". E prosseguia acusando de "insincera" a literatura "exercida por cidadãos gordos, banqueiros, acionistas, comerciantes, proprietários, indivíduos que não acham que os outros tenham motivo para estar descontentes".[14] Ao silenciar sobre conflitos decorrentes de uma lógica produtiva perversa, os escritores abriam mão de questionar a interferência das classes dominantes na fixação das pautas do poder. Isso me faz lembrar da objeção de Antonio Gramsci ao intelectual que se exime de sentir e explicar "as paixões elementares do povo", porque acredita, equivocadamente, que sua bagagem cultural o destaca do universo do povo-nação e o desobriga de estreitar laços com os desvalidos.[15]

Quando uma obra se enclausura em temas subjetivos, o ficcionista, segundo Graciliano, tende a compor "criações mais ou menos arbitrárias, complicações psicológicas, às vezes um lirismo atordoante, espécie de morfina, poesia adocicada, música de palavras".[16] No desengajamento intencional, transparece o desejo de ficar a distância medida dos sobressaltos e da violência social, ou seja, afastado dos choques de interesses na arena política.

Graciliano recolheu matéria-prima para seus livros nas entranhas de uma sociedade cada vez mais mercantilizada. Da infância atormentada em Pernambuco à maturidade no Rio de Janeiro, passando pelos dois profícuos anos como prefeito de Palmeira dos Índios, ele convivera de perto com os sofrimentos que provinham da opressão econômica. A história de vida extravasa e se mescla com a inspiração artística, relativizando as fronteiras entre experiência e escrita. "Nunca pude sair de mim mesmo. Só posso escrever o que sou. E se as personagens se comportam de modos diferentes, é porque não sou um só", confidenciou ao escritor Homero Senna.[17]

Vidas secas expõe, sem meias verdades, o entorno de brutalidades no sertão nordestino, numa perfeita simbiose de elementos diversos: o homem, a paisagem, a terra, os bichos, a fome, a humilhação, a seca e os destinos errantes. "O que me interessa é o homem, e homem daquela região aspérrima. (...) Procurei auscultar a alma do ser rude e quase primitivo que mora na zona mais recuada do sertão, observar a reação desse espírito bronco ante o mundo exterior, isto é, a hostilidade do meio físico e a injustiça humana. Por pouco que o selvagem pense — e os meus personagens são quase selvagens —, o que ele pensa merece anotação."[18] Nada há de fortuito no fato de o latifúndio, o coronelismo e os conflitos agrários terem sido retratados com fôlego interpelativo. Sua opção preferencial é denunciar as exclusões sem o travo dos preconceitos. Em carta a Cândido Portinari, de 15 de fevereiro de 1946, ele acentua o vínculo transcendente de ambos com o povo humilde dos grotões. "Você fixa na tela a nossa pobre gente da roça. Não há trabalho mais digno, penso eu. Dizem que somos pessimistas e exibimos deformações; contudo as deformações e a miséria existem fora da arte e são cultivadas pelos que nos censuram."

Em abril de 1937, três meses depois de sair da cadeia, Graciliano atacou os críticos passadistas ("criaturas empalhadas em bibliotecas") que menosprezavam autores preocupados com as temáticas sociais: "Os inimigos da vida torcem o nariz diante da narrativa crua, da expressão áspera. Querem que se fabrique nos romances um mundo diferente deste, uma confusa humanidade só de almas, cheias de sofrimentos atrapalhados que o leitor comum não entende. Põem essas almas longe da terra, soltas no espaço. Um espiritismo literário excelente como tapeação. (...) A miséria é incômoda. Não toquemos em monturos. (...) São delicados, são refinados, os seus nervos sensíveis em demasia não toleram a imagem da fome e o palavrão obsceno. Façamos frases doces. Ou arranjemos torturas interiores, sem causa. (...) E a literatura se purificará, tornar-se-á inofensiva e cor-de-rosa, não provocará o mau humor de ninguém, não perturbará a digestão dos que podem comer. Amém."[19]

Em confronto aberto com o conservadorismo, ele elogiou o ciclo regionalista de 1930, por recriar a aridez do Nordeste esquecido por elites gananciosas: "Os autores tiveram o cuidado de tornar a narrativa, não absolutamente verdadeira, mas verossímil. Ninguém se afasta do ambiente, ninguém confia demasiado na imaginação. (...) Esses escritores são políticos, são revolucionários, mas não deram a idéias nomes de pessoas: os seus personagens mexem-se, pensam como nós, sentem como nós, preparam as suas safras de açúcar, bebem cachaça, matam gente e vão para a cadeia, passam fome nos quartos sujos duma hospedaria."[20]

À revista *Renovação*, Graciliano enfatizou que "mesmo a literatura 'torre de marfim' é trabalho social, porque só o fato de procurar afastar os outros dos problemas é luta social". Mas pontuou que "os chamados romances sociais não atingiram as massas, apenas a pequena burguesia", argumentando que "a massa é muito nebulosa, é difícil interpretá-la e saber de que ela gosta". E acrescentou, categórico: "Se fôssemos conceituar romance social como romance dos problemas do povo, só haveria um romance social quando escrito pelo próprio operário, como já ficou dito. Um escritor pode escrever para a massa e o operário nem o ler. Eu já tentei isso quando escrevi *São Bernardo*, mas o povo não leu e continuo sem saber por quê. De qualquer modo, o romance social terá que ser sentido e é preciso que o personagem seja o próprio autor. Gênero popular é o folhetim, que a massa vai aceitando como entorpecente."

Graciliano não disfarçava o desprezo pela literatura apologética. Em 1935, escreveu ao crítico mineiro Oscar Mendes: "Acho que transformar a literatura em cartaz, em instrumento de propaganda política, é horrível. Li umas novelas russas e, francamente, não gostei. O que é certo é que não podemos, honestamente, apresentar cabras do eito, homens da bagaceira, discutindo reformas sociais. Em primeiro lugar, essa gente não se ocupa com semelhante assunto; depois os nossos escritores, burgueses, não poderiam penetrar a alma dos trabalhadores rurais." Não aceitava constrangimentos ao trabalho autoral, nem tolerava que escritores e artistas se reduzissem a meros porta-vozes de grupos de pressão.

Na entrevista a Ernesto Luiz Maia, Graciliano foi taxativo ao rejeitar concessões ao dirigismo ideológico: "Eu não admito literatura de elogio. Quando uma ala política domina inteiramente, a literatura não pode viver, pelo menos até que não haja mais necessidade de coagir, o que significa liberdade outra vez. O conformismo exclui a arte, que só pode vir da insatisfação. Felizmente para nós, porém, uma satisfação completa não virá nunca." A raiz da equação, portanto, era entrelaçar arte e ideologia, sem que uma subjugasse a outra.

Mesmo ao colaborar com projetos partidários, esse admirador de Tolstoi e Dostoievski, que recitava de cor poemas de Manuel Bandeira e Paul Verlaine, driblava os clichês estereotipados dos manuais de agitação e propaganda. Foi assim ao não se desvencilhar da convocação do PCB para candidatar-se, sem a mínima chance de vitória, a deputado federal por Alagoas. Iniciou a conclamação ao eleitorado com um desconcertante "Aos meus raros amigos de Alagoas..." Quase se desculpou por importunar os conterrâneos: "Entreguei-me de corpo e alma a um partido, o único, estou certo, capaz de livrar-nos da miséria em que vivemos, e este partido apresenta-se às urnas. Sou forçado a solicitar a vocês, para os nossos candidatos (ou outros: insisto em declarar-me isento de pretensões), os 24 votos que estão dispostos a conceder-me." Recebeu 62 votos.

A aversão de Graciliano ao panfletarismo ficou evidente numa conversa com o jornalista Heráclio Salles em fins dos anos 1940. "Esse troço não é literatura. A gente vai lendo aos trancos e barrancos as coisas que vêm de Moscou. De repente, o narrador diz: 'O camarada Stalin...' Isto no meio de um romance?! Tomei horror." Salles perguntou se algum livro inspirado no realismo socialista lhe agradara. Graciliano não titubeou: "Até o último que li, nenhum. Eu acho aquele negócio de tal ordem ruim que não aceitei ler mais nada." Não seria possível purificar o estilo? "Não tem sentido", respondeu. "A literatura é revolucionária em essência, e não pelo estilo do panfleto."[21]

Aos amigos que prestigiavam as feijoadas de domingo em sua casa, ele repetia a avaliação sobre Andrei Jdanov: "É um cavalo!" Paulo Mercadante, jovem discípulo que não perdia aqueles memoráveis encontros, registrou em seu diário: "Graça não aceita um dirigismo ideológico, pois o escritor não deve *a priori* definir um objetivo. Os pressupostos que Gorki realçava são os mesmos dos grandes romancistas, independentemente de convicções políticas. A verdade deve ser o instrumento, e ao arrepio da história e de um modo concreto de vê-la, tudo é artificial."[22]

O atrevimento de burlar os gabaritos acabou lhe valendo incompreensões e infortúnios. Os epígonos do stalinismo acusavam-no de ter estagnado no "realismo crítico" e reprovavam os "excessos de subjetivismos" em seus romances, em detrimento de "análises objetivas". As impugnações dentro do partido aborreciam-no. "Eu só sei fazer o que está nos meus livros", defendia-se, sem esconder a amargura. Segundo Mercadante, Graciliano respeitava a intervenção ideológica quando a produção literária trazia, como em Balzac, as circunstâncias socioeconômicas de seu tempo. Afora isso, não via razão para introduzir, no essencial dos personagens, arroubos revolucionários que artificializavam os sentimentos.[23]

O patrulhamento persistiu no tocante a *Memórias do cárcere*. Por que a antológica reconstituição do submundo dos cárceres getulistas incomodou tanto? Em primeiro lugar, porque Graciliano fez restrições ao levante comunista de novembro de 1935 que serviu de pretexto para a onda repressiva desencadeada por Vargas: "uma bagunça", "um erro político". O insucesso da rebelião era tabu dentro do PCB. Em segundo lugar, os perfis de dirigentes presos na Frei Caneca não se coadunavam com a mitologia revolucionária. Graciliano não escamoteou o militarismo autoritário de ex-tenentistas que aderiram ao PCB na esteira do levante. Mas a reação hostil dentro do partido foi sem dúvida desproporcional. Como bem aponta Alfredo Bosi, a despeito das estocadas, há uma ausência quase completa no livro de discussão ideológica. Graciliano não se coloca como intérprete das razões e dos desdobramentos da rebelião; limita-se, "como observador arredio e perplexo", a criticar o voluntarismo que cegou uma correta análise da correlação de forças naquele momento histórico. "O autor simplesmente não se propôs olhar e, menos ainda, avaliar os seus companheiros enquanto sujeitos de um drama político."[24]

Próceres partidários quiseram ler os originais de *Memórias do cárcere*, mas Graciliano os repeliu: "Se eu tiver que submeter meus livros à censura, prefiro deixar de escrever." A reação digna custou-lhe o dissabor de ser qualificado de "revisionista", ofensa grave no vocabulário stalinista.

O caso do livro *Viagem*, o último escrito por Graciliano e publicado postumamente em 1954, ilustra sua habilidade para desviar-se de precipícios. Ele não escondia o desejo de conhecer o país que liderava a construção de uma nova sociedade. Estávamos longe de 1956, quando o Relatório Kruschev denunciaria os crimes e as deformações da era Stalin. O fascínio de todo comunista pela União Soviética era reforçado pelo mito do "guia genial dos povos" e pela natural curiosidade pelo que lá se passava. Faltavam informações confiáveis, porque a imprensa ocidental se encarregava de enquadrar os países do Leste Europeu na ótica falsa e distorcida do anticomunismo.

Graciliano poderia formar um juízo sobre o bastião do socialismo, sem o capricho das idiossincrasias e dos fanatismos. A seu ver, as paixões e os ódios embaçavam as lentes dos viajantes. Ou endeusavam as conquistas, ou as inutilizavam, sem meio-termo. "Preciso ter a certeza de que o socialismo existe na União Soviética", comentou com sua mulher, Heloísa Ramos.

Ao regressar ao Brasil depois de 56 dias no exterior, Graciliano não afogou a razão crítica na glorificação do regime soviético. Apesar das impressões favoráveis sobre educação, saúde, cultura e assistência a crianças e idosos, seu relato em *Viagem* não freia desconfortos. A começar pela peregrinação ao túmulo de Lenin: "É uma procissão a que os moscovitas se habituaram, como se cumprissem um dever. Estranhamos não se haverem cansado de repetir há mais de vinte anos a marcha regular, monótona." Reprova o abundante policiamento nas ruas e a desconfiança para com os turistas; entedia-se com os sucessivos espetáculos das "duas artes infalíveis aqui: dança e teatro"; e por pouco não abandona o interminável desfile militar em comemoração ao Dia do Trabalhador, exasperado com os vôos rasantes de aviões. Embora se refira a Stalin como "o estadista que passou a vida a trabalhar para o povo, e nunca o enganou", faz reparos aos insistentes louvores à sua personalidade, dizendo que "a demonstração de solidariedade irrestrita não impressionava bem o exterior".[25]

Os guias tiveram que engolir aquele escritor comunista que, sem papas na língua, indagou se os proprietários das terras confiscadas para a coletivização haviam sido indenizados. Não satisfeito, quis saber por que não se achavam, nas bibliotecas da Geórgia, obras de Dostoievski. Uma gafe tremenda, pois Dostoievski era *persona non grata* pelo regime. "Não há Dostoievski aqui porque ele não é georgiano", justificou o presidente da União dos Escritores Georgianos. Graciliano replicou para uma platéia atônita: "Mas Tolstoi não é georgiano e no entanto está aí..."

Em síntese, Graciliano avaliou que a União Soviética progredira, porém a propaganda às vezes não correspondia aos fatos. Se sublinhava méritos nos programas sociais, não se furtava a apontar excessos autoritários na execução de metas governamentais. Nem por isso deixou de afirmar, numa entrevista ao *Imprensa Popular*, órgão do PCB, em 5 de março de 1953 (15 dias antes de morrer): "Tudo o que vi reforçou a minha confiança no socialismo, na causa da paz."

Tal como *Memórias do cárcere*, *Viagem* desagradou à cúpula partidária. Não duvido que o mal-estar tenha aflorado nas linhas iniciais, com esta magistral pintura do que o aguardava do outro lado do planeta: "Embrenhei-me numa aventura singular: fui a Moscou e a outros lugares medonhos situados além da cortina de ferro exposta com vigor pela civilização cristã e ocidental." Deve ter provocado irritação ao alertar, no prólogo, que não cantaria loas ao governo soviético: "Pretendo ser objetivo, não derramar-me em elogios, não insinuar que, em trinta e cinco anos, a revolução de outubro haja criado um paraíso com as melhores navalhas de barba, as melhores fechaduras e o melhor mata-borrão."[26]

Dois dirigentes do PCB foram à casa do romancista inteirar-se do conteúdo do livro, provavelmente para vetá-lo. Entravam outra vez em ação os "comissários da alma", definidos por Karel Kosik como militantes que deturpam sua intenção de reformar o mundo vigiando os sujeitos criadores, a fim de atrelá-los a mandamentos intocáveis.[27] Com duas frases evasivas, Graciliano cortou o diálogo: "Tudo está em manuscrito. Ainda tenho que mexer muito." Pena que os comissários não estivessem no *Correio da Manhã* para vê-lo, orgulhosamente, presentear os mais chegados com canetas fabricadas pela nova indústria russa.

Graciliano preferiu caminhar no fio da navalha a diluir o ímpeto inventivo no utilitarismo político. Não abandonou o ideário socialista nem discrepou publicamente do PCB.[28] A lealdade à causa socialista, entretanto, fugia à bitola da subserviência, como assinala Moacir Werneck de Castro: "Graciliano Ramos estava longe de ser um 'bom comunista', segundo os manuais. Não se enquadrava na rigidez dos estatutos. Sentia-se desconfortável numa engrenagem partidária a cujos cânones de literatura e estética tinha horror. Mas ai do reacionário que viesse tentar confundir as suas restrições e 'desvios' com a infidelidade ao socialismo, com qualquer tipo de conformismo e aceitação da cruel injustiça vigente, ainda hoje, na sociedade brasileira. Responderia com palavrões a quem buscasse atraí-lo para o regaço ideológico dos opressores."[29]

Seu exemplo encontra paralelo em dois Pablos geniais. Picasso, membro do Partido Comunista Francês desde outubro de 1944, manteve sua obra impermeável às palavras de ordem. Neruda, eleito senador pelo Partido Comunista do Chile em 1945, reputava o dogmatismo soviético nas artes como "defeito grave" a ser combatido.[30]

O fundamento ético de Graciliano reivindicava uma efetiva transformação social, sem em nenhum instante negociar a substância estética da revelação da realidade. Acabou sendo profética a frase de Vinicius de Moraes, em agosto de 1945, ao saudar a adesão do autor de *Infância* ao PCB como "o rompimento do tabu" de que produção literária e luta partidária são inconciliáveis: "Não seria um velho caturra como Graciliano que iria abdicar da sua liberdade de criação, jamais!"[31] Essa rebeldia permitia-lhe reconhecer o que Mário de Andrade denominava de "a verdade da miséria do mundo". Diferentemente do romancista de *São Bernardo*, Mário teve dúvidas permanentes quanto à militância organizada, embora se declarasse simpatizante do socialismo. Temia não ajustar-se ao figurino partidário. Em consonância com Graciliano, Mário buscou compatibilizar inconformismo e desconfiança, acreditando que "o intelectual verdadeiro sempre há de ser um homem revoltado e um revolucionário pessimista, cético e cínico: fora da lei".[32] Os dois escritores convergiam na insubordinação aos valores burgueses e às fórmulas fáceis para transmitir repulsa à dominação. Ambos descartavam o esteticismo desprovido de significação humana, com a sensibilidade adicional para entender que, numa obra literária digna deste nome, forma e conteúdo evidenciam as tomadas de posição artísticas e ideológicas do autor — posições definidas pelas distinções que as unem e as separam no espaço da criação.[33]

Em 1951, a pedido do partido, Graciliano assumiu a presidência da Associação Brasileira dos Escritores. A entidade se esvaziara após a crise para a eleição de sua diretoria em 1949, quando comunistas e liberais disputaram a liderança a tapas e impropérios. Com os antagonismos ideológicos, o convívio intelectual perdera o ecumenismo de outrora, visível nas tertúlias no casarão de Aníbal Machado, em Ipanema, ou nos almoços na *open house* de Álvaro e Eugênia Moreyra, em Copacabana. Os ataques grosseiros atingiram inclusive antigos companheiros de viagem dos comunistas. Carlos Drummond de Andrade (membro do comitê diretor de *Tribuna Popular*, em 1945) e Sérgio Buarque de Hollanda constaram da lista de 20 "intelectuais que traíram o povo" divulgada pela revista *Para Todos*, mantida pelo PCB, em abril de 1950.[34]

Ao tomar posse na ABDE, Graciliano apelou à concórdia entre os pares. Era um dos poucos intelectuais aptos a fazê-lo, pois não se envolvera nas cisões. Continuava fumando cigarros Selma sentado no banco de carnaúba que ocupava na confraria da José Olympio.[35] No IV Congresso da ABDE, realizado em Porto Alegre em setembro de 1951, Graciliano exortou os escritores a se associarem às aspirações populares e a pugnarem pela democratização cultural e pela coexistência pacífica entre os povos. No discurso de encerramento, fiel a seu estilo entre o irônico e o cáustico, incentivou o combate ao imperialismo e à guerra, bem como a mobilização pela soberania nacional. "Atacam-nos por sermos políticos. Bela novidade. Claro que somos políticos. (...) Não admitimos que um estrangeiro chegue aqui e nos diga, com o dedo ameaçador, como ouvi, há pouco tempo, num banquete: 'Façam isto, façam aquilo.' Não. Faremos o que acharmos razoável fazer. Seremos inimigos desse homem que nos vem dar ordens, em língua estranha? De nenhum modo. Apenas desejamos que ele não nos dê ordens. Já não somos crianças. Queremos viver em paz com todas as criaturas (...)."[36]

Graciliano não esmoreceu na tentativa de harmonizar a mensagem tecnicamente perfeita com o fogo da paixão social que o empolgava desde a mocidade. Orientava-o um pensamento regulado por razão, técnica e emoção, em proporções simétricas. Se percebia intenção de rebaixar o padrão literário em prol da eloqüência tendenciosa, disparava torpedos. Como nesta fala de Luís da Silva, protagonista de *Angústia*: "'Proletários, uni-vos.' Isto era escrito sem vírgula e sem traço, a piche. Que importavam a vírgula e o traço? (...) Aquela maneira de escrever comendo os sinais indignou-me. Não dispenso as vírgulas e os traços. Quereriam fazer uma revolução sem vírgulas e sem traços? Numa revolução de tal ordem não haveria lugar para mim."[37]

Por mais alinhados que sejam aos oprimidos, escritores e artistas não podem sufocar suas inquietações, nem se conformar que o partidarismo lhes indique as ferramentas do ofício.[38] A rarefação da autonomia intelectual em nome do engajamento implica aprisionar-se nas paredes frias e ocas do dogmatismo, cujo efeito colateral é o anestesiamento do vigor crítico. Os postulados dogmáticos insistem em operar com pontos de vista que, em certa época, constituíram a base espiritual para a existência, mas que, em outro contexto, ofuscam a percepção dos movimentos de renovação do ambiente sociopolítico.[39] A criação cultural passa a ser condicionada por significações uniformes e monolíticas, que desprezam as complexidades imanentes à consciência do ser em seu desejo de antever o futuro como práxis libertadora.

O intelectual que se rende aos dividendos políticos abre mão da prerrogativa de contribuir para o esclarecimento dos enigmas da cotidianidade. É o que sucede quando se encampam teoremas que subestimam as variações dos processos históricos, sempre atravessados por linhas de continuidade e descontinuidade que põem em xeque o sonho intangível de uma vida linear.

Georg Lukács sustenta que a arte como forma de conhecimento não pode ser reduzida a um cálculo político efêmero. No ensaio "Arte livre ou arte dirigida" (1947), o filósofo húngaro diz que o estilo de um autor não é modulado por decisões impostas de fora, e sim pela evolução do próprio artista e de seu modo de pensar. Como o mundo está em constante ebulição, as perspectivas também se modificam, interferindo na forma e no conteúdo das obras. Contudo, essas transformações devem ser voluntárias, fundadas em convicções profundas, e não guiadas por princípios burocráticos que sufocam "as possibilidades do futuro ainda em germe".[40]

A dialética precisa prevalecer na elaboração intelectual. Este é o desafio. O que exige afugentar a ameaça de subtração das idéias em nome do jogo das conveniências, como também sedimentar a liberdade que assegura a explicitação do novo. Lucien Goldmann argumenta que o grande valor da dialética "é não julgar moralmente e não dizer apenas: queremos a democracia, é necessário introduzi-la; queremos a revolução, é necessário fazê-la — mas perguntar-se quais as forças reais de transformação, qual a maneira de achar na realidade, no objeto, na sociedade, o sujeito da transformação, para tentar falar na sua perspectiva e assegurar, sabendo perfeitamente quais são os riscos do malogro, o caminho para..."[41]

A resistência à racionalidade dominadora nada tem a ver com apatia ou deserção frente ao poder da hora. "O escritor 'engajado' sabe que a palavra é ação: sabe que desvendar é mudar e que não se pode desvendar senão tencionando mudar", salienta Jean-Paul Sartre, para quem a função do intelectual é despertar consciências, impedindo que os homens se alienem ou se resignem diante dos apelos e interrogações à sua volta.[42]

Penso que o equilíbrio alcançado por Graciliano se deve ao compromisso superior com os valores humanistas. Ele coloca-se do ponto de vista dos grupos sociais marginalizados; grupos que sinalizavam o anseio latente de romper o cerco das desigualdades. Em seu horizonte ficcional, projetam-se vozes que clamam pelo alargamento do nível de consciência da totalidade concreta da sociedade, em particular dos setores subalternos sobre os quais recaem as conseqüências deletérias do capitalismo. Carlos Nelson Coutinho observa que as visões de Graciliano se baseiam em uma temporalidade social e histórica determinada, com suas possibilidades objetivas e seus campos de tensão.[43] Ao mesmo tempo que descarta teses e concepções apriorísticas, o romancista funda a coerência interna da obra ao avaliar os reflexos do real sobre as relações sociais, correlacionando o universal e o particular, os dramas sociais e as dores íntimas, a preocupação ética e a grandeza moral.

Ao solidarizar-se com as vidas degradadas por discriminações e pelas estruturas espoliadoras do trabalho, Graciliano está nos propondo que o resgate da dignidade depende da nossa capacidade de intervir na cena pública da política com norte reformador. Para isso, concebe uma arte irredutível à retórica, a salvo de ilusões ingênuas, mas comprometida organicamente com as batalhas culturais pela emancipação. Assim, prova que o seu lendário ceticismo diante dos acontecimentos imediatos jamais o impediu de vislumbrar a superação dialética das realidades adversas, com esperança ativa na construção de um outro mundo.

Graciliano Ramos encarnou o intelectual crítico que recusa o consenso das elites triunfantes, opõe-se às ortodoxias e zela para que o discurso da utopia concreta não degenere em crença messiânica. "O artista deve procurar dizer a verdade. Não a grande verdade, naturalmente. Pequenas verdades, essas que são nossas conhecidas", esclarecia ele. Em seus romances, contos, crônicas e memórias, afrontou as injustiças sem recorrer ao ouro falso dos slogans e das fórmulas propagandísticas. Precisou apenas de folhas de papel e frases enxutas para lançar um facho de luz sobre os contornos precários de um mundo alienado. "A arma do escritor é o lápis", ensinava.

NOTAS

1. Pablo Neruda. *Confesso que vivi.* Trad. de Olga Savary. 5ª ed. Rio de Janeiro: Difel, 1977, p. 198-199.
2. Sobre as relações entre intelectuais e Estado Novo, consultar Lúcia Lippi de Oliveira, Mônica Pimenta Velloso e Angela de Castro Gomes. *Estado Novo: ideologia e poder.* Rio de Janeiro: Zahar, 1982; Sergio Miceli. *Intelectuais à brasileira.* São Paulo: Companhia das Letras, 2001, capítulos 2 e 3; Elide Rugai Bastos, Marcelo Ridenti e Denis Rolland (orgs.). *Intelectuais: sociedade e política.* São Paulo: Cortez, 2003, parte II.
3. Getúlio Vargas, citado em *Cultura Política,* nº 18, p. 104.
4. Michael Löwy observa que a condição marginal e os sinais visíveis de proletarização do trabalhador intelectual, com a conseqüente dependência e subordinação a empregos e ocupações sem correspondência com o ânimo interior, contribuem para a sua radicalização político-ideológica anticapitalista, vinculando-o ao movimento operário e às causas populares. Ver Michael Löwy. *A evolução política de Lukács: 1909-1919.* Trad. de Heloísa Helena A. Mello, Agostinho Ferreira Martins e Gildo Marçal Brandão. 2ª ed. São Paulo: Cortez, 1998, p. 268-270.
5. Com o crescimento do mercado editorial no bojo da expansão da indústria cultural e a adoção de seus livros nos ensinos médio e superior, em concursos e vestibulares, Graciliano Ramos tornou-se *best-seller* a partir dos anos 60. Em 2004, *Vidas secas* chegou à 90ª edição, *São Bernardo* aproximou-se da 80ª e *Memórias do cárcere,* da 40ª.
6. Ver depoimento de Licurgo Ramos Costa, ex-chefe da Divisão de Imprensa do DIP, em Dênis de Moraes. "A imprensa por baixo do pano", *Valor Econômico,* nº 120, 14 de novembro de 2002, p. 16-18.
7. Antonio Candido. "Prefácio", em Sergio Miceli, ob. cit., p. 74.
8. Ao referir-se aos intelectuais como "funcionários subalternos das superestruturas", Jean-Paul Sartre reconhece inspiração na categoria de "funcionários das superestruturas" proposta por Antonio Gramsci em sua teoria dos intelectuais. Ver Jean-Paul Sartre. *Em defesa dos intelectuais.* Trad. de Sérgio Goes de Paula. São Paulo: Ática, 1994, p. 52; Antonio Gramsci. *Cadernos do cárcere* (volume 2). Edição e tradução de Carlos Nelson Coutinho e co-edição de Marco Aurélio Nogueira e Luiz Sérgio Henriques. Rio de Janeiro: Civilização Brasileira, 2000, p. 11-53.
9. Manuel Bandeira. "O intelectual e o momento", *A Gazeta,* 16 de maio de 1942.
10. Celso Furtado. *Obra autobiográfica* (tomo I). Rio de Janeiro: Paz e Terra, 1997, p. 103 e 115.

11. Theodor W. Adorno, citado por Terry Eagleton. *A ideologia da estética*. Trad. de Mauro Sá Rego Costa. Rio de Janeiro: Jorge Zahar, 1993, p. 256.
12. Graciliano Ramos. *Cartas*. 3ª ed. Rio de Janeiro: Record, 1982, p. 212.
13. A carta de Carlos Drummond de Andrade a João Cabral de Melo Neto está incluída em Flora Süssekind (org.). *Correspondência de Cabral com Bandeira e Drummond*. Rio de Janeiro: Nova Fronteira/Edições Casa de Rui Barbosa, 2001, p. 175.
14. Graciliano Ramos. *Linhas tortas*. 1ª ed. São Paulo: Martins, 1962, p. 94; 19ª ed. Rio de Janeiro: Record, 2002.
15. Antonio Gramsci. *Cadernos do cárcere* (volume 1), ob. cit., 1999, p. 221.
16. Graciliano Ramos, "O fator econômico no romance brasileiro", em José Carlos Garbuglio, Alfredo Bosi e Valentim Facioli (orgs.). *Graciliano Ramos*. São Paulo: Ática, 1987 (Coleção Escritores Brasileiros), p. 124-125.
17. Graciliano Ramos, citado por Homero Senna. *República das letras: entrevistas com 20 grandes escritores brasileiros*. 3ª ed. Rio de Janeiro: Civilização Brasileira, 1996, p. 207.
18. Carta de Graciliano Ramos a João Condé, julho de 1944.
19. Graciliano Ramos. *Linhas tortas*, ob. cit., p. 139.
20. Graciliano Ramos. "O romance do Nordeste", *Diário de Pernambuco*, 10 de março de 1935.
21. Heráclio Salles, citado por Dênis de Moraes. *O velho Graça: uma biografia de Graciliano Ramos*. Rio de Janeiro: José Olympio, 1ª ed., 1992; 4ª ed., 2003, p. 263-264.
22. A cópia do diário me foi cedida por Paulo Mercadante, autor do importante *Graciliano Ramos: o manifesto do trágico*. Rio de Janeiro: Topbooks, 1994.
23. Paulo Mercadante, citado em Dênis de Moraes. "Memórias do apartamento de Graciliano Ramos". *Valor Econômico*, nº 133, 14 de março de 2003, p. 16-18.
24. Alfredo Bosi. *Literatura e resistência*. São Paulo: Companhia das Letras, 2002, p. 222.
25. Graciliano Ramos. *Viagem*. 3ª ed. São Paulo: Martins, 1954; 14ª ed. Rio de Janeiro: Record, 1984.
26. Ibidem, p. 11, 14 e 15.
27. Karel Kosik. "A dialética da moral e a moral da dialética", em *Moral e sociedade*. Trad. de Nice Rissone. Rio de Janeiro: Paz e Terra, 1969, p. 111.
28. É importante ressaltar que, após a denúncia dos crimes de Stalin no XX Congresso do PCUS, o PCB rompeu com a política sectária em vigor desde 1948 e alterou sua linha programática. Na Declaração de Março de 1958, o partido propugnava por um governo nacionalista e democrático. O caminho pacífico para a revolução antiimperialista e antifeudal seria alcançado por uma frente única

que englobasse o proletariado, o campesinato, a pequena burguesia e "os setores da burguesia ligados aos interesses nacionais". No plano intelectual, iniciou-se uma tentativa de renovação do pensamento marxista. Um debate sobre as deformações da era Stalin ocupou as páginas da imprensa partidária. Infelizmente, Graciliano não estava mais vivo para avaliar as críticas à imposição irracional da arte panfletária. Astrojildo Pereira foi um dos que condenaram o mandonismo ideológico na produção cultural: "Não pode haver o que chamam de 'diretivas políticas', ou seja, um código, uma regra, uma norma, para escrever romances, pintar quadros, esculpir estátuas, compor sinfonias. Diretivas deste tipo só podem produzir frutos secos, obras frustradas. Devemos compreender, por outro lado, que uma coisa é o método do realismo socialista, quando aplicado acertadamente, sem interferir na liberdade de criação, e outra, muito diferente, é a sua aplicação mecânica, esquemática, portanto errada." Ver Astrojildo Pereira. *Crítica impura.* Rio de Janeiro: Civilização Brasileira, 1963, p. 73 e 267.

29. Moacir Werneck de Castro. *A máscara do tempo: visões da era global.* Rio de Janeiro: Civilização Brasileira, 1996, p. 50.
30. Pablo Neruda, ob. cit., p. 198.
31. Vinicius de Moraes. "Um abraço a Graciliano", *Diretrizes*, 20 de agosto de 1945.
32. Mário de Andrade. *Táxi e crônicas no Diário Nacional.* Org. de Telê Porto Ancona Lopez. São Paulo: Duas Cidades, 1976, p. 516.
33. Ver Pierre Bourdieu. *As regras da arte: gênese e estrutura do campo literário.* Trad. de Maria Lúcia Machado. São Paulo: Companhia das Letras, 1996, p. 107-108.
34. Consultar Dênis de Moraes. *O imaginário vigiado: a imprensa comunista e o realismo socialista no Brasil (1947-1953).* Rio de Janeiro: José Olympio, 1994.
35. Por ocasião dos seus 60 anos, em 27 de outubro de 1952, Graciliano foi homenageado por mais de cem escritores e artistas em sessão na Câmara Municipal do Rio de Janeiro, à qual, muito doente, não pôde comparecer. Lá estiveram, entre outros, Vinicius de Moraes, Augusto Frederico Schmidt, José Lins do Rego, Álvaro Moreyra, Menotti Del Picchia, Afonso Arinos de Mello Franco, Cândido Portinari, Gustavo Capanema, Manuel Bandeira, Otto Maria Carpeaux, Jorge de Lima e Astrojildo Pereira. Uma verdadeira proeza de aglutinação da intelectualidade em plena Guerra Fria. Ver Dênis de Moraes. *O velho Graça*, ob. cit., p. 300-301.
36. Graciliano Ramos. "Convocação do IV Congresso da ABDE", em José Carlos Garbuglio, Alfredo Bosi e Valentim Facioli (orgs.), ob. cit., p. 85.
37. Graciliano Ramos. *Angústia.* 9ª ed. São Paulo: Martins, 1964, p. 151-152; 56ª ed. Rio de Janeiro, Record, 2003.
38. Consultar Norberto Bobbio. *Os intelectuais e o poder: dúvidas e opções dos homens de cultura na sociedade contempoânea* Trad. de Marco Aurélio Nogueira. São Paulo: Unesp, 1997, p. 78-79.

39. Ver Lucien Goldmann. *Crítica e dogmatismo na cultura moderna*. Trad. de Reginaldo Di Piero e Célia Di Piero. Rio de Janeiro: Paz e Terra, 1973, p. 33.
40. Georg Lukács. *Marxismo e teoria da literatura*. Seleção e tradução de Carlos Nelson Coutinho. 2ª ed. Rio de Janeiro: Civilização Brasileira, 1968, p. 274-275.
41. Lucien Goldmann. *A criação cultural na sociedade moderna*. Trad. de Rolando Roque da Silva. São Paulo: Difel, 1972, p. 117.
42. Jean-Paul Sartre. *Que é a literatura?* Trad. de Carlos Felipe Moisés. 2ª ed. São Paulo: Ática, 1993, p. 20-21.
43. Carlos Nelson Coutinho. *Cultura e sociedade no Brasil: ensaios sobre idéias e formas*. 2ª ed. Rio de Janeiro: DP&A, 2000, p. 159 e 216.

Filosofia e engajamento: em torno das cartas da ruptura entre Merleau-Ponty e Sartre*

MARILENA CHAUI

> "Reprovo-te, bem mais severamente, por abdicares, nas circunstâncias em que é preciso decidir como homem, como francês, como cidadão e como intelectual, usando tua 'filosofia' como álibi." (Primeira carta de Sartre)

> "Fiquei sabendo, lendo a revista [*Les Temps Modernes*], de tua posição atual sobre o PC [Partido Comunista Francês]. Isto valeu-me o ridículo [...] de te defender vivamente para saber, tardiamente, numa conversa, que tivemos apenas porque te pedi... que já não consideras válidas as obras que publicaste [...]. Eu não precisaria afastar a filosofia do mundo para permanecer filósofo — e nunca o fiz." (Resposta de Merleau-Ponty)

O episódio e sua circunstância

Três cartas assinalaram a ruptura entre Merleau-Ponty e Sartre, embora, como indica sua leitura, essa ruptura já viesse a caminho antes que a roca epistolar acontecesse. Essas cartas inserem-se entre os onze anos que vão da Liberação (1945) à invasão da Hungria pela URSS (1956).

Do ponto de vista das atividades e relações de ambos, esse período pode ser escandido em três tempos: o primeiro é imediatamente posterior à ati-

---

*Publicado originalmente em Marilena Chaui. *A experiência do pensamento: ensaios sobre a obra de Merleau-Ponty*, São Paulo: Martins Fontes, 2002.

vidade política de Resistência no grupo criado por eles durante a guerra ("Socialismo e Liberdade"), à publicação de suas primeiras obras, sob o impacto da descoberta da fenomenologia de Husserl e da filosofia da existência de Heidegger, e à fundação da revista *Les Temps Modernes* (Sartre como diretor e Merleau como diretor político e editorialista);[1] o segundo tempo é o do desentendimento e da ruptura, correspondendo, na obra de Merleau-Ponty aos textos sobre a transformação do marxismo em superstição pela ideologia dos partidos comunistas e sobre os campos de concentração na Rússia, bem como a aula inaugural no Collège de France (que seria publicada com o título *Elogio da filosofia*), e, na de Sartre, à publicação da série de artigos de *Os comunistas e a paz*.[2] O terceiro tempo, após a ruptura, corresponde ao restante da obra merleaupontyana (Merleau-Ponty morre em 1961) e, na sartriana (sem mencionarmos a imensa produção literária, teatral e política), aos ensaios preparatórios à publicação da *Crítica da razão dialética* (anunciada nas cartas com a menção de um livro sobre história, moral e política).[3]

Politicamente, as cartas situam-se durante a época turbulenta da Quarta República francesa, entre novembro de 1945 (primeiro governo de De Gaulle, após a Liberação) e maio de 1958 (novo governo de De Gaulle, após a insurreição da Argélia). Marcada pelas lutas anticoloniais (Tunísia, Argélia, Indochina), a época vê o desmantelamento da Action Française, arregimentação católica fascista, e o crescimento da democracia cristã; e a numerosa presença da esquerda no parlamento, nos ministérios e nas prefeituras municipais, esquerda que passa da aliança com De Gaulle (vinda da Resistência) à oposição ao gaullismo. Este é responsável pelo fim da velha direita e pelo surgimento da moderna, com o conservadorismo liberal, a tecnocracia e o novo patronato. À direita, De Gaulle procura, contra ultraconservadores e comunistas, uma "terceira força", formada com liberais e cristãos; à esquerda, busca-se uma "terceira via", opondo-se ao comunismo, aos católicos de todos os matizes e ao americanismo.

No plano internacional, além das crises coloniais francesas, é o momento da discussão e implantação do Plano Marshall e do Pacto Atlântico, da guerra da Coréia, do macarthismo, da morte de Stalin e subida de Kruschev, com a primeira denúncia pública soviética do stalinismo. Entre 1950 e 1953 (ano das três cartas), teme-se uma terceira guerra mundial, prevalecendo na esquerda não-comunista uma atitude conhecida como *attentisme* ("espera") — aguardar a retomada do movimento operário revolucionário internacional, o recuo da ameaça de nova guerra, a reabertura de negociações com Ho Chi Min e, sobretudo, a espera de uma mudança na política internacional, reduzida, no momento, a táticas diplomáticas e militares.

Do ponto de vista cultural, é o momento do existencialismo ("a existência precede a essência", escreverá Sartre), com as idéias de subjetividade, situação, projeto, transcendência mundana e liberdade, e do marxismo, na versão dos intelectuais do Partido Comunista Francês. Saindo da paralisia imposta pela guerra, começa a retomada literária (com o romance existencialista de Sartre e Camus e o "nouveau roman"), teatral (com a presença do Théatre National Populaire — TNP, o crescimento do festival de Avignon e da animação cultural de rua, em Paris e no interior) e cinematográfica (começa a era do "cinema de arte e de ensaio", preparando a "Nouvelle Vague", dos cineclubes, dos festivais de Cannes e da revista *Les Cahiers du Cinéma*). Do ponto de vista dos costumes, começa a era da geração "beatnik", cujo lema é a fórmula do existencialismo ateu, "Deus está morto".

Proliferam revistas, jornais, livros, debates, conferências, manifestos políticos, formação de grupos de ação, em suma, um conjunto de atividades ligadas à figura emergente do intelectual engajado que, à maneira de Voltaire e Zola, participa da vida pública escrevendo, defendendo causas, opinando sobre os acontecimentos, abandonando a torre de marfim da academia e do gabinete. Essa figura está no centro da discussão das cartas de Sartre e Merleau-Ponty, cada um deles possuindo uma concepção diversa do engajamento.

Mencionados brevemente nas cartas, vários episódios prepararam a ruptura dos antigos amigos: a exigência de Camus, aceita por Sartre, de que Merleau-Ponty não compusesse a mesa da assembléia fundadora da Reunião Democrática Revolucionária (RDR), movimento antiamericanista e anticomunista; a conferência de Merleau-Ponty sobre as relações entre filosofia e política; a publicação, em *Temps Modernes*, do primeiro artigo de Sartre da série *Os comunistas e a paz*, com réplica de Lefort e tréplica de Sartre; a duríssima conversa entre Merleau-Ponty e Sartre, quando o primeiro anuncia que publicará sua conferência sobre as relações entre filosofia e política e exporá suas divergências com Sartre e a censura que este impõe à publicação de tal artigo (que iria transformar-se no capítulo "Sartre e o ultrabolchevismo", de *As aventuras da dialética*, de Merleau-Ponty). O núcleo da desavença é a súbita e inexplicável mudança da posição sartriana, passando do anticomunismo à defesa incondicional dos comunistas, desavença que já se anunciava quando, nos anos precedentes, Merleau-Ponty, diferentemente de Sartre, recusou-se a assinar inúmeros manifestos comunistas e anticomunistas porque, segundo ele, tendiam, na realidade, a reforçar a corrida armamentista da URSS, sob a aparência de pacifismo (do lado anticomunista) e de defesa da revolução proletária (do lado comunista).

Quando e por que Sartre muda de posição?

A 28 de abril de 1953, o PCF convoca os operários franceses para uma manifestação contra a guerra da Coréia, no momento da visita do general Ridgway a Paris; para 4 de maio, convoca uma greve geral de repúdio à prisão do secretário geral do partido, Jacques Duclos, ocorrida durante a manifestação de abril. Nas duas ocasiões, os operários não respondem em massa à convocação.

De Roma, informado dos acontecimentos, Sartre escreve o primeiro artigo de *Os comunistas e a paz*, contra a prisão de Duclos, o anticomunismo e a fraca resposta operária ao chamamento do PCF. Face ao anticomunismo, declara que, quando atacado, um partido comunista deve ser incondicionalmente defendido por todas as esquerdas. Face à fraca resposta do operariado francês ao PCF, Sartre parte da afirmação de Marx, no Manifesto Comunista, da necessidade do proletariado organizar-se num partido revolucionário e conclui que, sendo o Partido Comunista tal partido, sem ele os operários não existirão como classe, mas apenas como massa passiva e alienada. Identifica, assim, a história do proletariado e a ação dos partidos comunistas ou, como dirá Lefort ao criticar esse artigo, Sartre esquece a longa e difícil história dos movimentos operários em favor da auto-imagem revolucionária de uma burocracia partidária que se coloca como representante exclusiva da classe.

Merleau-Ponty reage e pretende recusar a posição de Sartre publicando sob forma de artigo sua própria conferência sobre a relação entre filosofia e política, reforçando idéias que nela desenvolvera: a crise atual da idéia de revolução, a degenerescência do liberalismo e a possibilidade de uma nova relação entre filosofia e política.

Por que há uma crise da idéia de revolução? indaga Merleau-Ponty. E responde: porque se substituiu a idéia de Marx do desenvolvimento da consciência de classe pela idéia bolchevique de "interesses do partido". Merleau-Ponty enfatiza a diferença entre Marx e os PCs: enquanto o primeiro exigia uma práxis tecida nas mediações entre a subjetividade proletária e a objetividade das condições materiais históricas, os segundos praticam, a partir do bolchevismo, uma ação identificadora entre ambas, sem mediações. Essa concepção desemboca, afinal, na célebre distinção stalinista entre o "subjetivo" (a intenção pessoal isolada) e o "objetivo" (a ação segundo os interesses do partido), conduzindo à idéia totalitária de "correção-subjetiva-com-traição-objetiva", ou vice-versa, "correção-objetiva-com-traição-subjetiva" (em suma, os critérios usados durante os Processos de Moscou). Já nessa conferência (significativamente anterior à mudança de atitude de Sartre e à publicação de seu primeiro artigo sobre *Os comunistas e a paz*), Merleau-Ponty assinalava a coincidência entre o pensamento sartriano e a prática comunista, pois, tanto num caso como noutro, estão ausentes da idéia de práxis as mediações exigidas por Marx. A coincidência entre o anticomunista e o comunista decorria do fato de que Sartre jamais se dissera marxista — podendo por isso pensar sem a noção de mediações entre o objetivo e o subjetivo — e os comunistas haviam deixado de sê-lo. É essa coincidência, transformada por Sartre em filosofia, que levará Merleau-Ponty, na reelaboração da conferência em artigo, a falar em ultrabolchevismo sartriano.

Anticomunista confesso, Sartre, diante da violência cometida contra um comunista (a prisão de Duclos durante a manifestação de abril), pega da pena e, entre a cólera e a indignação, denuncia o fortalecimento da política reacionária e toma partido, ainda que não ingresse no Partido. Eis por que, simultaneamente, escreve um bilhete a Merleau-Ponty para avisá-lo de que, doravante, *Les Temps Modernes* admitirá "todas as tendências de esquerda", desde que estas considerem os problemas políticos como postos para todos os homens, não podendo ser escamoteados sob o pretexto de que seriam insolúveis, e considerem que um partido que obtém 5 a 6 milhões de votos, como o PCF, não pode ser excluído nem isolado. Com isso, julga Merleau-Ponty, desfigura-se o projeto de *Les Temps Modernes* e de uma esquerda não atrelada ao Partido Comunista.

Em julho de 1953, sob os efeitos do que se passava em Paris, Sartre escreve: "Todo anticomunista é uma criatura desprezível, nada me fará mudar de opinião." Três anos depois, porém, sob o impacto da invasão soviética a Budapeste, escreverá: "Jamais será possível reatar relações com os atuais dirigentes do PCF [...] resultado de trinta anos de mentiras e esclerose [...] Hoje, volto à oposição."

Nas cartas da querela que separará os amigos, Sartre cobra de Merleau-Ponty não engajar-se verdadeiramente. Merleau-Ponty cobra de Sartre a entrega a um engajamento às cegas, que o deixa ao sabor dos acontecimentos.

O engajamento

Um sentimento de profunda melancolia nos invade quando, rememorados hoje, os episódios que cercaram a ruptura entre Sartre e Merleau-Ponty aparecem sob a luz do irremediavelmente ultrapassado. Fosse maior a distância temporal, talvez esse sentimento não nos habitasse. Sua proximidade, porém, nos faz perceber o envelhecimento daquilo que, há pouco, apaixonava, reunia ou separava pessoas, decidia vidas e mortes, palavras e obras. No entanto, quando o tempo houver feito seu longo trabalho, nossos pósteros, certamente, não verão o velho, mas a dignidade do antigo.

Todavia, se assim é quanto aos fatos que originaram a polêmica e seu desenlace, o mesmo não pode ser dito das questões que a suscitaram, por que estas não foram ultrapassadas e constituem o solo no qual ainda (talvez sempre?) nos movemos. A primeira delas, a amizade, perpassa toda a história da filosofia, nas páginas extraordinárias de Platão, Aristóteles, Santo Agostinho, Boécio, La Boétie ou Montaigne. As três cartas que constituem a trama da ruptura exprimem a delicadeza do tecido da amizade, o cuidado recíproco dos dois tecelões para não esgarçá-lo nem rompê-lo e sua incapacidade para mantê-lo íntegro, pois, a cada novo fio trançado pelo avesso, algo se desfia no desenho do direito:

"Tu me falas de tua amizade. Que pena. Ouvi-te dizer que já não crês nas relações pessoais, só havendo relações de trabalho em comum. Como podes, senão por condescendência, falar de amizade no momento em que pões um fim a esse trabalho? Olhando para todos estes anos, vejo, de tua parte, muitos benefícios — quanto à amizade, não tenho tanta certeza. Para mim, ao contrário, não te reduzes à conduta que te vejo ter, não careces de incessantemente fazer 'por merecer' para que eu te assegure minha amizade." (Carta de Merleau-Ponty)

"Gostaria de ver-te para salvar nossa amizade e não para acabar de perdê-la, eis o que quero que saibas." (Carta de Sartre)

A força das paixões e a convicção de cada um dos protagonistas deixam suas marcas, como farrapos que mal encobrem sua nudez, mas que, se os dilacera, não os envergonha nem nos envergonha.

A segunda questão, atada momentaneamente à figura do "intelectual engajado", coloca um dos temas fundamentais que Sartre e Merleau-Ponty desenvolveram em suas obras: o da relação entre filosofia e política ou, na expressão de Merleau-Ponty, "as difíceis relações entre o filósofo e a Cidade" e, na de Sartre, "uma filosofia que se interesse pelos homens reais, com seus trabalhos e suas penas".

O leitor de hoje talvez não consiga avaliar o peso e a contundência que essas afirmações possuíam ontem, justamente porque aquilo que os dois filósofos buscavam realizou-se em suas obras e, agora, parece uma evidência adquirida, uma coisa ao alcance de nossa mão, um dado cultural instituído e uma significação sedimentada. Em suma, para nós já é tradição. Para eles, no entanto, o que diziam era uma filosofia por fazer, uma concepção da filosofia que exigia rupturas e criação, ou para usar um dos conceitos que tanto os ocupou, a filosofia como projeto e um projeto para a filosofia, situado entre duas recusas: a da filosofia universitária francesa, espiritualista e idealista, e a filosofia da história do Partido Comunista Francês, esclerosada pela cisão entre uma teoria idealista e uma práxis empirista, solidária com stalinismo e com a visão burocrática do pensamento e da ação — o que Merleau-Ponty iria chamar de "mecanicismo dialético" (um automatismo que se faz às nossas costas e à nossa revelia) e Sartre chamaria de "escolástica da totalidade" (um esquecimento de que o materialismo histórico é análise presente do presente).

Nas *Questões de método*, distinguindo entre filosofia e ideologia para afirmar que o marxismo é a filosofia de nosso tempo que se manterá viva enquanto as condições históricas que a suscitaram permanecerem, Sartre apresenta o existencialismo, não o de Kierkgaard nem o de Jaspers, mas aquele que, como ideologia, "se desenvolveu à margem do marxismo e não contra ele", isto é, um pensamento parasitário por que depende do marxismo tanto para existir quanto para significar e que desaparecerá quando o marxismo também houver desaparecido. Ao mesmo tempo, o marxismo de que fala não é o dos comunistas nem o das burocracias partidárias que o transformaram em "escolástica da totalidade", em "idealismo voluntarista" que opera com essências *a priori* ou com entidades abstratas como se fossem tipos e não singularidades históricas concretas. A crítica da filosofia universitária depende do marxismo, assim como a crítica do comunismo depende do existencialismo, na medida em que este, como o marxismo, "aborda a experiência para nela descobrir sínteses concretas". Como era a filosofia universitária francesa?

"Quando eu tinha vinte anos, em 1925, não havia uma cátedra de marxismo na universidade e os estudantes comunistas evitavam recorrer ao marxismo ou mesmo nomeá-lo em suas dissertações; se o fizessem teriam sido reprovados em todos os exames. O horror à dialética era tal que até mesmo Hegel era desconhecido. Claro que nos permitiam ler Marx e mesmo aconselhavam-nos a lê-lo: era preciso conhecê-lo 'para refutá-lo'. Porém, sem a tradição hegeliana e sem professores marxistas, sem programa, sem instrumentos de pensamento, nossa geração, como as precedentes e a seguinte, ignorava tudo do materialismo histórico. Em contrapartida, ensinavam-nos minuciosamente a lógica aristotélica e a logística. Foi por essa época que li *O capital* e *A ideologia alemã*: eu compreendia tudo luminosamente e não compreendia absolutamente nada. Compreender é mudar-se, ir além de si mesmo: essa leitura não me mudava. Em contrapartida, o que começava a me mudar era a realidade do marxismo, a pesada presença, no meu horizonte, das massas operárias, corpo enorme e sombrio que vivia o marxismo, que o praticava, e que à distância exercia uma atração irresistível sobre os intelectuais pequeno-burgueses [...] Repito: não era a idéia que nos transtornava, nem a condição operária da qual tínhamos um conhecimento abstrato e não a experiência. Não. O que nos transtornava era uma ligada à outra, era, em nosso jargão de idealistas abandonando o idealismo, o proletariado como encarnação e veículo de uma idéia. Creio ser preciso completar a fórmula de Marx: quando a classe em ascensão toma uma consciência de si mesma, essa tomada de consciência age à distância sobre os intelectuais e desagrega as idéias em suas cabeças [...] Havíamos sido educados no humanismo burguês e esse humanismo otimista se esfacelava porque adivinhávamos, nos arredores de nossa cidade, a imensa massa de 'sub-homens conscientes de sua sub-humanidade', mas ainda sentíamos o esfacelamento de maneira idealista e individualista: os autores que amávamos, naquela época, nos diziam que a existência é um escândalo. Todavia, o que nos interessava eram os homens reais, com seus trabalhos e suas penas; exigíamos uma filosofia que desse conta de tudo sem nos apercebermos de que ela já existia e que era ela, justamente, que provocava em nós essa exigência."[4]

De modo semelhante, em "La guerre a eu lieu", Merleau-Ponty descreve o esfacelamento do otimismo humanista universitário e da boa-consciência francesa, sob os efeitos da guerra que trouxe a evidência bruta e irrecusável do peso da história, da opacidade das relações sociais por que estas não são relações imediatas entre consciências, mas relações mediadas pelas coisas e pelas instituições. Os franceses foram surpreendidos com a guerra quando, no verão de 1939, pretendiam gozar as férias como sempre as haviam gozado, como se a invasão da Polônia não houvesse ocorrido, como se os discursos de Hitler se referissem a uma Alemanha distante, como se não existissem os embates entre os partidos alemães como expressão da luta de classes e como se o discurso da guerra não estivesse endereçado à Europa. Fomos surpreendidos, escreve Merleau-Ponty, porque "não nos guiávamos pelos fatos" e "havíamos secretamente decidido ignorar a violência e a infelicidade como elementos da história". Por que o abandono dos fatos e a ignorância da história? "Porque vivíamos num país muito feliz e muito fraco para encará-los." Na universidade, professores ensinavam que guerras nascem de mal-entendidos que podem ser dissipados ou de acasos que podem ser conjurados pela paciência e pela coragem:

"Convidavam-nos a colocar em dúvida a história já feita, a reencontrar o momento em que a guerra de Tróia poderia ainda não acontecer e no qual a liberdade, num só gesto, esfacelaria as fatalidades externas. Essa filosofia otimista, que reduzia a sociedade humana a uma soma de consciências sempre prontas para a paz e para a felicidade, era a filosofia de uma nação dificilmente vitoriosa, uma compensação imaginária, recordações de 1914. Sabíamos dos campos de concentração, que os judeus eram perseguidos, mas essas certezas pertenciam ao campo do pensamento. Não vivíamos em presença da crueldade e da morte, não estávamos postos diante da alternativa de sofrê-las ou enfrentá-las [...] Ao mesmo tempo que objeto de horror, o anti-semitismo nos aparecia como mistério e, formados pela filosofia que nos formara, todo dia, durante quatro anos, perguntávamos: como o anti-semitismo é possível? Havia um único meio de evadir-se da questão: podia-se negar que o anti-semitismo fosse verdadeiramente vivido por alguém."[5]

Do mesmo modo, a "política cartesiana" dos intelectuais e professores, ou a política da liberdade das consciências individuais em seu solipsismo essencial, não era capaz de compreender o colaboracionismo nem a resistência. Quanto ao primeiro, colocou no mesmo plano chefes ou dirigentes e o povo, como se fosse a mesma coisa optar pela colaboração e não poder recusar trabalhar e prestar serviço aos ocupantes. Quanto à segunda, experimentou-a como "felicidade no perigo", como supressão do dilema entre o ser e o fazer, como vida clandestina tecida nas relações de homem a homem ou de consciência a consciência. Mas, por seu turno, os intelectuais do Partido Comunista Francês, certos de possuírem o segredo da história e da luta de classes, consideraram o nazi-fascismo uma crise do capitalismo e a guerra apenas uma aparência que não tocaria na solidariedade internacional do proletariado, em suma, elaboraram uma ideologia da guerra e da luta de classes que lhes permitia, pela aplicação mecânica da relação capital-trabalho, evitar uma análise materialista e histórica da guerra e da luta de classes. Subjetivismo abstrato cartesiano e objetivismo abstrato comunista, eis o ensinamento da guerra:

"A guerra e a ocupação não somente nos ensinaram que os valores permanecem nominais e nem mesmo valem sem uma infra-estrutura econômica e política que os faça entrar na existência. Mais do que isto: que, na história concreta, os valores nada mais são do que a maneira de designar as relações entre os homens tais como se estabelecem segundo o modo de seu trabalho, de seus amores, de suas esperanças, numa palavra, de sua coexistência [...] Na coexistência dos homens, para a qual estes anos nos despertaram, as morais, as doutrinas, os pensamentos e os costumes, as leis, os trabalhos, as palavras se exprimem uns aos outros, tudo significa tudo. Nada há fora dessa única fulguração da existência."[6]

A guerra e a descoberta do marxismo operaram em Sartre e Merleau-Ponty como o despertar de um duplo sono dogmático: o do idealismo universitário e o do escolasticismo comunista. Nesta perspectiva, as três cartas de ruptura entre ambos ganham um sentido muito mais forte do que pareceria à primeira vista, pois *Os comunistas e a paz* (causa da polêmica e da divergência que iria aprofundar-se) aparece para Merleau-Ponty como a negação do projeto filosófico no qual tanto ele quanto Sartre pareciam engajados desde a fundação de *Les Temps Modernes*. Por outro lado, compreende-se a reação de Sartre (e a de Simone de Beauvoir) quando, de um lado, Merleau-Ponty afirma o cartesianismo sartriano e, de outro lado, Lefort acusa o criptocomunismo de Sartre.

Os comunistas e a paz indica, para os amigos mais próximos, a mudança de opinião e de posição políticas por Sartre. Qual a mudança? Sartre passara do anticomunismo à defesa do comunismo e retornava ao anticomunismo, mas, agora, considerando-se marxista. Essa mudança, evidentemente, não era fruto de humores, manias ou fobias, nem falta de caráter. Na interpretação de Merleau-Ponty, ela se enraíza numa concepção da filosofia e da política que, embora modificada bastante na *Crítica da razão dialética*, se conserva ao longo das obras sartrianas, desde *O ser e o nada*.

Partindo da fenomenologia husserliana e da filosofia heideggeriana da existência, a tese nuclear das primeiras obras de Sartre — *O ser e o nada* e *O imaginário* — é a diferença de essência (em sentido fenomenológico) entre o mundo das coisas — o Ser — e a consciência — o Nada. O primeiro é substância, resistente, opaco e viscoso. É o em-si, a objetividade nua e bruta. A segunda, ao contrário, é insubstancial, não é alma ou psique, substância imaterial ou espiritual, mas pura atividade e espontaneidade. É o para-si, a subjetividade plena. Para ela, os outros, embora presumidos como humanos, são mundo, portanto, seres ou coisas. Opacos para a consciência, os outros a deixam no solipsismo como única existência possível. Donde a célebre expressão de *Entre quatro paredes*: "o inferno são os outros", pois cada um deles, enquanto consciência ou sujeito, reduz os demais à condição de mera coisa e é reduzido pelos outros à condição de coisa.

Embora situada no mundo, a consciência, por ser nada, não é condicionada por ele, não podendo ser determinada pelas coisas nem pelos fatos. Pelo contrário, tem o poder de nadificá-los, fazendo-os existir como idéias, imagens, sentimentos e ações. Donde a conhecida fórmula sartriana: "estamos condenados à liberdade". Não é casual que, logo após *O ser e o nada*, a obra seguinte de Sartre tenha sido justamente *O imaginário*, pois é na consciência imaginante que melhor se apreende o poder nadificador da subjetividade. Compreende-se também porque, desde essas primeiras obras, apareça nas obras literárias sartrianas a idéia de que a política é decisão e escolha inteiramente livres, exprimindo-se noutra célebre frase sartriana: "O importante não é o que os outros fazem aos homens, mas o que eles fazem com o que quiseram fazer deles."

Para Merleau-Ponty, desde a *Fenomenologia da percepção* (particularmente no capítulo dedicado à liberdade), o Nada sartriano é a nova versão da consciência de si reflexiva de Descartes depois de reformulada por Kant, Hegel e Husserl, portanto, soberana, fundadora, constituidora do sentido do Ser. É significativo que a *O imaginário*, do lado de Sartre, corresponda, do lado de Merleau-Ponty, uma *Fenomenologia da percepção* que acentua o mundo pré-predicativo, pré-tético, no qual vivemos e de onde emergimos como intercorporeidade e intersubjetividade, portanto, atados ao tecido do mundo e aos outros, sem o poder para constituí-los. Essa diferença aparecerá no plano da política: na resposta à primeira carta de Sartre, Merleau-Ponty enfatiza o contraste entre a posição de *Os comunistas e a paz* sobre as condições objetivas na URSS e as análises merleaupontyanas dessas mesmas condições, realizadas em *Humanismo e terror*, análises que haviam sido recusadas publicamente por Sartre "quando mencionava, não sem sarcasmos [...] os infelizes que vêem o social entre o em-si e o para-si", isto é, como tecido intersubjetivo mediado pelas instituições econômicas e políticas. Em suma, é a relação entre o subjetivo e o objetivo que separa os dois filósofos.

A filosofia de Merleau-Ponty, vinda das mesmas fontes que as de Sartre, ergue-se, porém, contra elas enquanto herdeiras do intelectualismo, isto é, da suposição da soberania da consciência como doadora de sentido e fundadora do mundo enquanto significação. A tradição intelectualista é a do pensamento de sobrevôo, isto é, de uma consciência que, situando-se fora do mundo e diante das coisas, os domina pelo pensamento. Ou, como escreve o filósofo, faz a realidade existir como representação ou idéia, numa filosofia que passa do ver ao "pensamento de ver", do imaginar ao "pensamento de imaginar", do sentir ao "pensamento de sentir".

Contra a herança intelectualista, Merleau-Ponty afirma a encarnação da consciência num corpo cognoscente e reflexivo, dotado de interioridade e de sentido, relacionando-se com as coisas como corpos sensíveis também dotados de interioridade e de sentido. Nossa relação fundamental com o mundo é a da intercorporeidade, fundadora da intersubjetividade e fundada por ela numa troca e num cruzamento intermináveis: os outros não são coisas nem partes da paisagem, são nossos semelhantes. Não é gratuito, portanto, que as primeiras obras de Merleau-Ponty estudem a estrutura do comportamento e a essência da percepção. O pensamento começa e se faz nas relações de nossa vida encarnada com o mundo: a percepção e a linguagem. Se a consciência não é pura espontaneidade desencarnada soberana, compreende-se que a liberdade, na formulação merleaupontyana, seja "o poder para transcender a situação de fato, que não escolhemos, dando-lhe um sentido novo", como El Greco, que transforma seu astigmatismo em pintura, Valéry e Cézanne, sua melancolia em obra poética e pictórica, Proust, sua neurastenia em literatura, Marx, sua condição de advogado pequeno-burguês em traidor de sua classe e revolucionário. Em lugar de uma explicação mecanicista que explica a obra pela vida e de uma explicação intelectualista que explica a vida pela obra, Merleau-Ponty fala numa obra "que exigia esta vida". Eis porque, em sua carta a Sartre, Merleau-Ponty insiste em que ser filósofo não pode, de modo algum, separar-se e afastar-se do mundo: não estamos no mundo (como queria Sartre ao falar em situação), mas somos do e com o mundo.

Quais as conseqüências políticas dessas duas concepções divergentes da filosofia? Exatamente o que transparece nas três cartas trocadas entre ambos: Sartre, pondo-se no turbilhão vertiginoso dos acontecimentos — o Nada à procura de Ser para transformá-lo no que a consciência pensa e quer —, Merleau-Ponty exigindo distanciamento — nossa promiscuidade originária com o mundo exige que a filosofia não seja submersa pelos fatos, nem o filósofo arrastado pela força dos acontecimentos. No prefácio de *Sinais*, Merleau-Ponty escreve: "Em filosofia, o caminho pode ser difícil, mas temos certeza de que cada passo torna possível os outros. Em política, temos a impressão acabrunhante de que tudo deve ser sempre refeito".

Porque, para Sartre, a consciência é leve e insubstancial, pode aceitar o apelo de todos os fatos e de todos os acontecimentos: a consciência não se deixa impregnar por eles, conservando a soberania. É porque a consciência é encarnada num corpo e situada na intercorporeidade e na intersubjetividade que Merleau-Ponty não pode, para usarmos a expressão que emprega no *Elogio da filosofia* ao definir o filósofo, "dar o assentimento imediato e direto a todas as coisas, sem considerandos", pois "é preciso ser capaz de tomar distância para ser capaz de um engajamento verdadeiro, que é sempre também um engajamento na verdade".

Referindo-se à aula inaugural de Merleau-Ponty no Collège de France, Sartre afirma que seu amigo possui uma concepção da filosofia que só aparentemente permitiria conciliá-la com a política, mas que, realmente, torna impossível "jogar nos dois tabuleiros". A política, escreve ele, é ação fundada numa escolha objetiva, a partir dos dados e fatos disponíveis. Se a filosofia for, como pretende Merleau-Ponty, a exigência de, antes de escolher, colocar-se num distanciamento que permita apreender totalidades parciais e não os fatos isolados que formam nossa experiência quotidiana, então, escreve Sartre, "um filósofo de hoje não pode tomar uma atitude política".

Que pretende Merleau-Ponty em julho de 1953? "Que é preciso saber o que é o regime soviético para escolher" a favor ou contra. Ora, retruca Sartre, essa exigência, que parece ser meramente empírica — isto é, a necessidade de possuir mais dados —, é, na realidade, uma dificuldade de princípio, pois nunca possuímos um saber total sobre as condições históricas. Escolhemos sempre sem pleno conhecimento e, sobretudo, não podemos invocar a reflexão filosófica quando somos chamados a reagir ao que é urgente. A filosofia, tal como Merleau-Ponty a concebe, o transforma em vítima de uma "paixão subjetiva", perpassado por uma contradição insolúvel: afirma a coexistência entre filosofia e política, mas simultaneamente, exige uma opção entre ambas, ou a filosofia ou a política. Pior. Merleau-Ponty pretende usar a filosofia contra a política (no caso, contra os comunistas) para poder condenar mais depressa os que poderiam condená-lo. Tens o direito, diz Sartre, de escrever teus livros; tens o direito de nada fazer; tens o direito à filosofia como reflexão rigorosa. Mas não tens o direito de criticar os que fazem política e assumem o risco de fazê-la em condições humanas, isto é, tateando, errando e acertando.

Sartre vai mais longe. É a concepção merleaupontyana de filosofia que está equivocada: faz dela uma atitude sonolenta e sonhadora. A imagem do sono e do sonho é usada por Sartre, por um lado, porque, como vimos, ambos haviam posto o projeto novo da filosofia como despertar do sono dogmático idealista e comunista, e, por outro lado, porque assim pode devolver ao amigo o ataque que este lhe fizera ao considerá-lo cartesiano e idealista. Sartre usa essa imagem porque Merleau-Ponty concluíra o elogio da filosofia, em sua aula inaugural do Collège de France, dizendo que a divisão entre pensamento e ação não é a divisão entre o político e o filósofo, mas uma divisão que habita em todo ser humano. Dizia Merleau-Ponty: "O filósofo é o homem que desperta e fala, e o homem contém silenciosamente os paradoxos da filosofia porque, para ser inteiramente homem, é preciso ser um pouco mais e um pouco menos homem."

Isto, escreve Sartre, não é convincente. Em primeiro lugar, porque faz do filósofo uma espécie entre outras, como se se tratasse de uma lição de zoologia; em segundo lugar, porque é um "auto-retrato do pintor" (isto é, nada mais do que a autobiografia de Merleau-Ponty erigida em princípio), não esclarecendo se tal idéia da filosofia é um acidente, uma patologia ou uma escolha fundamental. "Não a reconheço como minha". Não pertenço, portanto, a essa espécie. Mas isso, prossegue Sartre, talvez explique a "atitude sonhadora" de Merleau-Ponty em todas as ocasiões urgentes impostas pela política e às quais não respondeu.

Ao que parece, responde Merleau-Ponty, eu teria renunciado à política por haver escolhido a filosofia, à semelhança de alguém que, entre várias profissões, escolheu a de alpinista. Não renunciei à política: recusei-me a conceber o engajamento nos mesmos termos em que o concebes. Como Sartre concebe o engajamento? O intelectual engajado sartriano é o escritor de atualidades que opina e intervém sobre todos os acontecimentos relevantes, à medida que vão se sucedendo uns aos outros. É um estado de vigília permanente, contra a "sonolência sonhadora".

Merleau-Ponty recusa esse tipo engajamento. Dois motivos o afastam da vigília sartriana, em nome de uma outra vigilância. Em primeiro lugar, diz ele, porque, ao escrever em conta-gotas sobre cada acontecimento, o escritor induz o leitor a aceitar fatos isolados que recusaria se pudesse ter uma visão mais abrangente, ou, ao contrário, o induz a recusar como odiosos fatos isolados que, se percebesse de maneira mais abrangente, aceitaria. Essa vigília engajada é, afinal, má-fé. Não informa, não analisa, não reflete, corre e muda ao sabor dos eventos, de tal modo que se fosse dado ao leitor, um dia, reunir o conjunto de manifestos e pequenos artigos diários ou mensais de um intelectual engajado ou de um comentarista político perceberia a incoerência, a leviandade, a irresponsabilidade daquele que escreve:

"Isso permitiria fazer engolir no varejo o que não seria aceitável no atacado, ou, ao contrário, em tornar odioso, a golpe de pequenos fatos verdadeiros, aquilo que, visto no conjunto, faz parte da lógica da luta".

O segundo motivo é espantoso. Com efeito, tendo apresentado o primeiro, seria de supor-se que Merleau-Ponty houvesse atacado Sartre por agir às cegas, manifestando-se em toda parte sobre todos os acontecimentos sem jamais possuir um conhecimento aproximado do todo ou, pelo menos, das linhas de força e vetores dos eventos, não lhes alcançando a significação. Ora, dá-se exatamente o contrário. É que, graças à soberania do Nada sobre o Ser, Sartre construiu, em pensamento e em imaginação, um futuro fixo, mantido em segredo, que regula clandestinamente o curso dos acontecimentos, aconteça o que acontecer. Sartre possui o futuro e a história em pensamento e em imaginação, sendo-lhe fácil opinar sobre tudo e tomar posição em tudo. Em outras palavras, os acontecimentos são tidos como a superfície de um sentido secreto conhecido apenas pelo filósofo que por isso, soberanamente, opina politicamente. Como o Deus de Descartes, envolvido na tarefa quotidiana da criação continuada do mundo, dando-lhe o suporte infinito de realidade ou substancialidade às coisas, Sartre concebeu o método do "engajamento continuado" que daria substância à política. Espectador absoluto, soberano e transcendente, o filósofo, empoleirado em Sirius, julga ter a chave do tempo, da história e do mundo. Sob a aparente modéstia daquele que, dissera Sartre, sabe que a condição humana é a da escolha na ambigüidade, às cegas, na ignorância do todo, esconde-se a presunção de ser Espírito Absoluto.

Assim, com o primeiro motivo, Merleau-Ponty recusa o engajamento no varejo e, com o segundo, o engajamento no atacado. Se o filósofo julga poder dizer não importa o que a cada dia é por julgar-se na posse do sentido total da história. Sua irresponsabilidade cotidiana tem como pressuposto uma história completa (já realizada em pensamento) que apagará da memória os passos empíricos por ela realizados porque os absorve num sentido único que os tornará irrelevantes quando a pena de tê-los feito também houver-se tornado irrelevante.

Com Sartre e Merleau-Ponty, duas concepções da filosofia e da política estão em choque. Não se trata da oposição descrita por Sartre — a da filosofia sonhadora-sonolenta face às urgências da política e a da filosofia como vigília engajada e sem álibis —, mas da oposição entre a concepção da filosofia como consciência soberana clandestina que manobra as posições e opiniões políticas (sabendo, de antemão, que não são decisivas nem importantes por que o curso da história se realiza secretamente com ou sem elas) e aquela que percebe a consciência mergulhada no mundo, fazendo-se na relação com ele e, portanto, não dispondo da chave da história e da política. As cartas e a ruptura anunciam os temas de Merleau-Ponty em *As aventuras da dialética*, com suas análises da política do entendimento e da razão, da dialética como máquina supersticiosa e do problema posto por toda revolução, isto é, quando termina uma revolução e instala-se um regime?

A história não é uma lógica da necessidade absoluta, nem a política, a álgebra da história: o revolucionário, escreverá Merleau-Ponty nas *As aven-*

turas da dialética, navega sem mapas. Por isso mesmo, prossegue ele na carta a Sartre, cada ato, cada gesto, cada palavra, cada pensamento contam na determinação do curso da história e da política, pois está sob nossa responsabilidade compreender as mediações subjetivas e objetivas que orientarão o rumo dos acontecimentos. Manifestar-se sobre tudo, assumir posição e ter opinião sobre tudo, mudar de atitude conforme mudem os ventos, abandonar a obra já escrita, desdizendo-a e desdizendo-se, é irresponsabilidade, não é liberdade.

Sartre podia afirmar que sua obra já realizada deveria ser esquecida a cada nova circunstância. Julgava, com isto, demonstrar seu compromisso com a filosofia e a política. Merleau-Ponty, ao contrário, exigia de sua obra retomada contínua, constância para que as reformulações tivessem sentido e fizessem sentido. Sartre viveu a alegria inflamada da tomada de posição contínua. Merleau-Ponty, a exigência de um pensamento capaz de modificar-se sob a solicitação dos acontecimentos, mas jamais para satisfazê-los. Por isso, sabendo que perderia o amigo, escreveu-lhe:

"Quando se está muito seguro do futuro, não se está seguro do presente [...] Tens uma facilidade para construir e habitar o porvir que é toda tua. Ao contrário, vivo mais no presente, deixando-o indeciso e aberto, como ele é. Não significa que eu construa um outro porvir [...] Não é que eu seja um 'homem revoltado', e muito menos um herói. Minha relação com o tempo se faz sobretudo pelo presente, eis tudo."[7]

Palavras que ecoarão no prefácio de *Sinais*, quando escrever:

"O mal não é criado por nós nem pelos outros, nasce do tecido que fiamos entre nós e que nos sufoca. Que novos homens, suficientemente duros, serão suficientemente pacientes para refazê-lo verdadeiramente? A conclusão não é a revolta, é a virtù sem qualquer resignação."[8]

As relações do filósofo com a Cidade são difíceis porque ela lhe pede exatamente o que ele não lhe pode dar: o assentimento imediato, sem maiores considerações. Sartre desejou que tais relações não fossem difíceis, empenhou-se para que o filósofo estivesse engajado por inteiro nos acontecimentos, mas, por isso mesmo, em sua coragem destemida, acabou cedendo às exigências cegas da Cidade, dando-lhe o que ela lhe pedia.

Se a polêmica com Sartre e a ruptura com o amigo repercutiu intensamente na obra de Merleau-Ponty, como transparece na publicação de *As aventuras da dialética*, no prefácio de *Sinais*, no capítulo sobre a dialética e a reflexão em *O visível e o invisível*, se ao longo deste texto insiste na afirmação de que há um "mau casamento" entre a filosofia e a política quando a primeira, em nome da segunda, se faz má-fé, e a segunda, em nome da primeira, se torna abstração, não menos profundas são as marcas deixadas em Sartre e um dos melhores testemunhos disto encontra-se, justamente, na *Crítica da razão dialética* e em sua preparação, as *Questões de método*. Em ambas, Sartre dedica-se à compreensão da necessidade das mediações que constituem as relações sociais e o tecido histórico e sem as quais a articulação entre teoria e prática não pode ser formulada, nem a alienação pode ser compreendida e, finalmente, sem a qual uma filosofia da liberdade torna-se impossível ou miragem idealista. Donde a importância, nas *Questões de método*, do estudo das chamadas "disciplinas auxiliares" e da idéia de um método pregressivo-regressivo que dê substrato histórico à noção de projeto. Do mesmo modo, na *Crítica da razão dialética*, compreende-se o papel preponderante do conceito de trabalho e da teoria do grupo para a compreensão da idéia de classe social e da prática da luta de classes como motor da história. Mas é na resposta de Sartre a Lukács sobre a consciência de classe que, finalmente, ele julga responder à maior objeção filosófica que Merleau-Ponty lhe fizera, isto é, de haver permanecido no ponto de vista de uma filosofia da reflexão:

"O princípio metodológico que faz começar a certeza com a reflexão não contradiz de modo algum o princípio antropológico que define a pessoa concreta por sua materialidade. Para nós, a reflexão não se reduz à simples imanência do subjetivismo idealista: ela só é um ponto de partida se logo nos relança para o meio das coisas e dos homens no mundo. A única teoria do conhecimento que, hoje, pode ser válida é aquela que se funda nesta verdade da microfísica: o experimentador faz parte do sistema experimental. É a única que permite afastar toda ilusão idealista, a única que mostra o homem real no meio de um mundo real. Mas esse realismo implica necessariamente um ponto de partida reflexivo, isto é, que o desvendamento de uma situação se faz na e pela práxis que a muda.

Não colocamos a tomada de consciência na fonte da ação, nela vemos um momento necessário da própria ação: a ação, no curso do cumprimento, dá a si mesma suas próprias luzes. Isso não impede que tais luzes apareçam na e pela tomada de consciência dos agentes, o que implica necessariamente que façamos uma teoria do conhecimento. Pelo contrário, a teoria do conhecimento permanece como o ponto fraco do marxismo [...] Somente quando se compreender que o conhecimento não é conhecimento de idéias, mas conhecimento prático das coisas, então se poderá suprimir a noção de reflexo como intermediário inútil e aberrante. Poder-se-á, então, dar conta desse pensamento que se perde e se aliena no curso da ação para reencontrar-se pela e na própria ação. Mas, que nome dar a essa negatividade situada como momento da práxis e como pura relação com as próprias coisas, senão o de consciência? Há duas maneiras de cair no idealismo: uma consiste em dissolver o real na subjetividade, a outra em negar toda subjetividade real em proveito da objetividade. A verdade é que a subjetividade não tem nem tudo nem nada, mas representa um momento do processo objetivo (o da interiorização da exterioridade) e esse momento se elimina sem cessar para de novo renascer [...] A consciência de classe não é a simples contradição vivida que caracteriza objetivamente a classe considerada: ela é essa contradição já ultrapassada pela práxis e, por isso mesmo, conservada e negada conjuntamente. É precisamente essa negatividade desvendadora, essa distância na proximidade imediata, que o existencialismo chama 'consciência de objeto' e 'consciência não tética de si'."[9]

Cremos não ser casual que, tendo feito trajetórias tão diferentes, mas tendo como horizonte a recusa do idealismo filosófico e do positivismo científico, assim como o mecanicismo, o empirismo e o idealismo dos comunistas, Sartre e Merleau-Ponty se vissem confrontados não só com o problema da subjetividade, da objetividade e da intersubjetividade, como também com o da temporalidade e o da história e, portanto, com a questão da necessidade e da contingência, isto é, da liberdade. Vimos que Merleau-Ponty, na *Fenomenologia da percepção*, propusera compreender a liberdade como ultrapassamento das condições fatuais por uma significação que lhes dá um novo sentido e indica como a obra explica a necessidade desta vida determinada, e não o contrário. Não surpreende, então, encontrarmos em Sartre a noção do sentido como ultrapassamento ao qual, finalmente, dá o nome de liberdade:

"O homem constrói signos porque ele é significante em sua própria realidade e é significante porque é o ultrapassamento dialético de tudo o que é simplesmente dado. O que chamamos de liberdade é a irredutibilidade da ordem cultural à ordem natural."[10]

Para Merleau-Ponty, no entanto, mesmo nessa derradeira posição Sartre não teria ultrapassado o dilema do em si e do para si, da coisa e da consciência, do objetivo e do subjetivo. As palavras finais da *Fenomenologia da percepção* nos deixam ver que, muito antes que se consumasse a ruptura entre os dois filósofos e amigos, ela já estava tacitamente posta:

"Nossa liberdade, dizem, ou é total ou é nula. Esse dilema é o do pensamento objetivo e da análise reflexiva, sua cúmplice [...] Estamos misturados com o mundo e com os outros de maneira indeslindável. A idéia de situação exclui a liberdade absoluta na origem de nossos engajamentos. E a exclui igualmente no ponto de chegada. Nenhum engajamento (nem mesmo o engajamento no Estado hegeliano) pode fazer-me ultrapassar todas as diferenças e tornar-me livre para tudo [...] Sou uma estrutura psicológica e histórica. Recebi com a existência uma maneira de existir, um estilo. Todas as minhas ações e meus pensamentos estão em relação com essa estrutura e até mesmo o pensamento de um filósofo nada mais é do que uma maneira de explicitar sua pegada sobre o mundo, aquele que ele é. E, no entanto, sou livre. Não a despeito ou aquém dessas motivações, mas por meio delas [...] Essa vida significante, essa certa significação da natureza e da história que sou não limitam meu acesso ao mundo; pelo contrário, são meu meio de comunicar-me com ele [...] Quer se trate das coisas ou das situações históricas, a filosofia não tem outra função senão a de nos reensinar a vê-las bem, e é verdade dizer que ela se realiza destruindo-se como filosofia separada."[11]

NOTAS

1. Obras de Merleau-Ponty, nesse primeiro período: *A estrutura do comportamento*, *Fenomenologia da percepção*, *Senso e não senso*, *Humanismo e terror*, e a aula inaugural publicada como ensaio *Elogio da filosofia*. Obras principais de Sartre (a produção sartriana é enorme e muito diversificada): *O ser e o nada*, *O imaginário*, conjunto de contos reunidos em *O muro* e a peça *As mãos sujas*.
2. Os textos da querela, vários deles publicados inicialmente em *Les Temps Modernes*, são: Sartre, "Os comunistas e a paz"; Lefort, "O marxismo e Sartre"; Sartre, "Resposta a Lefort"; Lefort, "Da resposta à questão"; Merleau-Ponty, "Filosofia e política" (conferência que deveria ser o artigo censurado por Sartre), "Elogio da filosofia", "Sartre e o ultrabolchevismo". Posteriores à ruptura, mas referindo-se a ela: Merleau-Ponty, prefácio de *Sinais*; Sartre, necrológio de Merleau-Ponty, "Merleau-Ponty vivo"; Lefort, prefácio a *Un homme en trop*.
3. Obras de Merleau-Ponty: *Sinais* (cujo prefácio é um balanço crítico das questões políticas e filosóficas anteriores e posteriores à ruptura com Sartre), *As aventuras da dialética*, e a publicação, por Lefort, dos capítulos e notas de trabalho do livro póstumo *O visível e o invisível* (mencionado na carta como *Prosa do mundo*) e um conjunto de ensaios reunidos em dois volumes, *Elogio da filosofia e outros ensaios* e *A prosa do mundo*.
4. Sartre, "Questions de méthode", in *Critique de la raison dialectique*. Paris: Gallimard, 1960, p. 22-23.
5. Merleau-Ponty, "La guerre a eu lieu", in *Sens et non sens*. Paris: Nagel, 1965, p. 246 e 251.
6. Id., ib., p. 269.
7. Carta de Merleau-Ponty a Sartre, loc. cit., p. 79.
8. Merleau-Ponty, prefácio a *Signos*. São Paulo: Martins Fontes, 1991, p. 37.
9. Sartre, "Questions de...", in *Critique de la raison dialectique*, op. cit., p. 30-31.
10. Id., ib., p. 96.
11. Merleau-Ponty, *Phénoménologie de la perception*, Paris: Gallimard, 1945, p. 520.

O intelectual e seu outro: Foucault e Sartre*

RENATO JANINE RIBEIRO

Que papel Michel Foucault alocou ao intelectual? Eis uma questão que é essencial formular aqui, não só por sermos, nós, desta profissão, e assim lidarmos com um tema que fala a nosso narcisismo; mas, sobretudo, porque junto com o anti-humanismo, a derrubada da primazia que a filosofia existencialista outorgara ao homem, Foucault também efetuou uma liquidação em regra desse outro legado sartriano que foi o relevo conferido ao intelectual enquanto consciência moral da política. Uma política humanista tinha, assim, uma espécie de fiador no intelectual; mas, para explicitar isso, devemos passar por Sartre, que nas questões precisas da militância política (devemos quase nos controlar para não falar em "engajamento") e do papel do intelectual, é a referência contra a qual Foucault se constitui.[1]

Seria impossível entender a política sartriana sem a presença, ainda que distante, do comunismo. É verdade que o filósofo jamais se filiou ao Partido, e que suas relações foram, por vezes, muito tensas. Depois da repressão soviética à rebelião húngara, ele escreve um longo ensaio, *O fantasma de Stalin* (Sartre, s/d), que constitui um acerto de contas com o que é antidemocrático no comunismo. Mas, antes disso, Sartre — enquanto trocava com Merleau-Ponty as cartas que marcaram a ruptura, por razões precisamente políticas, da amizade que tinham — ia editando nos *Temps Modernes* o longo artigo *Os comunistas e a paz* (1952-1954)[2], que mostrava um sim-

*Texto originalmente publicado em *Tempo Social*, Revista de Sociologia da USP, São Paulo, 7 (1-2), outubro de 1995, e revisto pelo autor.

patizante do PC que porém lhe fazia reservas e também as sofria. Para citá-lo: os comunistas "me acusavam de ter espionado a Resistência em favor da burguesia fascista...".

O fundamental, contudo, está numa tese de *Os comunistas e a paz*: Sartre conclui que a única via política para a esquerda passa pela aliança com o PC. Com todos os seus defeitos, o PC representa a classe operária: ele é a organização política que assumem os movimentos sociais. Não há alternativa viável a ele. A única saída para quem pretende um movimento de esquerda democrático consiste em dialogar com o PC: em recusar a exclusão a que é submetido pelos assim-chamados socialistas, em evitar assim que ele assuma por conta própria esse isolamento ao qual foi forçado e se encerre em políticas cada vez mais radicais, que, por isso mesmo, só reforçam sua condição de pária da política. Digamos que esta era a posição mais oposta que se podia ter ao que fazia a SFIO, o velho partido socialista, que firmara com o centro-direita um acordo tácito pelo qual se esterilizava a extrema-esquerda. Sartre quer, literalmente, devolver-lhe a vida, a fecundidade; ora, isso significa que, entendendo o stalinismo como reação defensiva, quanto maior for o diálogo aberto com os comunistas, mais condições terão eles de se abrir e de se democratizar. O filósofo assim reconhece uma razão no isolamento praticado pelo PC mediante a estratégia da "guerra de classes", mas isto não significa que ele lhe dê razão: há que retirar o anátema, para que o Partido se integre na sociedade e lhe traga a vitalidade operária.

Esse é o quadro que reduz a estranheza que reponta à leitura, hoje, de certos textos duros, como por exemplo as cartas que Sartre mandou a Merleau-Ponty ao condenar a reticência deste seu amigo em face da política comunista e/ou soviética:[3] correspondência esta que, lida hoje, causa razoável antipatia do leitor pelo filósofo do engajamento. Convém então lembrar que, na política francesa no tempo da Guerra Fria, os gabinetes podiam ser efêmeros, mas sua rápida alternância se dava quase sempre em torno de um consenso centro-direita/centro-esquerda, o qual excluía parcialmente do governo a direita e completamente do poder a esquerda (os comunistas). Um acordo tácito ou explícito estipulava que nenhum governo socialista considerasse, na maioria de votos de que necessitava no Parlamento, os comunistas, que eram assim literalmente nadificados. Um eleitor de esquerda assim saberia que, para evitar um governo de direita, não adiantava votar no PCF esperando que este desse um apoio crítico a um gabinete socialista — pela simples razão que tal gabinete não consideraria, nos votos de que precisava, os dos comunistas. A extrema-esquerda era, assim, tornada inexistente, ao menos no Parlamento. Ora, esses governos de centro-esquerda ou centro-direita, para conservar as colônias da Ásia e África, travaram as guerras da Indochina e da Argélia, massacrando centenas de milhares de asiáticos e árabes. Foi nesse contexto de guerras coloniais genocidas, de crescente subordinação da França ao aliado norte-americano e de exclusão ou mesmo repressão aos movimentos operários, que Sartre formulou sua estratégia de relação preferencial com o PCF. "Não podemos tirar as esperanças de Billancourt" (*désespérer Billancourt*): essa sua célebre frase, aludindo ao subúrbio parisiense da indústria automobilística, contém todo um programa.

Tendo de escolher entre dois males — o comunismo stalinista e o capitalismo imperialista —, qual deles preferir? Desde 1948 e a estréia de sua peça *As mãos sujas*, conhecia-se a resposta de sua personagem, o líder comunista Hoederer. "É preciso sujar as mãos", dizia ele, para horror do intelectual Hugo, também comunista, mas que da doutrina revolucionária só aceitava os princípios, não a eficácia. Temos aqui a nítida contraposição, para empregar termos weberianos, de uma moral da convicção, a de Hugo, a uma moral da responsabilidade, a do líder partidário. Numa análise clássica desta peça (*Sartre par lui-même*, 1955), Francis Jeanson elogia Hoederer e mostra, na personagem do intelectual pequeno-burguês — cheio de dúvidas, a que se soma sua pouca potência sexual —, o desdém de Sartre por uma posição dúbia e vacilante. Não concordo, porém, com Jeanson, que, envolvido em várias causas políticas (será, pouco depois, o articulador do apoio em território metropolitano às ações até mesmo terroristas da Frente de Libertação Nacional argelina)[4], não tinha dúvidas sobre o sentido e a necessidade da luta política. Sartre não está inteiramente do lado de Hoederer. Embora despreze Hugo, confere-lhe pelo menos um traço básico de sua filosofia: o intelectual não abre mão da responsabilidade pelo ato que cometeu — o assassínio de Hoederer —, ainda que "absurdo" (porque, primeiro, os dirigentes comunistas que o encomendaram depois vieram a mudar de idéia, ao saber que as idéias do morto coincidiam com as de Moscou; segundo, porque Hugo se viu convencido, por Hoederer, da justeza de suas posições, e somente o matou ao surpreendê-lo com sua mulher). Para usar os termos de Sartre, o homem é o que faz, a existência precede a essência: Hugo é o matador de Hoederer. Os motivos terão sido maus, não importa. Ele não pode renegar o que fez.

De toda forma, Hoederer vai ter, aos olhos de Sartre, cada vez mais razão, à medida que a Guerra Fria se prolonga e com ela as guerras quentes nos territórios coloniais. Se queremos agir, temos de tomar partido, "sujar as mãos", e não só no sangue, que é nobre, mas também "na merda" — nas alianças sujas, na mentira. Na verdade, há uma velha tradição terrorista dos intelectuais, que apreciam — desde os niilistas do século XIX, pelo menos — os atentados, a morte sacrifical do outro, até mesmo o sacrifício de si, o suicídio sagrado do revolucionário; mas uma palavra é a chave, neste contexto: é que se trata de ações *nobres*, validadas pela entrega de si, até mesmo — é o que insinua esse inteligente Hoederer — armadas por um *ódio* a si mesmo. Ora, Hoederer, antes de mais nada, ama a vida em toda a sua densidade e mesmo vulgaridade: corpos, comida, prazeres. A revolução não rompe com o homem que existe, para instituir, como quer Hugo, um homem ideal sem nada em comum com o vulgo de nossos dias. Por isso, o enfrentamento de ambos se dá, em boa medida, seguindo o confronto do ideal nobre e da realidade vulgar, de um espírito desvairado e da materialidade elementar. Dizendo de outro modo, esse confronto é a contestação do registro vulgar ao nobre, do materialismo que serve de base à própria revolução, enquanto prática e não idéia, a um espiritualismo que se travestiu de esquerdista. A verdade do que passava por nobre está em suas tripas. É, assim, a pequena moral pequeno-burguesa do intelectual que entra em xeque.

Mesmo assim Sartre, em dois momentos decisivos, afastou-se do PC. O primeiro foi na repressão soviética à revolta húngara de 1956, a primeira grande tentativa de unir democracia e comunismo, antes dos fracassos de Dubcek, na Tchecoslováquia de 1968, e de Gorbatchev, na segunda metade dos anos 1980. Sartre tomou então a defesa dos rebeldes contra "o fantasma de Stalin", embora acabasse se reaproximando do PC.

A segunda ruptura, e esta definitiva, se dá em 1968. O PC finalmente se revela um partido burocrático, disposto a sacrificar a chance revolucionária de maio de 1968 em troca de ganhos salariais e de reconhecimento, pelo poder gaullista, do poder sindical e partidário dos comunistas (os *acordos de Grenelle*). Sartre vai então para os *gauchistes*, a extrema-esquerda, mas preferindo os maoístas.

Por que os maoístas? Talvez Sartre não se tenha afastado do ideal de um PC: um partido forte que organize e represente as massas. Anarquistas e trotskistas criticavam esse modelo — sobretudo os primeiros. Já os maoístas europeus geralmente se propunham a "reconstruir" um PC que se teria debilitado. Não rompiam com o molde leninista. Sua grande contribuição eram novas reflexões sobre os intelectuais, de quem suspeitavam, e muito, graças sobretudo à Revolução Cultural chinesa e ao assim-chamado pensamento de Mao Tse-Tung.

Aqui temos dois pontos essenciais no pensamento político de Sartre. Sua reflexão foi balizada pela presença, no horizonte, de um PC forte com o qual negociar, e governada, de dentro, por forte suspeita que sentia quanto aos intelectuais (inclusive a si mesmo), que facilmente viravam "ratos gosmentos". Esse horizonte deixou de existir, de fato, desde 1990, e de direito desde 1968, quando o PCF se revelou um partido mais interessado em sua própria estrutura de poder do que em transformar o mundo. Já os intelectuais, mesmo de esquerda, mudaram de posição quanto à classe operária, reduzindo a culpa que sentiam e passando a defender mais as liberdades "formais" ou "burguesas". O trabalhador hoje não tem mais por modelo o operário das indústrias pesadas ou de transformação. Mas o principal é que, sem esses dois pontos, o PC e a culpa, o intelectual de esquerda deixa de ter Sartre como ferramenta que lhe explique a política.

Somente para encerrar esta parte, enfatizemos, a par dessa amizade tensa de Sartre com os PCs (que o faz, no rescaldo de 1968, optar pelos maoístas, os quais pretendem uma espécie de reconstrução dos partidos somada a uma crítica devastadora aos intelectuais), a importância que tinha em seu pensamento a *culpa* do homem de letras. Este, mesmo militante, aparece como o modelo por excelência do pequeno burguês. As dúvidas, que constituem talvez o cerne da atividade intelectual, passam assim a ser lidas como vacilação. Todo um modo de ser, ou melhor, de produzir — que é o da atividade de pensar — vê-se assim traduzido em termos de militância política, e nesse contexto é condenado. Talvez um dos traços essenciais da nova política dos intelectuais — que acaba tendo em Foucault e em 1968 (mas num 1968 diferente do que Sartre entendeu) seus pontos de reparo — seja, exatamente, o fato de que essa culpa se esvazia ou, pelo menos, se reduz significativamente.

Será espantoso que o papel que foi de Sartre, nas duas décadas que vão do fim da Segunda Guerra Mundial até o fim da guerra da Argélia, fosse assumido por Foucault — com as mudanças que veremos — após maio de 1968? Refiro-me ao papel de pensador político de referência, por vezes na moda, eventualmente quase um guru. Os dois filósofos começaram se defrontando com hostilidade explícita quando Foucault, "estruturalista" (como então se dizia), publicou *As palavras e as coisas*, em 1966. Nesse pensamento que submete a vasta pluralidade de pensamentos, sensibilidades e ações de toda uma época (por exemplo, dos séculos XVII e XVIII) a uma única rede conceitual, a uma *episteme*, Sartre via uma ameaça de tecnocrata àquilo que para ele sempre constituiu o maior dos valores: a liberdade humana. Neste sentido se deve ler, por exemplo, sua entrevista à revista *L'Arc*, por essa época, em que condena os procedimentos estruturalistas. Quer dizer — está implícito no que afirma Sartre contra Foucault, naqueles anos — que o que os homens fazem seria apenas murmúrio vão, como o do ator de Macbeth que vem à cena, cumpre sua parte, e se vai? Sartre sempre reservou os direitos da consciência humana, e assim leu tanto a psicanálise quanto o marxismo. O caso é particularmente significativo porque essas duas teorias lançam radical suspeita sobre aquilo de que os homens têm consciência, ao mesmo tempo em que voltam a atenção para o inconsciente (entendendo por ele quer o id, quer as relações de produção). Ora, o que fez Sartre em ambos os casos foi reduzir o papel do inconsciente, para valorizar a liberdade que, conhecendo-o, aclarando-o, ilumina-se melhor para suas escolhas. Já Foucault o que fez foi acentuar esse primado do inconsciente, entendido como aquilo que sequer pode vir à consciência, a ponto de até pôr em xeque a questão tradicional da liberdade.

Com isso todo o mundo do engajamento político, à maneira sartriana, é posto em xeque. Se a consciência que temos do que sucede é menor do que se supunha, que importância tem discutir as questões políticas? Que primado pode ter o intelectual sobre o homem da mera ação prática, se o desconhecimento que os une é maior do que a eventual vantagem do primeiro sobre o segundo? Sartre, se nunca reivindicou para o intelectual uma superioridade política sobre os demais homens, na prática assumiu porém um papel algo parecido, de consciência moral pública sobre o político. Ora, é esse papel mesmo que Foucault contesta, retirando, aliás, todas as conseqüências dessa contestação. E esta se mostra ainda mais forte, se lembrarmos que para Sartre a questão se joga nas palavras; que deu esse título a sua autobiografia, de 1962; e que para Foucault, seu biógrafo Didier Eribon o repetirá várias vezes, escrever surgiu por acaso e (pelo menos ele o dizia — podia ser coqueteria do próprio Foucault) poderia não ter surgido.

Foucault, pelo que nos revela Eribon, é tudo, menos um personagem com projeto: sua integridade, sua coesão vão-se formando a partir de facetas que antes se contradiziam e cujo surgimento parece, às vezes, fortuito. Ele quis, de início, fazer carreira diplomática, a exemplo de muitos intelectuais que trabalham nos serviços culturais e nas Alianças Francesas; em Uppsala, na Suécia, deu conferências, mais de literatura que de filosofia. Perto de morrer, quis fazer-se jornalista, e nessas condições foi para o Irã, presenciar a agonia do regime do Xá. Não foram meras fantasias, no começo e no fim de sua vida adulta; dessas duas profissões ficaram resultados sólidos. Mostravam ambas um gosto acentuado pela dimensão pública, pela fala que reverbera para fora do meio apenas acadêmico. Onde ele melhor realizou esse gosto foi, está claro, na atividade de professor e escritor. Mas como satisfazer essa dimensão pública, para um intelectual, sem se tornar consciência sartriana?

Como professor no Collège de France, Foucault impressionava. Era um ator estupendo, sabe-o quem o viu alguma vez falar: atrás de uma pequena lâmpada, que lhe iluminava apenas parte do rosto e do busto, ele falava; cada movimento que fizesse — e cuidava para que fossem poucos — tinha o efeito multiplicado, pela luz, pela escassez de gestos; preparava os 75 minutos de aula montando uma demonstração fascinante, de poderosa argumentação, mas que alcançava uns cinco ou sete momentos culminantes, frases que sintetizavam o que precedia e constituíam fórmulas que ficavam gravadas — de tal modo que a cada dez minutos ou doze se chegava a um patamar, sempre (ou quase) demolidor de imagens feitas. Como um número cada vez maior de ouvintes levasse gravadores portáteis para registrar suas aulas, ele — por coqueteria ou generosidade ou, mais provável, por ambas — passou a fazer um rapidíssimo entreato, de um ou dois minutos, na metade da aula, quando contava uma anedota, exemplar das teorias que estava criando; o que, aliás, apressava ainda mais os donos dos gravadores, desesperados por terem, também, esta mediação quase lúdica que se introduzia aos 45 minutos de fita.

Esse Foucault, que dominava tão bem o seu público, não se teria tornado um tanto sartriano? Quero apenas dizer (Sartre nunca teve essa maestria na fala, ou esse público regular — era um escritor): depois de tanto criticar o filósofo-porta-voz, Foucault veio a sentir-se bem no papel do pensador que fala e é ouvido. No entanto, os tempos haviam mudado, e na sua atuação política, que começou relativamente tarde, os problemas com que se defrontou foram muito distintos dos que Sartre teorizou.

Antes de mais nada, Foucault mal teve de lidar com a militância, no sentido tradicional, de um partido político consolidado e forte. Ainda havia militância, é claro, nos grupúsculos de extrema esquerda, e que então parecia ter certa importância (mais ou menos entre 1968 e 1972 ou 1973), mas quem dialogou com ela foi Sartre — que, vimos, cessara de falar com o Partido Comunista. A política em que Foucault acreditava ele teorizou num diálogo com Gilles Deleuze que aparece no número 49 de *L'Arc*[5] (1972): afirma ele que o poder do policial é da mesma natureza que o do primeiro-ministro — ou seja, ambos, embora sua esfera de atuação seja diferente, têm em comum o fato de impedirem as pessoas de fazerem o que querem, e de obrigá-las a fazer o que não querem. O "*Circulez!*" do policial passa a ser visto como revelador da essência do poder, tanto quanto as leis e decretos governamentais; uma língua ferina poderia até criticar Foucault por de algum modo reduzir a complexidade do poder a esse gesto elementar do policial. De todo modo, mais tarde, à medida que ele desenvolver a idéia de que o poder é produtivo e repudiar explicitamente a tese libertária de que, retirando-se a coerção, cem ou mil flores hão de florir, é claro que tal reducionismo, se um dia ocorreu em seu pensamento, deixará de fazer sentido para ele.

Mas de todo modo, se na sociedade estão semeados estes mil poderezinhos que nos oprimem, como enfrentá-los senão fazendo florescer milhares de ações pontuais? Daí Foucault defender a ação local, que a seu modo pode ser exemplar, isto é, difundir novas possibilidades de vida. É a época em que a fábrica de relógios Lip vai à falência, e seus operários entram em conflito com o governo porque querem assumi-la eles mesmos, numa proposta de autogestão que poderia ser ameaçadora para a tese capitalista segundo a qual somente o empresariado assegura a racionalidade necessária à direção dos negócios: se o recorte capital-trabalho deixar de recobrir as divisões racionalidade-obediência, decisão-execução, que será do capitalismo? Ao mesmo tempo, um campo de pastores no Larzac, região do sul da França, é desapropriado pelo exército para servir de campo de tiro e se torna emblema das causas, a um tempo, pacifista, ecologista e camponesa — politizando, ademais, uma camada, a dos trabalhadores do campo, tradicionalmente conservadora. As violências da polícia contra árabes e negros, no final da presidência Pompidou, e a mobilização da opinião pública contra a pena de morte somam-se a este quadro, em que cada uma das lutas descritas, em vez de preparar a "luta final" que substituirá o capitalismo pelo socialismo, tem riquezas próprias, deve ser respeitada em si mesma e não subordinada a uma racionalidade superior e externa, a do Partido, da qual se sabe, só, que não deu certo.[6]

E é o que mostram dois grandes exemplos de atuação de Foucault naqueles anos. Um foi o Grupo de Informação sobre as Prisões (GIP), que ajudou a fundar, em 1970. Outro foi o livro sobre Pierre Rivière.

O GIP foi algo inédito, pelo menos na França (a Anistia Internacional tinha, no mundo afora, uma atuação que recobria alguns de seus aspectos e ultrapassava outros, mas sem a doutrinação francesa).[7] Não defendia os presos políticos em particular, mas — sobretudo — os de direito comum. Ora, os intelectuais, franceses ao menos, podiam se interessar pelos presos, mas só para conferir sentido e destinação a sua luta; pois foi justamente isso o que Foucault se proibiu. Os cadernos do GIP traziam depoimentos, davam a palavra a quem não a tinha; essencial, aí, era romper com o padrão de ser "voz de quem não tem voz", que apareceu em parte da pedagogia progressista de matriz católica, ou de quem traduz, decifra, totaliza, interpreta melhor mesmo do que o sujeito falante o que este deseja (ou o que este *tem de* desejar).[8]

O livro sobre *Pierre Rivière* segue a mesma inspiração. É uma obra menor de Foucault, e por algum tempo se viu um tanto superestimada, até favorecendo, como se fossem foucaultianos, textos de qualidade menor, meras coletas de arquivos sem análise. Nele, Foucault não quis interpretar o que dizia esse matricida do século XIX, que a normalidade considerou louco; em vez de analisá-lo, os autores do livro redigiram textos complementares ao do próprio Rivière. Daí, quando o lemos, uma certa frustração. Mas proposital, porque produzindo-a Foucault rompia exatamente com o modelo que podemos, com alguma perfídia e exagero (mas apenas alguma), denominar sartriano.

Sartre, por essa época, compreendia Flaubert, como antes havia compreendido Baudelaire; é isso o que Foucault se recusava a fazer. Estranhamente, Foucault, que acreditava no inconsciente, não queria desmantelar a consciência que alguém — até mesmo um preso, personagem usualmente desdenhada — tinha de si e de sua situação (e com o tempo ele veio a pensar que essa consciência era bastante justa, e merecia respeito não só ético, mas também no plano do conhecimento), enquanto Sartre, para quem as escolhas sempre foram algo prioritário, admitia ser a consciência alheia.

Na verdade, porém, as duas posições são coerentes com as idéias de seus defensores. A importância da consciência e da liberdade, em Sartre, permitia que ele discutisse a obra ou a vida alheia sem se situar num plano superior ao do outro: uma certa comunidade de mundo une a todos nós. Dizer, aliás, que Sartre pretendesse ser a consciência alheia é fazer-lhe uma crítica externa a suas convicções — uma crítica foucaultiana — e vazada em termos que não são seus. Pois o que a importância do inconsciente ensinou a Foucault foi humildade intelectual, negando-lhe e a qualquer outro credenciais para proferir um discurso definitivo ou mesmo superior, estabelecendo uma autonomia irredutível de cada discurso ou prática a qualquer outro. Trata-se da recusa da recuperação, a que aludimos antes.[9]

O risco disso, sabemos (e foi apontado), está em cortar de vez o diálogo, em negar entre os homens a possibilidade de se constituir uma comunidade: mas Foucault se importava menos com os riscos que seu pensamento causasse para os pensadores da ordem social, do que com a contribuição que pudesse dar a novas falas e ações.

E, sobre o novo, uma palavra. Terá sido este um ponto decisivo na atuação de Foucault, não só porque contribuiu extraordinariamente para renovar as ciências humanas e a própria filosofia, mas também porque sua própria *démarche* destacava o novo, o inédito: eram deste teor as frases de maior efeito com que, dissemos, pontuava suas aulas no Collège de France, e era também deste modo que construía suas obras, quer em suas teses principais, quer na simples composição, surpreendente, de sua escrita.[10] De teses surpreendentes, citemos pelo menos duas: a conclusão de *As palavras e as coisas*, segundo a qual é *consolador* imaginar que a figura do homem (enquanto objeto dotado de inteligibilidade própria — mas esta ressalva não fica evidente) desaparecerá em breve do horizonte de nosso saber — o que, sem a ressalva entre parênteses, parece tudo, menos consolador; e a tese que norteia *A vontade de saber*, segundo a qual o que distingue a sexualidade moderna ocidental é menos a repressão (segundo o lugar-comum que por ela responsabiliza a rainha Vitória, e o qual o próprio Foucault antes havia exposto, em aulas) do que uma *hybris* de conhecimento: mais, portanto, lançando luzes do que um véu sobre as coisas do sexo. De frases de espantoso efeito, basta recordar, nos mesmos livros, a enciclopédia chinesa citada no início de *As palavras e as coisas*, e o comentário, em *A vontade de saber*, segundo o qual nossa cultura é a única que tem prepostos pagos para ouvir confissões: como se fosse tal o descompasso entre o desejo de falar e a disposição a ouvir, que se tornasse necessário adequar a oferta à demanda.

Terá sido este destaque dado ao novo, esta sofreguidão com que Foucault e seus leitores pactuavam na busca do que fosse diferente, um dos traços decisivos do clima intelectual dos anos 1970. Suponho assim que seu impacto sobre a chamada "nova história" devesse muito ao desejo de romper imagens feitas e promover pesquisas cujo efeito fosse, ao pé da letra, surpreendente. Mas é claro que as próprias surpresas se esgotam, e que por vezes engendram uma nova ortodoxia; isso terá ocorrido, penso, em boa parte da nova história[11]; mas, por esse efeito, Foucault não é responsável.

Assim foi que os caminhos dos dois pensadores mais impressionantes do último meio século francês vieram a se cruzar: Foucault, tornando-se personagem público, sempre tentou negar (o quanto lhe permitiram os *media*, a que tinha fácil acesso) o papel de guru; Sartre, cortando a interlocução preferencial que mantivera com o PCF, tornou-se amigo dos grupúsculos maoístas. Participaram, juntos, de várias manifestações.

Se, até o fim, Sartre parece ter conservado uma certa simpatia pelo comunismo — agora o da versão que se dizia mais autêntica, a maoísta —, o que o atraía neste não era a figura do presidente chinês, mas a ênfase nas lutas dos trabalhadores, a combatividade que demonstravam; com isso, seu pensamento se tornou menos globalizante, mais pontual — assim como as ações de que participava, e que eram tão *soixante-huitardes* quanto as dos filósofos da época, esses jovens que não eram seus discípulos. Nada expressa melhor suas convicções da última fase de vida do que a frase que então imprimiu: *Sempre há razão em se revoltar.* Esta frase talvez pudesse ser assinada pelo professor Michel Foucault, do Collège de France — que, embora não conferisse o mesmo privilégio às lutas operárias, deu pleno apoio a todas as lutas de "minorias" (árabes, judeus, negros, minorias nacionais, homossexuais, ecologistas, mulheres, presos) com que se deparou.

Mas esse gosto pelas ações pontuais não terá impedido Foucault de pensar globalmente o político? Essa crítica foi feita várias vezes — por exemplo, no debate de encerramento do Colóquio Foucault da USP, em 1985: não seria a ausência de uma teoria do político que o teria levado a erros graves, como a simpatia que expressou pelo aiatolá Khomeini nos artigos para o *Corriere della Sera*, em 1978-79?

Ora, comecemos negando a gravidade do erro: esses poucos artigos em nada concorreram para a instituição da República Islâmica no Irã; se Foucault errou, sua teoria pelo menos não porta nenhuma responsabilidade pelos males do mundo. O liberalismo, a social-democracia, o marxismo não podem dizer a mesma coisa.

O que surpreende, porém, nos artigos em questão, é o comedimento de Foucault. O que diz ele? Primeiro, que uma vitória de Khomeini mudaria por completo os dados no Oriente Médio. Isto se confirmou. Depois, que via a política trilhar novos caminhos, esquecidos do Ocidente: "Uma espiritualidade política." Também acertou. O problema então é apenas um: Foucault, com sua simpatia por tudo o que era dissidente em face dos discursos/práticas ocidentais, deu crédito (e talvez não muito) a um movimento que acabou exterminando tudo o que fosse dissidência.

Aí está a questão, que hoje facilita os ataques a Foucault por parte daqueles que voltam a exaltar o Ocidente e o liberalismo que ele e os pensadores franceses dos anos 1970 desmontaram. Mas quem leu esse pensamento sério e apaixonante, profundo e ferino, não pode contentar-se com uma tal volta do pêndulo, que veio a reconstituir a razão, a democracia, o consumo como valores definitivos. De Foucault lembremos a prudência intelectual que tão bem se lê na sua descrença das palavras, em particular das grandiosas, "universais". No Irã ele viveu uma experiência, que poderia, tivesse mais sorte, ser a dos seus nhambiquaras (porque, se quisermos um dia perguntar onde Lévi-Strauss viu cair sobre a cabeça sua "maçã de Newton", aquilo que o fez pensar, terá sido no Mato Grosso: a lição de escrita, relatada nos *Tristes trópicos*): como um etnólogo, como um aventureiro, ele tentou viver os sinais de mudança — como poderia ter sido em Lip ou no Larzac. Frustrou-se, errou mesmo. Seus índios estavam em Paris, ou na Califórnia, ou em toda a parte; sem dúvida, eram menos límpidos que os de Lévi-Strauss, sua selvageria não era boa. Mas esta curiosidade, que ele elogiou no início do *Uso dos prazeres*[12], esse cuidado intelectual, fizeram-no recusar o que fosse sistema acabado, o que passasse por óbvio. Sabemos de pensadores que se afastam dos poderes constituídos; estão entre os melhores; Foucault, contudo, foi além: afastou-se até das identidades constituídas. Por isso, até seus equívocos aclaram. E talvez pudéssemos concluir com uma passagem de Nietzsche, na epígrafe da *Gaia ciência*:

E zombei de todo mestre
Que não zombou de si mesmo.

NOTAS

1. Evidentemente, seria tolo reduzir a obra de Foucault a uma contestação a Sartre. O confronto decisivo entre ambos se situa precisamente na questão do humanismo, na do engajamento, na da consciência política.
2. Inédito no Brasil.
3. Estas cartas, em tradução minha, apareceram no suplemento *Mais!*, da *Folha de S. Paulo*, em 14 de agosto de 1994.
4. Uma última grande aparição de Jeanson ocorre no filme *A chinesa*, de Godard, quando ele explica a uma estudante maoísta a diferença entre a violência revolucionária que se apóia nas massas (a que a FLN argelina praticara) e uma violência sem ligação com o povo.
5. Também publicada, como *Os intelectuais e o poder. Conversa entre Michel Foucault e Gilles Deleuze* (1984a).
6. É inevitável uma referência à *Sexpol*, de Wilhelm Reich: o cientista da sexualidade, militando no PC alemão, iniciava alguns anos antes da tomada do poder pelo nazismo um empreendimento voltado especificamente para os jovens, a fim de enfrentar sua "miséria sexual" através de uma educação libertária e esclarecedora, bem como do incentivo a locais onde pudessem se encontrar para ter uma vida sexual limpa e prazerosa. O partido apreciou a iniciativa enquanto ela ampliava os quadros de seus membros, mas bloqueou-a depois, devido ao conservantismo de outros militantes. Este é um paradigma da forma pela qual uma luta dita "local" ou "específica" (e no entanto de enorme amplidão) se vê congelada pela subordinação à luta final. Evidentemente, seria absurdo imaginar que o legado imediato de maio de 1968 fosse a contestação deste modelo. Os maoístas, já vimos, mantinham o modelo do PC, desde que "reconstruído", o que agravava sua desconfiança dos intelectuais. Entre os trotskistas, um *slogan* que se repetia proclamava, para qualquer problema, "uma única solução, a revolução". A grande organização trotskista chamava-se Liga Comunista. Somente a médio ou longo prazo é que se firma a imagem de 1968 como uma crítica, não a um PC traidor de seu próprio ideal, mas à proposta mesma de um PC vanguarda das massas. Digamos, sucintamente, que Sartre endossa mais a primeira crítica, e Foucault a segunda.
7. Com efeito, a Anistia Internacional defende a libertação de todos os presos de opinião, a supressão da pena de morte, condições decentes de julgamento para todos os réus e de cumprimento da pena para todos os condenados. Seu roteiro é portanto distinto do do GIP, embora se encontrem em vários pontos.

8. Recorde-se que por essa época faz sucesso na França a trilogia de filmes *Français, si vous saviez*, sobre a era gaullista, dos quais um — *Je vous ai compris* — mostra a tomada do poder por De Gaulle em 1958. "Eu vos compreendi" é a frase-chave do discurso que o general profere naquele ano em Argel, perante os colonos franceses cuja revolta, ante a possibilidade de independência da Argélia, fora o fator que o levara ao poder. Ora, quatro anos depois o presidente De Gaulle firmava os acordos que reconheciam uma Argélia independente. "Compreender" deixa então de ser entendido em seu sentido raso e óbvio, que é o de compreender/entender/escutar/ouvir alguém, para assumir seu sentido acessório, menos conhecido, que é o de englobar, anexar, apropriar. De Gaulle compreendeu, mas não apenas o que os colonos *queriam dizer*, e sim os próprios colonos, anexados a um projeto dele que em última análise, aceitando a independência da Argélia, implicaria trair os compreendidos. Compreender assim deixa de ter como corolário a fidelidade, a lealdade, a comunicação denotativa, para tornar-se um empreendimento de traição.

   Eu vos compreendi passa então a ser o *motto* de como idéias e sentimentos são anexados, traduzidos e traídos ao se incorporar naquilo que pretende ser uma racionalidade superior. Contra esse empreendimento de "recuperação", valoriza-se uma concepção de cada discurso como *irredutível*. E pouco importa, no caso, que os setores traídos tenham sido os de extrema-direita: o empreendimento de tradução/traição é visto como dispositivo essencial do poder.
9. Na nota imediatamente anterior.
10. Desenvolvemos este ponto em *O discurso diferente* [Ribeiro (org.), 1985], artigo que republicamos, modificado, em *A última razão dos reis — ensaios de filosofia e de política* (1993).
11. Cf. meu artigo *O risco de uma ortodoxia* (1994).
12. Na passagem em que afirma que o motivo que o levou a escrever essa obra foi "a única espécie de curiosidade que vale a pena [...]: não aquela que procura assimilar o que convém conhecer, mas a que permite separar-se de si mesmo" (Foucault, 1984b, p. 13).

REFERÊNCIAS BIBLIOGRÁFICAS:

Foucault, Michel. "Os intelectuais e o poder. Conversa entre Michel Foucault e Gilles Deleuze". In: ——. *Microfísica do poder*. 4ª edição. Rio de Janeiro: Graal, 1984a, p. 69-78.

——. *História da sexualidade II — O uso dos prazeres*. Rio de Janeiro: Graal, 1984b.

Ribeiro, Renato Janine. "O discurso diferente". In: ——. (org.) *Recordar Foucault*. São Paulo: Brasiliense, 1985.

——. *A última razão dos reis — ensaios de filosofia e de política*. São Paulo: Companhia das Letras, 1993.

——. "O risco de uma ortodoxia". *Revista USP*, São Paulo, nº 23: 6-13, 1994.

Sartre, Jean Paul. *O fantasma de Stalin*, Rio de Janeiro: Paz e Terra, s/d.

Intelectuais, comunicação e cultura: entre a gerência global e a recuperação da crítica

ARMAND MATTELART

Parte 1

Entrevista a Analía Reale e Carlos Mangone, publicada na revista *Causas y Azares*, em 1995.

Você declarou em mais de uma oportunidade, e a propósito de temas distintos, entre eles a globalização, que o principal condicionamento é a prevalência do nível financeiro na economia mundial, nos termos em que se realiza a partir dos anos 1980. Este predomínio financeiro, que se adapta perfeitamente a um capitalismo da demanda e não da produção (o setor de finanças é aquele com maior predomínio da demanda no circuito econômico), não se manifesta também nas características adquiridas pelas mensagens da comunicação de massa: fugacidade, prevalência do significante e do desenho, adequação à demanda virtual, simulacro etc., ou seja, tudo aquilo que podemos encontrar em uma "tela" (nos muitos sentidos da palavra) financeira?

O problema hoje, quando falamos da globalização, reside no fato de lidarmos com um campo no qual os conceitos utilizados são "conceitos-cilada", a começar pelo próprio conceito de globalização; muitos dos conceitos aos quais recorremos para nomear o mundo são conceitos provenientes da lógica econômica. O campo da análise da situação do mundo está cada vez mais parasitado por conceitos e noções que nos são dados pela concepção do setor "gerencial" da sociedade. Assim como está em marcha uma desregulação drástica dos sistemas de comunicação e, portanto, dos modos segundo os quais estão reorganizadas as sociedades, existe também uma desregulação conceitual na qual certos termos entram em circulação sem nenhum benefício de prévio inventário: não os interrogamos, mas os aceitamos como tais. Hoje estamos obrigados a usar muitos termos que não nos pertencem; somos obrigados a utilizá-los porque foram postos em circulação e deram a volta ao mundo antes que sua definição se instalasse como ferramenta de análise. É um problema muito sério. Creio que era Camus quem dizia que nomear mal as coisas é aumentar os males do mundo. Uma tarefa essencial é, portanto, praticar a dúvida metódica e recusar a idéia da a-topia social das palavras que nomeiam o mundo, para identificar o lugar a partir do qual seus criadores e seus operadores falam.

Imaginem o que acontece nas línguas latinas com os conceitos de "globalização" e "mundialização". Nós nos acostumamos a usar ambos os termos como sinônimos. No entanto, o termo "globalização" é muito diferente do termo "mundialização". Ao contrário de "mundialização", que se limita à dimensão geográfica do processo, a globalização remete a uma filosofia que denominamos holística, ou seja, à idéia de unidade totalizante ou unidade sistêmica. O termo "globalização" — transposição direta e literal da palavra anglo-saxônica — conota uma visão cibernética da organização funcional da economia mundial e de seus atores. A globalização financeira é a melhor metáfora hoje existente para falar do mundo. Nela dominam fluxos imateriais que permitem a construção de espaços desterritorializados que escapam a toda possibilidade de controle da nação e da soberania nacional. Além disso, esses fluxos que circulam 24 horas por dia são — e isso pode ser visto claramente em crises como a que explodiu no México — a imagem da vulnerabilidade e volatização das sociedades. Isso é muito interessante porque não é simplesmente uma metáfora. Hoje, uma das mais importantes redes de informação financeira e bursátil é a agência britânica de informação Reuters: 93% dos lucros dessa agência de notícias são provenientes da difusão de informação econômica, cujos destinatários são os *electronic trades*. Vê-se claramente, então, que no interior da empresa coexistem dois tipos de fluxos: o primeiro e mais importante, o financeiro, mostra quais são as características do segundo tipo de fluxo, o midiático.

O conceito de globalização nasce no nível financeiro e logo se expande até pretender cobrir a totalidade do processo de integração mundial. Embora a globalização seja um fato — nossas sociedades vão se integrar economicamente cada vez mais e teremos cada vez maior interdependência — constitui também o que chamo de "prêt-à-porter ideológico", um conceito cativo. A globalização é um fato, porém é também uma ideologia, pois difunde uma visão "globalitária" como única opção para a reconstrução do mundo. É importante criticar esta visão economicista que não leva em conta apenas uma das lógicas com que o mundo trabalha, a lógica da homogeneização, silenciando as lógicas das fraturas, da fragmentação. A tentação é oscilar entre dois extremos. Hoje estamos prisioneiros entre duas posições: alguns, por derrotismo, são cada vez mais globalistas ou mundialistas e outros, apoiando-se nas numerosas desordens do mundo, opinam que de qualquer forma o globalismo é uma quimera, uma mitologia e que a única realidade é aquela da fragmentação, subestimando amiúde a importância das lógicas pesadas da uniformização.

Isso pode ser visto muito claramente no campo das ciências da informação e da comunicação, onde estamos cada vez mais sob o signo do maniqueísmo, das tensões, das oposições entre o sujeito e o coletivo, entre o micro e o macro. Estas oposições voltam de forma sutil ou grosseira, segundo os casos. A reconstrução de um pensamento crítico passa pela necessidade de encontrar as formas de interação entre ambos os pólos. Se não o fizermos, corremos o risco de alimentar novos triunfalismos. O problema das ciências sociais críticas é o triunfalismo. Durante décadas acreditamos no triunfo da classe operária em escala mundial, na revolução mundial; hoje esse triunfalismo se reproduz em relação à capacidade que as pessoas têm de resistir. É certo que os indivíduos e os grupos sociais resistem, porém acredito também que muitas das formas batizadas um pouco rapidamente como resistência são de natureza darwinista, e apenas traduzem a capacidade da humanidade de "adaptar-se" a novas condições. Aí reside o problema: reconhecer a força desses novos interrogantes.

Por que, em sua opinião, não se elaborou um contradiscurso?

Hoje é evidente que as forças que tendem para aquilo que Adam Smith chamava no final do século XVIII de cosmopolitismo da república mercantil universal, as forças econômicas, são aquelas que determinam o campo conceitual. Existe, ademais, uma regressão ou involução das forças críticas, um recuo das forças anti-sistema diante da análise da mundialização/globalização. Esse é um problema fundamental, é banal repeti-lo, mas há que fazê-lo. No momento em que foram derrubadas as grandes utopias de emancipação política, as classes intelectuais (porque não há uma classe intelectual, mas diversas classes intelectuais através do mundo) foram capturadas, seja por necessidade, seja por convicção, pela nova máquina econômica. Concretamente, o que quer dizer isso? Que ciências humanas ou sociais como a geografia, a antropologia, a lingüística, a sociologia e inclusive a história têm sido cada vez mais solicitadas, como campos de especialistas, para tarefas de perícia que envolvam a melhoria da produtividade, a eficácia das empresas, sua "competitividade" no mercado global. Se retomarmos o termo que Eco lançou nos anos 1960 (Eco falava de intelectuais integrados em oposição aos apocalíticos ou críticos) podemos dizer que há cada vez mais intelectuais que são levados a se integrar. Há uma corrente geral, uma moda, um movimento muito forte de integração da classe intelectual e isso é um desafio dramático.

Por que falamos dessa fase do capitalismo como a de um "capitalismo integrado"? Porque ele não está única e simplesmente ligado à função da empresa, que vê o planeta como um mercado único, à função de integração econômica, trata-se também do "imperativo categórico" da integração dos diferentes grupos que produzem saber no interior da máquina econômica. A integração da classe intelectual nesse movimento econômico a serviço do mundo da empresa provoca um retorno forçado e paralelo a todas as formas de empirismo, ou seja, aos enfoques que descontextualizam a investigação, atomizando-a e retirando-a de seu contexto social. Há, portanto, um duplo movimento: por um lado, pesquisadores cada vez mais tentados pela empresa, atados a objetos de estudo descontextualizados e que se encontram cada vez mais presos à analise de situações totalmente atomizadas; de outro, a autodenominada *world business class* ou *global business class*, que pensa em termos planetários: a nova elite mundial que encontramos em todos os países do mundo, de Paris a Buenos Aires, que fala a mesma linguagem global a partir de colóquios, de revistas e outras publicações, de *best-sellers* sobre *management*, *marketing* ou "reengenharia" da empresa.

A empresa tem necessidade de um especialista para melhorar sua eficiência — digo sem nenhum juízo de valor, é um fato. Há países nos quais isso já acontece há muito tempo. Recordo-me da América Latina (quando corriam os anos 1980), no Peru, por exemplo: percebi que muitos intelectuais eram obrigados a transigir, a estabelecer compromissos, a fazer concessões... na Argentina também.

Na Argentina percebeu-se este fenômeno com a integração de pesquisadores a equipes que trabalham para fundações vinculadas a partidos políticos no governo e na oposição.

Sim, claro. Este problema é contemporâneo da retração do Estado-Providência, tanto no plano da educação como naquele das instituições públicas. Portanto, quando se fala desse tema, a questão é retirar a noção de culpabilidade e de culpado. Estamos diante de uma situação estrutural em que estão imersos os pesquisadores e sobretudo as jovens gerações que são obrigadas a sobreviver, para não falar dos mais velhos. O problema reside hoje nas formas de controle social; de regulação da sociedade: o modelo primordial não são os meios de comunicação, não é a educação, mas o trabalho, o emprego. Os meios de comunicação são como a mosca do cocheiro: fazem muito barulho, mas não puxam o carro. É muito importante dizer isso porque, hoje, o dado novo nas discussões sobre identidade nacional e cultural é a aparição do problema do emprego. Esse problema ganha cada vez mais importância — e isso pode ser visto com clareza nas discussões no interior da União Européia, sobre a implementação das "auto-estradas informáticas". Relata-se, e certamente acontece, algo parecido na América Latina. Assim, na União Européia, a privatização das grandes infra-estruturas de telecomunicações é feita invocando-se a necessidade de criar empregos. O que, além de chantagem, é uma ilusão tecnicista. O problema reside no fato de que os pesquisadores que se alistaram no campo da ideologia empresarial por convicção querem ter ao mesmo tempo *le beurre e l'argent du beurre.*[1] Quer dizer, seguem reivindicando a legitimidade do intelectual tradicional quando já não o são. Para utilizar o termo usado por Gramsci nos anos 1930, eu diria que eles são os verdadeiros intelectuais orgânicos da globalização. De um lado estão estes "sherpas"[2] ou novos legitimadores operativos do Príncipe e, do outro lado, estão aqueles que, nos Conselhos de Administração e nos colóquios internacionais de gerenciamento, "pensam" o mundo, naturalizam seu "pensamento único" e se autonomeiam a "elite global".

E além do "sherpa" e do intelectual orgânico não haveria uma terceira posição, a do intelectual crítico?

A terceira posição tem a ver com a recomposição de uma camada de atores sociais — no marco da recomposição do conjunto da sociedade civil — que pensariam a si mesmos de maneira diferente, que pensariam o movimento para a integração mundial (concebida hoje em termos exclusivamente economicistas e tecnicistas) em outros termos. Efetivamente, em todos os países acontece, em primeiro lugar, uma recomposição da classe intelectual. Digamos que é um trabalho forçado pelas circunstâncias na medida em que há cada vez menos lugares a partir dos quais se possa desenvolver um pensamento que se distancie do empirismo e das lógicas dominantes da economia. O tema da profissionalização, da aliança com a empresa, com a lógica empresarial, fez efeito em toda parte. Isso eu posso ver muito bem em meu próprio caso, na França, que é um país relativamente privilegiado porque as universidades estão dentro do sistema público. Mesmo assim, nos últimos anos certas lógicas empresariais tomaram espaço e existem cada vez menos lugares onde se possa pensar livremente. Há, como eu dizia antes, uma tendência à investigação e à reflexão por encomenda. Os dispositivos de controle social são tais que exigem novas formas de elaboração de saberes. Isso não quer dizer que se deve negar ou rechaçar a idéia de adaptar as universidades, os centros de estudos superiores e de pesquisa às necessidades da sociedade. Há que repensar os enfoques científicos, as ciências em função do mercado laboral, porém há que pensá-los de uma maneira diferente dessa que nos impõe uma relação de força desigual diante da empresa. É preciso repensar até mesmo o conceito de especialista em função do social; creio que os intelectuais, de fato, isolaram-se do social; suas pesquisas caíram muitas vezes no teoricismo, porém não é através de uma aliança com a lógica empresarial que vamos resolver o problema.

Agora, o segundo ponto: o estoque crítico de uma sociedade não se elabora apenas através de seus intelectuais, esta é uma concepção totalmente arcaica que nos vem do Iluminismo e do liberalismo. A consciência que uma sociedade tem acerca de si mesma é determinada pela forma como o cidadão se conscientiza dos problemas que esta nova situação coloca diante do novo contexto, do ambiente mundial que preside o desenvolvimento de sua própria vida cotidiana.

Hoje um número cada vez maior de pessoas é afetado em sua vida pessoal pela globalização/mundialização, por algo muito diverso da exposição a um programa de televisão ou ao McDonald. As pessoas sabem muito bem que existe o deslocamento das empresas, que os priva de trabalho, que os serviços públicos são atacados em seu fundamento e já começam a se dar conta de que a desregulação (outro termo-cilada, já que se trata efetivamente de nova regulação) e a privatização fazem parte de uma corrente de fundo que não é nem local, mas global. Isso ficou muito claro aqui na França com as greves e manifestações de novembro e dezembro de 1995, o que é muito significativo em uma sociedade que faz parte dos grupo dos 7 (G-7), o grupo dos países mais industrializados: é um indício muito interessante. Com razão, foi possível falar da primeira rebelião de um país do G-7 contra uma mundialização teleguiada pelos mercados financeiros. Que isso estava presente na América Latina todos nós sabíamos: quando as pessoas desciam das favelas ou dos povoados para saquear o comércio em Rosário, em Recife e no Rio era finalmente um signo ou uma forma de rebelião contra o capitalismo selvagem.

O capitalismo selvagem é a desregulação que desembarca na América Latina muito antes que na Europa, porém o fato de que a Europa comece a se dar conta disso é muito importante. Na América Latina houve uma desregulação dentro de uma desregulação, enquanto na Europa ela acontece num marco de reconhecimento da importância do Estado-Nação de Bem-Estar Social. Sobre esse ponto há que se estabelecer com clareza as diferenças entre os processos, mas de qualquer modo, mesmo preservando-se as diferenças de cada sociedade, o fenômeno da formação de uma massa crítica vai ser um processo necessariamente longo e não se sabe com que resultado. Por um lado, vemos gente que sai às ruas para protestar contra o descompromisso do Estado em relação a todos esses problemas dos serviços públicos, porém, há outros que reagem de maneira diversa, mais violenta e que, ao se sentirem excluídos, adotam formas radicais de protesto. Também os problemas de fundamentalismo e extremismo social ou religioso são uma forma de reação a processos que os superam, sobre os quais já não se tem nenhum controle. Signo da ambigüidade das rebeliões contra o globalismo, que oscilam entre o fechar-se sobre a própria identidade e a busca de uma via alternativa de acesso ao "universal": no movimento reivindicativo de novembro/dezembro de 1995, na França, que buscava redefinir os termos do contrato social, deu-se a coexistência de novos processos de construção de uma identidade social dentro de organizações sindicais em plena recomposição com práticas corporativistas retrógradas e um sentimento nacionalista agudo.

Em uma entrevista (revista Voces y Culturas, *nº 7, 1995), você observou que um dos enfoques vigentes de* Para ler o Pato Donald *era aquele que denunciava o mecanismo utilizado para inocentar o ato de expoliação dos que nada têm, dos excluídos. Como resgata este aspecto de um livro tão difundido quanto polêmico, gostaríamos de perguntar quais são as categorias, as perspectivas teóricas, as linhas de investigação que conservam sua vigência, e quais as que precisariam de revisão?*

Esse livro, que publicamos em dezembro de 1971, em Valparaíso, com meu colega Ariel Dorfman, teve um êxito *abrumador*, como se diz em espanhol* (foram vendidos pelo menos um milhão de exemplares, umas trinta edições em castelhano e quinze edições em línguas estrangeiras). Até o privilégio de sermos censurados pelo governo dos Estados Unidos nós tivemos. Eu o considerava um panfleto, um grito de rebelião. Disseram que era uma coisa de momento, que analisava a estrutura e não a recepção.

*Em português, esmagador (*N. do. T.*).

Contra tais ataques, contra tais interpretações, eu me oponho. Embora seja correto dizer — em relação às interrogações que hoje se colocam — que o livro não se pergunta como uma criança argentina, chilena ou francesa lê Walt Disney, devo afirmar que é um trabalho que já havia interiorizado a questão da recepção. Nessa época, o tema principal não era tanto o consumo, mas a produção de uma alternativa. Paralelamente, implementava-se a criação de novas formas de comunicação, tanto no campo editorial, como no domínio da televisão.

Quanto à genealogia desse "livrinho", posso dizer que foi feito como resposta a um pedido de operários, dos trabalhadores tipográficos da imprensa governamental chilena, que publicava grandes quantidades de revistas e jornais. Esta imprensa estatal, que o governo da Unidade Popular herdou do governo anterior, social-democrata, tinha que continuar publicando historinhas — devido a um acordo estabelecido entre os dois partidos — e esta continuidade fazia parte do pacto de garantias constitucionais. Naqueles anos houve uma tal mobilização da direita contra a Unidade Popular que chegou a se refletir nas historinhas. Então, os operários nos procuraram dizendo: "É muito curioso, seguimos imprimindo revistas que nos dão porrada; gostaríamos de saber quem está por trás de tudo isso." E nós começamos a trabalhar com eles. Começamos organizando oficinas — e não apenas sobre Walt Disney — que tentavam proporcionar uma reflexão sobre esses produtos que estavam, definitivamente, contra eles. Isso já implicava um processo de conscientização. De outro lado, estavam os estudantes secundários que tinham feito o mesmo percurso. Nossa preocupação não foi produzir um livro sem antes discutir com eles, nas oficinas, as muitas perguntas que se faziam sobre esse tipo de produto cultural.

O interessante é a razão por que teve tanto sucesso na América Latina: é um texto que parte de coisas que as pessoas conhecem e ensina outras noções, ensina a ler textos de uma maneira diferente a partir de certas questões já conhecidas. Em segundo lugar, nós tomamos Walt Disney como símbolo de uma cultura, de um modo de vida e de uma concepção de mundo. Era um produto que simbolizava uma sociedade que rechaçávamos. O maior problema para nós era como pensar, escrever e ler sem o Pato Donald. Naquele momento era fundamental a questão da dependência cultural, o problema dos fluxos desiguais. Hoje o mundo é outro, Walt Disney parece até inócuo frente ao avanço da globalização dos sistemas de comunicação. Antes estávamos diante de produtos que eram verdadeiros símbolos, hoje o que está se modificando são as próprias estruturas da sociedade. Se antes tratava-se de fluxos, de produtos culturais, hoje, em troca, as lógicas da mundialização atacam os fundamentos institucionais dos Estados-Nação. Esse é um problema muito diferente; hoje o que se tem que analisar não é Walt Disney, mas o modo como as sociedades são obrigadas — através da conexão de redes mundiais — a reestruturar-se para serem coerentes com as lógicas que atravessam tais redes. Pode-se continuar trabalhando sobre os programas de televisão, fazer uma análise de conteúdo ou uma análise semiológica ou dos modos de recepção, porém a meu ver essa já não é mais a encruzilhada, o que está em jogo, a aposta mais forte. O grande problema se encontra no nível das transformações das estruturas da sociedade a partir das lógicas da internacionalização. De todo modo, creio que *Para ler o Pato Donald* segue sendo importante porque, embora corresponda a um determinado momento histórico, é uma análise das representações que as pessoas que possuem o poder de determinar o sentido do mundo têm, a representação que eles se fazem dos excluídos.

Qual seria hoje o lugar do pesquisador em relação aos produtos culturais?

O que se precisa é romper — e talvez este seja um dos maiores problemas que tínhamos nos anos 1970 — com a concepções midiocêntricas da sociedade, segundo as quais são os meios de comunicação de massas que determinam os modos de pensamento. Esta é, em primeiro lugar, uma concepção absolutamente determinista. Se antes era fácil identificar certos produtos que provocavam ou incitavam a dependência cultural, se era fácil designá-los como causa dessa dependência, era porque pensávamos a mídia em termos de causa e efeito, mas hoje ficou difícil seguir pensando dessa forma. Agora temos que nos situar em uma posição muito mais modesta do que aquela dos anos 1960 e 1970, quando o problema era — sobretudo por meio do estruturalismo — reconstruir essas totalidades. As sociedades atuais são trabalhadas por lógicas globais que querem penetrar cada vez mais nos interstícios de nossas vidas, no que se chama de mercantilização da sociedade. Há que se estar consciente de que essa lógica existe e que, de qualquer modo, a contribuição que cada um pode dar a partir de seu próprio ponto de interesse, de sua própria problemática, é uma contribuição parcial. O importante, então, é não derivar teorias totais dessas contribuições ou vamos voltar a cair, por outros meios, em reflexos e gestos dos anos 1960 e 1970.

Você sustenta que naqueles anos se buscavam explicações causais, enquanto agora estaríamos em uma situação na qual essa possibilidade já não existe. Mas será que isso não gera o risco, para o pesquisador, de acabar limitado a descrições em vez de buscar explicações para tais processos?

É aí que aparece um verdadeiro problema, que sugeri quando disse que havia riscos de retorno a um enfoque empirista. O importante, e é justamente esse o ponto difícil, é tratar de conciliar o fato de que a sociedade, as estruturas e o poder existem com a idéia de que no interior das sociedades há cidadãos que têm uma vontade, que não aderem ao dogma do livre arbítrio neoliberal. Isso implica, à diferença dos anos 1960 e 1970, uma abertura intelectual que é difícil de sustentar, pois em decorrência disso logo vão lhe dizer que você é eclético ou relativista. O problema, para simplificar, é associar um enfoque proveniente da economia política com outro que viria da antropologia e, acrescentaria eu, da psicanálise. Há muitas outras disciplinas que podem contribuir, mas eu diria que estas são as mais necessárias. Hoje, e esta é provavelmente a verdadeira resposta à sua pergunta, em toda parte, e especialmente na América Latina, estamos perdendo a compreensão política do mundo. A questão da transdisciplinaridade é secundária em relação à perda da inteligência política do mundo, porque se não dispomos desta última, podemos ser os melhores transdisciplinares que mesmo assim o produto não será mais que um trabalho puramente escolar. A inteligência política do mundo não é uma questão de partidos, mas tem a ver com a resistência a este sentimento de solidão diante da evolução de um mundo que está em absoluta desordem.

Lembro o quanto a presença na América Latina dessa inteligência do mundo me ajudou. Sempre admirei isso, que me seduziu. Era aí que tinha lugar um contato intercultural interessante; essa continuidade, esse fio que reunia minha experiência européia, mais particularmente francesa, com a América Latina. As pessoas tinham uma inteligência política do mundo praticamente inata e, no curso desses processos, ouvi os discursos e as análises mais lúcidos de minha vida nesses países.

Gostaria de acrescentar algo que nunca se diz, mas é preciso deixar as coisas bem claras e não ter medo de retroceder em busca das pegadas de sua própria trajetória. Naquele momento, quando começamos a contra-atacar as concepções vindas dos Estados Unidos, as concepções do funcionalismo americano, as disciplinas, a ciência nos importavam realmente pouco. O que nos importava antes de mais nada era tratar de explicar até onde iam as nossas sociedades, isso era a inteligência política do mundo. Hoje me dou conta que, durante esse tempo todo em que estive na América Latina, onze anos, utilizei Barthes, Morin, Adorno. No entanto, eu não defendia escolas, mas servia-me delas para ir mais longe.

Finalmente, em um campo que nasceu sob o signo do deslumbramento da inteligência política, com o objetivo de mudar a vida e o mundo, encontram-se hoje cada vez mais pesquisadores das ciências sociais que se vêem reduzidos a defender um campo disciplinar. Esse é o problema, como evitar cair em discussões de panelinha e conservar essa transversalidade, que é uma das características mais importantes da verdadeira inteligência política. (...)

No contexto atual, como se dá a dialética entre a ordem e a desordem das redes de comunicação?

O problema não é apenas a nova ordem mundial que está em gestação, mas as novas formas de desordem mundial. Desde o começo falamos das redes que nos conectam com uma ordem econômica em gestação, mas existem outras redes que nos conectam com um mundo mais inquietante. Há uma metáfora significativa, a metáfora do sistema de vigilância eletrônica do Amazonas. O projeto consiste em instalar um sistema com dispositivos de captação de informação, satélites, aviões de reconhecimento, com o objetivo de vigiar o pulmão do planeta: um sistema de defesa do meio ambiente, uma missão planetária. Quando se analisa tal projeto percebe-se que, além da missão ambiental, está presente a vigilância, relacionada a aeroportos de narcotraficantes, contrabando, etc. Esta é uma metáfora, este é o mundo. A ordem é também a ordem da desordem, o que os geopolitólogos chamam de "antimundos estratégicos". As frentes da insegurança também determinam a ordem do mundo. Basta passear nas calçadas de Caracas para ver o quanto a telefonia celular é mais desenvolvida lá que nas grandes capitais européias. É certo que seus telefones não funcionam, mas o telefone celular também é uma ferramenta que permite que eles se defendam de uma delinqüência crescente. O problema do uso da tecnologia orienta-se tanto na direção da ordem quanto na direção das fontes da desordem, sem falar da nova economia que se está organizando (e que já é uma realidade em muitos países), a economia virtual. As redes de ciberespaço acentuam o aspecto de desterritorialização e permitem a construção de cibercassinos, de paraísos fiscais, constituindo outra possibilidade de se lavar dinheiro. São fontes gigantescas de desordem.

Isso faz parte da outra face da globalização. O preocupante nessa noção — é por isso que a critico epistemologicamente — é que ela elimina do mundo os atores sociais. Pode-se dizer que a globalização é: ninguém mais é responsável, sequer as grandes empresas que se reivindicam como "donas do mundo". Há uma frase muito bonita do jornalista e teórico mexicano Carlos Monsiváis que diz: "A globalização significa que você nunca mais se verá obrigado a pedir desculpas." O globalismo converteu-se em uma ideologia que dilui as responsabilidades. A globalização é uma subscrição à fatalidade. Tudo se mostra tão emaranhado, "interdependente", que todo mundo está superado e ninguém pode e deve prestar contas. Nem as empresas globais, nem os Estados Unidos, nem os intelectuais! O problema da globalização é que oculta a realidade porque nos faz crer que a única lógica que atravessa o mundo é a lógica da unificação, o livre comércio, embora o mundo seja atravessado por outras tendências, igualmente fortes, para a desagregação. É por isso que digo que existe uma fratura entre os sistemas sociais específicos e o campo econômico unificado, entre as culturas individuais e o que se chama de "cultura global", aquela que trabalha com a memória dos investimentos anteriores da cultura de massas. Se Marlboro pode trabalhar com a figura do caubói é porque antes fomos alfabetizados globalmente, existe uma linguagem comum (o *videogame*, a televisão) e para as jovens gerações isso é mais forte que para aqueles que participavam da guerrilha nos anos 1960 e 1970. Mas há também um desacoplamento, uma dissociação entre a mundialização dos sistemas tecnoprodutivos e as necessidades das sociedades. Esse é um problema grave pois a técnica, que foi concebida em suas origens como uma espécie de "prótese do homem", como dizia Freud nos anos 1920, hoje já não serve mais para as suas necessidades.

A questão essencial é o que fazer. Não se pode negar o problema da apropiação maciça das tecnologias da informação e da comunicação, elas fazem parte de nosso meio e nesse sentido é que são meios. O problema não é só a apropriação das técnicas no nível individual ou coletivo, mas como são criados os usos, os modelos intitucionais de implantação dessas tecnologias. Vejamos um exemplo: em fevereiro de 1995, em Bruxelas, houve uma reunião da Comunidade Européia na qual, pela primeira vez, discutiu-se a "sociedade da informação planetária" — para a qual e foram convidados o G-7, delegações governamentais da União Européia e os principais responsáveis de empresas aeroespaciais e eletrônicas européias, japonesas e americanas; estava presente também o criador da noção de autopista informática, o vice-presidente dos Estados Unidos, Al Gore. Durante esta reunião, decidiu-se que, para dar livre curso à autopista informática, seria necessário desregular, liberalizar num prazo de dois anos todos os sistemas de comunicação europeus. Nessa mesma ocasião chegaram à conclusão de que o único ator que poderia estabelecer esta sociedade da informação planetária era o ator privado. Nas semanas que se seguiram apareceram apenas duas ou três linhas nos jornais sobre essa decisão histórica, tomada à revelia dos cidadãos e com a cumplicidade dos Estados-Nação. Temos que nos perguntar como as organizações da sociedade civil podem intervir nesses lugares onde são decididas as estruturas de tais redes. As forças políticas ainda não tomaram consciência da importância representada pela arquitetura dessas redes que veiculam a memória de nossas sociedades. Pela primeira vez na história da humanidade trata-se de arquiteturas que veiculam modelos de memória. O que está em jogo hoje é uma questão muito mais global do que a análise do Pato Donald, uma vez que este movimento implica uma intervenção na formação da memória da Humanidade, presente, passada e futura. E aqui seria preciso "redimir" o termo global. É, portanto, urgente tirar a medida daquilo que um historiador francês das ciências chamou de "processo global de exteriorização da memória". Os sistemas de estruturação do sentido por digitalização através de estoques de informação nos bancos de dados implicam um modelo geocultural. Daí o risco que envolve o processo de concentração, fora do alcance dos interesses públicos, desses meios de organização da memória coletiva.

Diante da "cultura da defecção" do usuário ou consumidor, preconizada pelo ideólogo do neoliberalismo Milton Freidman, que vê nesse tipo de cultura a única via de "resistência" metabólica possível contra as leis naturais do mercado competitivo, há que reivindicar uma outra forma de resistência, que é tomar a palavra, *la prise de parole*. Para viver, a democracia necessita que a cidadania desenvolva uma cultura da responsabilidade mundial. Uma cultura que combine os extremos de uma mesma cadeia: o micro e o macro.

Por um lado, uma tomada de consciência da dimensão planetária dos problemas colocados por um dispositivo produtivo e tecnológico de informação e comunicação subjacente ao projeto de uma nova ordem para o planeta. Por outro lado, a ancoragem ou enraizamento em um território concretamente situado. Porque esse território continua sendo o primeiro lugar de exercício da cidadania e do contrato social. Só nessas condições a sociedade civil poderá pressionar o Estado para que cumpra seu papel de regulador das lógicas mercantis.

Hoje, apesar das decepções das sucessivas gerações com respeito às utopias tecnicistas, podemos ver que elas se reformulam, se reciclam em cada geração técnica. Já na Revolução Francesa, quando se instalaram os primeiros telégrafos óticos, os revolucionários disseram: "Vamos reconstruir a ágora grega, as condições da democracia de massas e vamos refutar a objeção de Jean-Jacques Rousseau contra a possibilidade de existência das grandes repúblicas democráticas". O trem, símbolo da mobilidade, oferecia um caso similar: a seu redor construiu-se toda uma mitologia sobre a mobilidade, a abertura e, portanto, sobre a possibilidade de democratização. Depois passamos à eletricidade, ao rádio, à televisão, e a cada vez nos vemos com o mesmo discurso utópico que chamo de "ideologia redentora" da comunicação. Pede-se à comunicação e a suas redes técnicas que salvem o mundo e, a cada etapa histórica, faz-se uma reformulação dessa ideologia. Hoje, lendo o discurso que Al Gore fez em Buenos Aires, em 1994, para os delegados da União Internacional de Telecomunicações, nos encontramos exatamente diante da mesma situação: a autopista informática vai reconstituir a democracia. E até deu-se ao luxo de citar Machado: "*Caminante, no hay camino, se hace camino al andar*" [Caminhante, não há caminho; caminho se faz ao caminhar]. Só que, ao citá-lo, ele entra em contradição, pois evidencia que o futuro que se pretende apresenta-se como algo seguro e radiante, mostra-se constantemente perturbado pela dúvida e pelo imprevisível.

Em cada geração técnica exige-se da comunicação — e é isso que faz com que este campo seja tão pouco estável, tão pouco sério — que funcione como uma religião. Por outro lado, desde o século XIX as primeiras utopias diziam: "a comunicação é como a religião". Ambos os termos têm a mesma etimologia: *religare*. O problema é, portanto, abandonar qualquer fé religiosa e afirmar que, de todo modo, o que está em crise é a noção de progresso e, junto com ela, a noção de comunicação como redentora. O Iluminismo dizia — e sobretudo Voltaire: "Amanhã tudo vai estar bem..." Hoje, porém, já não podemos fazer a mesma afirmação.

Como diz muito bem Morin, só nos resta a esperança trágica.

NOTAS

1. Literalmente, "a manteiga e o dinheiro da manteiga", ou seja, querer usufruir de um bem e, ao mesmo tempo, do fruto de sua venda.
2. Os *sherpas*, naturais do Tibete e grandes conhecedores do Monte Himalaia, "alugam-se" habitualmente como guias para turistas ou alpinistas estrangeiros que visitam a região.

Parte 2

Entrevista a César Bolaño, publicada na revista *Eptic On Line* (www.eptic.com.br), vol. V, nº 1, janeiro-abril de 2003. Tradução de Alain Herscovici.*

A primeira coisa que me interessou na entrevista a Causas y Azares *foi a discussão sobre os intelectuais, particularmente a ênfase dada ao movimento de integração no marco do que se chamava à época de pensamento único e a dificuldade para a rearticulação de uma alternativa crítica. A questão que eu proporia tem a ver com a interpretação que, a partir daí, se poderia fazer do duplo movimento que eu analisei, em diferentes ocasiões, de subsunção do trabalho intelectual e de intelectualização geral do trabalho e do consumo no capitalismo contemporâneo, a partir da expansão, por todos os setores da vida, das tecnologias de informação e comunicação (TICs). Seria válido dizer que, no capitalismo do século XXI, as tarefas históricas do intelectual crítico se tornaram tarefas do conjunto de uma nova classe trabalhadora intelectualizada (mas não necessariamente por isso "esclarecida"), de modo que os sujeitos históricos assumem definitivamente o papel do Sujeito filosófico crítico, resquício de uma situação superada pelo próprio desenvolvimento capitalista? Se for assim, como me parece, que papel teria agora o intelectual profissional universitário crítico num projeto liberador?*

(...) A apropriação, como parte da valorização capitalista, das atividades intelectuais e da criatividade das margens críticas, tendo por objetivo a integração, é efetivamente um dos principais objetivos do projeto ultraliberal de construção das redes globais. Trata-se de um projeto antigo. Acredito que, a partir do início da Revolução Industrial, aqueles que pregavam a ideologia da ordem escolheram como alvo os intelectuais e seus pensamentos "negativos" (revolucionários, não construtivos, todos esses termos sendo equivalente aos seus olhos). Não é por acaso que, na sua genealogia da sociedade pós-industrial, primeira declinação da "sociedade da informação", Daniel Bell retoma, palavra por palavra, as impugnações feitas por

*A entrevista, realizada em novembro-dezembro de 2002, foi concebida como complemento da histórica entrevista que Armand Mattelart concedeu, em 1995, à revista *Causas y Azares*.

Saint-Simon, a partir dos anos 1820, para condenar "os intelectuais apocalípticos, hedonistas e niilistas" que ele opõe aos representantes do "saber positivo", orientados para "a tomada de decisões" e destinados a fornecer a base da sociedade prometida pelas novas "tecnologias intelectuais". Não é igualmente por acaso que teóricos do *management*, com Peter Drucker, chamam os intelectuais, pela simples razão de que apenas a aliança entre a imaginação desses e o realismo dos *managers* tem condições de construir a "sociedade do conhecimento". Sem esta aliança com o pragmatismo, repete Drucker, os "intelectuais" são condenados a viver em um mundo no qual "cada um faz o que quer, mas no qual ninguém faz nada". Isto ressalta o caráter estruturante das novas tecnologias e a intelectualização geral do trabalho e do consumo como fator de normalização. A pretensão das esferas do poder de reorganizar a sociedade e o mundo a partir da matriz do determinismo tecnomercantil aplicada na totalidade social faz com que seja preciso tomar muito cuidado.

O papel do "intelectual profissional universitário" apresenta várias facetas. Voltarei a falar disto. Mas uma das particularidades é, sem dúvida, o que ocorre no lugar de trabalho, onde está concretamente em jogo a redefinição da missão das instituições de ensino e de pesquisa e onde se realiza a racionalidade técnica necessária à integração dos viveiros de saber à nova ordem social e produtiva. O fascínio pelas realizações das NTIC, assim como a miragem de um profissionalismo alcançado pela intensificação da aliança entre a universidade e o mundo da empresa, tendem a dificultar o entendimento do que está por trás desta reestruturação global. Além do mais, segundo modalidades diferentes em função dos países e das diferentes regiões do mundo, invocando a necessidade de padronizar os cursos, os diplomas, a gestão informatizada dos estudos, certas reformas são implementadas e tendem a reduzir a função crítica da universidade, assim como sua característica de "serviço público". Isto aparece com bastante nitidez na reorganização dos acordos de pesquisa, em função da imposição de critérios de eficiência. Observamos um fenômeno semelhante no campo do ensino em relação à questão da formação e da pesquisa, por exemplo. A pesquisa corre o risco de perder cada vez mais importância, mas é justamente a partir dela que os estudantes podem começar a adquirir as ferramentas para sua autonomia intelectual. Existe um risco de transformar as monografias de fim de curso em relatórios de estágio. É igualmente importante o risco de as escolas ou faculdades de comunicação se transformarem em escolas puramente técnicas. São perigos reais aos quais os projetos de harmonização dos diplomas ou os planos de racionalização dos sistemas de gestão da pesquisa na União Européia podem levar, mas que traduzem lógicas implícitas no mundo inteiro. Enquanto continuamos a não querer questionar as relações de força em relação ao mundo da empresa, a naturalizá-las e a ver apenas as relações entre a universidade e a sociedade, esquecemos que a missão das universidades consiste também em contribuir para colocar à disposição dos agentes sociais, em primeiro lugar daqueles que não se beneficiam desta relação de forças, ferramentas de inteligibilidade do mundo social e até ferramentas que deveriam permitir mudar este mundo social. Esquecemos que, aqui também, existem demandas de novos tipos de intervenção, de novas profissões da comunicação. O papel de contra-avaliação só se pode conceber na troca e nas mediações com os outros produtores do saber, tendo em vista a diversidade dos agentes sociais. Justamente por isto, prefiro abandonar a palavra "intelectual" e utilizar a simples denominação "docente-pesquisador", porque a palavra "intelectual" se relaciona, implicitamente, com pretensões de "produtores do saber sábio", com o monopólio da verdade e a propriedade do sentido.

Parece-me muito adequada sua posição a respeito das relações entre economia política e antropologia. Trata-se do velho dilema do que Gouldner chama de "dois marxismos", entre determinações estruturais e liberdade histórica. Não se trata, como bem afirma o autor, de um problema específico do marxismo, mas de todas as ciências sociais e da filosofia, desde sempre. Talvez Marx tenha sido um dos pouquíssimos pensadores na história, como reconhece Habermas, por exemplo, que conseguiu equacionar adequadamente esse tema em termos teóricos. A partir daí, eu proporia duas questões. Primeira: esta articulação entre economia política e antropologia, de forma não eclética e no mesmo sentido de Marx, poderia ser o princípio para a solução do problema da interdisciplinaridade das chamadas ciências da comunicação, por um lado e, por outro, do debate que separou, por anos, na nossa área, a economia política dos chamados estudos culturais, ajudando a reconstruir o campo crítico da comunicação depois do furacão pós-modernista?

No decorrer de minha trajetória de pesquisador, muito cedo, eu mesmo enfrentei este dilema. Para combater as políticas difusionistas de controle da natalidade implementadas no Chile e na América Latina, nos anos 60, no âmbito da Aliança para o Progresso, eu comecei, com Michèle, a me impregnar da abordagem antropológica para propor políticas alternativas em relação à visão bancária (como diria Paulo Freire) ou de marketing dos sociólogos da modernização das Fundações Ford e Rockefeller. A partir das entrevistas com mulheres das classes populares, tentamos explorar as imagens da mulher, as culturas familiais e femininas. Isto foi o objeto, em 1968, de um de nossos primeiros livros (*La mujer chilena en una nueva sociedad*). O envolvimento político, assim como a necessidade de formular estratégias comunicacionais macroestruturais no contexto da Unidade Popular, nos afastou desta linha fortemente influenciada pela leitura dos pesquisadores da escola de Chicago e das pesquisas antropológicas sobre a cidade e a condição feminina. É importante lembrar que o dilema antropologia/economia política é o elemento que explica a criação dos *Cultural Studies*. A partir dos anos 1950, os fundadores desta corrente de estudos original entenderam perfeitamente que se tratava de um problema, não apenas prático, mas também teórico. Esta polarização, que assumiu diversas formas no decorrer da história do movimento operário, acompanhou os longos debates sobre as estratégias a seguir para mudar a sociedade e o mundo. O posicionamento de Raymond Williams e Edward Thompson rompe fundamentalmente com a ortodoxia marxista primária, expressa na metáfora genérica "base/superestrutura", que concebe a cultura e as práticas culturais como um simples reflexo da base econômica. Esta constatação motiva, para os dois pesquisadores, o redescobrimento das formas específicas do movimento social e do pensamento socialista na Grã-Bretanha. A partir daí, surge a releitura que Thompson faz dos escritos do utopista William Morris, que ele considera como um dos primeiros críticos de um determinismo limitado que levou ao empobrecimento da sensibilidade, à primazia de categorias que negam a existência efetiva (na história e no presente) de uma consciência moral, à exclusão de toda uma zona de paixão imaginária. No que diz respeito a Williams, a reconciliação entre a cultura e a economia se expressa sob a forma de um projeto intelectual baseado no "materialismo cultural", única maneira, segundo ele, de entender o "caráter material da produção de uma ordem cultural". Consciente da importância das indústrias culturais, até sua morte, Raymond Williams sempre ressaltou a importância científica e política dessas questões e nos convidou a "considerar o material, o econômico e o ideológico como três níveis analiticamente distintos, mas encaixados nas práticas sociais concretas e na análise concreta". O problema é que, conforme Nicholas Garnham já observava em um número de referência do *Journal of Communication* a respeito do estado da arte da disciplina, se ampliou a divergência entre a perspectiva do "materialismo cultural", esboçada por Williams, e o avanço real dos *Cultural Studies,* acusados de estar desconectados das evoluções relativas aos dispositivos de informação e de comunicação, de limitar-se a conceituações desencarnadas da ideologia ou das mídias. A onda pós-moderna fez o resto. O *linguistic turn* ocultou as dimensões reais e simbólicas dos processos culturais.

Na obra de Williams e Thompson, a reconciliação entre os dois pólos era compatível com a reabilitação da História. Esses dois autores desenvolvem uma abordagem a partir de uma História construída com base nas lutas sociais e na interação entre a cultura e a economia. Nesta perspectiva, a noção de resistência a uma ordem marcada pelo "capitalismo como sistema" aparece central. A ausência do distanciamento que permite realizar uma abordagem histórica explica por que os *Cultural Studies* usaram e abusaram, a partir da virada etnográfica dos anos oitenta, de metadiscursos e de metáforas sobre a dita globalização e só puderam apresentar a cena de um teatro "global" sem nenhuma consistência, sem agentes sociais, considerando o duplo movimento da unificação do mundo e da heterogeneidade cultural como proveniente apenas das duas últimas décadas. Quando se trata, de fato, de um processo de longo prazo do desenvolvimento capitalista, de um processo não linear que se construiu e se constrói tanto no imaginário quanto na realidade a partir das assimetrias, das sobrevivências, das diversões e das regressões. Este afastamento em relação à dupla perspectiva da economia política e da história deu-se conjuntamente ao afastamento do político e do envolvimento político.

Não sou o único a pensar que os *Cultural Studies* teriam interesse em afastar-se das luzes do palco e dos efeitos de moda. Em nível mundial, acredito que o caminho que leva a uma reconstrução crítica do campo de estudos será longo, se isto for possível, como observam os céticos. Quando a gente observa o que está sendo produzido mais especificamente nos Estados Unidos, na Austrália ou no continente asiático, a "planetarização" dos *Cultural Studies*, a partir dos anos 1990, não vai nesse sentido. Isto é preocupante porque, em um mundo que se tornou interdependente mas que se caracteriza por trocas desiguais entre culturas acadêmicas, os mercados editoriais de língua inglesa determinam, cada vez mais, as normas de reconhecimento legítimo. O imperialismo que o *mainstream* dos *Cultural Studies* pratica me irrita, pelo fato dele juntar todos aqueles estudos sobre a cultura, sejam da América Latina ou da França, na rubrica *Cultural Studies*. Isto leva a eliminar dessas tradições a memória conflitante de sua gênese e a ocultar qualquer reflexão a esse respeito. Infelizmente, muita gente considera esta apropriação como um signo de reconhecimento e evita questionar a violência simbólica que essa desapropriação simbólica significa!

O que, apesar de tudo, é gratificante é o fato de que, sem reivindicar a pertença a essa corrente de estudos, outras disciplinas começaram a estabelecer ligações com as intuições críticas da idade política dos *Cultural Studies* e as perpetuam, adaptando-as às novas condições sócio-históricas e a novos objetos. Por exemplo, no campo da antropologia propriamente dita, da geografia das diásporas e dos estudos feministas. É assim possível estabelecer alianças e pontes, e aqui, há um lugar para a economia política.

Continuo acreditando que novas formas de interdisciplinaridade deveriam abrir o caminho para a reintegração do econômico na matriz que permite pensar o cultural e o aprofundamento paralelo do cultural no pensamento que se inspira na economia política da comunicação, da informação e da cultura. No que diz respeito aos chamados estudos culturais, trata-se de voltar às suas intuições iniciais. No que diz respeito à economia política, trata-se a explorar o que alguns consideram como uma falha: o "buraco negro do simbólico". Para poder efetivar as pontes interdisciplinares entre os chamados estudos culturais e a economia política, seria conveniente substituir, inicialmente, na perspectiva epistemológica, a reflexão crítica sobre sua própria *démarche* à prática, freqüente demais, da hagiografia e da auto-satisfação.

Uma segunda questão, ligada à anterior, refere-se à sua própria trajetória intelectual. Se há um mérito a ser destacado no seu trabalho inicial, trata-se, a meu ver, da capacidade de articular teoria e ação. Trinta anos depois da experiência chilena, o movimento social se rearticula em nível global e, na América Latina, a eleição de Lula aponta para a necessidade e urgência de uma rearticulação do campo da comunicação, na qual a economia política terá seguramente um papel central. Esta é a idéia subjacente à constituição da ULEPICC [Unión Latina de Economía Política de la Información, la Comunicación y la Cultura], explicitada em nossa Carta de Buenos Aires. Como você vê esta situação?

O fato de esta entrevista ser publicada no Brasil no momento em que Lula foi eleito presidente da República e de se relacionar com uma "carta" que foi concebida na Argentina, país que hoje se revolta e encontra outras maneiras de proclamar um "basta", tem uma dimensão simbólica que me toca profundamente. Alegro-me com a constituição da Unión Latina, que ressalta a maturidade de um campo de pesquisa, muito mais do que seu nascimento. Ela chega no momento certo. Acredito que esta iniciativa é um índice importante no que diz respeito à volta do envolvimento necessário dos pesquisadores em relação às questões que tumultuam a vida dos cidadãos. Está em sintonia com a saída do túnel representado pelo período durante o qual esta alternativa não parecia possível, durante o qual o político era proibido em nome de uma excessiva "politização" ou "ideologização" dos anos 1960 e 1970, durante o qual o sentimento de fracasso das forças de mudança impregnava até o próprio campo da teoria e durante o qual a idéia de cultura, desligada do político, tornou-se um simples valor de refúgio. A partir da segunda metade dos anos 1990, iniciou-se um *political return*, um *aggiornamento* social. As contradições do modelo unívoco da desregulação ultraliberal começaram a tornar-se óbvias e desembocaram em verdadeiras revoltas populares, a partir da emergência de movimentos sociais movidos pelo desejo de solidariedade planetária, ilustrados pelo primeiro Encontro Intercontinental pela Humanidade e contra o Neoliberalismo, convocado pelos neozapatistas na floresta de Lacandona, e, em seguida, pelo Fórum Social Mundial de Porto Alegre.

A agenda de pesquisa da economia política da comunicação é vasta. Em primeiro lugar, há o diagnóstico do qual falamos anteriormente. Mais especificamente, aquele necessário para implementar políticas públicas de informação, comunicação e cultura. Terá que seguir o famoso projeto da "sociedade da informação" e subvertê-lo, opondo ao pragmatismo prisioneiro da ditadura do curto prazo a "imaginação sociológica". Terá que analisar todas as implicações desta promessa hipotética da divisão dos saberes e mudar a problemática da "fratura digital" para aquela das "fraturas sociais". Estamos aguardando esta contribuição. Nos últimos anos, novas formas de contestação começaram a se estruturar em todos os níveis (local, regional e planetário). Elas buscam propor alternativas diante dos novos projetos de governança mundial elaborados pelo G-8 ou pela OMC. Por exemplo, os debates que acompanharam a preparação da Cúpula Mundial sobre a Sociedade da Informação, em Genebra, em dezembro de 2003, organizada pela Unesco e pela União Internacional das Telecomunicações. Pelo fato das políticas de orçamento participativo em certas cidades brasileiras começarem a influenciar a reflexão crítica na Europa, é altamente provável que a existência de um novo pólo crítico em relação às lógicas tecnomercantis, confrontado com a necessidade de implementar políticas públicas, influenciará o intercâmbio entre os membros da ULEPICC e permitirá a troca de experiências com outras áreas culturais. Aqui surge a oportunidade de opor-se à lógica da fatalidade que prega a aliança com a moda do *management*. O investimento importante que os movimentos populares realizaram no Brasil, a partir dos anos 1960, na reflexão e nas práticas relativas ao direito à comunicação, deveria permitir fornecer uma resposta diante deste desafio global. No âmbito de seu projeto cosmopolita, Kant não postulava que a humanidade se encaminhava para uma democracia universal pelo fato de certas nações apresentarem estados de consciência premonitórios? Nesses tempos nos quais o etnocentrismo está de volta no Ocidente, é urgente que os centros dos quais pode nascer o efeito de demonstração democrático sejam aqueles de um subcontinente que foi, involuntariamente, o laboratório da desregulação selvagem ultraliberal.

Intelectuais e novas tecnologias

DOUGLAS KELLNER

Tradicionalmente, os intelectuais críticos eram aqueles que utilizavam suas aptidões de falar e de escrever para denunciar injustiças e abusos de poder, e para lutar pela verdade, justiça, progresso e outros valores positivos. Nas palavras de Jean-Paul Sartre (1974: 285), "o dever do intelectual é denunciar a injustiça onde quer que ela se encontre". O campo de ação do intelectual crítico moderno era o que Habermas (1989) chamou de a esfera pública do debate democrático, o diálogo político e a escrita e discussão de jornais, revistas, panfletos e livros. Obviamente, nem todos os intelectuais eram críticos ou de algum modo progressistas. Com o surgimento das sociedades modernas, houve uma divisão entre o trabalho físico e o mental, e os intelectuais tornaram-se aqueles que se especializaram no trabalho mental, produzindo e disseminando idéias e cultura, com alguns se opondo e outros legitimando as formas estabelecidas de sociedade.

Assim, os intelectuais se dividiram entre aqueles indivíduos críticos e de oposição contrários à injustiça e à opressão, em contraste com aqueles produtores de ideologia que legitimavam as formas de classe, de raça e de dominação de gênero, e a desigualdade nas sociedades modernas. Nas reflexões que se seguem, quero discutir alguns desafios da teoria pós-moderna às concepções clássicas do intelectual crítico e alguns dos meios pelos quais as novas tecnologias e as novas esferas públicas oferecem novas possibilidades para a discussão e a intervenção democráticas, o que pede uma redefinição do intelectual. Conseqüentemente, discutirei algumas mudanças no conceito de esfera pública e como as novas tecnologias e as novas esferas do debate e do conflito públicos sugerem algumas possibilidades para a redefinição dos intelectuais na era atual.

A esfera pública e o intelectual

O conceito de esfera pública de Jurgen Habermas descrevia um espaço de instituições e práticas entre os interesses privados daqueles da sociedade civil e a esfera do poder de Estado. A esfera pública, portanto, faz uma mediação entre os domínios da família e dos locais de trabalho — onde os interesses privados prevalecem — e o Estado, que freqüentemente exerce formas arbitrárias de poder e de dominação. O que Habermas (1989) chamou de a "esfera pública burguesa" consistia no âmbito das aglomerações públicas, bares e cafeterias, salões literários e centros de conferência onde as pessoas se reuniam para discutir seus interesses públicos comuns e para se organizar contra as formas arbitrárias e opressivas do poder social e do poder público. A esfera pública foi alimentada pelos jornais, revistas, panfletos e livros, que eram lidos e discutidos em locais sociais, como bares e cafeterias. A esfera pública burguesa era portanto o ambiente — ao lado das universidades — onde os intelectuais eram produzidos e atuavam. Formas emergentes de democracia solicitavam formas de discussão e debate públicos dos temas do dia, e os intelectuais foram se especializando em escrever, debater e falar a respeito daqueles temas de importância e interesse comuns.

É claro que as sociedades burguesas se dividiram ao longo de linhas de classe, e diferentes facções de classe produziram diferentes partidos políticos, organizações e ideologias, cada partido atraindo especialistas em palavras e escrita conhecidos como intelectuais. Os grupos oprimidos também desenvolveram seus próprios intelectuais insurgentes, desde representantes das organizações da classe trabalhadora até mulheres — como Mary Wollstonecraft, lutando pelos direitos da mulher — e líderes de grupos oprimidos devido à sua raça, etnicidade, preferência sexual e assim por diante. Esses intelectuais atacavam a opressão e promoviam as ações que chamariam a atenção para as causas dos oprimidos, conectando o pensamento à ação, a teoria à prática.

Enquanto os intelectuais que defendiam e legitimavam a sociedade existente produziam discursos positivos, celebrando as sociedades modernas, os intelectuais críticos e insurgentes eram especialistas em criticismo e negação, produzindo discursos críticos e de oposição e, em alguns casos, tentando associar o discurso à ação política. Muitos desses intelectuais críticos eram independentes de qualquer organização política e limitavam seu raio de ação a um criticismo constante, levantando questões, limitando sua atividade ao debate e à discussão. No entanto, esses especialistas em idéias e debate, esses intelectuais críticos, eram freqüentemente denunciados por aqueles no poder como meramente negativos, como sonhadores inúteis — ou como subversivos solapadores da ordem existente.

Esse sentido pejorativo do intelectual foi previamente antecipado na advertência de Napoleão aos "ideólogos" que, sob seu ponto de vista, são basicamente inúteis, embora sejam teóricos perigosos que repousam na esfera das idéias e não tratam de assuntos práticos ou de utilidade para o público em geral (Barth, 1976). Um outro conceito negativo dos intelectuais como ideólogos das classes dominantes deu forma a um conceito pejorativo de ideologia, de que Marx se apoderou para desenvolver com Engels (1975) em *A ideologia alemã*. Marx e Engels denunciaram os intelectuais que serviam aos poderes governantes, e que se especializaram na legitimação e defesa da ordem burguesa existente. E, no entanto, Marx, Engels e a maioria dos porta-vozes do movimento socialista emergente eram intelectuais, especialistas em idéias e crítica, que estudavam, escreviam e falavam.

Os intelectuais nas sociedades modernas, portanto, eram seres conflitados com funções sociais contraditórias. O intelectual crítico clássico — representado por figuras como os ideólogos franceses iluministas, Thomas Paine, Mary Wollstonecraft e figuras posteriores como Heine, Marx, Hugo, Dreyfus, Du Bois, Sartre e Marcuse — era aquele que se manifestava contra a injustiça e a opressão e lutava pela justiça, igualdade e pelos outros valores do Iluminismo. Na verdade, o próprio Iluminismo representa um dos mais bem-sucedidos discursos do indivíduo crítico, um discurso e um movimento que conferem funções sociais fundamentais aos intelectuais. E, no entanto, os intelectuais conservadores atacaram o Iluminismo e seu prodígio, a Revolução Francesa, e produziram discursos que legitimaram toda forma concebível de opressão, de classe à raça, gênero e dominação étnica.

Sartre, o intelectual público e o desafio pós-moderno

Talvez seja Jean-Paul Sartre quem fornece a conceituação mais conseqüente e investigativa das tensões do clássico intelectual crítico moderno. Para Sartre, o domínio do intelectual crítico é escrever e falar dentro da esfera pública, denunciando a opressão e lutando por justiça, direitos humanos e outros valores. Nesse modelo, sua tarefa é dar testemunho, analisar, expor e criticar uma ampla gama de males sociais. A esfera e a arena desse intelectual é a palavra e sua função é de criticismo e negativa: descrever e denunciar a injustiça onde quer que ela aconteça. Por exemplo, o próprio Sartre denunciou a tortura dos franceses na Argélia, nos anos 1960, o que acarretou o bombardeio da sua casa; atacou a política dos Estados Unidos no Vietnã, juntando-se ao tribunal da paz de Bertrand Russell e a outras organizações nacionais e internacionais contra a intervenção americana; para dramatizar sua oposição à guerra, ainda nos anos 1960 cancelou uma lucrativa viagem de conferências nos Estados Unidos e rejeitou um Prêmio Nobel da Paz.

Além disso, Sartre era um modelo de um intelectual público que escrevia, falava e interferia na esfera pública. Ele fundou e editou um jornal, *Les Temps Modernes*, que se envolvia em todos os assuntos políticos e sociais do momento; nos anos 1960 e 1970, ajudou a fundar e a manter uma série de jornais radicais como o *La cause du peuple* e o *J'Accuse*, que ele vendia nas ruas, e o *Libération*, o primeiro jornal diário independente de esquerda da França. Freqüentemente dava entrevistas para jornais, revistas e rádios e, já mais velho, participou de programas de televisão e chegou a fazer filmes para divulgar suas posições políticas. Basicamente, no entanto, sua espada era a caneta e sua atividade privilegiada era escrever — ensaios, romances, peças, roteiros de filmes e tratados filosóficos, para promover suas idéias e sua política.

Para Sartre, "o verdadeiro trabalho do escritor engajado... é mostrar, demonstrar, desmistificar e dissolver mitos e fetiches numa pequena banheira de ácido crítico" (1974: 375). Seu ácido crítico tornou-se mais corrosivo e abrasador do que nunca durante sua última década de atividade, nos anos 1970. Segundo ele, o intelectual engajado tem um compromisso com a liberdade e luta para que ela se estenda para todos.

Contra Sartre e essa noção do intelectual engajado, Foucault queixou-se de que Sartre representava um ideal do intelectual universal que lutava por valores universais, tais como a verdade e a liberdade, e assumia a tarefa de falar pela humanidade (1977). Contrário a essa concepção, no seu entender exaltada e exagerada, Foucault advogou em favor do intelectual específico que, intervinha ao lado do oprimido em assuntos e debates específicos, sem no entanto reivindicar a sua palavra. A partir dessa concepção — e de uma mudança para os novos movimentos sociais como a esfera de políticas contemporâneas (Laclau e Moufle, 1985), substituindo o âmbito estadual e nacional dos partidos políticos —, surgiu uma nova concepção de política pós-moderna.

Para uma política pós-moderna, o poder é difuso e local e não meramente encontrado em macroinstituições como o local de trabalho, o estado ou o patriarcado. Macropolíticas que correm ao encalço de grandes instituições como o Estado devem ser substituídas por micropolíticas, com intelectuais específicos interferindo nas esferas das universidades, do sistema prisional, da saúde pública, ou pelos direitos de grupos oprimidos específicos, como as minorias sexuais ou étnicas. A política e as teorias globais e nacionais são rejeitadas em favor de microteorias e micropolíticas mais locais, e o discurso e função dos intelectuais são vistos como mais específicos, temporários e modestos do que na teoria e política modernas, mais subordinados às lutas locais do que a projetos ambiciosos de emancipação e de transformação social.[1]

Em minha opinião, essa distinção binária entre teorias políticas macro e micro é problemática, como também os compromissos absolutistas *tout court* com a teoria moderna ou pós-moderna (Best e Kellner 1991). Usando como exemplo os eventos de 1989 que resultaram no colapso do comunismo, fica claro que a ofensiva popular contra o poder comunista opressivo combinou micro e macropolíticas, evoluindo de lutas locais e específicas enraizadas nos sindicatos, universidades, igrejas e pequenos grupos para demonstrações de massa, reivindicando reformas democráticas e até mudanças classicamente revolucionárias e insurreições em massa, como na Romênia. Nessas lutas, os intelectuais desempenharam uma diversidade de papéis e empregaram uma variedade de discursos, desde o local e específico ao nacional e geral.

Assim, ao mesmo tempo em que argumentaria que a teoria pós-moderna contém uma importante crítica de algumas das ilusões e ideologias do intelectual moderno tradicional, eu também diria que ela vai longe demais na rejeição do papel clássico do intelectual crítico, e que uma parte do conceito moderno do intelectual crítico e oposicionista permanece útil. Na verdade, eu rejeitaria a dicotomia intelectual particular/universal em favor do desenvolvimento de um conceito normativo do intelectual público. Este último — de acordo com essa concepção — intervém na esfera pública, luta contra mentiras, opressão e injustiça e pelos direitos, liberdade e democracia no estilo do intelectual engajado de Sartre. Só que um intelectual público democrático não fala pelos outros, não suprime ou monopoliza a função de falar a verdade, mas simplesmente participa das discussões e debates, defendendo idéias e valores específicos, ou normas ou princípios que podem ser particulares ou universais. Embora universais, como os direitos humanos, eles são contextuais, provisórios, normativos e gerais e não são válidos para todas as épocas. Realmente, os direitos são produtos de lutas sociais, sendo portanto construtos sociais e não entidades inatas ou naturais — como os teóricos clássicos dos direitos naturais os considerariam. Contudo os direitos podem ser generalizados, estendidos, e podem assumir formas universais — como, por exemplo, na carta de direitos humanos das Nações Unidas, que sustenta que certos direitos são válidos para todos os indivíduos — ao menos nesse mundo e nesse ponto da história.

Conseqüentemente, não é necessária toda a bagagem do intelectual universal para manter uma concepção de um intelectual público ou democrático no tempo presente. Os intelectuais poderiam procurar ocupar uma base mais elevada do que os interesses particularistas, uma base comum em prol dos interesses e do bem públicos. Mas os intelectuais não devem ab-rogar o direito de falar por todos e têm que estar cientes de que estão falando de uma determinada posição, com seus próprios vieses e limitações. Além disso, deveriam aprender a sair de seus esquemas particulares de referência em favor de outros mais gerais, assumir a posição do outro, ser empático com grupos marginais e oprimidos, aprender com eles e apoiar suas lutas. Fazer permanentemente uma autocrítica, desenvolver a capacidade de auto-reflexão e de criticismo — bem como de auto-expressão — são partes, portanto, da obrigação do intelectual democrático.

Na sessão seguinte, irei sugerir que é Sartre e não Foucault ou a teoria pós-moderna quem proporciona não apenas a mais impressionante articulação do papel do intelectual nas sociedades modernas, mas também a melhor critica às limitações dos intelectuais tradicionais. Depois, nas sessões finais, a partir da concepção de Sartre, defendo, uma expansão do papel do intelectual na nossa época.

O intelectual segundo Sartre

Geralmente não tem sido observado que a problemática de definir a natureza e a função do intelectual era um tema maior da filosofia de Sartre, ou que ele reformulou seu conceito do intelectual engajado nos anos 1970, durante sua última década de atividade política e intelectual. Em 1966, Sartre deu uma série de conferências no Japão, onde desenvolveu significativamente sua concepção de um intelectual. Reunidas como um ensaio, *A plea for intellectuals*, Sartre começa perguntando "O que é um intelectual?" (1975: 229 em diante). Ele observa que os intelectuais oscilam entre desempenhar uma função conservadora ou crítica. Por um lado, a tarefa de preservar e transmitir cultura tem sido tradicionalmente atribuída aos intelectuais — desse modo, freqüentemente legitimando e fortalecendo as ideologias dominantes e servindo aos interesses que mantêm o sistema existente. Na sociedade de hoje, afirma Sartre, os intelectuais são cada vez mais "técnicos do saber prático" que desempenham a função tecnocrata de projetar meios eficientes de assegurar os objetivos da sociedade. Nesse sentido, os intelectuais desempenham um papel instrumental de providenciar meios, idéias, tecnologias e tudo o mais para fortalecer e modernizar a sociedade estabelecida. Embora desempenhem essas funções sociais cruciais, são constantemente vistos com desconfiança pelas autoridades. Muitas vezes são considerados tipos críticos e negativos que incessantemente tornam as coisas difíceis para os que estão no poder, ao espalharem as sementes da crítica, da dissensão e de uma possível subversão. Assim, o intelectual é recriminado como "alguém que se intromete no que não é da sua conta e alega questionar tanto as verdades recebidas quanto o comportamento aceito inspirado por elas" (1975: 230).

Segundo Sartre, o substantivo "intelectual" com esse sentido quase-pejorativo é uma decorrência do caso Dreyfus. Em 14 de junho de 1898, o "Manifeste des Intellectuals" foi publicado no jornal francês *L'Aurore* e desde então o termo "intelectual" passou a ter uma conotação crítica e negativa na França, onde foi associado à esquerda. Aqueles que contestaram as acusações do tribunal militar francês contra Dreyfus e insistiram na sua inocência foram acusados de estar intrometendo-se e interferindo em "uma esfera que transcendia sua competência" (1975: 230). Desse modo, os intelectuais eram vistos como intrometidos incômodos que conjeturavam sobre assuntos que não dominavam e eram considerados um obstáculo à construção de uma sociedade estável e ordeira.

Sartre vê uma certa ironia na acusação de que os intelectuais "iludem o povo", uma vez que, considerando que eles partem do conservadorismo cultural e do serviço ao sistema, são intrinsecamente fracos ao se colocarem fora da sociedade estabelecida e contra ela, muitas vezes sem uma base de poder própria e, em muitos casos, sem o apoio popular. Essa impotência sociopolítica do intelectual crítico, sugere Sartre, explica o moralismo e idealismo tradicionais do intelectual (1975: 229).

Em uma genealogia do intelectual moderno, Sartre descreve a ascendência do que hoje entendemos por intelectuais, primeiro, na hierarquia eclesiástica da Idade Média e, depois, ele associa o surgimento da *intelligentsia* burguesa ao triunfo do capitalismo e da burguesia (1975: 232 -237). Toda sociedade necessita de ideologias para legitimar suas relações sociais e formas de dominação, e por conseguinte engendra intelectuais que produzirão, defenderão e fortificarão aquela ideologia. A divisão do trabalho na sociedade moderna cria novas funções e papéis para os intelectuais e dá origem aos "especialistas do saber prático" (1975: 237), como um agrupamento social específico.

Os intelectuais na sociedade contemporânea, alega Sartre, possuem um curioso status de subordinação e de ambigüidade na hierarquia social. As elites dominantes definem as prioridades da sociedade, alocando verbas específicas para a educação, segurança, saúde, forças armadas e para várias construções e programas públicos, delineando dessa maneira o número de empregos e tipos de cargos que serão distribuídos aos intelectuais. Desse modo, tanto a posição quanto o salário do intelectual são dependentes das elites dominantes. Nas sociedades capitalistas, "a classe dominante determina qual será o número de técnicos do saber prático, de acordo com os ditames do lucro, que é seu objetivo supremo" (1975: 237). Hoje, por exemplo, as indústrias da cultura requerem um número crescente de psicólogos aplicados, copistas, estatísticos, operadores de computador, administradores e assim por diante. A crescente especialização e os imperativos tecnológicos do capitalismo contemporâneo exigem um número crescente de técnicos, cientistas e publicitários, e menos filósofos, historiadores e profissionais das ciências humanas. Os intelectuais, como todos e tudo o mais, estão portanto submetidos às leis da acumulação capitalista, embora com freqüência sejam os últimos a perceberem isso, pensando que operam em um campo acima dos interesses econômicos e materiais. Dessa forma, são muitas vezes os serventes do capital, deixando enganar por ele, mesmo que não estejam realmente lhe servindo por vontade própria.

Os intelectuais são formados e educados por um sistema seletivo e competitivo que tenta fazer com que eles aceitem seus valores e ideologias para em troca divulgá-las. Eles aprendem a ser especialistas em pesquisa e guardiões da tradição. Em decorrência disso, lhes é confiado o papel de transmissão dos valores tradicionais e de ataque aos subversivos: "Nesse nível eles são agentes de uma particularização ideológica que algumas vezes é abertamente admitida (o nacionalismo agressivo dos teóricos nazistas) e outras vezes ocultada (o humanismo liberal com sua falsa universalidade)" (1975: 238).

Neste ponto surge uma contradição. Em teoria os intelectuais são "técnicos do saber prático" que desenvolvem técnicas que podem ser aplicadas por todos para o bem de todos; isto é, medicina, direito, física, filosofia, arte e outras disciplinas existem para servir a todas as pessoas; são bens e valores universais. Mas em uma sociedade de classes, o conhecimento e as técnicas não são usados para o bem de todos. Apenas as pessoas ricas de uma determinada classe têm recursos para obter um atendimento médico adequado, contratar os melhores advogados, fazer viagens empolgantes e assim por diante. Somente aqueles com um certo grau de educação podem ler filosofia e apreciar a arte moderna; somente aqueles com certa quantidade de tempo disponível podem desfrutar a cultura. Assim, certos grupos e indivíduos monopolizam o conhecimento e as técnicas do intelectual: eles se utilizam da produção intelectual para aumentar e fortalecer a dominação e os privilégios da classe dominante.

Conseqüentemente, uma contradição emerge entre a universalidade do trabalho intelectual (a busca pela verdade universal e o bem de todos) e a particularidade dos interesses atendidos. O intelectual que se conscientiza dessa contradição se vê como uma ferramenta da classe dominante (e indiretamente um opressor da classe trabalhadora). Afastado dos trabalhadores, servindo às classes dominantes, o intelectual "é um homem médio, um homem medíocre, um homem da classe média. Os objetivos gerais para os quais suas atividades conduzem não são os seus objetivos" (1975: 239). O intelectual é então assombrado por uma série de contradições que a sociedade e a sua educação lhe impõem. Vamos examiná-las mais atentamente.

Os intelectuais recebem uma educação humanista que afirma que todas as pessoas são iguais e que liberdade, a justiça e os direitos humanos são território de todos os homens. Mas eles são uma prova viva de que os indivíduos não são todos iguais. São superiores às classes subordinadas que não receberam educação adequada e possuem certas aptidões intelectuais que lhes dão um status relativamente privilegiado, no entanto são inferiores às classes dominantes, cujo monopólio da riqueza e do poder os reduz a funções subordinadas e instrumentais. Estão assim em boa posição para perceber as verdadeiras desigualdades e as contradições que uma sociedade de classe impõe às classes subalternas. Desse modo, o intelectual vive uma contradição entre uma ideologia humanista-igualitária e a desumanidade de uma sociedade desigual.

Além disso, o intelectual é um universalista por profissão e treinamento. Sua ciência e conhecimento são universais em sua forma e funcionam, em teoria, para fins universais e humanos. No entanto, ele freqüentemente descobre que seu conhecimento e suas técnicas são sorrateiramente particularistas: subservientes aos objetivos do Estado, das elites dominantes, das corporações e de outras forças sociais. Ele pode constatar que suas idéias e pesquisas são usadas pelo governo, por corporações ou pelo exército para propósitos alheios aos seus objetivos e valores humanistas: "Naquele momento, em sua própria pesquisa, eles descobrem a alienação: conscientizam-se de que são instrumentos de fins que lhes são alheios e que estão proibidos de questionar" (1975: 240). Tome, por exemplo, o médico pesquisador que descobre a cura do câncer e constata que ela não pode ser comercializada, pois existem interesses médico-farmacêuticos especiais que se opõem a ela e impedem a sua utilização. Ou o pesquisador de física atômica que percebe que os resultados de sua pesquisa estão sendo usados para cometer genocídio em campanhas bélicas. Ou o psicólogo cuja pesquisa em motivação humana vem sendo utilizada por publicitários ou políticos para manipular o público. Ou o sociólogo que descobre que seu trabalho é usado como meio de controle social. Dessa forma, intelectual é dessa forma forçado a viver a contradição entre seus valores humanistas e os objetivos anti-humanos da sociedade que os emprega.

Uma outra contradição resulta do fato de que os intelectuais são, por formação, seres independentes que valorizam imensamente a liberdade, a autonomia, a pesquisa irrestrita e a busca da verdade — qualidades necessárias para sua educação e trabalho. Entretanto, na sociedade capitalista de hoje, os intelectuais dependem cada vez mais do Estado e da iniciativa privada para sua sobrevivência em um sistema controlado pelo lucro, pela escassez e pela competição. Sendo assim, a contradição se desenrola entre o espírito de pesquisa livre e independente necessário para o progresso intelectual e social e a dependência material do intelectual, controlado pelos poderes dominantes.

Afetado por todas essas contradições e pela alienação e opressão que elas encerram, o intelectual com freqüência se torna impaciente, crítico ou mesmo rebelde. Para as autoridades, esse ser instável é, portanto, suspeito (1975:

243). Embora tenham de, até certo ponto, agradar seus intelectuais, que exercem uma indispensável função social, as autoridades precisam mantê-los sob uma rigorosa vigilância e tentar controlar suas pesquisas e discursos. Elas tentam lhes impor uma ideologia de universalidade, liberdade, abundância e progresso para lhes dar a impressão de que seus trabalhos estão servindo a metas universais e beneficentes. Também tentam impedir que os intelectuais percebam o conflito de classe, a pobreza, a opressão e as desigualdades que sua sociedade perpetua (1975: 241). Se os intelectuais não se deixarem iludir por essa mistificação, estão sujeitos à disciplina, punição, perda de salário e de emprego, e talvez até mesmo à coisa pior. "Assim o pesquisador é simultaneamente indispensável e suspeito aos olhos da classe dominante. Ele não pode deixar de experimentar e interiorizar essa suspeita, e de se tornar suspeito desde o início aos seus próprios olhos" (1975: 244).

Os intelectuais — esses "seres em contradição" — podem reagir à sua situação contraditória de duas maneiras. Eles podem se conformar, se submeter às autoridades, aceitar a ideologia dominante; podem praticar a autocensura, se adaptar, se tornar apolíticos — em resumo, podem capitular: "Nesse caso, seus governantes tipicamente dizem com satisfação que 'ele não é nenhum intelectual'" (1975: 244). Entretanto, se o técnico do saber prático se conscientiza das contradições entre o particularismo da ideologia dominante e os interesses a que ela serve — em comparação com sua ideologia humanista e seus objetivos universais —, se o intelectual se recusa a ser um agente da classe dominante, se descobre que os fins e os governantes a quem serve são intoleráveis, se toma consciência de sua falta de independência verdadeira, então ele se torna um "monstro" que "cuida do que lhe diz respeito" e a quem os outros se referem como alguém que "se intromete onde não foi chamado" (1975: 244).

Para Sartre, portanto, o intelectual é potencialmente um ser que percebe as suas próprias contradições e as da sociedade, interiorizando-as e procurando resolvê-las. Isso significa que o intelectual autêntico será oposicionista, crítico e negativo. Ele se opõe à ideologia dominante em busca de verdade teórica e prática; ele se opõe às desumanidades, desigualdades e opressão encontradas na sociedade em nome da humanidade, da igualdade, da liberdade e de outros valores positivos. Os intelectuais revelam a falsidade da ideologia dominante em nome da verdade, o que para Sartre significa que eles desmascaram "as contradições fundamentais da sociedade: isto é, a luta entre as classes e no interior da própria classe dominante, o conflito orgânico entre a verdade que a elite necessita para seus próprios propósitos e os mitos, valores, e tradições com os quais procura infectar as outras classes, a fim de assegurar a sua hegemonia" (1975: 246).

Nos termos de Sartre, a busca do intelectual por conhecimento e pelo universal revela que a universalidade e a humanidade não existem, que uma sociedade livre, igualitária e um homem não alienado ainda precisam ser alcançados, que um ser humano pleno e uma sociedade humana subsistem como uma tarefa a ser realizada. O intelectual genuíno portanto escolhe superar as contradições e alienações de seu meio para engendrar um estado de coisas mais humano. Ainda segundo Sartre, o intelectual esforça-se "para viabilizar sua causa (isto é, liberdade e soberania) e para descobrir os princípios de uma sociedade capaz de engendrá-la" (1975: 250).

Nos anos 1960, Sartre estava insatisfeito com essa concepção do intelectual crítico e começou a desenvolver conceitos do revolucionário, um partidário da revolução, e eventualmente propôs espalhar os intelectuais no meio das massas (ver Sartre, 1970, 1971 e 1974, examinado em Kellner, 1974-75). Em retrospecto, o ultra-esquerdismo de Sartre mostra-se antiquado e utópico após algumas décadas de governo conservador na maioria das assim chamadas democracias capitalistas.

Desejo trabalhar no restante deste texto com o conceito de intelectual crítico conforme desenvolvido por Sartre em seu artigo de 1966, "Um argumento a favor dos intelectuais", e apresentando minhas idéias a respeito de um novo tipo de intelectual que intervém em novas esferas públicas e que faz uso de novas tecnologias na mídia em rápida transformação e nas sociedades computadorizadas atuais.[2]

Novas tecnologias, novas esferas públicas e novos intelectuais

Na visão de Sartre, a vocação do intelectual era o criticismo e a negação. O projeto crítico exigia relação com valores e objetivos e capacidade de visão, percebendo a opressão e a injustiça e maneiras de enfrentá-las. Na discussão a seguir, defenderei que, embora o intelectual público deva hoje assumir novas funções e atividades, a capacidade crítica e a visão do intelectual crítico clássico ainda são relevantes; portanto, sugiro que se construa a partir dos modelos do passado, em vez de simplesmente abandoná-los, como sugerem alguns tipos de teoria pós-moderna.

Em um certo sentido, não havia nenhuma conexão importante entre o intelectual clássico e a tecnologia. De fato, os intelectuais — especialmente cientistas acadêmicos como Leonardo da Vinci, Galileu ou Darwin — utilizaram tecnologias, e grupos inteiros como a British Royal Society se interessaram por elas, sendo freqüentemente eles próprios os inventores. Alguns intelectuais usavam mimeógrafos e eram eles mesmos os editores. Embora não todos, muitos dos maiores intelectuais do século XX provavelmente usaram uma máquina de escrever, ainda que eu pessoalmente não conheça nenhum estudo importante sobre a relação entre a máquina de escrever e os intelectuais. Contudo, o intelectual clássico não tinha que empregar intrinsecamente qualquer tecnologia específica, não havendo portanto nenhuma conexão íntima entre ele e a tecnologia.

Quero agora argumentar que, nas sociedades contemporâneas de alta tecnologia, está ocorrendo uma expansão e redefinição significativas da esfera pública e que esses desdobramentos — associados principalmente com a mídia e as tecnologias de informática — demandam uma reformulação e expansão do conceito do intelectual crítico ou engajado. Há algumas décadas, Brecht e Benjamin perceberam o potencial revolucionário das novas tecnologias, como o filme e o rádio, e exortaram os intelectuais radicais a se apoderarem dessas novas forças de produção, no intuito de "redirecioná-las" e transformá-las em instrumentos para democratizar e revolucionar a sociedade. Sartre também trabalhou no rádio e participou de seriados de televisão e insistiu que "os escritores engajados deveriam entrar nesses postos artísticos intermediários" (1974: 177; para uma discussão do seu seriado de rádio *Les Temps Modernes*, ver 177-180).

Anteriormente, o rádio, a televisão e outros meios de comunicação eletrônicos costumavam estar fechados às vozes críticas e de oposição, tanto nos sistemas controlados pelo Estado quanto nas corporações privadas.

Entretanto, o acesso público e a televisão de curto alcance, além da rádio comunitária e engajada, abriram essas tecnologias à intervenção e ao uso pelos intelectuais críticos. Faz agora alguns anos que venho exortando os progressistas a fazer uso dos novos meios de comunicação midiáticos (Kellner 1979; 1985; 1990) e, desde 1978, tenho estado de fato envolvido com um programa de televisão de acesso público em Austin, Texas. O meu argumento era que esses meios eletrônicos de comunicação estavam criando novas esferas públicas de debate, discussão e informação e que os progressistas que desejavam estar onde o povo está, aqueles que queriam se comunicar com o público em geral e que, desse modo, pretendiam intervir nos assuntos públicos de sua sociedade deveriam fazer uso dessas tecnologias e desenvolverem novas políticas de comunicação e novos projetos de mídia.

Na verdade, pode-se argumentar que a vitória de Reagan e da direita nos Estados Unidos, em 1980, está relacionada ao uso eficiente que a direita fez da televisão, do rádio, do fax, da comunicação por computador, das malas diretas, telefones e outros sofisticados usos políticos de novas tecnologias. Além disso, poder-se-ia sustentar que a vitória de Clinton sobre Bush em 1992, e o surpreendente sucesso da campanha de Perot, estão relacionados a efetivas utilizações das tecnologias de comunicação. E mais recentemente nos Estados Unidos, o sucesso dos republicanos e da direita nas eleições de 1994 pode estar relacionado ao uso do rádio, de grupos de notícia eletrônicos e de outras tecnologias.

Conseqüentemente, eu argumentaria que a efetiva utilização dessa tecnologia é essencial para a política contemporânea e que os intelectuais que desejam intervir nas novas esferas públicas precisam empregar novos meios de comunicação para participar dos debates democráticos e moldar o futuro das sociedades e da cultura contemporâneas. O meu argumento é que primeiro o rádio e a televisão e agora os computadores produziram novas esferas e espaços públicos para informação, debate e participação que contêm tanto o potencial para revigorar a democracia e aumentar a disseminação das idéias críticas e progressistas quanto novas possibilidades para a manipulação e o controle social. Mas a participação nessas novas esferas públicas — grupos de notícia eletrônicos e listas de discussão, entrevistas no rádio e na televisão e a esfera emergente do que chamo democracia do ciberespaço — exige que os intelectuais adquiram novas habilidades técnicas e dominem novas tecnologias.

O que estou sugerindo é que os intelectuais da atualidade devem dominar as novas tecnologias e que existe, por conseguinte, um relacionamento mais íntimo entre eles e a tecnologia do que existia nas configurações sociais anteriores. Ser um intelectual hoje envolve o uso das mais avançadas forças de produção para desenvolver e fazer circular idéias, para realizar pesquisas e se envolver em debates e discussões políticas e para intervir nas novas esferas públicas produzidas pelas tecnologias de radiodifusão e de informática. Os novos intelectuais públicos deveriam tentar desenvolver estratégias que utilizem essas tecnologias para atacar a dominação e promover educação, democracia e luta política — ou quaisquer que sejam os objetivos normativamente postulados como desejáveis de ser alcançados. Existe portanto uma ligação intrínseca entre o destino dos intelectuais e as forças de produção, que, como sempre, podem ser usadas para fins conservadores ou progressistas.

Faz agora algumas décadas que os intelectuais críticos estão envolvidos com o uso das tecnologias de radiodifusão para desenvolver formas alternativas de cultura e de informação. Hoje em dia, os intelectuais, especialmente os mais jovens, estão lidando com o projeto e o uso de computadores como novas fontes de informação, de expressão e de discussão. Num certo sentido, as tecnologias de informática são pelo menos potencialmente mais democráticas do que as tecnologias de comunicação anteriores, que eram mais centralizadoras, quase sempre inacessíveis à intervenção pública e envolvidas em uma comunicação mais unilateral e de cima para baixo. Na extensão em que é difundida para todo o público, informática é mais descentralizadora, acessível à participação e, conseqüentemente, potencialmente capaz de promover o debate e a discussão democráticos.

Assim, o intelectual crítico que quer intervir nas novas esferas públicas da sociedade de alta tecnologia emergente tem de dominar o uso de novas técnicas para ser um intelectual apto a participar de alguns dos principais debates e discussões da atualidade. O intelectual público de hoje precisa portanto aprender a usar computadores, equipamentos de vídeo e outras tecnologias para se comunicar com um público amplo e assumir o papel do intelectual crítico na promoção da democracia e de uma transformação social progressiva. Isso requer uma mudança na nossa concepção do que é um intelectual e a percepção de uma conexão maior do que havia anteriormente entre ele e o domínio de tecnologia de comunicação.

É claro que os intelectuais humanistas tradicionais que são intrinsecamente hostis à tecnologia não aceitarão esses argumentos, e muitos daqueles que se identificam como progressistas os rejeitarão por considerá-los elitistas ou utópicos. Mas eu sustentaria que o argumento de que a maioria dos indivíduos não tem computadores — ou não participam da discussão mediada por eles — em pouco tempo poderia se tornar ultrapassado, à medida que essas máquinas se tornam fundamentais para o ensino escolar e parte do "pacote padrão" dos itens do consumidor para o lar, junto com televisores, rádios, refrigeradores, telefones e similares. Existem, por exemplo, mais casas nos Estados Unidos que têm aparelhos de televisão do que banheiros internos, e, para os mais de 99% atingidos pela televisão, eu vi estatísticas mostrando que atualmente 80% dos lares americanos possuem aparelhos de vídeo, chegando a 100% no final do século.

É possível presumir que a mesma situação ocorrerá em relação aos computadores. Há vários anos tenho feito workshops pelos Estados Unidos para graduar professores do primeiro e do segundo graus e observei a rápida penetração das tecnologias de informática nas escolas. Notei ainda que as corporações americanas doam seus computadores antigos para escolas de bairros mais pobres em troca de isenção de impostos, de maneira que essas máquinas estão se tornando uma ferramenta educativa básica em todos os segmentos regionais e de classe. Até mesmo o Partido Republicano nos Estados Unidos está sugerindo que cada família americana deveria ganhar um computador *laptop* para ter acesso à "superauto-estrada" da informação. Estudos recentes sobre perspectivas de trabalho sugerem que, sem conhecimentos de informática, os jovens não serão capazes de ingressar no mercado de trabalho. Isso significa que o aprendizado do uso de computadores é uma parte essencial da educação escolar do futuro.

As tecnologias de informática, portanto, poderão se tornar cada vez mais essenciais para o lar, o local de trabalho e a educação, e assim, se eu estiver correto, os intelectuais terão de dominar essas tecnologias. Além disso, os CD-Roms estão sendo cada vez mais difundidos nas escolas públicas dos Estados Unidos e em outros lugares, sugerindo que eles e outros textos criados em computadores poderão se tornar maciçamente complementos dos livros, exigindo que os intelectuais que queiram intervir na política e na cultura de seus países tenham de aprender a produzi-los — ou pelo menos, saibam utilizar as ferramentas da informática em suas pesquisas, textos e divulgação.[3] Realmente, com a proliferação das tecnologias eletrônicas nas principais editoras, esses objetos chamados livros e revistas poderão se tornar obsoletos, substituídos por publicações eletrônicas e bancos de dados de informação *on-line*.

De fato, a principal pesquisa para dois dos meus livros (Kellner, 1992 e 1995) foi feita a partir de bancos de dados eletrônicos, e devido a uma variedade de projetos de pesquisa percebi que tenho passado muito mais tempo utilizando esses bancos do que nas bibliotecas convencionais. As discussões mais atualizadas e animadas nos grupos de notícias freqüentemente envolvem temas relativos à teoria das comunicações e política pública. Costumo também participar de entusiasmados debates sobre cultura popular, cinema e *rock and roll*, assim como daqueles grupos teóricos sobre Marx, teoria pós-moderna, Baudrillard e outros tópicos. Esses grupos — que também possuem suas limitações, como podem atestar aqueles que observaram guerras inflamadas e estupidez rematada em suas mensagens — permitem a comunicação imediata das idéias do indivíduo, sem mediação de vigias ou guardas, além de quebrarem as hierarquias entre professores e alunos, contratados e autônomos, e assim por diante, que estruturam a comunicação acadêmica padrão. Cada vez mais, as listas de discussão e os grupos de notícias estão organizando arquivos que permitem ao indivíduo investigar a fundo os textos e os debates e baixar nos seus próprios computadores material recente nas áreas que lhe interessam.

Realmente, existem mais arquivos especializados em Shakespeare, Marx, teoria pós-moderna e outros tópicos, além de jornais e revistas, que permitem acesso imediato a enormes quantidades de material, até agora isento de custos, para aqueles que são afiliados às universidade ou ao governo. Pode-se também visitar exposições de museus, bibliotecas especializadas, arquivos governamentais e muitos outros *sites* através da Internet e das rotas de computador. De fato, como sugiro abaixo, lutar por acesso livre, contínuo e expandido aos bancos de dados computadorizados e serviços de informação e de comunicação é uma importante questão política para o futuro.

Portanto, ser um intelectual nas sociedades emergentes de alta tecnologia requer novas habilidades, domínio de novas tecnologias e intervenção em novas esferas públicas. Esse processo exige a expansão dos papéis e das funções do intelectual, novos terrenos e locais de intervenção e novos desafios e possibilidades — como também nenhuma dúvida sobre novas armadilhas e ilusões. Quero sugerir algumas dessas possibilidades nas sessões seguintes, mas primeiro desejo confirmar minha aliança com as funções tradicionais de ler, escrever, falar, lecionar e interagir nos locais de encontro, frente a frente. As novas tecnologias e esferas públicas provavelmente não substituirão os lugares e os métodos anteriores de intervenção intelectual, mas os complementarão, e pessoalmente ainda estou engajado nos papéis tradicionais de ler e escrever livros, artigos e assim por diante, como também de lecionar e de fazer palestras diante de um público — o que tenho feito em número maior do que menor, nos últimos anos. Mas mesmo os nossos papéis como professores, escritores e ativistas no sentido tradicional podem ser realçados por novas tecnologias que deveriam ser percebidas como complementos essenciais às nossas atividades, que envolvem novos desafios e possibilidades.

Novas tarefas para o intelectual público

Baseando-me em Sartre, estou propondo uma expansão e redefinição do papel do intelectual público, oposicionista e crítico que interfere nas questões e debates cruciais do dia. Realmente, um intelectual democrático, que deseja promover a democracia, deve participar das esferas potencialmente inclusivas e participativas de acesso público e de entrevistas na televisão e no rádio, dos grupos de discussão e dos outros espaços de uma democracia emergente do ciberespaço. Estou ciente de que essas tecnologias ainda não estão acessíveis a todos e poderiam ser uma base para uma nova divisão social entre os informados e os sem-informação. Mas sustento que deveríamos começar a pensar nas conseqüências das novas tecnologias emergentes e em como elas podem ser usadas para incluir as pessoas, promover a democracia e uma mudança social progressiva — como também gerar novos problemas e divisões sociais.

Reflexões sobre os papéis da mídia e das tecnologias de informática na política contemporânea apontam para a urgência de tarefas iminentes para os intelectuais críticos, que têm sido freqüentemente negligenciadas ou ignoradas no tumulto e confusão da nossa época. Pelo lado positivo, estamos vivendo tempos excitantes em que as tecnologias estão produzindo novas possibilidades de comunicação, de expressão cultural e novos modos de viver o dia-a-dia — ao menos para indivíduos privilegiados e para aqueles que utilizam as novas tecnologias midiáticas e de informática. Não deveríamos esquecer, no entanto, da miséria em que se encontra a grande maioria dos homens e deveríamos lutar para que esses indivíduos possam ter as mesmas oportunidades que os mais afortunados (Kellner, 1995). Precisamos entrar em acordo conscientemente com as novas tecnologias e encontrar meios de usá-las para melhorar as nossas vidas e de torná-las disponíveis a todos. Isso requer uma reflexão sobre a mídia e a tecnologia e os desafios e problemas de viver em uma nova sociedade midiática/tecnológica. Com essas questões em mente, eu proporia que os estudos sobre a mídia e os estudos culturais abordassem vários tópicos que exigem reflexão a respeito da atividade expandida para o intelectual crítico na era presente.

Os intelectuais insurgentes e as novas tecnologias

Também quero enfatizar que uma diversidade de intelectuais insurgentes já está fazendo uso dessas novas tecnologias e das esferas públicas em suas lutas políticas. Desde o início, os camponeses e os exércitos guerrilheiros que lutam em Chiapas, no México, fizeram uso de bancos de dados informatizados, de estações de rádio engajadas e de outras modalidades midiáticas para difundir suas causas e idéias. Todos os manifestos, textos e comunicados escritos em Chiapas eram imediatamente difundidos pelo mundo por meio das redes de computadores. As redes de computadores estão sendo usadas pelos guerrilheiros para informar e mobilizar os indivíduos e grupos em todo o mundo em busca de apoio às suas lutas contra as ações repressivas do governo mexicano.

Anteriormente, fitas de áudio foram usadas para promover a revolução no Irã e para divulgar informação alternativa de movimentos políticos do mundo inteiro. O movimento pela democracia da Praça Tianenaman, na China, e vários grupos que lutavam contra os remanescentes do stalinismo no antigo bloco comunista e na União Soviética se utilizaram de grupos de notícias informatizados, além de uma variedade de outras formas de comunicação, para difundir suas lutas. Portanto, o uso de novas tecnologias para conectar a teoria à prática, para divulgar as causas, não é nem extrínseco à luta política nem meramente utópico.

De fato, uma série de lutas em torno de gênero e de raça também é mediada por novas tecnologias de comunicação. Nos Estados Unidos, em 1991, após as audiências de Clarence Thomas, que julgaram sua aptidão para a Suprema Corte de Justiça, seus ataques às acusações de assédio sexual feitas por Anita Hill e outras, e a incapacidade do Senado americano quase todo masculino de desqualificar o obviamente desqualificado Thomas, incitaram as mulheres a usar os computadores e outras formas de comunicação para atacar o privilégio masculino no sistema político americano e para convocar as mulheres a apoiar candidatas femininas. O resultado na eleição de 1992 foi um número maior do que em qualquer eleição anterior de mulheres vitoriosas e uma rejeição geral do governo conservador (já sugeri que a virada para a direita na eleição de 1994 se deu em ampla medida graças ao uso mais eficaz da mídia e das tecnologias de informática por parte dos grupos conservadores).

Do mesmo modo, os intelectuais insurgentes afro-americanos se utilizam de tecnologias de radiodifusão e de informática para difundir suas lutas. John Fiske (1994) descreveu alguns projetos de rádio afro-americanos nas "tecnolutas" do nosso tempo e o papel central da mídia nos recentes conflitos relacionados às questões de raça e gênero. Os "guerreiros do conhecimento" afro-americanos estão utilizando rádio, grupos de notícias informatizados e outros meios de comunicação para propagar suas idéias e contra-informação sobre uma variedade de assuntos, contestando o sistema e oferecendo pontos de vista e políticas alternativas. Da mesma forma, os ativistas das comunidades negras — como em Oakland, Harlem e Los Angeles — estão criando centros comunitários de computação e de mídia para que seus membros aprendam as técnicas necessárias para sobreviver ao massacre da midiatização da cultura e da informatização da sociedade.

Conseqüentemente, um grupo de intelectuais insurgentes hoje em dia está usando as novas tecnologias de comunicação para difundir suas lutas e informação. Essas tecnologias estão se tornando mais e mais acessíveis aos jovens e ao cidadão comum e deveriam ser utilizadas para promover a auto-expressão democrática e o progresso social. Assim, as tecnologias que tradicionalmente impediram a expansão da democracia participativa, transformando a política em espetáculos midiáticos e guerra de imagens, poderiam também ser usadas para ajudar a revigorar o debate e a participação democráticos.

Mídia e ativismo cultural

A teoria crítica e os estudos culturais negligenciaram especialmente o desenvolvimento de estratégias e práticas para intervenção midiática e a produção de mídia alternativa.[4] Houve pouca discussão nos círculos de estudos culturais a respeito de como o rádio, a televisão, o cinema e outros meios de comunicação poderiam ser transformados e utilizados como instrumentos de esclarecimento e de progresso sociais. Da mesma maneira, a Escola de Frankfurt parecia inerentemente cética quanto às tecnologias midiáticas e as considerava totalmente controladas pelas corporações capitalistas. De fato, quando as teorias clássicas das indústrias culturais estavam sendo formadas, era esse mais ou menos o caso. A atual incapacidade dos estudos e pesquisas culturais de ocupar-se com a questão da mídia alternativa é mais intrigante e menos desculpável, já que hoje existe uma variedade de locais para a produção de filmes alternativos e vídeos, além de rádios comunitários, grupos de discussão informatizados, fóruns de discussão e outras formas de comunicação, no interior das quais os progressistas podem intervir prontamente.[5]

Assim, a teoria crítica da mídia hoje deveria discutir como a mídia e a cultura podem ser transformadas em instrumentos de esclarecimento e progresso sociais. Isso requer um foco maior que o anterior na mídia alternativa e reflexões sobre como a tecnologia dos meios de comunicação pode ser reconfigurada e utilizada para tornar os indivíduos mais poderosos. É necessário desenvolver estratégias ativistas para intervir na televisão de acesso público, no rádio comunitário, nos grupos de discussões informatizados e em outros âmbitos que despontam atualmente. Para dar mais poder aos indivíduos é necessário ensinar-lhes técnicas de produção de mídia e permitir que eles produzam mídia, que é então transmitida ao público. Um crescente ativismo dos meios de comunicação poderia significativamente fortalecer a democracia, tornando possível a proliferação de vozes e admitindo as falas que foram silenciadas ou marginalizadas.

As novas esferas públicas e tecnologias produzem portanto novos papéis e funções para os intelectuais. Os meios de comunicação e a cultura da informática estão criando novos ciberespaços para explorar e mapear e novos terrenos de luta e intervenção políticas. Os ciberintelectuais podem não ser os intelectuais orgânicos de uma classe, mas podemos nos tornar tecnointelectuais das novas tecnologias, experiências culturais e espaços, fazendo a cartografia e navegando através dos admiráveis mundos novos da cultura midiática e da tecnocultura. Essas tecnologias podem ser usadas como instrumentos de dominação ou de libertação, de manipulação ou de esclarecimento social, e depende dos intelectuais ativistas do presente e do futuro determinar de que maneira as novas tecnologias serão utilizadas e desenvolvidas e a que interesses elas servirão.

Conseqüentemente, uma política de mídia democrática tentará fazer com que a nova mídia e as tecnologias de informática sejam utilizadas para servir aos interesses do povo, não às elites corporativas. Uma política democrática se empenhará para que a mídia seja usada para informar e esclarecer os indivíduos, não para manipulá-los. Ela ensinará os indivíduos a usar as novas tecnologias, articular suas próprias experiências e interesses e promover o debate democrático e a diversidade, permitindo que uma gama completa de vozes e idéias participem da democracia cibernética do futuro.[6]

Mídia e política cultural

Agora mais do que nunca, a política midiática e cultural é de extrema importância para o futuro da democracia. As dúvidas sobre quem controlará os meios de comunicação e as tecnologias futuras e os debates sobre o acesso público à mídia, suas obrigações e responsabilidade, seu financiamento e regulamentação e os tipos de cultura mais indicados para cultivar a liberdade individual, a democracia e a felicidade e o bem-estar humanos serão cada vez mais importantes.[7] A proliferação da cultura midiática e das tecnologias chama a atenção para a importância e a necessidade de intervenção pública em debates sobre o destino da cultura e dos meios de comunicação nas auto-estradas da informação e nas trilhas do entretenimento do futuro.

Uma das questões fundamentais será a comunicação e a cultura se tornarão cada vez mais mercantilizadas ou não? Os defensores da televisão comercial nos Estados Unidos estão sempre louvando a "televisão livre" — um produto duvidoso, que somente se viabilizou porque foi permitido que a propaganda tumultuasse os sinais de transmissão aérea, além de ter sido outorgado aos anunciantes e aos interesses comerciais um poder significativo sobre a programação. Entretanto, no futuro, até os programas de televisão individuais poderão ser mercantilizados, enquanto bens pertencentes a corporações que cobrarão por tudo. Do mesmo modo, hoje os grupos de notícias informatizados e as rotas de comunicação na Internet são gratuitos, que não assegura que esses serviços não possam ser mercantilizados futuramente, como ocorre com a comunicação telefônica. A luta aqui segue portanto na direção do não-mercantilismo da comunicação e da informação computadorizadas, para tornar a Internet e outras auto-estradas de informação do futuro abertas a todos, sem despesas, para expandir a televisão de acesso público e o rádio comunitário e para desenvolver instituições e práticas culturais alternativas que são criadas pela comunidade ou pelo Estado e disponibilizadas para o povo.

É possível que a falta de capacidade para lidar com a economia política e desenvolver adequadamente uma política midiática no interior dos estudos culturais contemporâneos seja a principal causa de se evitar os assuntos de política pública que Tony Bennett tem criticado (1992, in Grossberg et al). Sem uma noção de como as forças sociais maiores (isto é, a natureza da indústria da radiodifusão, a política de estado em relação aos meios de comunicação etc.) afetam a vida diária, é impossível entender a relevância de políticas públicas para o sistema de comunicações e de cultura em uma determinada sociedade. No entanto, em um contexto no qual novas tecnologias estão criando mudanças dramáticas na cultura, no lazer e na vida diária, é importante perceber a importância da política de mídia e as formas como o sistema e a estrutura de comunicações ajudam a determinar que tipos de programação e de efeitos são produzidos.

Mas sem situar as discussões sobre política pública no contexto da teoria social e da economia política, que analisam as configurações de poder e de dominação existentes, esses debates são desesperadamente abstratos e estão fora de questão. Nos Estados Unidos, durante os governos de Reagan e de Bush (1980-1992), não havia realmente qualquer abertura para intervenções políticas progressistas em nível nacional. A urgência na época, em nível de política nacional, estava focada na defesa dos ganhos liberais do passado contra os ataques violentos dos conservadores (imagino que algo parecido tenha ocorrido na Inglaterra, durante os regimes de Thatcher e Major, e em outros países dirigidos por governos conservadores).

Por outro lado, diversas intervenções regionais estimulantes foram realizadas ao longo da era conservadora, com expressivas culturas alternativas se proliferando e intensos confrontos políticos, freqüentemente tendo um foco cultural ocorrendo em nível local. Essa experiência talvez tenha influenciado a política pós-moderna, que enfatiza as lutas locais em vez das globais, mas é importante notar que ambas as questões — sejam regionais ou nacionais — são importantes. Regionalmente, pode-se com freqüência fazer uma diferença mais visível, embora mesmo as operações defensivas de retaguarda em nível nacional sejam relevantes, como também o são as intervenções de política pública que advogam uma reforma genuína em qualquer nível. A negligência da política cultural pelos estudos críticos é desoladora e não deixa de ser um sinal da despolitização da vida intelectual na atualidade.

O novo intelectual crítico

Assim, os intelectuais críticos têm algumas importantes tarefas para realizar no futuro e podem se tornar parte de um processo de delegação de poder e de esclarecimento — tal como podem ignorar as novas tecnologias e seu impacto e possibilidades, condenando-se à irrelevância e à obsolescência. Entretanto, eu também insistiria que muitas funções do intelectual crítico clássico ainda são relevantes e são de fato mais urgentes do que nunca. Como as comunicações do futuro serão planejadas? Quem ganhará acesso, protocolos para discussão e debates democráticos? Como a informação circula e é distribuída? Estas e outras questões, que dizem respeito ao futuro das nossas sociedades midiáticas e informatizadas, são fundamentais.

Portanto, as funções críticas e normativas dos intelectuais ainda são necessárias, na medida em que avançamos rumo a uma sociedade que bem poderá ter uma comunicação cada vez mais diversificada e conflitante em comparação com as sociedades anteriores. Questões relativas a normas e princípios do criticismo e da discussão, ao equilíbrio entre liberdade e direitos, a melhor forma de promover a democracia — a genuína democracia — se tornarão ainda mais prementes. Na verdade, esses assuntos são debatidos de forma vigorosa e interessante todos os dias nos grupos de notícias informatizados que, em muitos casos, difundem idéias e informações de modo mais vívido e envolvente do que o fazem tanto a imprensa quanto a mídia radiofônica.

Da mesma maneira, a necessidade de instrução é mais essencial do que nunca, e à instrução dos livros e das publicações deveríamos acrescentar o ensaio da informática e dos meios de comunicação. Na verdade, não é uma questão de livros ou computadores para a educação e a produção de cidadãos democráticos, mas sim ambos. A necessidade das técnicas tradicionais de leitura, de escrita, de expressão e de pensamento crítico é ainda mais essencial em uma era de sobrecarga de informação, na qual ler e escrever pode se tornar ainda mais crucial para se obter sucesso na educação e na atividade profissional. Saber distinguir entre argumentos válidos e inválidos, informação precisa ou imprecisa, verdade e propaganda será tão importante quanto sempre foi; portanto, não é uma questão de jogar fora os livros e as técnicas tradicionais dos intelectuais, mas de incorporá-los a novas tecnologias e esferas públicas.

Naturalmente pode-se escolher a defesa de certos valores e atividades tradicionais frente aos violentos ataques que eles sofrem por conta das novas tecnologias. Algumas críticas ao *e-mail* e aos grupos de notícias, por exemplo, são provocativas e sugestivas e podem fortalecer a futura troca de informação por meio da preservação e da disseminação das técnicas e dos padrões literários tradicionais. Além do mais, novas formas de comunicação mediadas pelos computadores podem criar uma esfera pública menos esotérica, elitista e pretensiosa do que a cultura acadêmica das décadas recentes, embora as novas tecnologias também possam dar vida nova a teorias obsoletas e continuar promovendo linguagens teóricas esotéricas que defendem principalmente os interesses e o capital cultural das elites acadêmicas.

De fato, um dos escândalos das últimas décadas é que, no exato momento em que a economia, a política, a sociedade e a cultura passavam por convulsões momentosas — tanto no nível global quanto local —, muitos intelectuais acadêmicos se refugiaram no discurso teórico mais inescrutável e nas linguagens acadêmicas especializadas. Eu mesmo estive envolvido nesses jogos de discursos e acredito que a teoria pode realmente ser útil em uma variedade de domínios acadêmicos e práticos; mas acredito que a busca por um discurso simples, por uma linguagem acessível ao público, por pensamento e expressão claros é uma necessidade urgente do presente momento, e que a responsabilidade dos intelectuais hoje é a de falar uma linguagem acessível aos cidadãos comuns.

Realmente, as mudanças tecnológicas são de longo alcance e nos forçam a repensar todas as coisas — o papel dos intelectuais, a natureza da democracia, o modelo da boa sociedade e da boa qualidade de vida. A teoria e a política estão agora ao alcance de todos e cabe aos intelectuais públicos do futuro elaborar linguagens e estratégias de comunicação que façam uso das novas tecnologias e das esferas públicas da era atual, para redefinir o seu papel na luta por um futuro melhor.

NOTAS

1. Sobre a variedade de políticas pós-modernas, com freqüência conflitantes, ver o levantamento em Best and Kellner, 1991.
2. Sartre formulou uma concepção do escritor e do intelectual engajado em seu texto de 1947, *What is literature?* (1962), e desenvolveu um modelo do intelectual engajado como alguém compromissado com a liberdade e contrário à opressão. À luz da polêmica contrária a Sartre, entre aqueles associados à teoria estruturalista e pós-estruturalista (Levi-Strauss, Lacan, Foucault, Derrida, Lyotard etc.), raramente foi notado que o filósofo e escritor francês exerceu uma forte influência sobre estes críticos, assim como sobre aqueles mais proximamente associados ao seu pensamento.
3. Acabei de finalizar um CD-Rom para Voyager sobre o filme de Emile de Antonio, *Painters Painting*, com Ron Mann, e estou muito excitado com o potencial dessa tecnologia. O CD-Rom tornou possível não apenas a digitalização do filme, como também as transcrições completas das entrevistas de Antonio com os pintores, as reflexões de seu diário e as resenhas sobre o filme, seu relacionamento com importantes pintores da época, além de material em vídeo contudo entrevistas com o realizador do filme e outros materiais documentais, criando assim um completo arquivo sobre a pintura americana no período que se seguiu à Segunda Guerra Mundial.
4. A exceção aqui era Walter Benjamin (1969). Baudrillard (1983) especialmente despreza a mídia alternativa.
5. Para mais informações sobre mídia alternativa, ver Kellner, 1979, 1985 e 1990.
6. Sobre política de mídia e de comunicações do presente, ver Schiller, 1989 e Kellner, 1990.
7. Sobre a mídia, ver Giroux, 1922 e 1994; McLaren, Hammer, et al, 1995; e Kellner, 1995a.

REFERÊNCIAS BIBLIOGRÁFICAS

Barth, Hans, *Truth and ideology*. Berkeley: University of California Press, 1976.

Baudrillard, Jean, "The ecsatsy of communication", in Hal Foster (org.), *The anti-aesthetic*: 126-134.

Benjamin, Walter, *Illuminations*. Nova York: Harcout, Brace & World, 1969.

Bennett, Tony, *Outside literature*. Londres: Routledge, 1990.

——, "Putting policy into cultural studies", in Grossberg et al., 1992: 23-34.

Best, Steven; Kellner, Douglas *Postmodern theory: critical interrogations*. Londres e Nova York: Macmillan e Guilford, 1991.

Downing, John, *Radical media*. Boston: South End Press, 1984.

Fiske, John, *Media matters*. Minneapolis, Minn.: University of Minnesota Press, 1994.

Foucault, Michel, *Language, counter — memory, practice*. Ithaca, Nova York: Cornell University Press, 1977.

Giroux, Henry, *Border crossing*. Nova York: Routledge, 1992.

——, *Disturbing pleasures*. Nova York: Routledge, 1994.

Grossberg, Lawrence, Treichler, Nelson, Cary e Paula *Cultural studies*. Nova York: Routledge, 1992.

Habermas, Jurgen, *The public sphere*. Cambridge, Mass.: The MIT Press, 1989.

Horkheimer, Max; Adorno, T. W., *Dialectic of enlightenment*. Nova York: Seabury, 1972.

Kellner, Douglas (1974/5) "The latest Sartre", *Telos* 22 (Winter): 188-201.

—— (1979), "TV, ideology, and emancipatory popular culture", *Socialist Review* 45 (May-June): 13-53.

—— (1985), "Public access television: alternative views," *Radical Science Journal*, 16, Making Waves: 79-92.

—— (1990), *Television and the crisis of democracy*. Boulder, Col: Westview.

—— (1992), *The Persian gulf TV war*. Boulder, Col: Westview.

—— (1995), *Media culture*. Londres e Nova York: Routledge.

Laclau, Ernesto, Mouffe, Chantal, *Hegemony and socialist strategy*. Londres: Verso Books, 1985.

Marx, Karl e Engels, Friedrich,*The German ideology*, em Marx-Engels, Collected Writings, Volume 5. Nova York: Peter Lang, 1975.

Sartre, Jean-Paul, *What is literature?*. Nova York: Harper and Row, 1965.

——, "Intellectuals and revolution", *Ramparts*, IX, no. 6 (dezembro de 1990).

——, "Interview with John Gerassi", *The New York Times Magazine*, 17 de outubro, 1971.

——, *The writings of Jean-Paul Sartre*, editado por Michel Contat e Michel Rybalka. Evanston, III.: Northwestern University Press,1974.

——, *Between existencialism and marxism*. Nova York: Basic Books, 1975.

Schiller, Herbert, *Culture, Inc*. Nova York: Oxford, 1989.

Intelectuais, luta política e hegemonia cultural

CARLOS NELSON COUTINHO

Entrevista a Dênis de Moraes

Você faz parte de uma geração de intelectuais que testemunhou diversas mutações culturais e políticas nos últimos 40 anos. Do Centro Popular de Cultura da União Nacional dos Estudantes à febre digital, nada parece ser como antes. Como se sente na condição de remanescente dos anos 1960 vivendo neste conturbado começo de milênio?

Enormes mutações realmente ocorreram, mas ao mesmo tempo se pode perceber, por trás da descontinuidade entre os anos 1960 e o início do século XXI, algumas linhas de continuidade. A batalha pela hegemonia continuou a marcar todo esse período, com momentos que, sobretudo no início do período, foram mais favoráveis à esquerda. Para resumir o que sinto, lembro que a Livraria Leonardo da Vinci, no Rio de Janeiro, organizou em 2002 uma série de debates sobre as décadas passadas. Coube a mim e a Leandro Konder falar sobre os anos 1960. Depois de preparar o texto da minha intervenção, pensei comigo mesmo: que saudades dos anos 1960! Foi uma época em que tivemos grandes esperanças. Por paradoxal que pareça, era mais esperançoso viver sob a ditadura do que agora. Você tinha a idéia de que iria sair daquilo e construir alguma coisa realmente nova.

Se Eric Hobsbawm referiu-se ao "breve século XX", poderíamos falar de uma longa década de 1960. Na verdade, a década iniciou-se em 1956 com o XX Congresso do Partido Comunista da União Soviética, onde foram denunciados os crimes de Stalin; e, de certo modo, se encerrou com o colapso do eurocomunismo no início dos anos 1970. O eurocomunismo foi uma tentativa de retomada do núcleo democrático do comunismo e, ao mesmo tempo, de renovação do pensamento marxista. E, no meio de tudo isso, ocorreu 1968, com o maio francês, a Primavera de Praga e tantos outros movimentos libertários por todo o mundo, no Norte e no Sul, no Leste e no Oeste. Não é casual que, no início dessa longa década — numa declaração feita, se não me engano, em 1958 —, Jean-Paul Sartre tenha afirmado que o marxismo era a filosofia insuperável do nosso tempo. Naquele momento, seguramente, o marxismo disputava hegemonia com muita força.

De lá para cá, assistimos a sucessivos triunfos do capital no terreno da luta de classes. A correlação de forças mudou contra nós. O avanço do capitalismo se refletiu também, evidentemente, no campo da cultura. O pós-modernismo — que Fredric Jameson chamou adequadamente de "lógica cultural do capitalismo tardio" —, com sua tentativa de desconstrução de visões totalizantes do mundo, indica uma perda de força do marxismo. Sabemos que o marxismo coloca a totalidade como critério básico de sua metodologia. Embora acredite que ainda há forças que resistem a essa avalanche irracionalista, não posso deixar de reconhecer que este início do século XXI não parece muito favorável a um intelectual como eu, formado na década de 1960 do século passado. Quarenta anos depois, contemplo o mundo com mais ceticismo e mais pessimismo. Mas quero dizer, enfaticamente, que não perdi as esperanças. Adoto e cito sempre aquele dístico de Gramsci: "pessimismo da inteligência e otimismo da vontade". Não se trata de um pessimismo irracional, mas daquele que se alimenta da razão crítica. Quanto ao otimismo da vontade, que é uma indicação para que mantenhamos unidas teoria e prática, ele se apóia no fato de que quase tudo o que Marx disse a respeito do capitalismo se confirmou. A crítica ao capitalismo formulada por Marx é cada vez mais atual. O capitalismo de hoje — cuja natureza "globalizada" Marx e Engels já haviam ressaltado há mais de 150 anos, no *Manifesto Comunista* — não eliminou, mas até aguçou, todas as suas contradições.

O que devemos repensar e discutir é a questão do sujeito revolucionário, o sujeito capaz de operar as transformações. A meu ver, esse sujeito situa-se ainda no mundo do trabalho, mas não é mais a classe operária fabril, como Marx pensava. Temos que estudar a nova morfologia do trabalho e também os vários movimentos sociais que, sem provirem do mundo do trabalho, colocam demandas que chamo de radicais, como são os casos dos movimentos feminista e ambientalista, para citar dois exemplos. São sintomas de que as coisas podem recomeçar para nós. Precisamos recomeçar de novo, com a modéstia de quem perdeu uma batalha, tanto no sentido político quanto no sentido cultural, mas com a convicção de que o resultado da guerra não está decidido.

Você diz, em Cultura e sociedade no Brasil, *que o problema central da cultura brasileira reside nos processos de transformação pelo alto que marcaram a vida político-social no século XX. Que transformações foram essas?*

Se nós observarmos a história do Brasil, veremos que o país se modificou, sofreu importantes transformações ao longo do tempo, mas elas sempre foram feitas a partir de arranjos entre os setores das classes dominantes, com o claro objetivo de excluir uma participação popular mais intensa nesse processo de transformações. Podemos notar isso na Independência. Ela é resultado de uma manobra das elites, que fez com que nosso primeiro imperador fosse o herdeiro do trono português. Também aconteceu na proclamação da República, quando, como escreveu o jornalista republicano Aristides Lobo, o povo assistiu bestializado àquela passeata militar, sem saber do que se tratava. Isso ocorreu em 1930, que considero o mais importante ponto de inflexão da história brasileira moderna, e que é resultante de outro arranjo elitista. Gramsci chamou este tipo de transformação pelo alto de "revolução passiva". É interessante observar que as revoluções passivas são sempre respostas a demandas das classes subalternas, embora estas não se manifestem ainda de forma organizada, capaz de torná-las efetivos protagonistas do processo de transformação.

Caio Prado Júnior e Florestan Fernandes criaram importantes categorias de análise dos processos elitistas e antipopulares que caracterizaram as transformações sociais no Brasil. Eles demonstraram que o Brasil conservou traços coloniais e não conseguiu se configurar efetivamente como nação. O nosso déficit de cidadania é por demais conhecido. O problema agrário, por exemplo, nunca foi satisfatoriamente resolvido. Com a política neoliberal da última década, o país perdeu instrumentos de fixação de uma política nacional, autônoma e soberana; regrediu, de certo modo, à situação colonial denunciada por Caio Prado e Florestan.

Que conseqüências tudo isso tem no mundo da cultura e da intelectualidade? Eu diria que o meio privilegiado da cultura, particularmente da cultura moderna, é o que Gramsci chamou de "sociedade civil", ou seja, o conjunto de aparelhos privados de hegemonia que organizam interesses e valores, e aos quais em geral se ligam os intelectuais, pelo menos nos países onde os processos de transformação foram de tipo "jacobino", ou seja, de baixo para cima. No Brasil, onde a sociedade civil foi sempre débil e, até recentemente, primitiva e gelatinosa, os intelectuais tiveram de enfrentar desafios importantes. Como eles não podiam se ligar organicamente às camadas populares, já que essas não tinham uma expressão política adequada, ocorreu uma tendência marcante em nossa história, ou seja, a da cooptação da intelectualidade pelos mecanismos de poder. Chamo atenção para o fato de que essa cooptação não implica, necessariamente, que o intelectual cooptado defenda posições políticas e ideológicas explícitas da classe dominante, mas "apenas" que sejam levados a um certo ascetismo cultural, adotando posições culturais e ideológicas "neutras". Algo que eu, utilizando uma expressão de Thomas Mann, chamei de "intimismo à sombra do poder". O intelectual tem certa liberdade para buscar seus caminhos, contanto que não conteste o poder, que não ponha em questão as relações de poder e a própria estrutura da sociedade.

Esse "intimismo à sombra do poder" permanece válido no cenário contemporâneo?

Não vejo alterações decisivas ao longo da década que separa a primeira e a segunda edição de *Cultura e sociedade no Brasil*, ocorridas respectivamente em 1990 e 2000. Creio que aumentou a presença da indústria cultural e da mídia na formação da cultura brasileira. Não percebo nenhum movimento expressivo, no sentido de uma literatura e de uma arte mais voltadas para os problemas do povo. Permanece uma relativa hegemonia da cultura intimista. Talvez alguma coisa nova esteja acontecendo no cinema.

As formas de cooptação de intelectuais vêm se alterando com o passar dos anos?

Eu diria que uma forma perigosa de cooptação dos intelectuais é exercida há já algum tempo, entre nós, pela indústria cultural e pela mídia. Nós poderíamos dizer que a mídia, de certo modo, opera como um intelectual coletivo. Nos anos 1970, a mídia recrutou intelectuais já formados. Eram pessoas conhecidas e respeitadas, que provinham do campo da cultura de esquerda, como Dias Gomes, Oduvaldo Vianna Filho, Paulo Pontes, Armando Costa e outros. Claro que havia limites estéticos e políticos para a criação cultural nos meios de comunicação de massa. Porém, pressões da sociedade civil sobre a mídia abriram brechas que ajudaram esses intelectuais de esquerda a produzir coisas significativas na televisão. Seria um equívoco imaginar que a mídia é um espaço homogêneo, sem contradições, no qual vigora tão-somente a manipulação sistemática da opinião pública.

A diferença é que, agora, a mídia está criando seu próprio intelectual orgânico — alguém que ela projeta como intelectual, com menos autonomia e menos criatividade. Na medida em que é controlada e hegemonizada pela classe dominante, a mídia pode ser considerada um intelectual orgânico coletivo da própria classe dominante, ainda que, em determinadas circunstâncias, essa situação possa sofrer abalos. As pessoas que agora estão escrevendo telenovelas, por exemplo, praticamente só fizeram isto na vida. Não me lembro de um grande escritor que, nos últimos tempos, tenha levado para a televisão o seu talento. Os novos autores fazem seu aprendizado já dentro da mídia. São organicamente constituídos como intelectuais da mídia, como produtores culturais da mídia. Isso empobrece o processo de criação. O potencial crítico diminui na medida em que o intelectual já não é mais aquele que, mesmo limitado pelo universo estético e político da mídia, mantinha um certo distanciamento crítico. A qualidade técnica da televisão é alta, os atores e diretores são muito bons. Mas ela se tornou menos criativa, com menor espaço para a contestação.

Você cita Vianinha e Dias Gomes como intelectuais cooptados pela mídia que não renunciaram ao espírito crítico. Continuam sendo exceções à regra?

Como disse antes, a cooptação dificulta, mas não impossibilita a elaboração de um pensamento crítico. Um bom exemplo de independência intelectual é o de Lima Barreto. Funcionário do Ministério da Guerra, escreveu dois devastadores romances antimilitaristas — *Policarpo Quaresma* e *Numa e a Ninfa*. Temos o caso de Graciliano Ramos, que, como inspetor federal de ensino, esteve ligado à máquina do Estado, inclusive escrevendo artigos na revista *Cultura Política*, editada pelo Departamento de Imprensa e Propaganda (DIP) do Estado Novo. Não obstante, Graciliano tem uma obra de profundo caráter crítico, escrita neste mesmo período. Carlos Drummond de Andrade costumava dizer que existe uma diferença entre servir a uma ditadura e servir sob uma ditadura. Na mesma época em que era chefe de gabinete do Ministério da Educação no Estado Novo, Drummond escreveu *A rosa do povo*, o seu livro de poesia mais comprometido politicamente, onde dizia — entre outras belas coisas — que "este é tempo de partido, tempo de homens partidos". Portanto, não existe uma relação mecânica e direta entre cooptação e ausência de pensamento crítico. Nos períodos democráticos, em que o espaço público é maior e os organismos da sociedade civil conquistam relativa autonomia, os intelectuais cooptados têm mais possibilidades de adotar posições políticas e estéticas de clara oposição. Na ditadura, isso é muito mais difícil, mas, mesmo assim, não é impossível, como vimos nos exemplos de Graciliano e de Drummond.

Você sempre defendeu uma cultura nacional-popular no Brasil. Em plena era da globalização, segue acreditando na pertinência dessa linha de pensamento?

O sociólogo Renato Ortiz, que trabalhou e ainda trabalha com Gramsci, já decretou o fim da cultura nacional-popular. Segundo ele, estaríamos na fase internacional-popular. Mas é preciso reler Gramsci e ver o que ele entendeu por "nacional-popular". Gramsci disse claramente que são nacional-populares os clássicos gregos e Shakespeare, que estão evidentemente entre os autores mais universais de todos os tempos. Ou seja, nacional-popular nada tem a ver com nacionalismo, muito menos com populismo. Para

Gramsci, o autor vinculado à problemática do povo e da nação é capaz de oferecer uma representação mais ampla e concreta do real e, por isso mesmo, mais universal.

Faz parte da ideologia da globalização passiva e pelo alto a idéia de que o Estado nacional acabou, de que a nação deixou de ser um espaço de tomada de decisões. Ao contrário, penso que a nação ainda continua a ser uma referência obrigatória. Com as adequações ao período em que vivemos, a cultura nacional-popular segue expressando a idéia de que um escritor e um artista devem ter vínculos com o povo e responder aos problemas que aborda em sua obra de um ponto de vista que reflita os interesses da nação e do povo. Exatamente por isso, o escritor nacional-popular não é um populista, alguém que apenas relata de modo naturalista o que povo está vivendo e aceita passivamente os seus preconceitos. Nacional-popular é Graciliano, não o Jorge Amado da última fase. O escritor nacional-popular se coloca do ângulo dos interesses populares para responder às grandes questões nacionais, as quais estão cada vez mais articuladas com as questões universais. Marx e Engels já diziam, no *Manifesto* de 1848, que o capitalismo estava criando uma "literatura universal", o que evidentemente não anula o fato óbvio de que Balzac é francês, Tolstoi é russo e Machado de Assis é brasileiro. Aliás, por falar em Machado, ele sabia que a "nacionalidade" de um escritor não se define pelo tema que aborda, mas pelo ponto de vista que adota.

Que movimentos e manifestações culturais dos últimos anos situaria na direção do nacional-popular?

Talvez seja difícil falar em movimento nacional-popular hoje. Não me parece haver, no Brasil de nossos dias, algo tão significativo neste sentido como o foi, no início dos anos 1960, o movimento que se organizou em torno das propostas dos Centros Populares de Cultura, os famosos CPCs. Este movimento teve repercussões, ainda que através de múltiplas mediações, em vários campos da arte, sobretudo no teatro, no cinema e na música popular. Mas também na literatura: diria que são nacional-populares as obras mais expressivas criadas no tempo da ditadura, como os romances *Quarup* de Antonio Callado e *Incidente em Antares* de Érico Veríssimo, mas também as poesias de Ferreira Gullar, de José Carlos Capinam, de Moacyr Félix. Veja bem: não digo que tudo isso provém diretamente do CPC, que, aliás, em suas formulações teóricas, dizia muitas tolices, era bastante sectário. Digo que o movimento que está na origem do CPC criou um solo cultural do qual brotaram, num movimento de superação dialética, algumas das mais expressivas criações artísticas das décadas de 1960 e 1970.

Hoje vejo apenas manifestações tópicas, e não movimentos daquele tipo. Infelizmente, não tenho lido muitos romances brasileiros recentes, mas diria que a última grande produção artística nacional-popular que me recordo de ter lido foi *Viva o povo brasileiro*, o notável romance de João Ubaldo Ribeiro, publicado nos anos 1980. É um dos maiores romances da literatura brasileira, situado no mesmo nível de *Dom Casmurro*, de *Policarpo Quaresma*, de *São Bernardo*, de *Grande Sertão: Veredas* e de poucos outros. Em *Viva o povo brasileiro*, toda a formação histórica do Brasil é vista de um ponto de vista claramente nacional-popular, no sentido gramsciano do termo, ou seja, sem nenhuma concessão nem ao nacionalismo nem ao populismo.

Alienação e descompromisso político seriam traços constitutivos da cultura brasileira atual?

Nos anos 1990, ocorreu um refluxo daquele processo de forte ativação da sociedade civil que se verificou entre o final dos anos 1970 e a eleição presidencial de 1989. Esse refluxo foi, em boa parte, motivado pela crescente hegemonia política e ideológico-cultural do neoliberalismo. O conjunto das propostas neoliberais operou no sentido de promover uma despolitização geral da sociedade e, conseqüentemente, também da cultura. Tivemos a tentativa, muitas vezes exitosa, de transformar a sociedade civil nessa coisa amorfa e despolitizada, hoje pomposamente chamada de "terceiro setor". Gramsci entendia a sociedade civil, ao contrário, como arena da luta de classes, como um espaço político por excelência, não como algo — na expressão que hoje se tornou habitual — "para além do Estado e do mercado". A hegemonia neoliberal bloqueou a floração de uma arte nacional-popular, que se anunciou fortemente nos anos 1960, que se manteve surda mas latente durante a ditadura e reapareceu em fins dos anos 1970 e parte dos anos 1980. Volto a me perguntar: quem é o grande artista surgido na década de 1990? Temos bons autores em atividade — Ubaldo, Moacyr Félix, Moacyr Scliar, Ferreira Gullar. Apareceram nomes interessantes, como José Roberto Torero e Ana Miranda. Mas nenhuma grande figura surgiu nos últimos anos. Fora da "cultura" criada pela mídia, assistimos à permanência do predomínio de uma cultura ornamental e intimista, desligada dos problemas e aflições do povo brasileiro. Como disse antes, talvez o novíssimo cinema seja uma exceção. Vamos esperar para ver.

Ainda é possível se imaginar uma democratização cultural no Brasil?

Não só é possível, mas necessário. Porém, para que haja democratização da cultura, é preciso que haja simultaneamente uma democratização geral da sociedade brasileira. Quanto mais espaços democráticos forem conquistados no âmbito da sociedade civil, tanto mais rapidamente avançaremos — ainda que não se trate de uma relação mecânica — no terreno da democratização da cultura. E é preciso lembrar sempre: uma efetiva democratização da cultura no Brasil, que transcenda a alta cultura dos intelectuais e atinja as grandes massas, tem como ponto de partida uma democratização dos meios de comunicação, da mídia. Para isso, é preciso um maior controle da sociedade sobre esses poderosos instrumentos de criação, difusão e ação cultural. Precisamos fazer com que os meios de comunicação de massa sejam controlados pela sociedade, e não por grupos monopolistas privados. Estes grupos podem até levar em conta certas demandas da sociedade, mas operam sem um efetivo controle social.

É uma utopia factível, numa sociedade em que as transições se operam sob influência determinante das elites, imaginar um controle social sobre a mídia?

Não, não é factível imaginar que isso ocorra se persistir um modelo de sociedade elitista, em que as massas não participem da política nem tenham um peso determinante na criação e no consumo de uma cultura de alto nível. Enquanto persistir este modelo de sociedade, continuará a existir um abismo entre alta cultura e cultura popular, com esta última condenada a só muito raramente superar os limites de uma subcultura de tipo folclórico. Esta "utopia" só é factível, como disse, no bojo de um amplo processo de democratização geral da sociedade, de ativação da sociedade civil, de pressão proveniente de uma opinião pública constituída de baixo para cima. Acho que devemos lutar para que seja possível criar, até mesmo no plano legislativo, formas de controle social dos meios de comunicação, que impeçam aos proprietários privados destes meios — que, de resto, no caso dos canais de rádio e televisão, são concessionários do poder público — a completa liberdade, por exemplo, de veicular a informação que querem e de ocultar a informação que não lhes parece adequada a seus interesses.

Um dos desafios é chegarmos a uma legislação adequada. Mas veja bem: não estou pregando e sou contra a estatização dos meios de produção cultural. Não será desse modo que teremos uma efetiva democratização. O que defendo é uma gestão mais coletiva dos meios de produção cultural. Talvez isso possa se dar mediante a autogestão: os próprios produtores culturais definiriam as políticas de difusão. Por exemplo: um comitê formado por jornalistas e personalidades de diferentes grupos e organismos da sociedade civil controlaria efetivamente a informação que se veicula, já que este é o terreno mais sensível à manipulação ideológica. Por que não imaginar grandes cooperativas de intelectuais para controlar os meios de comunicação?

Gostaria de insistir que a solução não consiste em estatizar os meios de comunicação, pois isso levaria também a uma perda de capacidade crítica. Sou no mínimo cético quanto à natureza democrática de uma política cultural implementada diretamente a partir do Estado. As políticas culturais se criam a partir da sociedade civil. A tarefa fundamental do Estado é assegurar as condições materiais para que as políticas culturais oriundas da sociedade civil possam ser realizadas. O Estado deve financiar aquelas atividades que, por não terem uma lucratividade imediata, não são interessantes para o mercado, como muitas vezes é o caso no teatro, no cinema, até mesmo na produção editorial. Mas cabe ao Estado, sobretudo, colocar ao alcance das amplas massas a grande cultura (uma sinfonia de Beethoven, uma representação teatral de Shakespeare), o que pode ser feito, inclusive, através da televisão. Sem falar na tarefa fundamental do Estado, que é assegurar a todos uma educação de bom nível, permitindo assim que a massa da população tenha acesso a produtos culturais de cunho mais elevado.

Em Marxismo e política, *você aponta o caráter excessivamente individual que Lukács atribui ao sujeito político: "É como se a práxis política criadora, como a arte e a filosofia, fosse também ela, mesmo no caso da luta pelo socialismo, a expressão de personalidades excepcionais e não de sujeitos políticos coletivos." O cenário atual de certo modo não reforça a sua advertência, dado que a criação cultural parece cada vez mais associada a* performances *individuais, em detrimento dos movimentos coletivos?*

A grande criação artística, cultural ou filosófica, ainda que seja ligada a movimentos coletivos, se realiza plenamente através de personalidades individuais. Poderia citar Balzac, Göethe, Shakespeare, Hegel, Kant e tantos outros. Claro que esta minha convicção não me impede de reconhecer que a grande personalidade intelectual e artística expressa um movimento, uma concepção do mundo coletiva. Se você examinar o CPC como produtor coletivo de cultura, verá que ele, a rigor, não criou nada que tivesse um valor cultural para além da agitação e da propaganda imediatas. Mas um bom número das criações individuais de Vianinha, que foi um dos líderes do CPC, continua tendo um indiscutível valor estético e cultural. Sua peça *Rasga coração*, por exemplo, não existiria sem o movimento coletivo do CPC, mas não poderia ser criada a dez mãos. Aquelas peças que o CPC encenava aqui e acolá tiveram em si o valor de criar um movimento cultural que, por sua vez, gerou uma figura singular como a do nosso querido Vianinha.

Não é que essa individualização não aconteça na política, até porque há fortes lideranças políticas individuais, como, entre tantos outros exemplos possíveis, Lenin. Mas a presença do sujeito coletivo, na política, é muito mais forte do que na criação artística ou filosófica, é até mesmo decisiva. Lenin é Lenin somente porque foi dirigente do Partido Bolchevique. De repente, ao formular esta pergunta, você me pôs a seguinte questão: voltamos a uma época em que o político individual substitui o líder político de um partido? Acho que, freqüentemente, sim. A política hoje é em grande parte midiática. O primeiro-ministro Berlusconi, por exemplo, não é a expressão da Força Itália, o partido que ele criou; a Força Itália não passa de uma criação de Berlusconi para se legitimar *ex post.* O personalismo é uma coisa muito ruim em política, pois termina consagrando um tipo de liderismo que só serve à consagração do existente, ao embrutecimento das massas, não à transformação social e à tomada de consciência. Nesse sentido, creio que Lukács subestimou o papel dos sujeitos coletivos na esfera da política.

Já na arte e na filosofia, dificilmente se cria coletivamente uma boa obra. A visão do mundo que o artista ou o filósofo expressam é coletiva, mas a transformação desta visão do mundo em forma artística ou em construção filosófica é quase sempre individual. A questão é particularmente complicada no mundo contemporâneo, porque, de um lado, temos o intelectual coletivo encarnado pela mídia, que termina esmagando o talento individual e tendo assim um papel antiartístico. Ao mesmo tempo, falta a quem produz solitariamente aquele respaldo social que permitiu o surgimento de um Balzac, de um Mozart, de um Cézanne. De qualquer modo, acho que a coletivização do sujeito cultural pode ser um problema sério para a criação artística. Na política, ocorre precisamente o inverso.

No livro O estruturalismo e a miséria da razão, *de 1972, você atacou intelectuais de esquerda que, na década de 1970, aderiram acriticamente ao estruturalismo. Faria crítica semelhante a intelectuais de tradição marxista que, nos anos 1990, aderiram ao chamado tucanato?*

Continuo concordando com minha velha posição de 30 anos atrás: a de que, filosoficamente, o estruturalismo era reacionário, na medida em que esvaziava o pensamento social das grandes questões da dialética, do historicismo e do humanismo. Mas acho que fui injusto ao atacar duramente alguns estruturalistas que eram de esquerda e, no Brasil, se posicionavam contra a ditadura. Georg Lukács disse uma frase muito expressiva: "Existem intelectuais que têm uma epistemologia de direita e uma ética de esquerda." A maioria dos estruturalistas talvez tivesse essa posição, mas eu ignorei o lado ético e bati forte no lado teórico.

Acho que os chamados "intelectuais do tucanato" merecem uma crítica mais dura. Eles têm uma epistemologia de direita e uma ética de direita.

São casos de transformismo intelectual. Veja a produção teórica de Fernando Henrique Cardoso dos anos 1960 e 1970. Malgrado os vários pontos discutíveis de sua produção teórica — no meu livro *A democracia como valor universal*, de 1980, eu já criticava algumas posições de Fernando Henrique que me pareciam liberais —, ninguém poderia imaginar que aquele intelectual de esquerda, muito próximo do marxismo, que pregava uma alternativa socialista ao caráter necessariamente associado-dependente que ele lucidamente enxergava no capitalismo brasileiro, viesse a ser o Presidente da República que aprofundou a associação da burguesia brasileira com o capital internacional. Gostaria de chamar a atenção para o fato de que não se trata de um fenômeno de traição individual. Uma parte significativa da intelectualidade brasileira, que resistiu durante a ditadura, assumiu, depois, posições mais à direita, ainda que no espectro da democracia. Trata-se de um fenômeno coletivo, que resulta, ao que me parece, do caráter bem mais complexo e plural da nossa sociedade civil pós-ditadura.

Quem é o sucedâneo do estruturalismo na miséria da razão: a ideologia neoliberal ou a chamada terceira via? Ou ambos?

É uma boa pergunta. No meu velho livro, publicado em 1972, eu sustentava que a ideologia burguesa, a ideologia das classes dominantes, tinha duas vertentes: uma claramente irracionalista, segundo a qual a razão não capta o real, isso só pode ser feito pela intuição e pela sensibilidade; e outra que empobrecia a razão, até fazer dela uma razão instrumental, apenas formalista. Eu situava o estruturalismo como a versão *up to date* da miséria da razão. Hoje temos, no pós-modernismo, uma combinação de irracionalismo e de miséria da razão. A recusa, por exemplo, de compreender a universalidade tem um claro caráter irracionalista, mas temos também a continuidade de elementos de racionalismo formal, que eu percebo no fetichismo da técnica hoje tão em moda. Ou seja, a razão posta a serviço só do particular, da instrumentalidade. O pós-modernismo tem tudo a ver com o neoliberalismo: ambos se voltam para a despolitização geral da sociedade e, conseqüentemente, da cultura.

Já a chamada "terceira via" me parece um sintoma de que o neoliberalismo começa a revelar seus limites. Os defensores da "terceira via" são pessoas que aplicam uma política neoliberal, como Massimo D'Alema, Tony Blair e Fernando Henrique Cardoso, mas que têm ou tiveram no passado um certo compromisso com valores de esquerda e tentam propor, como se isso fosse possível, um neoliberalismo com rosto humano. Isso, evidentemente, é ideologia no sentido ruim da palavra, ou seja, uma maneira de encobrir políticas que continuam a ser estritamente neoliberais. Não vejo qualquer perspectiva diferente na "terceira via", que, aliás, praticamente já nasceu morta: agora se fala em "governança progressiva". Lamento que um intelectual importante e comprometido no passado com causas progressistas, como Anthony Giddens, tenha se tornado um dos teóricos desta bobagem que é a "terceira via". A meu ver, trata-se de uma manifestação hipócrita do neoliberalismo. La Rochefoucauld, o grande moralista francês do século XVIII, dizia que a hipocrisia é a homenagem que o vício presta à virtude. A "terceira via" é isso: uma manifestação hipócrita do neoliberalismo, que sabe muito bem que a virtude está com outro tipo de política. É um fenômeno indicativo de que aquela hegemonia pura e simples do neoliberalismo, aberta e escancarada, está sofrendo abalos.

Em que medida a idéia pós-moderna, que se alastrou na década de 1990, é produto da simbiose entre a ascensão da ideologia neoliberal e a descrença no socialismo a partir da queda do Muro de Berlim?

Tenho um amigo, creio que ainda se considera marxista, que me disse outro dia: "A luta de classes acabou." É claro que a luta de classes, o antagonismo entre capital e trabalho, não acabou. Mas a verdade é que a correlação de forças mudou, o que levou meu amigo a esta equivocada observação. A classe operária e o mundo do trabalho, depois de algumas conquistas significativas no período que vai do final da Segunda Guerra até a década de 1960, passaram a sofrer derrotas significativas, sobretudo a partir de meados dos anos 1970. O capitalismo empreendeu um intenso processo de contra-reformas, modificou o mundo do trabalho, conseguiu criar condições mais favoráveis para si com a fragmentação da consciência operária. Isso se reflete num refluxo da ideologia da esquerda em geral. Nos espaços que iam sendo perdidos pela esquerda, entraram a ideologia e a prática do neoliberalismo e, em conseqüência, sua expressão cultural, ou seja, o pós-modernismo. Afirma-se agora que o ponto de vista da totalidade está superado, que os "grandes relatos" não têm mais sentido e levam ao totalitarismo, que as lutas não devem ser travadas em favor de valores universais e, sim, da afirmação das identidades e das diferenças. É claro que, nesse quadro, vem a afirmação de que a luta de classes, a luta mais universal, perdeu o sentido, não existe mais. Com maiores ou menores mediações, o pós-modernismo é a superestrutura ideológica da contra-reforma neoliberal.

Que papel público os intelectuais críticos podem almejar nestes tempos cinzentos de supremacia do mercado e de cooptação de homens de cultura pelas engrenagens de poder?

Já me referi a uma figura intelectual que marcou fortemente a cultura dos anos 1950 e 1960, ou seja, Jean-Paul Sartre. Sartre é um clássico exemplo de intelectual tradicional no sentido gramsciano da palavra, isto é, daquele intelectual que não é ligado diretamente a nenhum aparelho de hegemonia, mas que exerce um papel fundamental na formação da opinião pública; quando de esquerda, este tipo de intelectual denuncia o que lhe parece errado, defende valores de solidariedade e de dignidade, mantém vivo o espírito de rebeldia. Sartre foi um digno continuador de Voltaire. Ora, este tipo de intelectual ainda existe no mundo contemporâneo. Talvez o mais famoso deles seja hoje o norte-americano Noam Chomsky, mas há outros exemplos, como o recentemente falecido Pierre Bourdieu, na França. No Brasil, eu pensaria em figuras como Celso Furtado e Antonio Candido. O fato de existirem figuras assim demonstra que este tipo de intelectual continua a ter um papel relevante a desempenhar, de denúncia, de defesa de propostas transformadoras e, sobretudo, de mobilização da opinião pública. Talvez Chomsky influencie hoje menos do que Sartre influenciou em seu tempo, mas o importante é que esta função do intelectual tradicional continua posta na ordem do dia e vem sendo desempenhada satisfatoriamente por algumas grandes figuras do nosso tempo.

Zygmunt Bauman critica o descompasso entre a intelectualidade acadêmica e a sociedade: "Os intelectuais pararam, em grande parte, de se definir pela responsabilidade que têm para com o povo, a nação e a humanidade." Como você encara o problema?

Bauman tem razão se tomarmos a média dos intelectuais. Muitos intelectuais continuam a ter, do ponto de vista moral e ético, a idéia de que a transformação social é justa e necessária. Mas, na medida em que a mediação entre eles e a realidade social se tornou nebulosa e até difícil, há uma tendência de vários destes intelectuais a refluírem para o espaço acadêmico, despreocupando-se com sua responsabilidade social. Não se trata de uma traição; não é que esses intelectuais tenham necessariamente se acanalhado. Trata-se de uma condição objetiva: tais intelectuais, com freqüência, não encontram meios de atuar de outra maneira e acabam renunciando a desempenhar um papel social mais direto. Porém, malgrado tudo, ainda há um bom número de intelectuais que se colocam o problema da intervenção social e que tentam resolvê-lo, talvez um pouco caoticamente, cada um a seu modo, até mesmo porque se debilitaram os espaços comuns de outrora, ou seja, os partidos políticos, as organizações etc. Trata-se, às vezes, de um combate intelectual solitário, mas eu diria que os intelectuais que travam este combate têm tudo para se reagregar e voltar a desempenhar o papel muito bem definido por Gramsci: o intelectual deve se empenhar na organização da sociedade e lutar pela hegemonia política e ideológica do bloco de classes com o qual se identifica. Decerto, a forma na qual isso acontece hoje é bastante diversa daquela da época de Gramsci; o mundo intelectual mudou, assim como mudou o mundo do trabalho, e não apenas em relação ao tempo de Marx e de Gramsci, mas até mesmo em comparação com a época do *Welfare State*, iniciado após a Segunda Guerra.

Muitos dizem que Gramsci e Lukács estão superados porque ambos tinham muitas expectativas em relação ao papel dos intelectuais e estas expectativas não se cumpriram. Em grande parte, isso é verdade. Gramsci e Lukács, com efeito, apostaram pesadamente na função revolucionária dos intelectuais, uma função que está hoje bastante diluída. Creio, contudo, que é condição para a retomada de uma batalha pela hegemonia que os intelectuais — entendidos na ampla acepção que lhes atribuiu Gramsci — voltem a desempenhar suas funções públicas.

Não teria a intelectualidade de esquerda uma certa dificuldade de se comunicar com um público mais amplo, em função da linguagem elaborada que utiliza?

Gramsci tem uma teoria dos intelectuais muito rica precisamente nesse sentido. Segundo ele, há o grande intelectual, o produtor de ideologias, mas há também um sem-número de ramificações e mediações, através das quais os pequenos e médios intelectuais fazem com que as grandes ideologias e teorias cheguem ao que ele chama de "simples", ou seja, ao povo. Para Gramsci, não há uma relação direta entre a grande filosofia, a grande cultura, e o que ele chama de "simples"; trata-se de uma relação que se dá através da mediação de uma grande massa de pequenos e médios intelectuais, aos quais devemos dedicar enorme atenção. Na batalha das idéias, na luta pela hegemonia, devemos estar atentos não só à produção dos grandes intelectuais, mas também temos de levar em conta o modo pelo qual os pequenos e médios intelectuais estabelecem uma relação entre esta produção e o senso comum dos "simples".

Outro ponto interessante em Gramsci é a afirmação de que, entre os intelectuais e os subalternos, ou os "simples", há sempre um diálogo. Lenin afirmava que o partido revolucionário tinha como missão trazer "de fora" a consciência política, socialista, para o movimento operário. Esta afirmação, entre outros problemas, atribui aos intelectuais um peso que eles não têm. A função dos intelectuais, enquanto criadores e propagadores de ideologias, é sobretudo dialogar com os "simples". Gramsci dizia que o povo sente mas não sabe, enquanto o intelectual freqüentemente sabe mas não sente. Desse modo, embora saibamos em teoria que a integração entre os intelectuais e o povo é extremamente importante, muitas vezes esquecemos disso na prática. Ficamos satisfeitos quando nosso departamento universitário tem dois ou três marxistas, quando na revista do departamento, que circula para cem pessoas, são publicados três ou quatro artigos de inspiração marxista. Isso é importante, mas só terá um papel social quando as idéias do marxismo chegarem às grandes massas. Gramsci dizia que é mais importante difundir entre as massas uma idéia correta já conhecida pelos intelectuais do que um intelectual criar uma idéia nova que se torne monopólio de um grupo restrito. A socialização do conhecimento, sobretudo do conhecimento ligado ao pensamento social, é uma tarefa fundamental para os intelectuais — tarefa que, muitas vezes por vaidade, nem sempre fazemos bem.

Nessa tarefa de socialização do saber, há muitos exemplos positivos. Já falei em Noam Chomsky, que certamente tem um peso na opinião pública norte-americana e não só norte-americana. Nos Estados Unidos, boa parte da opinião pública contrária à direita e ao militarismo é inspirada por grandes intelectuais, como o próprio Chomsky, Edward Said, Susan Sontag, Gore Vidal, Michael Moore e outros. Isso acontece também no Brasil. Então, ao contrário da opinião pós-moderna de que o grande intelectual universalista perdeu sua função, diria que ele continua tendo as mesmas funções que Gramsci lhe atribuía, só que em condições morfológicas diferentes. Ou seja: mudou a morfologia dos intelectuais, assim como mudou a morfologia do mundo do trabalho, mas — em ambos os casos — permanecem as funções sociais destes grupos. Os intelectuais continuam a ser tão importantes hoje na produção de hegemonia e de contra-hegemonia quanto o eram na época de Gramsci e nos gloriosos anos 1960.

Diante da crise de identidade político-ideológica de partidos de esquerda contemporâneos, ainda podemos conceber o partido como intelectual coletivo, como agente da vontade coletiva transformadora?

Os partidos deveriam ser isto, ou seja, intelectuais coletivos, agentes da vontade coletiva, expressões do ético-político ou da universalidade. Enquanto os movimentos sociais colocam em jogo questões freqüentemente decisivas mas sempre particulares, a grande tarefa do partido político deveria ser a de universalizar as demandas que provêm de diferentes setores sociais. Nesse sentido, um partido que se pretenda revolucionário tem de se colocar como criador de uma vontade coletiva transformadora, de uma vontade universal. Gramsci diria: de uma vontade coletiva nacional-popular.

Na prática, os partidos não têm cumprido essa função. Na Europa, por exemplo, os partidos de esquerda, que outrora tiveram uma posição revolucionária, tanto na vertente socialdemocrática quanto na comunista, assemelham-se cada vez mais ao Partido Democrata norte-americano, ou seja, tornam-se federações de *lobbies* agrupados em torno de figuras midiáticas. O mesmo ocorre com os partidos de direita, que perdem densidade ideológica e se convertem em meros administradores do existente. A velha forma partido — enquanto agrupamento que tinha como base uma concepção do mundo universalista — está cada vez menos presente até mesmo na Europa, onde teve durante mais de um século um peso decisivo. O que resta da oposição que existia, no Reino Unido, entre conservadores e trabalhistas? Ou, na Itália, entre democrata-cristãos e comunistas? Podemos falar assim num "americanalhamento" da política européia.

Temo que o mesmo processo esteja ocorrendo na política brasileira. Assisto, com ansiedade e temor, à conversão do PT — de um partido que se criou na idéia da transformação social, com uma clara bandeira socialista e ligado aos movimentos sociais — num partido de governo, diluído numa frente absolutamente amorfa, num partido que parece abandonar completamente sua vocação originária de organismo de luta pela transformação social. Uma coisa é constatar esse movimento da realidade atual; outra coisa, muito diferente, é fazer da necessidade uma virtude. Acho que devemos continuar lutando para construir partidos capazes de desempenhar a função de agregadores de vontades coletivas e, portanto, portadores de hegemonia e contra-hegemonia.

Infelizmente, no momento, essa não é a marca dos partidos que se intitulam de esquerda. Uma das tarefas do intelectual hoje é empenhar-se para construir partidos deste tipo, bem como movimentos sociais enraizados na sociedade civil. E, na medida em que haja partidos que possam ser instrumentos de mobilização popular, o intelectual deve dar sua contribuição para que tais partidos busquem efetivamente transformar a realidade. Se não houver uma opção partidária adequada, resta ao intelectual atuar de modo autônomo, como Jean-Paul Sartre e Noam Chomsky, mantendo assim sua capacidade crítica e seu papel na formação de novas relações de hegemonia.

Nos últimos anos, Gramsci voltou a ser referência nas ciências sociais. Não há o risco de leituras apressadas e até distorcidas contribuírem para transformar Gramsci em um pensador cultural, reduzindo o potencial político e revolucionário de seu pensamento?

Num artigo sobre a recepção de Gramsci no Brasil, publicado em final dos anos 1980, chamei a atenção para o fato de que Gramsci chegou no

Brasil nos anos 1960 e foi utilizado por muitos de nós, então jovens intelectuais comunistas, como instrumento de uma batalha essencialmente cultural. Naquele momento, subestimamos a dimensão indiscutivelmente política do pensamento de Gramsci. Continuamos delegando à direção do Partido Comunista a tarefa de elaborar a linha política; criamos uma falsa divisão do trabalho, na qual nos cabia apenas definir as linhas gerais da política cultural. Gramsci aparecia para nós, então, apenas como o defensor da filosofia da práxis, da literatura nacional-popular, mas ainda não como o teórico da revolução socialista no que ele chamou de "Ocidente". Isso se revelou, no final dos anos 1970, uma divisão do trabalho impossível. Nós, gramscianos, começamos então a nos meter também na política, a questionar, com base em Gramsci, o que a direção do partido continuava a defender. Terminamos todos saindo do partido.

Hoje, a influência de Gramsci no Brasil continua muito forte. Em meio à chamada "crise do marxismo" — não falo de "crise" no sentido de que o marxismo não tenha respostas para o que está acontecendo, mas no sentido de que ele é hoje uma posição cultural bem menos influente do que anos atrás —, Gramsci é um dos pensadores que mais resistiram e mantiveram sua influência. Resistiu aqui e no exterior. Tenho sido convidado para vários congressos gramscianos em diferentes países. Pude constatar, por exemplo, que é fortíssima a presença de Gramsci em Cuba, onde ele é hoje a bandeira dos intelectuais que querem democratizar o socialismo cubano, introduzindo a problemática da sociedade civil. Disseram-me que Gramsci desapareceu no período em que Cuba se aliou à União Soviética e reapareceu com força após o colapso da própria União Soviética. É um fenômeno mais ou menos generalizado na América Latina. Gramsci está muito presente na Argentina e no México, e voltou a estar presente na Itália, depois de uma fase em que praticamente sumiu. Mas eu não diria que ele está voltando só como teórico da cultura, como aconteceu no Brasil dos anos 1960: ele é agora cada vez mais, em Cuba e no Brasil, na Itália e nos Estados Unidos, um ponto de referência importante para se pensar uma nova política socialista e comunista.

Por que Gramsci tem sobrevivido às crises do marxismo?

Sobretudo porque Gramsci percebeu que era preciso renovar o marxismo, criando uma nova teoria do Estado e uma nova teoria da revolução. Foi assim capaz de tornar o marxismo contemporâneo do século XX e, acredito, do século XXI. Certamente, há outros pensadores marxistas que também contribuíram para isso, reconhecendo que muitas afirmações de Marx são datadas e que a atualidade do marxismo deriva não de suas afirmações tópicas, mas da justeza do seu método. Penso, por exemplo, em Georg Lukács, que nos ofereceu — com sua *Ontologia do ser social* — a mais lúcida leitura filosófica do legado de Marx e Engels. Algumas contribuições da chamada Escola de Frankfurt, sobretudo as de Marcuse e Benjamin, também são importantes para essa necessária renovação do marxismo.

Estão em voga nos meios intelectuais norte-americanos e europeus as teses do multiculturalismo e dos estudos culturais, cujas vertentes progressistas propõem teorias críticas em articulação com as idéias de Gramsci. O que você pensa a respeito?

Meu amigo Joseph A. Buttigieg, organizador da edição americana dos *Cadernos do cárcere*, tem uma posição muito crítica tanto em relação aos estudos culturais quanto ao multiculturalismo: "Não é o que Gramsci disse", diz ele. Gramsci tinha uma visão claramente universalista. Ele certamente pensava o particular; era capaz de tomar como referência para suas reflexões tanto um artigo sobre os negros da Abissínia quanto as afirmações de uma revista católica italiana do século XIX. Sempre se mostrou muito preocupado com a diversidade cultural, com o enorme pluralismo cultural do mundo moderno, que ele valorizava, buscando sempre um elemento positivo em todas essas manifestações particulares. Mas, ao mesmo tempo, nele há sempre uma clara orientação universalista, que nem sempre vejo nos chamados estudos culturais e no multiculturalismo, ainda que estes se intitulem "críticos do presente". Os estudos culturais e o multiculturalismo são importantes para chamar a atenção sobre as diferenças, sobre as identidades, para não deixar subsumir coisas diversas no mar de uma universalidade abstrata. Gramsci sabia, de resto, que a universalidade concreta se alimenta da diversidade e da pluralidade. Mas falta freqüentemente nos chamados estudos culturais, no multicultarismo e também nos estudos feministas e ecológicos uma visão universal, uma busca da totalidade, que me parecem estar presentes no marxismo e, particularmente, no marxismo de Gramsci. O reconhecimento das diferenças não pode se opor à afirmação da totalidade, dos valores universais.

Você tem dito que, mesmo correndo o risco de ser considerado um "animal em extinção", reafirma a sua convicção no marxismo. É difícil ser um marxista assumido?

Talvez seja mais difícil agora do que nos anos 1960. Naquela época, ser marxista era uma coisa quase natural. Pelo menos metade dos intelectuais brasileiros (e não só brasileiros) ou era marxista, ou simpatizava com o marxismo. De qualquer modo, em contraste com outros países, o marxismo brasileiro resistiu melhor nas últimas décadas. E resistiu por um fenômeno peculiar: o crescimento de um partido de esquerda, o PT, nesse período da história brasileira. Enquanto na Europa observa-se um refluxo dos partidos comunistas e social-democratas nos anos 1980 e 1990, no Brasil, ao contrário, tivemos o surgimento e a expansão de um partido de esquerda que, embora não se declare marxista, é certamente influenciado pelo marxismo e contém em seu interior vários marxistas. Pelo menos, foi assim até muito recentemente. Se nos anos 1960 a predominância do marxismo em nossa intelectualidade era bem mais forte, hoje as posições marxistas ocupam um espaço razoável na cultura brasileira.

De qualquer modo, é importante notar que ser marxista não é repetir o que Marx diz. Ele disse muita coisa que, evidentemente, está superada e outras que eram erradas já no tempo dele. Ser marxista é ser fiel ao método de Marx, ou seja, à capacidade que tal método revelou de entender a dinâmica contraditória do real e as linhas de tendência da sociedade moderna. Portanto, para ser marxista é preciso ser um animal em mutação. Tenho insistido — chocando inclusive alguns marxistas mais ortodoxos — que a essência do método de Marx é o revisionismo. Durante anos, o revisionismo foi considerado um dos inimigos principais do verdadeiro marxismo. O exemplo era Bernstein, que, realmente, propôs uma revisão que significava o abandono do marxismo. Por isso, todo revisionista tornou-se um traidor. Apesar disso, penso que faz parte da essência do marxismo se renovar e se revisar sempre. Não há verdadeiro marxista que não seja revisionista. É o caso, por exemplo, de Lenin, que revisou várias teses marxianas, como, entre outras, a de que a revolução socialista começaria nos países mais avançados. Uma das características do método marxista consiste precisamente em afirmar que a realidade é histórica, que ela está sempre em mutação — e, por isso, quem é verdadeiramente marxista está sempre revisando os seus conceitos para dar conta deste real sempre mutável.

Ainda é possível escapar à barbárie capitalista?

Certamente ainda é possível. O quadro atual, como tenho dito, nos é bastante desfavorável. Desde que comecei a pensar a política, já lá se vão mais de 40 anos, nunca a conjuntura foi tão desfavorável à esquerda quanto nesse último período. Mas já houve outras épocas históricas, antes destes meus 40 anos de militância e reflexão, em que as coisas foram ainda piores. Imagine o que sentia uma pessoa de esquerda quando quase toda a Europa estava ocupada pelas tropas nazistas, as quais, entre outros avanços, chegaram a até 40 quilômetros de Moscou. Houve então momentos profundamente negativos, em que a barbárie (em sua forma cruamente nazista) parecia ter triunfado. Mas o fato é que o nazismo foi derrotado em pouco mais de cinco anos. Há esperanças, portanto, de superarmos mais uma vez a barbárie. Mas, para isso, é preciso que lutemos contra ela, tal como os povos lutaram contra o nazismo. A vitória contra a barbárie não será resultado de uma fatalidade histórica. Ao contrário: a barbárie é o que nos espera, ou o que já nos atinge, se cruzarmos passivamente os braços. A alternativa com que nos defrontamos continua a ser o dilema formulado por Rosa Luxemburgo: socialismo ou barbárie. Cabe-nos reinventar aquele socialismo que, adequado ao século XXI, nos livrará da barbárie em que estamos cada vez mais envolvidos.

Um encontro na Radio Libertaire

PIERRE BOURDIEU

No dia 1º de março de 2001, o programa *Chronique Hebdo* da Radio Libertaire, de Paris, recebeu Pierre Bourdieu para uma conversa em torno de seu último livro, intitulado *Contre-feux 2: pour un mouvement social européen* [Contrafogos 2, por um movimento social europeu].

É um tema ligado à atualidade, pois falaremos da Europa: da vaca louca, das sanções previstas contra a Irlanda, que é uma ótima aluna da Europa financeira, mas não tem o direito de investir na saúde, na educação etc., e falaremos igualmente do movimento social. Na terceira parte, portanto, o apelo: o que se pode fazer? "Botar a boca no mundo", como dizia Günter Grass em uma entrevista. Mas, inicialmente, antes mesmo de abordar tais temas, perguntaremos a Pierre Bourdieu o que ele desejava, o que visava, no fundo, ao decidir vir à Radio Libertaire, já que aparentemente a mídia oficial já não o interessa.

Não somente já não me interessa, mas me desagrada. Digamos que são repulsivos. É verdade que recuso sistematicamente as intervenções na televisão e na rádio e, no entanto, venho aqui com prazer, por solidariedade e por simpatia, e também para falar de meu livro a ouvintes que são, entre outras coisas, destinatários privilegiados desse trabalho, pois tento, entre outras coisas, conclamar para outros tipos de mobilização, segundo novas formas de organização, ainda a inventar, não-centralistas, não-autoritárias, etc. Evidentemente, num movimento assim, a tradição anarquista, que tem despertado cada vez mais na Europa, parece-me ter um papel importante a desempenhar. Penso que o público que vocês atingem — que sem dúvida não tem o peso daquele que eu atingiria se falasse na France Inter —, esse público é um alvo privilegiado para mim. São pessoas que eu gostaria que me ouvissem, de um lado porque penso que é entre eles que as coisas que digo têm mais chance de serem entendidas e, de outro, porque é também entre eles que se pode encontrar pessoas capazes de se mobilizar dessa nova maneira.

Fiquem então sabendo, ouvintes da Radio Libertaire, que vocês devem mergulhar na leitura desse livro, bastante fácil devo dizer (pois não é porque Pierre Bourdieu é sociólogo que ele usa uma linguagem destinada unicamente a seus pares). O senhor poderia, talvez, dizer algumas palavras sobre a empresa editorial que começou faz alguns anos, sobre o modo como vê o seu desenvolvimento e quais os outros grandes temas que planeja tratar. Nós, aqui na Radio Libertaire, já recebemos Serge Halimi e Loïc Wacquant, o primeiro falando dos meios de comunicação e o segundo da sociedade concentracionária americana, onde a prisão vem se tornando, de fato, um substituto do desemprego ou da precariedade e onde a construção de prisões é um grande negócio. (...)

No que diz respeito aos convidados, falamos igualmente de duas obras: a de Frédéric Lordon, com o título evocativo de Fonds de pension, piége à cons *[Fundos de pensão, armadilha para tolos], e aquela de Laurent Cordonnier,* Pas de pitié pour les gueux *[Sem piedade com os desvalidos]. E como o título de sua obra é* Contre-feux 2, *vamos tratar de definir* contre-feux: *gostaríamos de saber o que isso quer dizer realmente.*

Há muitas questões. Vou começar pela primeira, a que se refere à edição. Vocês lembraram de três ou quatro livros, logo facilitaram muito a minha tarefa. Eu acrescentaria um que é muito importante, pois penso que ele ajuda a compreender muito do que se passa no meio intelectual. Trata-se de um pequeno livro que se chama *Le décembre des intellectuels* [O dezembro dos intelectuais]. Ele foi feito por um grupo de jovens pesquisadores muito competentes (Julien Duval, Christophe Gaubert, Frédéric Lebaron, Dominique Marchetti, Fabienne Pavis) que construíram, com uma forma bastante acessível, uma análise rigorosa das tomadas de posição dos intelectuais em dezembro de 1995. É importante, pois permite compreender o que se diz e o que não se diz nos meios de comunicação. Eles empregaram técnicas estatísticas muito complexas, mas ao mesmo tempo falam concretamente. Encontramos aí certos nomes que se ouvem no rádio e na televisão: Juillard etc. Eles tentam destacar as bases sociais das tomadas de posição dessas pessoas. Como são mais jovens, são menos conhecidos e então o livro teve menos visibilidade, é por isso que insisto. Os outros livros inspiram-se todos na mesma intenção de propor análises tão rigorosas quanto possível. É, creio eu, muito importante porque, sobretudo na França, onde dominava uma tradição obreirista, instaurou-se pouco a pouco um corte funesto entre o trabalho intelectual, a pesquisa, a reflexão, a crítica etc. e a ação, o "engajamento", como se diz. É preciso um grande esforço para tentar colocar a serviço de todos, na linguagem mais simples possível, aquisições importantes da pesquisa; o que hoje é particularmente importante, pois é muitas vezes em nome da ciência que se oprime.

Cordonnier é, portanto, a desmistificação da utilização da ciência para fins políticos muito precisos, isto é, para justificar a fatalidade econômica, o livre comércio etc. Halimi é a mídia... outros um tema diverso, mas sempre com a mesma vontade de suscitar dúvida, de trazer juízos completamente diferentes daqueles que se ouve e se lê todos os dias. Mas haveria uma espécie de visão ou em qualquer caso uma espécie de moral, de filosofia ou de sociologia geral que inspire a escolha de cada um dos temas que vão se chocar contra essa uniformização do mundo, essa globalização?

Sim e não. Penso que essa filosofia está no título da coleção: *Raisons d'agir* [Razões para agir] é uma palavra de ordem que eu acho formidável... Não fui eu quem encontrou, então posso dizer. É preciso ter razões para agir, razões racionais, elaboradas, construídas etc. Nós tentamos recriar um laço entre aqueles (pesquisadores em ciências sociais, sociólogos, economistas etc.) que analisam e tentam explicar os fenômenos da sociedade e os atores sociais. É um trabalho que enfrenta dificuldades, pois essa relação foi atrapalhada durante muito tempo, notadamente por um certo número de intelectuais que deveriam apoiar o movimento social e que entraram para o PC como numa religião, para se entorpecerem. É também um esforço para colocar as idéias de especialistas socioeconômicos numa linguagem simples, é um trabalho de decifração daquilo que pode se esconder por trás das equações dos economistas.

Não se pode identificar o engajamento político com entusiasmo. As jovens gerações que são estatisticamente mais instruídas, melhor formadas, não suportam mais isso: daí a decepção que produzem os partidos, os movimentos e mesmo os sindicatos. O sucesso de certas tendências sindicais, como SUD, deve-se em grande parte ao fato de que elas foram criadas por pessoas que entenderam que não era mais possível falar como antes, que estavam acabadas as "bobagens" dogmáticas, rígidas, que consistem, de fato, em achar que as pessoas são bobas.

A criação de sindicatos ou de todo tipo de instituições paralelas (como SUD, por exemplo) decorre em parte dessa tomada de consciência de que já era tempo de parar de fazer tudo que o mestre mandasse. Burocratas sindicais, intelectuais devotos, mesmo quando parecem subversivos na língua, continuam submissos ao mestre em seu inconsciente, em seu comportamento. O que fazemos nesses livrinhos acessíveis a todos não é inútil.

Esse esforço de divulgação de conhecimentos muitas vezes complexos, difíceis de traduzir em linguagem simples, se faz acompanhar de uma luta sem trégua contra uma das marcas da servidão voluntária: o efeito de veneração. Existe o corte funesto entre aqueles que sabem e que detêm o que chamo de "monopólio do universal" e a massa que não sabe, não compreende e se submete aos que controlam o saber. É essa batalha contra a veneração das elites, veneração que permite sua "auto-reprodução", que eu luto, sem eximir-me a mim mesmo de minhas análises.

Eu diria, a respeito justamente dessa burocracia sindical, que são "razões para agir" de modo autônomo sem nos deixar levar simplesmente por um catecismo e por uma burocracia que no final têm uma tendência a se instalar em torno do gabinete patronal, do gabinete dos chefes, do gabinete das pessoas ricas. Isso pode ser visto no conluio Nota/baron — Seillièrres... *Efetivamente, deve-se perguntar se a simples idéia de crítica, de questionamento da palavra do mestre, da palavra do dono ainda existe ou se foi totalmente esquecida pelos aparelhos sindicais.*

O que o senhor diz é muito verdadeiro. E não é de hoje. Eu escrevi, creio que em La distinction, *que os mecanismos sociais de dominação cultural fa-*

zem com que os sindicalistas que são recebidos por Giscard D'Estaing "fiquem totalmente constrangidos" e ilustrei essa análise com uma fotografia em que se via Séguy sentado na frente de Giscard d' Estaing. As pessoas têm a maneira de ser de sua formação....

É isso! Eles até podem dizer coisas subversivas com a língua e serem totalmente submissos em seu comportamento profundo, em seu inconsciente, etc. O que quer dizer, aliás, que os comprometimentos, as submissões ou as traições não são necessariamente conscientes ou cínicas. É bem pior! Com freqüência as pessoas são vítimas dos mecanismos sociais que combatem e que ainda agem sobre elas muito profundamente. E isso não é verdade apenas para os sindicalistas, mas também, hoje em dia, para os intelectuais, por exemplo. Uma das coisas que para mim é particularmente desoladora é que em 1981 os socialistas (Max Gallo...) deploravam o silêncio dos intelectuais! De fato, isso queria dizer que os intelectuais (Foucault e alguns outros) não gritavam: "Viva os socialistas!" É o que eles entendiam por "silêncio dos intelectuais".

Porque o senhor assinou na época, acho, com Michel Foucault... em seguida, em 1981...

Sim. Mas evidentemente assim que dissemos algo, pensamos que teríamos feito melhor se nos calássemos! Hoje, os mesmos... na semana passada, em France Culture, Max Gallo, Finkelkraut, etc., comungaram na execração de Vidal Naquet e Bourdieu falando da Argélia: "Mas como esses sujeitos podem falar da Argélia, eles não têm nenhuma competência!". Aliás, eles começavam todas as intervenções assim: "Eu não conheço nada da Argélia, mas, de todo modo, como é que se pode dizer uma coisa dessas?" E no entanto está estabelecido que a responsabilidade do exército argelino não deixa nenhuma dúvida... Não somente uma grande parte dos intelectuais da corte não diz nada, mas quando tomam a palavra é para denunciar aqueles que botam, por pouco que seja, a boca no mundo. Em outras palavras, a equação intelectual igual a independentes, autônomos, críticos etc., essa equação não é mais aceita. Temos que nos justificar por fazermos o que devemos fazer.

(...) Eu diria que o papel da sociologia, o papel de seu trabalho seria trazer a confirmação do que é analisado, do que é pensado, visto e percebido por muitas pessoas. Eu queria encerrar com algo que acabou de acontecer: eu vi essas três pessoas que vêm de ser nomeadas para o Conselho Constitucional. Pois bem, estamos bem dentro do que dizem seus primeiros livros Les héritiers *[Os herdeiros] e* La noblesse d'État *[A nobreza de Estado]. Pois bem, todos vimos Pierre Joxe e logo nos dizem que Pierre Joxe é filho de um antigo ministro do general De Gaulle; vimos Olivier Dutillet de la Motte, filho de conselheiro de Estado que se tornou ele também conselheiro de Estado, e uma terceira pessoa, Dominique Schnapper, filha de Raymond Aron, acho, e que foi aluna, entre outros, de Pierre Bourdieu... Mais uma vez, é a reprodução. Pode-se ver muito bem. Se seus trabalhos permitiam que se visse mais claro e se mudasse as coisas, hoje, em 2001, percebemos que é a mais completa reprodução no nível do Conselho Constitucional. Diríamos também, vão nomear — será a primeira — uma socióloga, talvez porque ela possa trazer algo de diferente ao funcionamento do Conselho Constitucional!*

Sua intervenção é perfeita para mostrar que aquilo que fazemos realmente não é inútil. Estando estabelecido o caso de Cordonnier, pode-se passar à sociologia. Penso que o que tentamos fazer nesses pequenos livros é, também, retraduzir de uma maneira acessível todos os discursos eruditos que, em outras obras, escrevemos para nossos pares, com todo o aparelho estatístico etc. Esse esforço de divulgação é importante. Essa tomada de consciência do papel do sistema escolar é algo muito recente e em toda a tradição do movimento operário, em Marx, na tradição libertária etc., permanece uma grande veneração da educação, da cultura — veneração que é legítima, mas que infelizmente traz consigo uma veneração ingênua dos que sabem, dos artistas etc. Isso faz esquecer que, se a ciência é universal, se a arte é universal, há algumas pessoas que detêm o monopólio do universal. Dizer: "eles têm o monopólio do universal" é uma importante conquista, científica e política. E isso ainda hoje funciona, inclusive no movimento social. Por exemplo, se esse trabalho político que nós tentamos fazer é útil, é porque o movimento social ainda está bloqueado pelo efeito do diploma escolar, da autoridade escolar, da autoridade acadêmica. Nas entrevistas realizadas para *La misère du monde* [A miséria do mundo], descobrimos que as pessoas de hoje, os pobres, não se sentem simplesmente infelizes, etc; eles se sentem "babacas"! Todo o sistema é feito para identificar o sucesso à inteligência: os *start-up*, a Internet etc. Há os inteligentes que têm acesso à ciência e os pobres "babacas" que estão desempregados. Se diz o tempo todo que é preciso ter títulos escolares para não ficar desempregado, o que não é falso! É estatisticamente verdadeiro, mas esses fatos absolutamente não implicam uma justificação da ordem estabelecida.

Aliás, sobre esse assunto, o senhor fala da forma como o sistema recupera e como os seus pares lançaram-se contra o senhor, acusando-o de traição e tratando-o de cardeal Ratzinger... A perfídia do mecanismo é sempre muito ativa: ontem eu vi que o diretor de Ciências Políticas fez uma incursão aos subúrbios, aos ZEP, para dizer que iam abrir o concurso deles para algumas habilidades que servirão de garantia... É típico do establishment.

Sim, é típico. A sociologia mais crítica é lida pelos dominantes muito mais que pelos dominados ou responsáveis pelos movimentos dos dominados. Os dominantes servem-se da sociologia para fazer uma espécie de demagogia racional. Há um outro exemplo, as sondagens. A sondagem é uma técnica estatística totalmente respeitável, mas o uso que se faz delas nas Ciências Políticas e nas empresas de sondagem transformou-se na forma moderna de manipulação, pois permite legitimar coisas injustificáveis. Sabem que é preciso deixar um lastro, como em Davos. Infelizmente a sociologia é usada para esse fim com muita freqüência. Não é culpa dos sociólogos, mas ela é utilizada também como instrumento, não de justificação, mas antes de composição das técnicas de dominação.

É do último livro publicado na coleção Raisons d'Agir, *e que se intitula* Contre-feux 2: Pour un mouvement social européen, *que temos a intenção de falar na segunda parte do programa.*

Antes de abordar as críticas suscitadas por seu livro Contre-feux 2, *chegou uma pergunta de um ouvinte, autor de um livro que se chama* Les mots du marché *[As palavras do mercado] e que se chama Raoul Villette. (...) Trata-se daquilo que ficou conhecido como as greves, o movimento de 1995. Raoul Villette faz referência a uma obra de Gérard Filoche, que é inspetor do traba-*

lho, segundo a qual o senhor, na época, participou e apoiou o movimento social, mas — enfim, é o que ele diz — recusou-se a condenar o "Plano Notat".

É falso. Raoul Villette precisa ler *Le décembre des intellectuels*. Eu absolutamente não faço parte do grupo que aderiu à crítica depois de ter apoiado o plano. A lista de pessoas encontra-se nesse livro, está tudo lá! Eu estava desde o início na oposição e lá fiquei. O que se pode perguntar é por que esse tipo de rumor circula? Quem o divulga? E por que alguém tão inteligente quanto Raoul Villette o repete? Isso é perigoso. É preciso de todo modo aprender — isso faz parte da aprendizagem das lutas políticas — que podemos nos intoxicar e fomentar intoxicações. Se você pergunta a quem interessa que se diga tal coisa de Bourdieu...

São evidentemente os mesmos que o chamavam de cardeal Ratzinger em 1998!

Aí está!

Uma outra questão sobre o que aconteceu com os desaparecidos de Yonne. Uma ouvinte nos falava da importância dessa questão para o funcionamento/desfuncionamento do aparelho de justiça, do aparelho de polícia, dos notáveis... e esse caso de Yonne é tão revelador quando se fala da dominação, quando se fala da opressão, de algo extremamente grave que aconteceu. Para muita gente, os silêncios a respeito desse caso são ensurdecedores.

Você me perguntou há pouco quais eram os meus projetos a respeito da coleção. Entre esses projetos, temos o de fazer um pequeno livro — cujos autores seriam os responsáveis pelo sindicato da magistratura — sobre as contribuições que a polícia, a justiça, etc. dão à manutenção da ordem social... Seria necessário acrescentar o jornalismo, pois, como se vê atualmente com tudo que se relaciona à pedofilia, há um monte de babaquices — não há outra palavra — que fazem com que a mídia contribua tanto quanto a polícia e a justiça. Se a polícia e a justiça são o braço visível dessa repressão simbólica, a cabeça é muitas vezes o corpo dos intelectuais jornalistas, pessoas que fazem de conta que pensam, que falam nos microfones todo domingo de manhã entre 11 e 12 horas na France Culture — cito precisamente — ou no sábado de manhã entre 9h30 e 10h30, sempre na France Culture... Essas pessoas passam o seu tempo fazendo um trabalho de manutenção da ordem simbólica, de reprodução da ordem moral. Eles tomaram o lugar dos padres e isso dito com todas as aparências possíveis. Eles podem se dizer de esquerda, podem se ver como liberados, como libertários, mas contribuem de modo muito forte — e não se trata absolutamente de ódio pessoal, eu penso que agem de boa-fé — para a manutenção da ordem.

Sim, mas enfim sempre se pode ficar na dúvida: depois de tanto repetir a palavra do mestre, será que de vez em quando eles não se dizem: "Quem sabe eu não poderia, talvez, refletir, criticar ou pelo menos ficar na dúvida?"

Talvez eu seja muito gentil, mas acho que eles pensam que duvidam, acho que estão convencidos de que duvidam. Eles não param de falar como filósofos. Como filósofos: isso quer dizer aquilo. De fato, são porta-vozes da ordem estabelecida — por falta de reflexão, por precipitação, por conformismo, porque estão sempre entre eles mesmos (e estão todos de acordo... estão bem nessa espécie de xaropada moral).

Ao ler o seu livro, como dizia há pouco, quis abordar o tema da Europa, pois o senhor diz que, de um lado, a Europa é um blefe, que ela funciona como um blefe, uma máscara, mas ao mesmo tempo insiste no fato de que é preciso lutar pela transformação democrática de instituições antidemocráticas e que é melhor radicalizar e não anular o projeto europeu; que é preciso substituir a comissão, antidemocrática, por um executivo responsável diante de um parlamento, eleito pelo sufrágio universal... Essas três afirmações são reformistas em relação a uma coisa que seria apenas um blefe, uma máscara, em relação também ao que eu dizia no começo do programa: a Comissão Européia que bate nos dedos da Irlanda porque a Irlanda, com o risco de uma pequena inflação que ultrapassaria as normas dos financistas, quer fazer investimentos em educação, na saúde e nos transportes. Embora a Irlanda tenha um excedente orçamentário, uma taxa de desemprego de 4%, a menos elevada da Europa, eles dizem: "Investimentos desse tipo vão provocar inflação e, conseqüentemente, vocês devem parar imediatamente de pensar em seus transportes, em sua educação e em sua saúde!" E, finalmente, a Europa da agricultura e a terrível catástrofe citada há pouco, que mostra até que ponto o continente se perdeu, em particular nesse domínio que, além do mais, é o mais custoso no plano financeiro desde o come-

ço, desde 1950, ou seja, há mais de meio século. Na prática, a Europa agrícola partiu na direção errada, rumo ao abismo e a essa catástrofe. Encontrei alguns velhos documentos de 1947/48, momento de discussão da proposta de criação da Europa, e da Europa agrícola, e já nessa ocasião um jornalista inglês do The Economist *dizia: "Não compreendo por que nos projetos da futura Europa agrícola existem subvenções aos produtos e não ajuda aos indivíduos". Ele sustentava que tal mecanismo acarretaria necessariamente fenômenos de concentração agrária e de produtivismo. Isso em um jornal inglês de 1948, é incrível! É um pouco o que vejo em sua timidez em relação à Europa e ao que ela realmente é!*

Estou totalmente de acordo no que diz respeito à parte crítica, mas penso que ela se encontra amplamente explicitada no livro. Tenho dito constantemente que a Europa atual é uma aposta das forças econômicas dominantes e há um pequeno capítulo, que se chama *L'Europe ambigüe* [A Europa ambígua], em que tento resumir que houve uma identificação da adesão à Europa com a adesão à modernidade, e da resistência à Europa com a resistência à modernidade, com o arcaísmo, o conservadorismo etc. (É bem verdade que as pessoas que combatiam a Europa não se caracterizavam por uma grande modernidade: Pasqua, Seguin, Le Pen eram nacionalistas absurdos!). Mas eu estava dizendo que existem duas Europas, uma servindo para esconder a outra. Há uma Europa autônoma em relação aos Estados Unidos e às forças econômicas dominantes, ligada às próprias tradições políticas, sindicais, que luta para salvaguardar sua tradição de *Welfare State*, que mantém suas tradições de solidariedade com o Terceiro Mundo, etc. Muitas pessoas que se dizem favoráveis à Europa ainda acreditam nela. Só que essa Europa esconde, mas cada vez menos, uma outra Europa, que é uma espécie de apêndice dos Estados Unidos. No fundo, a Europa está se transformando naquilo que o Canadá já é... E isso, eu acho que muito pouca gente vê hoje em dia. Ora, já temos o caso da Inglaterra, que é uma espécie de verificação experimental. Ontem eu encontrei um inglês que dizia: "Temos todos os inconvenientes de sermos associados aos Estados Unidos sem que tenhamos nenhuma das vantagens: temos apenas os acidentes de trem, as epidemias etc." Essa dualidade da Europa torna a luta política a respeito dela extremamente difícil. É por isso que me pareceu importante fixar um objetivo. Não há nada de mal em dizer que não é no nível nacional que as lutas se passam, que uma parte das que são levadas em escala nacional são mistificações, pois combatemos pessoas que de fato já foram submetidas, que, de fato, são governos fantoches: são os *straw men*, testas-de-ferro, laranjas... Infelizmente, ainda hoje os movimentos sociais, os movimentos sindicais, os jornais, etc. não tomaram consciência disso de forma suficiente, por razões ligadas ao fato de que eles dependem do Estado tal como é agora.

De fato, o que o senhor quer dizer é que o cérebro deles já está estatizado. A questão é tomar, efetivamente, consciência disso...

É importante dizer que é preciso lutar em escala mundial... mas o nível mundial é abstrato: não se pode fazer Seattle todas as manhãs e, quando se repete a experiência em Porto Alegre, ela já não funciona tão bem assim. Penso que há um nível onde se situa uma possibilidade de luta, pois ainda existem sindicatos muito poderosos na Alemanha, na Itália, na Espanha. Nesse nível, é possível conceber uma nova forma de mobilização capaz de salvar o que ainda tem de interessante na Europa... Talvez seja ingênuo, mas é necessário fixar-se um objetivo, senão, fazer o quê?

Mas o que eu queria dizer é que a formulação que o senhor faz, imaginando que o simples fato de se ter um parlamento eleito ao sufrágio universal, ou simplesmente reformar a Europa existente, poderia ter um efeito...

Por exemplo, suponhamos que se faça uma eleição com sufrágio universal direto — aliás, essa não é uma proposta muito original, acho até que Delors já a fez! — para o conjunto da Europa no mesmo dia. Isso poderia ter alguns efeitos: as pessoas teriam interesse em organizar listas européias, em constituir partidos (com o risco de que o primeiro partido a se constituir seja o de extrema-direita), partidos que seriam obrigados a discutir plataformas e, portanto, a se organizar em escala européia. Isso teria efeitos, desde que a comissão atual fosse dissolvida, pois pessoas como o sr. Lamy e o sr. Prodi são correias de transmissão diretas das forças econômicas...

Sim, em certo trecho de seu livro o senhor fala de partidos de modelo soviético. Será que com partidos de modelo soviético se pode fazer alguma coisa? Será que é possível transformá-los, emendá-los? E um ponto de vista que se poderia ter a esse respeito é a necessidade de se fazer as coisas diversamente. É justamente o movimento social — pois estamos falando exatamente dele — que precisa ser original, precisa encontrar outras formas. E o que serviu até aqui foi usado até o osso. Pensar que se poderia reformar esse modo de funcionamento e as pessoas em seu interior e ganhar um pouco de tempo... mas ganhar um tempo que arrisca se voltar contra aqueles que estão lutando e que realmente querem uma transformação radical das sociedades. Portanto, não vejo como se pode tentar essa reorganização, como o senhor mesmo diz, de partidos com funcionamento completamente arcaico.

Só uma palavra: o termo partido não é pronunciado nesse livro. É importante. E no capítulo intitulado *Contre la politique de dépolitisation* [Contra a política de despolitização] tento dizer como seria um movimento social europeu apoiado em três forças: os sindicatos, o movimento social e os pesquisadores críticos. Os movimentos sociais têm traços em comum, próximos da tradição libertária, são ligados a formas de organização de inspiração autogestionária, caracterizadas pela leveza do aparelho, permitindo que possam retomar seu papel de sujeitos ativos.

Sim, mas, a propósito do sujeito ativo, o senhor diz, também nesse livro, que a política se transformou simplesmente num mecanismo de delegação de poder com um voto inoperante, que consiste em ir votar um pouco como se vai à missa. Ora, é justamente a respeito desse assunto que nós, anarquistas, dizemos: não vemos como os atores, que não são mais atores mas, no fundo, simples indivíduos esvaziados de toda a sua capacidade de julgamento, poderiam agir sobre os 50 anos de uma Europa completamente desastrosa...

Vou acabar minha resposta. Eu penso em um movimento europeu que repouse sobre três pés: um, esse movimento social que é de tradição libertária, saiba ele ou não; dois...

Sim, porque questiona os poderes, os poderes de Estado, os poderes das superestruturas estatais...

... e depois ele é muito anticentralista, muito vigilante no que diz respeito a todas as formas de concentração do poder, todas as formas de delegação... A esse respeito, você evocou há pouco a tradição libertária. Em um texto que peço que seja inscrito nessa tradição — um livro intitulado *Choses dites* [Coisas ditas], capítulo *La délegation* [A delegação] — descrevo, o que nunca foi feito seriamente, o mecanismo de delegação a partir de um modelo absolutamente geral, que é o modelo do padre, que pensa por você e que diz (é a fórmula, monstruosa, de Robespierre): "Eu sou o povo." O delegado é sempre, por um lado, alguém que usurpa. Infelizmente, uma parte do que existe atualmente em matéria de instrumentos de mobilização perpetua tais tradições. Penso que o Partido Socialista Francês, que se constitui em sua forma atual com base no modelo do Partido Comunista, perpetua as estruturas de tipo soviético repousando sobre o abuso da delegação permanente.

Mas eu dizia que existem três pés: os movimentos sociais, os sindicatos que encontram-se amarrados por um monte de fatores inerciais que descrevi, como a dependência em relação ao Estado, as subvenções, os hábitos, os cérebros estatizados etc...

O senhor escreveu: "A confederação sindical européia é um lobby bem temperado".

E, enfim, um terceiro pé possível, os pesquisadores. Não tenho muitas ilusões, infelizmente, mas a minha idéia é fazer uma combinação explosiva. Evidentemente, é preciso encontrar uma maneira de manter juntas. Todas essas pessoas. Até o momento houve algumas pequenas tentativas, é difícil, mas pode-se esperar que em escala internacional uma parte das forças de inércia possa ser enfraquecida. Existem, aliás, outras dificuldades....

Sim, o senhor disse há pouco, que, de fato, também não se pode colocar os intelectuais, os escritores, os pesquisadores todos no mesmo saco. Lá no começo, o senhor mencionava a instrumentalização dos pesquisadores e falava da polícia e eu descobri num livro que existe um Instituto de Altos Estudos, não em Ciências Sociais, mas em Segurança Interna.

Esse Instituto é um ótimo exemplo: há pessoas que são cínicas, mas há também ótimas pessoas, pelas razões que agora explico. Atualmente, a situação do pesquisador é muito difícil: a sociologia, à diferença das matemáticas ou mesmo da economia (os economistas pouco fazem, em sua maioria, pesquisa empírica), custa caro. Para fazer pesquisas estatísticas sobre grandes amostragens etc., é preciso, por um lado, ter dinheiro, e, por outro, é preciso ter acesso a certos objetos. Se alguém quer estudar a polícia, o que deve fazer? Portanto, há pessoas ótimas, que eu respeito, são sociólogos muito bons, que podem, em troca da legitimidade que emprestam ao participar dessas instituições, obter subvenções para fazer pesquisas que muitas vezes são críticas. Não é simples. Digo isso porque também é educação política: muitas vezes as pessoas, nos movimentos de esquerda, têm uma tendência à denúncia e elaboração de listas negras. É preciso que se esteja muito atento à denúncia rápida, superficial... Condorcet foi guilhotinado porque Marat era um mau médico.

É certo que se alguém vive em um ambiente que é inteiramente oposto às suas concepções, é impossível não estar implicado — mais ou menos voluntariamente ou pelo menos indiretamente —, em certos mecanismos. O perigo é que essa participação pode servir como legitimação.

Saiu no *Le Monde Diplomatique* um artigo absolutamente notável de Pierre Rimbert, um ensaio muito elaborado e muito documentado, seríssimo, com nomes próprios. No ambiente dos pesquisadores se diria: "Como! Isso é denúncia, não é ciência!" Mas ao mesmo tempo podem usá-lo para dizer, tornando a vida desse pesquisador ainda mais difícil: "O sr. X que trabalha lá, nesse Instituto, é um dedo-duro..."

(...) Além do mais, não acontece só nessa questão da segurança... Há pessoas que se servem da econometria para demonstrar qualquer coisa. Houve o caso Sokal e Bricmont, alguns anos atrás, que mostrava também que se fazem demonstrações em ciências humanas calcadas sobre demonstrações de ciências físicas. Tem um livro, chamado Ni Dieu ni gène *[Nem Deus nem gene], feito por geneticistas críticos de tudo o que é OGM — gênio-genético e tudo o que é manipulação do humano — no qual eles desenvolvem uma série de idéias baseadas em dados científicos que não sou capaz de acompanhar, não sou cientista, mas que são interessantes: eles chegam a dizer que se está reintroduzindo a metafísica na genética... e na política.*

Certamente! Há uma espécie de naturalização: diz-se que tudo está nos genes; daí não há mais história, as pessoas são o produto de seus genes, tudo acabado de uma vez por todas! Infelizmente, um certo número de estudiosos pode estar inclinado a aceitar tais ideologias sem refletir. Estou plenamente de acordo com tudo o que você disse, não se trata de pegar os pesquisadores tais como são e de ver neles, como no século XIX, em nome da ilusão da educação, seres puros e perfeitos: o movimento social santificava Pasteur. Deve-se desconfiar dos estudiosos e desconfiar da ciência, mas é mais fácil fazê-lo com eles do nosso lado. Mas deve-se ter em mente que para eles também não é fácil. Há um preço a pagar. Um sujeito como Cordonnier paga caro. Há pessoas que são muito piores que ele em economia e que podem debochar e dizer: "Viu o livro do Cordonnier?" Eles precisam ser reconhecidos, ser respeitados. E é esse respeito que eles colocam em jogo.

Quando se fala de risco, de colocar a própria reputação ou a própria posição no momento em jogo, devo dizer que, se para alguns há um risco de perder sua posição social, sua posição econômica, há milhões de pessoas que não têm nem o que pôr em jogo! É preciso ver isso, pois mesmo arriscando sua própria posição social e econômica, a posição deles ainda ficaria relativamente confortável!

É evidente! Nisso eu concordo totalmente. Você tem toda a razão de lembrar das pessoas que vivem na miséria mais grave, de dizer que é quase ridículo evocar a miséria do pesquisador. Dito isso, não se pode esquecer a miséria de que falo, pois ela é geradora de coisas muito graves. Não é por acaso que uma parte das formas mais atrozes de pensamento — os extremistas, de extrema direita etc. — têm suas raízes nesse tipo de miséria. Não é a miséria dos miseráveis, é a miséria dos miseráveis relativos, como a miséria dos pesquisadores...

É o que o senhor diz em seu livro La misère du monde.

Por isso é preciso levar em consideração essa miséria aí... Sabe-se, por exemplo, que o adubo do pensamento fascista universal era a França. Houve na França uma produção de discursos "fascistóides" que se enraizava com freqüência no movimento social, com pessoas que passavam do anarquismo ao extremismo de direita. Por isso, é importante compreender essa miséria de que falo, esse sofrimento, que é um sofrimento dos privilegiados relativos.

Sim, mas o senhor acha que é, de todo modo, ligado a uma aristocracia do conhecimento? Será que essas passagens do socialismo ao fascismo — isso aconteceu notadamente nos anos 1940 com Déat e sua rádio etc., e também na história do século XIX — não são no fundo um fenômeno de populismo, um fenômeno que mostra que as grandes idéias, as utopias que não veremos realizadas enquanto estamos vivos... Será que estaríamos prontos para seguir qualquer general Boulanger para vê-las materializadas, abandonando ao mesmo tempo a moral e o ideal por um simples ativismo e desaguando naquilo que foi o fascismo italiano, o nazismo hitlerista ou simplesmente a Action Française, *as* Croix de feu... *Não são apenas os pesquisadores...*

Não. A propósito dessa categoria, Max Weber tem uma expressão cruel: ele fala de "intelectuais proletaróides". É uma categoria muito perigosa na história da humanidade. Lenin é um "intelectual proletaróide", são pessoas muito perigosas que têm contas a acertar com o mundo intelectual; como Marat, que lembrei há pouco, e todos os artistas e escritores fracassados... É bom saber que coisas assim estão sempre presentes. Temos, por exemplo, no mundo intelectual atual — não vou citar nomes, pois seria muito cretino — pessoas com trajetórias desse tipo: que passaram da extrema esquerda ao pensamento de direita quase extrema, que dizem nos jornais, todos os dias, todas as semanas, coisas terríveis que afinal se dirigem contra eles mesmos também — uma espécie de ódio de si mesmo. Essas pessoas, que são estatisticamente pouco numerosas, são muito importantes historicamente... Podem fazer muito mal... mas talvez elas não mereçam que se fale tanto delas.

(...) Aliás, eu estava revendo um número antigo de Sciences Humaines *[Ciências Humanas], a revista mensal, de maio de 2000 — não é tão velho. O título do dossiê era* Le monde selon Bourdieu *[O mundo segundo Bourdieu], e o senhor está na capa... Há pouco estávamos falando do campo, de vocabulário bourdieusiano, como "capital", "campo", "habitus" , "violência simbólica". O interesse... o que foi dito sobre o senhor, a nebulosa da esquerda da esquerda (que é uma expressão a definir, talvez) e também, parece, em relação à luta, à luta engajada. Então, como meios de — poderíamos dizer — ataque, temos a Association pour la Taxation et les Transactions Financières*

pour L'Aide au Citoyen [Associação pela taxação e pelas transações financeiras de ajuda ao cidadão], a ATTAC, para agir contra o desemprego, e o Club Merleau Ponty, fundado em 1995, contra o librealismo e o pensamento único. Nós temos a impressão de que a ATTAC, essa associação, está cheia de ilusões e quer criar ilusão. Como taxar, suponhamos, 0,01% sobre, digamos, o crime financeiro? Será que isso poderia servir para ser redistribuído entre os mais pobres? Não será mais uma nova ilusão: as mentalidades pequeno-burguesas encontram-se nessa associação para dizer que as coisas não estão tão mal assim! A vida continua como todo dia e depois, finalmente, se alguém puder participar da associação por um dia ou distribuir um pouco entre os mais pobres já é alguma coisa... Sem engajar nossa discussão sobre o desemprego, o trabalho, o questionamento da ideologia do trabalho em nossas sociedades... Temos hoje uma queda do desemprego de um milhão de pessoas, mas temos também a explosão da precariedade, a explosão de trabalhadores pobres — e isso passou completamente em branco. Para ficar por aí, tínhamos o sentimento de que os meios para agir, justamente, os meios de luta, pareciam muito frágeis — não apenas frágeis, mas, o que é bastante inquietante, demasiado ilusórios.

Eu não gosto muito dessa revista *Sciences Humaines*... Não sei se vocês notaram, mas eu nunca participei, pois é bastante superficial e pouco séria. Sobre o movimento ATTAC, eu concordo bastante. Escrevi sobre isso em meu ensaio *Utopisme petit bourgeois* [Utopismo pequeno-burguês]. Seria preciso analisar um pouco as bases sociais, em que meio isso funciona. Você disse antes que minhas propostas para a Europa tinham algo de reformista... de tímido... Ora, o que eu proponho não é simplesmente papel. Existem ações — é importante dizê-lo —, existem reuniões de trabalho: há uma reunião em Viena, haverá outra em Atenas... Essa idéia de movimento social europeu é uma utopia em marcha de ordem totalmente diversa. Apóia-se na constatação de que no mundo europeu existem pessoas, anarquistas e muitos outros, que não estão satisfeitos com o mundo tal como vai, que estão irados, revoltados, que são militantes de verdade, que estão descontentes com o que fazem suas centrais sindicais — sem falar de seus partidos e de seu governo, etc. E todas essas pessoas, que são muitas vezes profissionais (sem serem mandatários corrompidos) da resistência, poderiam, organizando-se, transformar-se numa força real de constestação capaz de explorar acidentes como o da vaca louca ou os acidentes de trem etc., e elevar o nível de consciência. Um dos grandes problemas são os jornalistas. Esse movimento social não teria sucesso, no estado atual das relações de forças simbólicas, se os jornalistas não estivessem envolvidos, apesar deles mesmo ou, se possível, com o apoio deles. Logo, precisamos opor meios de ação verdadeiros. Esses meios de ação verdadeiros, é preciso buscá-los no real, não podemos nos contentar em sonhar ações imaginárias, verbais, que nos dão prazer, mas sem mudar grande coisa.

O que é interessante, de fato, é a busca de novas... O senhor mesmo diz: enquanto estamos dissecando situações inaceitáveis, explicando as razões de uma revolta, penso que se pode lançar certas idéias, mesmo que, efetivamente, elas ainda não estejam inteiramente formalizadas e não repousem sobre demonstrações matemáticas, que são outra coisa. Acho que é nesse sentido que se dizia que é um pouco tímido o seu...

Uma outra razão para o fato de que a parte crítica seja muito mais desenvolvida que a parte construtiva — e isso é ao mesmo tempo uma profunda convicção política e uma constatação científica — é que não se pode mais construir movimentos sociais pelos modelos antigos. Esses movimentos antigos não podem servir para outra coisa que não seja a manutenção da ordem. Portanto, é preciso inventar uma coisa completamente diferente, mas não simplesmentes idéias... O que me parece útil é tentar reunir e organizar forças que se buscam e inventar modos de organização que facilitem o nascimento das novas idéias. Sempre se pensa que é preciso inventar idéias. Não há mais Deus nem mestre do pensamento. Eu não sou um senhor do pensamento. Eu me sirvo de meu conhecimento do mundo social para dizer que a primeira invenção que é preciso criar é de natureza organizacional; é preciso inventar os modos de organização que permitirão a invenção coletiva de uma visão nova e realista da economia e da sociedade.

Os intelectuais, a política e a vida*

MARCO AURÉLIO NOGUEIRA

> *"Quando os filósofos descem de sua torre de marfim ou os técnicos ultrapassam sua área de aplicação especializada para defender, ilustrar, promulgar idéias que têm valor cívico, social ou político, eles se tornam intelectuais."*
>
> Edgar Morin[1]

Falar dos intelectuais sempre cativa os que apreciam a reflexão política e filosófica, as polêmicas apaixonadas e os embates críticos. Trata-se de um tema que freqüenta com destaque as páginas dos maiores pensadores e que ocupa lugar de destaque na realidade política e cultural de qualquer país. É um tema forte na história brasileira, particularmente quando visto a partir do ângulo das relações entre intelectuais e poder, sem sombra de dúvida o ângulo que mais excita e desperta interesse.

O tema dos intelectuais é clássico. Entra ano, sai ano, passam as modas, e ele persiste, com fascínio inabalável. Já houve quem pregasse o "fim das ideologias", quem se rendesse ao embaçamento das utopias, quem falasse em morte dos intelectuais (ou de um certo tipo de intelectual), mas não houve ninguém

---

*A primeira versão deste texto, redigida em 2001, foi publicada em *Cenários*, Revista do Grupo de Estudos Interdisciplinares sobre Cultura e Desenvolvimento. UNESP, Faculdade de Ciências e Letras, Araraquara, nº 3-4, 2001-2002, p. 13-25.

que deixasse de se interrogar sobre este personagem que povoou a imaginação dos antigos (o "rei-filósofo" de Platão) e não sai do foco dos modernos.

Será ele um humanista ou um técnico, um ideólogo ou um especialista? Pode-se ver o intelectual apenas como alguém que "não faz coisas mas reflete sobre coisas, que não maneja objetos mas símbolos, alguém cujos instrumentos de trabalho não são máquinas mas idéias"[2], ou é preciso ir mais além, e buscar seu estatuto *vis-à-vis* os desafios e as determinações da civilização realmente existente? Como fica o intelectual diante da política e do Estado: deve ele manter uma sábia distância do poder — esgrimindo seus princípios-guia e suas verdades — ou pôr-se a serviço das operações governamentais, municiando-a de conhecimentos-meio? Como é ele envolvido pelos dilemas éticos de seu tempo e por aquela tensão que Weber expressou na fórmula "ética da convicção e ética da responsabilidade"?

A questão das relações entre os intelectuais e a política — e, mais ainda, entre os intelectuais e o poder — jamais deixou de estar no centro das atenções. Com o que ficar: com a verdade do conhecimento ou com os fatos do poder, com as convicções ou com as responsabilidades, com as dúvidas "pessimistas" da razão crítica ou com as certezas inquebrantáveis e quase sempre "otimistas" da vontade política? Como combinar e equilibrar esses dois tipos de apelos? O que esperar do intelectual que chega ao poder ou dele se aproxima? Uma ruptura com as exigências da política e do governo? Ou o abandono da condição mesma de intelectual?

Tais perguntas ganham novo e mais dramático sentido quando um intelectual chega ao poder político propriamente dito, ao governo, como ocorreu com Vaclav Havel (1989) na antiga Tchecoslováquia e com Fernando Henrique Cardoso no Brasil (1994). Quando isso acontece, muitos se surpreendem e se chocam ao constatar que "meros" professores universitários ou literatos chegam a importantes cargos políticos e os exercem, digamos assim, sem pruridos e pondo de lado a maioria dos traços que tipificam o intelectual. Traços que o senso comum — amarrado ao seu "praticismo" — associa ao livre pensar, ao linguajar prolixo, a uma certa dificuldade de viver o cotidiano, ao "flutuar sobre a vida", e que o pensamento teórico associa à disposição crítica, à capacidade de elaboração, à dedicação pública. O senso comum vê o intelectual pelo que ele tem de mais caricato, e o rejeita por isto, ainda que o assimile e quase sempre o respeite. O pensamento teórico o vê antes de tudo pelo ângulo de suas funções precípuas, e o valoriza por isto. São tantas as imagens possíveis dos intelectuais que qualquer pretensão de tratá-los como se compusessem um agregado homogêneo, distinto dos demais, estará sempre fadada ao insucesso.

O tema ganha destaque porque estamos em uma época na qual se combinam, entre outros, quatro macroprocessos.

1) Consolidou-se e radicalizou-se o "desencantamento do mundo" de que falava Max Weber no início do século. A nossa é uma época de especialização, racionalização e profissionalização intensas, em que estão sendo roubadas as bases que permitiam a reprodução de uma imagem de intelectual — o ensaísta rebelde, que não se submete a rotinas institucionais, não aceita as divisões rígidas do trabalho e está sempre mergulhado em embates cívicos —, e se reduziu a possibilidade objetiva de que se empreendam esforços teóricos totalizantes. No lugar do romantismo revolucionário, dos conflitos éticos e da paixão cívica (e mesmo, se se quiser, dos dilemas existenciais), entraram em cena o cálculo criterioso, as carreiras bem planejadas, o pragmatismo institucional, o respeito aos cânones e ritos burocráticos, Isso, diria Weber, equivale a "despojar o mundo de magia" e a aceitar sempre mais a técnica e a previsão: a vida parece fluir como numa "máquina inerte", moldura de "espíritos coagulados".[3] Neste contexto, que exige muito mais saber especializado, como continuar alçando-se ao "universal", à crítica abrangente dos sistemas, à proposição de novos desenhos de vida?

2) Vivemos hoje em um *mundo de instituições*, situação que reflete o estágio de complexidade social em que nos encontramos. Em boa medida, as instituições tendem a chamar para si as tarefas "pedagógicas" que antes cabiam aos intelectuais. Os intelectuais são sempre mais "coletivos" e suas atividades estão sempre mais condicionadas por orientações políticas que se confundem com iniciativas governamentais, com seus invólucros administrativos, seus arranjos e suas restrições. A sombra da burocracia agigantou-se. Cresceu o atrito entre a liberdade intelectual e a rotina institucionalizada: a quem servimos hoje, em nome de quem falamos, para quem trabalhamos?

3) Estamos tomados pela informatização e pela informacionalização. À nossa frente, ergue-se um notável e bem aparelhado sistema de comuni-

cação, com suas inúmeras redes de contatos, suas imagens e informações que explodem sem cessar, suas sempre novas tecnologias da inteligência, que no mínimo subvertem os modos "normais" de produzir e transmitir conhecimentos. Como devem os intelectuais reagir a este contexto, que os ameaça no âmago e os força à transformação? Os intelectuais sempre foram peças-chave dos processos de construção e reprodução de hegemonias. Hoje, nos contextos globalizados, com suas redes sociais conectadas em tempo real por dispositivos comunicacionais que operam como artífices de imaginários, fantasias e "vontades coletivas", a hegemonia já não flui como antes. Do mesmo modo, o intelectual sempre deteve um certo tipo de monopólio, o de trabalhar com a palavra, e hoje, nas sociedades da informação, todos parecem trabalhar com a palavra e exercer "funções intelectuais". Estreita-se a especificidade do intelectual e altera-se seu papel social.

4) Os primeiros anos do século XXI estão sendo vividos sob o emblema da crise, e particularmente da crise da política. Os ambientes em que vivemos parecem "despolitizados", vazios de perspectiva cívica, com reduzida noção do que é público. Nada dá muito sentido e expressão às comunidades em que nos inserimos e que nos orientam. Das organizações profissionais à comunidade política "nacional", o clima é de mal-estar, desconforto e melancolia. Assistimos meio assustados a uma complicada alteração nas formas com que cada um pensa a sua relação com o todo: com os demais, com o Estado, com a história, com o futuro. O trabalho intelectual não ficaria assim com seu eixo deslocado, não perderia também sentido e orientação?

No centro e na interseção desses processos, debate-se a figura do intelectual. Ele está espremido entre as múltiplas funções que é chamado a exercer e tem de arcar com demandas que lhe são dirigidas pelo mundo social, pelo mundo cultural e pelos diversos ambientes sistêmicos em que interage. De certo modo, entra em colapso. Fica atropelado por uma dinâmica que se revela, sob forma pura, na coexistência de dois tipos extremos: o intelectual-positivo, produtor de normas e racionalizações, "colonizador" inconsciente do mundo-da-vida, e o *intelectual à moda antiga*, "ideológico" e engajado, agitador de idéias e princípios éticos sem potência para incidir positivamente na realidade efetiva. Entre os dois pólos (magnéticos, com certeza), o intelectual contemporâneo flutua, em busca de inserção e reconhecimento.

Ele se encontra simultaneamente afetado em sua natureza (e conhece por isto um certo desnorteamento) e engrandecido em seu significado: nunca como hoje o futuro esteve tão dependente do intelectual. Ou será que podemos almejar seguir em frente sem a dedicação intensiva deste ser qualificado para esclarecer, educar, agitar idéias e valores, reunir fragmentos e totalizar? Falar em "morte do intelectual" apenas porque se alteraram as bases e a natureza da dinâmica cultural é certamente um equívoco. Nas sociedades de nossos dias — diferenciadas, fragmentadas, pluralistas, repletas de nichos e circuitos de "poder ideológico" —, o intelectual renasce a cada dia.

O poder ideológico tem como principal instrumento a palavra, ou melhor, a expressão de idéias através da palavra. Hoje, a palavra não nos chega mais através de contatos "quentes" (o sermão, o comício, a relação pessoal), mas através de contatos "frios": a mídia, com suas centenas de jornais, de opúsculos, de livros, de conferências e debates mais ou menos espetaculares e sempre impessoais, de inumeráveis programas de rádio e TV. Continua-se buscando influenciar comportamentos, mas agora não só por meio do discurso. O mundo das comunicações de massa é bem mais complexo, e não se contenta com palavras: exige sempre mais sons e imagens. Não se contenta também com indivíduos-receptadores ingênuos demais. Os caminhos da reificação se complicaram.

Expandiu-se o campo de atuação dos intelectuais, seja porque cresceram as oportunidades de obter audiência, seja porque se expandiu a produção de conhecimentos, seja porque aumentaram os meios de difusão de idéias. Os intelectuais certamente não ficaram mais poderosos, nem estão mais influentes, mas sem eles os sistemas não funcionam e a contestação não se viabiliza. Quanto mais se expandem os meios de informação e comunicação, aliás, mais necessários e visíveis ficam os intelectuais. Será isso um indício de que, estando simultaneamente em tantos lugares, os intelectuais talvez já não saibam mais onde devem de fato estar? Será um indício de que, tendo de responder a tantas demandas tópicas e especializadas, os intelectuais já não têm mais como se ocupar daquilo que os tipifica como intelectuais: o esforço de totalização?

Os avanços econômicos e tecnológicos, assim como a diferenciação social decorrente da modernização, trouxeram consigo uma espécie de alteração no peso relativo daquelas duas categorias de intelectuais que Bobbio estabeleceu como típicas: os ideólogos e os *experts*, os que fornecem princípios e os que fornecem conhecimentos técnicos.[4] Os especialistas proliferam aos borbotões, colados à lógica mesma da racionalização instrumental que nos domina. Tendem a empurrar para os bastidores os ideólogos, a estigmatizá-los como dinossauros, sobretudo quando associados a qualquer perspectiva anti-sistêmica. Os ideólogos "oficiais" — os que sabem pensar o mercado e o indivíduo liberal, os Fukuyama e os Paul Johnson, para lembrar alguns mais ostensivos — são convertidos em intelectuais de outro tipo: ideólogos que se querem sem ideologia, técnicos em princípios gerais, em "soluções", em normas e lições moralizantes. Numa época de decisionismo, rapidez e resultados, tende-se a cobrar do intelectual uma mudança de postura: menos idéias e mais conhecimentos, menos opinião e mais interesse, menos valores e mais "objetividade". O pensamento normativo chega a ser quase amaldiçoado.

Foram vários os estudiosos que já nos disseram que entre intelectuais e políticos existe um hiato difícil de superar. Mas será isso suficiente para que se passe a aceitar, sem maior reflexão, a idéia de que a "política da cultura" e a "política dos políticos" devem ser mantidas bem separadas, imersas em suas lógicas próprias? Além do mais, se estas políticas devem ser mantidas separadas, como fazer isso? Como impedir a contaminação de uma pela outra? Não há respostas cabais, até mesmo porque as "formas" da política são bem mais nuançadas do que sugere a polarização mencionada.

Sempre houve um modo generoso de pensar a política: a política como atividade dedicada a possibilitar a vida coletiva, como luta para instituir um poder democrático, viabilizar o melhor governo e distribuir justiça. Seria esta a "política com muita política", a política dos cidadãos, ou seja, daqueles que prezam seus direitos e defendem os direitos de todos, que têm noção clara das obrigações comuns e se preocupam em participar da construção de uma convivência superior. Trata-se de algo historicamente raro, difícil de prevalecer, ainda que, nos últimos séculos, não tenha nunca deixado de se manifestar. Por ser rara, e por expressar uma construção delicada — na qual poderíamos inserir a configuração de uma "política da cultura" —, esta política tem sido quase sempre deslocada ou pela política que se volta para o poder, a autoridade, a coerção, a conquista de votos e posições de força, ou pela política que usa e abusa da técnica, dos saberes especializados. Sugiro designar estas outras duas políticas de "política com pouca política" (a dos políticos profissionais, por exemplo) ou "política sem política" (a dos técnicos).[5] Ambas têm sua dignidade e são indispensáveis. O ideal seria que estas três formas de política convergissem e se complementassem reciprocamente. Mas não é o que ocorre. Elas nem sempre vivem em harmonia ou em equilíbrio perfeito, e em alguns momentos o atrito entre elas chega a ser forte demais. Sem uma integração virtuosa delas, porém, a tendência é que a "política dos cidadãos" não se imponha às outras duas. A "política dos políticos" e também a dos técnicos ficam então soltas, desconectadas do núcleo fundamental da vida coletiva, e acabam por se voltar contra os cidadãos, ou por marginalizar e submeter a "política da cultura".

Não creio que devamos recuperar os termos de um certo debate, que sempre separou os intelectuais em heróis, traidores e desertores, como se os intelectuais fossem uma categoria homogênea e devessem estar sempre de um mesmo lado ou seguir um só figurino. São ou não os intelectuais um grupo à parte? Julien Benda, Karl Mannheim, Ortega y Gasset, Benedetto Croce, Gramsci, Sartre, Bobbio, estão entre os que se atormentaram com a questão.[6] Como nos pomos hoje diante do problema, neste contexto que parece fundir num monolito a política, a cultura e a técnica? Em que o poder já não é tão transparente? Em que ficaram tão fáceis os contatos e tão difícil a convivência? Em que, sobretudo em países como o Brasil, é tão urgente o encontro de soluções para uma enorme massa de problemas sociais que requerem sempre mais contribuições técnicas?

Temos bons motivos para nos interessar pela complicada relação dos intelectuais com os aparelhos políticos e administrativos: com o poder. Os intelectuais são também quadros técnicos, e não podem fugir olimpicamente de suas responsabilidades e obrigações enquanto quadros técnicos.

Não podem não sujar as mãos. Se não assumem cargos e encargos, quem os assumirá? Boa parte de seu desafio no mundo das organizações está dedicada a renovar os métodos de gestão e direção, não no sentido de agregar "tecnologia administrativa", mas no sentido substantivo: reinventando a idéia mesma de gestão, preenchendo-a de outra qualidade e dignidade, aproximando-a do dirigir e do governar em sentido forte, elevado.

Seja como for, é um fato que quando postos em contato com a dinâmica político-administrativa — com a política prática —, os intelectuais não costumam se sair muito bem ou ficar à vontade. Tendem a viver essa dinâmica olhando para o céu dos princípios, em nome de uma "ética da convicção" muitas vezes ardorosamente defendida. Alguns, percebendo o escorregadio da situação, refluem e se refugiam em espaços institucionais bem protegidos. Outros se atiraram cegamente, em nome de uma ética da responsabilidade que precisaria ser esvaziada de convicções. Ficam todos muito sensíveis à "maldição" lembrada por Weber, quando observou, na *Política como vocação*, que "quem se dedica à política faz um contrato com as potências diabólicas, e pela sua ação sabe-se não ser certo que o bem só possa vir do bem e o mal só possa vir do mal, ocorrendo com freqüência exatamente o contrário". Costumam se confundir neste terreno.

Mas significará isso que nos condenamos a ter uma única opção: ou nos refugiar na torre de marfim em nome dos valores e das convicções ou nos converter em operadores tecnopolíticos? É um pensamento discutível. Bem ponderadas as coisas, aceitar esta opção é deixar de fora a questão do intelectual público, assim como é deixar de fora a questão do intelectual que se dedica a reunir (dialeticamente, se se quiser) o ideólogo e o *expert*, o técnico e o humanista, o pesquisador positivo e o filósofo normativo, o protagonista da *societas hominum* e o protagonista da *societas rerum*, caminhando em direção àquela figura que Gramsci nos apresentou em seus *Cadernos do cárcere*: um agente de atividades gerais que é portador de conhecimentos específicos, um especialista que também é político e que sabe não só superar a divisão intelectual do trabalho como também reunir em si "o pessimismo da inteligência e o otimismo da vontade".[7]

Isso significa que o intelectual só se realiza na política e a partir da perspectiva da política. Afinal, política não é sinônimo de poder, nem de mundo dos profissionais da política, podendo muito bem ser entendida como um campo onde se disputam as idéias a respeito do viver coletivo. Uma aposta nas possibilidades de construir o social, de planejar o futuro, de tornar virtuosa e justa a convivência entre as pessoas e os grupos. O intelectual que não se ponha desta perspectiva e se recuse a pensar o todo — que se feche em sua torre de marfim, em sua especialização, em seu corporativismo — mantém-se numa função subalterna.

Não é por outro motivo que Russell Jacoby falou dos "últimos intelectuais": o intelectual que estamos hoje acostumados a ver está confinado na universidade ou nos gabinetes governamentais, é dono de um saber tão especializado que só consegue se comunicar com seus pares, fazendo isso quase sempre através de teses de difícil compreensão, escritas em linguagem cifrada e hermética.[8] É uma figura que não desperta maiores sentimentos de simpatia no grande público, que com ele mantém uma relação de estranhamento e frieza. As pessoas temem este intelectual institucionalizado, ou põem-se diante dele com indiferença. Não o compreendem, nem podem admirá-lo. Mesmo quando "radical" e de "esquerda", este é um tipo de intelectual despolitizado. Que pouco contribui para a vida pública ou para a educação política dos cidadãos.

Onde estão os intelectuais públicos? Quem define hoje os temas da agenda pública? O que se espera dos intelectuais?

A grande literatura filosófica e sociológica está repleta de tentativas de entender os intelectuais, de decifrar seus papéis e suas relações com as classes, o Estado e a política. Alguns, como o francês Julien Benda — *La trahison des clercs* é de 1927 — quiseram o intelectual como guardião da cultura superior, dos valores universais (a justiça, a verdade, a razão), condenando todo aquele que trair este ideal e se "rebaixar" ao plano da política viva ou da contestação. Outros, como Mannheim, reservaram ao intelectual a nobre tarefa de sintetizar ideologias contrapostas e promover o progresso social. Outros ainda, como o marxista italiano Antonio Gramsci, viram o intelectual como um protagonista estratégico da produção da autoconsciência crítica de uma comunidade: um organizador, um dirigente, um "especialista" na elaboração conceitual e filosófica, intimamente colado à aventura histórica de um povo-nação e, portanto, encharcado de política.

Trata-se, porém, de um debate que não prolifera apenas no terreno teórico mais abstrato, no qual é mais fácil conviver com a pureza dos valores e dos princípios. Está sempre invadido pela vida, que o enriquece com novas determinações e o acossa com novas inquietações. Com o que ficar: com as dúvidas mais "pessimistas" da razão crítica ou com as certezas mais "otimistas" da vontade política, com a "ética da convicção" ou com a "ética da responsabilidade", com a "verdade" ou com a "paixão"? O que esperar do intelectual que chega ao poder ou dele se aproxima? Um maior distanciamento em relação às exigências da política ou o abandono da condição mesma do intelectual? Que compromissos tem o intelectual diante das mudanças e dos dilemas do seu tempo?

Para os intelectuais — isto é, para os que fazem da relação com as idéias, as imagens e as palavras a sua própria razão de ser como cidadãos e profissionais —, a atual situação, a estrutura do mundo atual, parece ser péssima: hostil, despojada de significado e repleta de ressignificações, pobre de valores e convicções. Paradoxalmente, é uma situação na qual se faz desesperadamente necessário aquele intelectual vocacionado para atuar como figura pública e ajudar a reunir os pedaços da realidade social e da vida pessoal que a globalização está se encarregando de produzir e espalhar. O momento é péssimo porque política e cultura tornaram-se dimensões unidas demais e porque o mundo da cultura digital, das "tecnologias da inteligência", está impondo maiores desafios a todos os que desejam fazer algo com as idéias. E é péssimo, acima de tudo, porque nele, tendo por fundo a constituição progressiva de uma sociedade global ainda mal compreendida, flui sem empecilhos a idéia de que se acabaram os contrastes, de que temos de nos "adaptar" ao que está aí, de que há apenas uma única explicação e de que, portanto, já não necessitamos tanto de inquietação crítica.

Na base dos nossos problemas não está uma "ausência de governo" ou um "excesso de Estado", como dizem os neoliberais, mas sim uma enorme carência ético-política. Não há violência gratuita e exclusão social porque os governos governam pouco e mal, mas porque parecem ter-se desfeito as bases mesmas do contrato social: porque a dureza da luta pela vida, a quebra de muitos campos intelectuais e a generalização de uma visão técnica do mundo estão triturando valores e recursos de convivência. Estão fazendo com que a política fique sempre mais sob controle dos especialistas, num quadro em que se usurpa o protagonismo dos cidadãos. Tudo é bem mais complicado para o intelectual, seja no que se refere à sua atuação como intelectual, seja no que se refere à sua relação com a política (e com os políticos), seja no que se refere à sua própria atuação política.

Isso talvez signifique que, no terreno das organizações científicas e culturais — como a universidade, por exemplo, *locus* por excelência de vida intelectual —, não existiria apenas um cerco a partir de fora: os inimigos externos, incansáveis em seu trabalho de demolição institucional, ajuste fiscal e corrosão das identidades. Dentro mesmo das organizações proliferam outros inimigos mais complicados e mais insidiosos: os inimigos internos, grudados na alma mesma de cada indivíduo, de cada intelectual, materializados em rotinas sedimentadas, em acomodações e passividade, em concessões à burocracia, em corporativismos pouco justificáveis. Não precisamos temer tanto os inimigos externos, até mesmo porque já os conhecemos e nos beneficiamos da sua transparência ostensiva. Mas deveríamos ter todos os motivos do mundo para temer os inimigos internos, que inviabilizam a reprodução ou a recriação dos pactos que sustentam as organizações, e por isso matam-nas lentamente.

Mas é quando tudo parece péssimo que se encontram (ou se retomam) as grandes saídas. O momento é excelente para que voltemos a pensar em termos de reforma cultural: uma espécie de refundação do conhecimento, ou, em termos menos dramáticos, o estabelecimento de novos estilos de pensamento e análise científica, a elaboração crítica dos conceitos e categorias com que se conhece o mundo, a superação dos formalismos, das especializações e da idéia de "imparcialidade" de que está impregnada a ciência contemporânea, mas também e sobretudo a invenção de novas formas de convivência.

Particularmente no Brasil, país em que séculos e épocas se abraçam de modo caótico, estamos postos diante do desafio de recuperar o tempo perdido e tendo de tentar imprimir maior velocidade ao processo de transformação do Estado e da sociedade. Para complicar, caminhamos mais ou menos às cegas, com uma sociedade que fala mil línguas e um Estado travado pela globalização. Afinal, estamos inseridos na desordem mundial produzida por esses tempos de crise, que problematizam precisamente a dimensão dos sujeitos e dos projetos, fazem sangrar precisamente o Estado e a política, reduzem as possibilidades de intervenções massivas conscientes ou idealmente orientadas. Terá chegado a hora em que a humanidade experimentará a sério a ausência de qualquer regulação, o império do espontâneo, do não-planejado? A época parece impor o primado do mercado, a mercantilização da vida, a conversão das pessoas — pior ainda: dos grupos — em sujeitos aquisitivos, definidos tão-somente pela posse de necessidades econômicas. Poderemos alcançar patamares mais elevados de integração e cooperação, algo que se aproxime daquela unificação efetiva do gênero humano concebida por todas as grandes utopias?

Nosso contexto histórico-universal está marcado pela mudança acelerada, pela proliferação de formas cada vez mais complexas de organização, pela convivência absurda de padrões elevadíssimos de tecnologia, ciência e bem-estar com áreas imensas de miséria e pobreza. Há mundialização e fragmentação, resistências fundamentalistas e buscas de novas identidades. Informações e conhecimentos brotam incessantemente, muitas vezes sem sequer serem assimilados. Nesse contexto, os intelectuais são repostos como protagonistas. Estão chamados a contribuir para dar sentido à complexidade crescente, não apenas para impulsioná-la, mas para disseminar éticas alternativas e impulsos unificadores, para ajudar o mundo a pensar e a adquirir formas mais avançadas de consciência de si.

Nas concretas condições atuais, o primado do mercado é a prevalência do caos e da incerteza sobre a hipótese mesma da regulação, ou seja, do equilíbrio e da sensatez. Essa a base objetiva da hegemonia neoliberal dos dias de hoje, com sua apologia do livre-cambismo, sua democracia reduzida ao rito eleitoral, seu voluntarismo, sua dificuldade de assimilar e incentivar formas mais substantivas de participação política. Uma incômoda sensação de *perda do futuro* pulsa em todos os cantos, nos empurrando para uma dedicação obsessiva ao presente imediato, problematizando as subjetividades, diluindo a dimensão de projeto que é inata ao homem e sem a qual a vida democrática não se sustenta?

A perda do futuro se faz acompanhar de um certo tipo de perda do passado. Refiro-me sobretudo ao questionamento das duas grandes tradições: a do liberalismo (hoje acossada por uma contrafação, o neoliberalismo) e a do socialismo (hoje abalada pelo fim do comunismo, pelo defensivismo imposto ao movimento sindical, pela crise de identidade e pela inoperância política dos partidos e movimentos de esquerda). A derrota destas tradições que modelaram a história política e cultural dos dois últimos séculos torna seguramente mais difícil a reflexão sobre a reorganização do mundo, da política e do Estado. Elas talvez não morreram, talvez estejam apenas em hibernação, vivendo um lento e silencioso processo de atualização. Mas é inegável que se reduziu o grau de adesão e de confiabilidade em relação a elas (e, aqui, particularmente em relação ao socialismo). Seja como for, o fato mexeu com os paradigmas a partir dos quais se desenhava o futuro. Pôs-nos diante de um fator adicional de perturbação, para a eliminação do qual são necessários muitos e importantes esforços intelectuais.

A nossa é categoricamente uma época de paradoxos. Do mesmo modo que assistimos à exacerbação de tendências mesquinhas e desumanizadoras, vemos crescer, pelo outro lado, as manifestações de uma nova etapa civilizatória, mais rica de direitos e possibilidades. Há espaço para outras opções, ainda que os contextos reais sejam pouco permeáveis à construção de alternativas, particularmente no campo político e cultural. A fragmentação e a atomização da informação, a manipulação facilitada do senso comum, assim como a inexistência de focos geradores de sentido, dificultam a formação de qualquer hegemonia.

Justamente por isso, é de pouca valia a celebração abstrata da liberdade, do socialismo ou da democracia. A questão é saber pôr em curso uma "prática cotidiana que invada as instituições e se dedique a desmascarar criticamente o cinismo, as mentiras e as injustiças, a arrogância dos poderosos e a frieza dos tecnocratas; uma prática que combata a indiferença e o egoísmo; que reinvente a política como atividade e como cultura, trazendo consigo uma outra idéia de Estado, de desenvolvimento e de sociedade". Com isso, será possível fixar um novo horizonte de sentido e recuperar a capacidade social de projetar, isto é, de tornar pensável o futuro e delinear novas esperanças. Trata-se de uma operação para nos jogar além da economia e do mercado, para reativar e expandir o pensamento criativo, aproximar interesses e idéias tendo em vista a formação de consensos consistentes. A partir dela, torna-se mais palpável a "perspectiva de que somos capazes de dirigir a mudança, não apenas ser vítimas dela".[9]

Nas concretas condições de hoje, a mudança em direção a uma sociedade melhor — a uma "forma superior e total de civilização moderna", a um "Estado sem Estado" e a uma sociedade regulada[10] — dependerá do alcance de uma síntese de condições objetivas, vontade política e conhecimento técnico. Mais ainda do que em outros momentos, é na interseção de cultura e política que podemos encontrar combustível para impulsionar uma transformação dotada de sentido. Daí o destaque adquirido pela questão do conhecimento científico e da aquisição de novos patamares de saber especializado, eixo de todo um esforço para agregar competências na vida política e na gestão do Estado. Donde a nova relevância do intelectual: sua disposição crítica e sua capacidade de forjar projetos e utopias direcionados para a justiça social e a emancipação de todos. A época solicita sempre mais (a despeito de fazer isso de modo contraditório) a presença ativa desta figura-chave — não, porém, como assessor mais ou menos qualificado do poder, não como "administrador", mas como dirigente, arquiteto de idéias, difusor de pensamento crítico e conscientização.

Os intelectuais têm diante de si um vasto conjunto de desafios. Parte da batalha política do novo século estará dedicada a resolver uma grande questão: prevalecerá a polarização ideólogos e *experts*, humanistas e técnicos, ou caminharemos para uma solução ao estilo de Gramsci, geradora de intelectuais que sabem pensar, fazer e organizar e podem, por isto, se dedicar a repor todo o campo das possibilidades e inventar o futuro?

Justamente porque a época foi invadida pelas ciências e pela técnica, justamente porque o mundo ficou "despojado de magia" (Weber), precisamos de profissionais especializados que sejam porosos, polivalentes, receptivos às idéias e à vida pública: pessoas capazes de construir e organizar, persuadir sem cessar, fixar parâmetros de sentido para toda uma coletividade. Que saibam, digamos assim, reunir múltiplas formas de racionalidade: a *razão técnica*, que nos ensina a como fazer coisas, a *razão crítica*, que nos impele a pensar sobre as coisas, e a *razão política*, que nos ajuda a conviver, a pensar comunitariamente. Da "técnica-trabalho", o intelectual dos dias de hoje precisa chegar à "técnica-ciência" e à concepção humanista histórica, como diria Gramsci, "sem o que permanece especialista e não se converte em dirigente (especialista + político)".

Esse o pressuposto para que se possa encontrar no intelectual um protagonista ativo do processo de construção e desenvolvimento de uma comunidade capaz de indagar, de se interrogar, de pensar sobre o que se pensa, de dialogar tendo em vista a formação de vontades coletivas vindas de baixo. Pensar o intelectual nestes termos é, em boa medida, deixar a porta aberta para um futuro que se anuncia na contramão do sistema.

NOTAS

1. Edgar Morin, *Para sair do século XX*. Rio de Janeiro: Nova Fronteira, 1986.
2. Norberto Bobbio, *Os intelectuais e o poder: dúvidas e opções dos homens de cultura na sociedade contemporânea*. Tradução de Marco Aurélio Nogueira. São Paulo: Editora Unesp, 1997, p. 68.
3. "Uma máquina inerte é espírito coagulado. E o simples fato de sê-lo dá-lhe o poder de forçar os indivíduos a servi-la e de determinar o curso cotidiano de suas vidas de trabalho de modo tão dominante como é efetivamente o caso na fábrica. Também é espírito coagulado aquela máquina viva que representa a organização burocrática com sua especialização do trabalho profissional aprendido, sua delimitação das competências, seus regulamentos e suas relações de obediência hierarquicamente graduadas. Unida à máquina morta, a máquina viva trabalha para forjar o molde daquela servidão do futuro a que os homens talvez venham a ser algum dia obrigados a se submeter, impotentes". (Max Weber, *Economia y sociedad*, México, Fondo de Cultura Económica, 1969, vol. II, p. 1074).
4. Norberto Bobbio, *Os intelectuais e o poder*, ob. cit., p. 71-72.
5. A idéia está mais bem desenvolvida em Marco A. Nogueira, *Em defesa da política*. São Paulo: Editora Senac, 2001, cap. V.
6. Para quem se dispuser a seguir a trilha, ver Élide Rugai Bastos e Walquiria Leão Rego (orgs.), *Intelectuais e política: a moralidade do compromisso* (São Paulo: Olho d'Água, 1999), livro em que se organiza a trajetória desta discussão e no qual é fornecido um belo mostruário de algumas posições clássicas e atuais a respeito da questão.
7. A reflexão de Gramsci sobre os intelectuais está em *Cadernos do cárcere. Volume 2: Os intelectuais. O princípio educativo. Jornalismo*. Tradução de Carlos Nelson Coutinho. Rio de Janeiro: Civilização Brasileira, 2000. Algumas considerações

sobre a concepção gramsciana, aplicadas sobretudo aos gestores e agentes do setor público brasileiro, podem ser encontradas em Marco Aurélio Nogueira, *As possibilidades da política: idéias para a reforma democrática do Estado*. São Paulo: Paz e Terra, 1998. Sobre algumas trajetórias intelectuais emblemáticas na vida acadêmica brasileira, ver Milton Lahuerta, *Intelectuais e transição: entre a política e a profissão*. Tese de Doutoramento. São Paulo, USP, 1999.

8. Russell Jacoby, *Os últimos intelectuais: a cultura americana na era da academia*. Tradução de Magda Lopes. São Paulo: Trajetória Cultural/Edusp, 1990.
9. Marco Aurélio Nogueira, *As possibilidades da política*, ob. cit., p. 289.
10. Antonio Gramsci, *Cadernos do cárcere. Vol. 3: Maquiavel. Notas sobre o Estado e a política*. Edição de Carlos Nelson Coutinho e Luiz Sérgio Henriques. Rio de Janeiro, Civilização Brasileira, 2000, p. 18 (Caderno 13, § 1º) e p. 144 (Caderno 6, § 88).

Por uma cultura da solidariedade e da esperança*

MICHAEL LÖWY

O fetichismo da mercadoria é um aspecto central da cultura imperial: ele é uma espécie de pseudo-religião (Cf. Walter Benjamin, *O capitalismo como religião*), que transforma a mercadoria — assim como o mercado e o dinheiro — em fetiches, em ídolos que exigem sacrifícios humanos. Os princípios deste culto idólatra, que exerce uma verdadeira ditadura cultural em escala planetária — e que tem na cidade de Davos sua capital simbólica —, visam à redução de cada relação humana, de cada sentimento humano, de cada produção simbólica — cultural, social, religiosa, erótica ou artística — em uma mercadoria, a ser comprada ou vendida segundo seu valor mercantil.

Já no século XIX, um crítico da economia política havia previsto, com lucidez profética, o mundo de hoje: "Chegou, enfim, um tempo em que tudo o que os seres humanos haviam considerado inalienável tornou-se objeto de troca, de tráfico, e pode alienar-se. É o tempo em que as coisas mesmas, que até então eram comunicadas, mas nunca trocadas; dadas, mas nunca vendidas; conquistadas, mas nunca compradas — virtude, amor, opinião, ciência, consciência etc. —, em que tudo, enfim, passou para o comércio. É o tempo da corrupção geral, da venalidade universal ou, para falar em termos de economia política, o tempo em que qualquer coisa, moral ou física, tendo-se tornado valor venal, é levada ao mercado para ser apreciada por seu valor adequado" (Marx, *Miséria da filosofia*).

*Conferência proferida no Fórum Social Mundial de 2003, em Porto Alegre.

O neoliberalismo é o feroz, o brutal e impiedoso desenvolvimento desta lógica venal até suas últimas conseqüências. A mercantilização, na etapa do capitalismo neoliberal, não significa apenas que a cultura se torna uma mercadoria como as outras. Ela esvazia os produtos culturais de seu conteúdo humano, de suas qualidades artísticas ou sociais, que são dissolvidas no puro valor de troca, isto é, em quantidades monetárias. A lógica da mercantilização é perfeitamente indiferente ao valor cultural intrínseco — ou a ausência de valor — dos produtos simbólicos: seu único e exclusivo interesse — que não conhece trégua nem pausa — é a rentabilidade de suas mercadorias, a conquista de maiores partes de mercado, a acumulação do capital. Não é uma questão de boa ou má vontade, de maior ou menor falta de escrúpulos; trata-se simplesmente da lógica impiedosa de um sistema, cuja expressão cultural mais característica, que invade todos os espaços da vida pública e privada, que ocupa as telas de cinema e de televisão, que se espalha pelos muros e pelas estradas, é a publicidade comercial.

O pseudo-universalismo ocidental-imperial pretende impor a todos os povos do mundo — e em particular aos da periferia do sistema —, sob o manto da "civilização", a dominação da cultura e do modo de vida capitalista neoliberal: propriedade privada, economia de mercado, fetichismo da mercadoria, produtivismo, utilitarismo, individualismo possessivo — uma tradição que vem desde Hobbes e Locke — e racionalidade instrumental (objeto da crítica de Adorno e Horkheimer na *Dialética do Iluminismo*). O império norte-americano é particularmente ativo na promoção, em escala global, de uma só língua, uma só cultura, uma só forma de viver, de se divertir e de pensar.

Contra a dominação imperial, a resistência cultural toma a forma, em um primeiro momento, de defesa das culturas locais, nacionais ou regionais, tratando de protegê-las do rolo compressor da globalização neoliberal.

A diversidade cultural é uma das riquezas da humanidade, e ela está sendo ameaçada — da mesma forma que a diversidade biológica das espécies — pela dinâmica destrutiva e homogeneizadora do sistema. Este combate para salvar a pluralidade cultural humana — que inclui não só culturas locais, mas também culturas transnacionais, como por exemplo a cultura negra do Atlântico, que engloba a produção simbólica das populações de origem africana das Américas, do Caribe e da Inglaterra (veja-se o livro de Paul Gillroy, *Black Atlantic*) — é indispensável, mas insuficiente. Deve estar associado à luta pela constituição de uma nova universalidade humana, de uma cultura universal emancipadora. Senão, corremos o risco de que a defesa das identidades culturais tome a forma de nacionalismos estreitos e intolerantes, ou de manifestações religiosas agressivas e fundamentalistas, ou, pior ainda, de racismos, sexismos e xenofobias. É o que vemos na Europa, com o inquietante e espetacular progresso de forças políticas neofascistas ou semifascistas, que fazem do ódio ao "estrangeiro" — árabe, africano, judeu, cigano, ou simplesmente "não branco" — seu fundo de comércio. Ou ainda em vários países do Sul, onde os pobres se trucidam entre si, em nome da etnia, da religião ou da nacionalidade. Sem falar dos Estados Unidos, onde, além do tradicional racismo contra os negros, assistimos atualmente ao surgimento de reações xenofóbicas contra a população americana de origem árabe.

Outra falsa alternativa cultural ao pseudo-universalismo da globalização neoliberal é a "política identitária" promovida pelos pós-modernos, que decretam o fim das Grandes Narrativas da Emancipação — desde o Iluminismo até o marxismo —, em nome da alegre multiplicação dos "jogos lingüísticos" mutuamente irreconciliáveis (cf. Lyotard, *A condição pós-moderna*). Os ideólogos pós-modernos celebram o particularismo, a fragmentação, a dissociação e a dispersão dos vários movimentos "identitários" — culturais, étnicos, de gênero ou de orientação sexual — e rejeitam qualquer proposta de unificação, articulação ou universalização das lutas como uma tentativa anacrônica de reviver as "Grandes Narrativas" do passado.

A primeira tarefa de uma resistência cultural eficaz é precisamente tratar de estabelecer vínculos e conexões entre as várias reivindicações democráticas, as diversas lutas sociais, assim como entre estas e o movimento operário, buscando um terreno comum, uma convergência que respeite a autonomia de cada um, mas os associe no combate comum contra a dominação imperial, contra o racismo e o poder patriarcal, contra a lógica desumana do neoliberalismo.

O desafio é então o de construir uma nova cultura universal, democrática e plural, uma cultura da solidariedade fundada em alguns princípios gerais: 1) o reconhecimento e o respeito das diferenças, que objetiva, segundo a célebre fórmula dos zapatistas, "um mundo no qual cabem muitos mundos"; 2) a emancipação dos seres humanos de todas as formas de opressão, exploração, alienação e degradação; 3) a desmercantilização da cultura, sua autonomização em relação às leis do mercado, seu livre desenvolvimento em função de seus próprios critérios.

Necessitamos de uma cultura crítica e universalista deste tipo, uma cultura da esperança voltada para a perspectiva de um futuro emancipador, para conseguir superar os etnocentrismos e as intolerâncias, e para opor uma alternativa coerente ao desastre cultural do neoliberalismo.

Esta nova cultura planetária, uma cultura da solidariedade e da esperança, libertária e emancipadora, socialista e democrática, não é apenas um sonho acordado, uma utopia concreta, uma imagem-de-desejo (Ernst Bloch, *O princípio esperança*). Ela começa, pouco a pouco, a tomar forma no seio deste imenso movimento mundial, universal, internacional e internacionalista, solidário e combativo, que tem no Fórum Social Mundial um dos seus epicentros. É no bojo deste amplo Movimento Pela Justiça Global, deste movimento altermundialista que atravessa os países e os continentes, desta vasta mobilização de luta e de pensamento, que se manifestou nas ruas de Seattle, Nice, Praga, Estocolmo, Washington, Barcelona, Gênova, Florença e Porto Alegre, que se estão dando os primeiros passos, ainda incipientes mas promissores, para a invenção de uma nova cultura da humanidade, que supere o pesadelo capitalista, imperial e neoliberal.

Este livro foi composto na tipologia Minion,
em corpo 11,5/16, e impresso em papel Chamois
Fine Dunas 80g/m² no Sistema Cameron da
Divisão Gráfica da Distribuidora Record.